新时代大学生

生涯教育

● 主编　陈　飞

厦门大学出版社 XIAMEN UNIVERSITY PRESS | 国家一级出版社 全国百佳图书出版单位

图书在版编目（CIP）数据

新时代大学生生涯教育 / 陈飞主编. -- 厦门 ：厦门大学出版社，2025. 9. -- ISBN 978-7-5615-9823-8

Ⅰ. G647.38

中国国家版本馆 CIP 数据核字第 202525D8S1 号

责任编辑 陈惠英 张 洁
美术编辑 张雨秋
技术编辑 朱 楷

出版发行 厦门大学出版社
社 址 厦门市软件园二期望海路 39 号
邮政编码 361008
总 机 0592-2181111 0592-2181406(传真)
营销中心 0592-2184458 0592-2181365
网 址 http://www.xmupress.com
邮 箱 xmup@xmupress.com
印 刷 厦门集大印刷有限公司

开本 787 mm×1 092 mm 1/16
印张 20.75
插页 1
字数 512 千字
版次 2025 年 9 月第 1 版
印次 2025 年 9 月第 1 次印刷
定价 49.00 元

编 委 会

前　言

党的二十届三中全会指出："教育、科技、人才是中国式现代化的基础性、战略性支撑。必须深入实施科教兴国战略、人才强国战略、创新驱动发展战略，统筹推进教育科技人才体制机制一体改革。"可见，人才培养已经上升到国家战略的高度。这一方面充分体现了我国在全面建设社会主义现代化国家和全面推进中华民族伟大复兴的新征程中对人才的重视与需求；另一方面也要求新时代大学生要以人才标准为导向，以振兴中华为己任，练就过硬本领，肩负历史使命，要立大志、明大德、成大才、担大任，努力使自己成为可堪大用、能担重任的栋梁之才。

2025 年 4 月，中共中央办公厅、国务院办公厅发布了《关于加快构建普通高等学校毕业生高质量就业服务体系的意见》，强调高校毕业生是党和国家宝贵的人才资源，要强化生涯教育与就业指导，完善生涯教育与就业指导课程标准。帮助大学生唤醒生涯意识，引导大学生树立正确的择业观、就业观，掌握生涯探索、决策和行动的方法，提升就业能力和综合素质，助力大学生实现高质量就业，是高校生涯教育和就业指导课程最重要的任务和使命。

高校生涯教育课程作为一门公共必修课，是引导大学生成长成才的重要环节，也是高校人才培养工作的重要组成部分。生涯教育课程的学习，有利于激发大学生职业生涯发展的自主意识，帮助大学生更科学地进行自我探索和职业探索，引导大学生科学规划学业和职业发展，不断提高生涯规划、生涯决策和生涯行动的能力，从而全面提升个人的综合素质和就业竞争力。

"工欲善其事，必先利其器。"为了进一步完善大学生生涯教育的课程标准和体系，更好开展大学生职业规划和生涯教育，不断提高课程教学的针对性和实效性，在学校相关领导和部门的支持和鼓励下，我们依托职业生涯规划和就业指导教研室平台，充分调动教研室已有的师资力量，组建了教材编写团队，结合学校办学实际，经过精心构思、齐心协力、反复修改，最终完成了《新时代大学生生涯教育》教材的编写任务。可以说，教材的编写是我们集体智慧的结晶。本书共七章，具体内容包括：生涯唤醒、生涯探索、生涯测评、生涯好奇、生涯决策、生涯行动和自我管理。每章均有推荐阅读、案例阅读、拓展阅读和课后思考题等栏目，形式多样、内容丰富，具有很强的可读性、针对性和指导性。

本书是一本专门帮助大学生进行职业规划和生涯教育的应用型本科实用教材，主要有四个特点。

一是突出价值引领。在“课程思政”的教学改革的大背景下，本书在编写过程中，坚持“立德树人”的根本宗旨和“课程思政”的教学理念，充分地挖掘课程本身所蕴含的思想政治教育元素和所承载的思想政治教育功能，将习近平总书记对治国理政和青年培养等方面的重要论述融入教材体系，突出了思想引导和价值引领，努力实现生涯教育和思想政治教育的有机统一，实现学生个人成长与国家发展的同频共振。

二是注重服务教学。本书在编写过程中，遵循“贴近学生、立足课程、注重实用”的基本思路，以引导学生成长成才为主线，以服务课程教学为目标，以突出教材实用为导向，力求构建融理论知识、课堂活动、量表测评、教学案例和实践应用为一体的教材体系。

三是整合职业测评。职业测评作为课程教学的一种重要辅助工具和手段，能够为大学生的生涯教育、职业发展提供有益的帮助。因此，本书在编写过程中，精心选取了 MBTI 职业性格测验、Holland 职业兴趣测验等 4 个经典的职业测评量表。这些量表具有良好的信度和效度，并配套相应的量表维度解析，可以有效地帮助大学生更好地进行自我探索。

四是强化榜样引领。榜样的力量是无穷的。榜样是旗帜，代表着方向；榜样是标杆，凝聚着力量。特别身边的榜样不仅可以感染人、鼓舞人，而且可以激励人、教育人，具有很强的启发性和示范性。因此，本书在编写过程中，注重挖掘学生身边的榜样，以真实的案例影响人，充分发挥榜样人物的引领示范作用。

本书由福建技术师范学院马克思主义学院陈飞教授担任主编，施林颖、曾欣虹和邱惠珊担任副主编。各章编写的具体分工如下：第一章由施林颖、陈婉璇和王伟老师负责编写；第二章由曾欣虹、罗彩虹、陈飞和姜平老师负责编写；第三章和附录由陈飞、曾欣虹和李荣华老师负责编写；第四章由李娜、戴丽玲老师负责编写；第五章由施林颖、邱惠珊老师负责编写；第六章由施林颖、周德玉老师负责编写；第七章由王若男、陈昊和林智林老师负责编写。全书由陈飞教授负责设计书稿的整体结构框架和统稿工作。

福建技术师范学院教务处将“职业生涯规划”确定为2024年校级课程思政课程立项项目，本书编写根据该项目建设要求，坚持课程思政理念，聚焦学生成长主线，将思政元素融入教材各章节，打造具有鲜明特点的课程思政教材体系。本书的编写和出版也是该项目建设的成果之一。

在本书编写过程中，编者借鉴和参考了国内外与职业生涯规划相关的大量来自教材、报刊、网站和微信公众号等的资料，在此谨向这些文献资料的作者表示衷心的感谢。厦门大学出版社责任编辑陈惠英老师为本书的修订提供了大力的支持和帮助，在此也表示衷心的感谢。此外，我们还得到曾乐、庄慧芳、吴钰琳、杨诗琪、胡函邑等同学在教材案例收集、图表制作、章节试读和文字校对等方面的帮助，在此一并表示感谢。

由于编者水平有限，书中不可避免会存在一些疏漏和不足。我们真诚希望广大读者能够多提宝贵的修改意见和建议，以便今后我们更好地进行修订和完善。

目　录

第一章　生涯唤醒——点亮人生之路

凡事预则立，不预则废。 ——《礼记》

人生最重要的一件事就是确定一个伟大的目标，并决心实现它。 ——歌德

生涯教育是帮助大学生在自我了解的基础上，通过系统性、专业性的课堂学习、量表测评与实践教学，在生涯唤醒、自我认识、职业探索、能力提升和职业生涯规划等维度实现全面发展的教育过程。大学生正处于生涯发展的探索期和建立期，也是进入生涯教育的关键期，主要任务是在各种机会中去探索自我，唤醒自我的生涯意识，并逐渐树立职业目标和理想。同时，大学期间确立的个人未来职业选择和职业发展等关键性决策，也与大学生未来的发展路径紧密关联。因此，初步了解生涯教育相关理论，掌握系统的职业生涯规划方法，能帮助大学生把握职业生涯发展的一般规律，为大学生了解自我、了解职业、把握生涯发展的阶段规律及掌握职业决策的方法、步骤等开启大门，使大学生未来的职业活动最大限度地实现个人生命价值。

青年之于党和国家而言，最值得爱护、最值得期待。青年犹如大地上茁壮成长的小树，总有一天会长成参天大树，撑起一片天。青年又如初升的朝阳，不断积聚着能量，总有一刻会把光和热洒满大地。党和国家的希望寄托在青年身上！

——2022 年 5 月 10 日，习近平在庆祝中国共产主义青年团成立 100 周年大会上的讲话

明天的中国，希望寄予青年。青年兴则国家兴，中国发展要靠广大青年挺膺担当。年轻充满朝气，青春孕育希望。广大青年要厚植家国情怀、涵养进取品格，以奋斗姿态激扬青春，不负时代，不负华年。

——2022 年 12 月 31 日，习近平二〇二三年新年贺词

青年人有理想、敢担当、能吃苦、肯奋斗，中国青年才会有力量，党和国家事业发展才能充满希望。要加强对广大青年的理想信念教育，引导广大青年树立共产主义远大理想，坚定中国特色社会主义共同理想，坚定听党话、跟党走的政治信念，在强国建设、民族复兴的历史潮流中确立正确的人生目标，为一生的奋斗奠定基石。

——2023 年 6 月 26 日，习近平在同团中央新一届领导班子成员集体谈话时强调

第一节　认识生涯与生涯教育

☞【课堂活动】

相识与相知，破冰活动——Give Me Five

将班级同学分为若干小组，每人选择一支彩笔在纸上画下一个自己的手掌，在每根手指写下自己的信息，并在小组内分享和交流。

（1）拇指：姓名（介绍姓名的来历）；

（2）食指：籍贯、家乡（介绍家乡的特点）；

（3）中指：兴趣、爱好（最主要的介绍1～2个）；

（4）无名指：对大学的总体印象；

（5）小指：此时此刻的心情或感受；

（6）手掌：大学的目标及对自己未来的展望。

一、生涯与生涯发展

（一）生涯与职业生涯

大学毕业，你找到了第一份工作。对这份工作，你可以问问自己：适应吗？满意吗？打算跳槽吗？这份工作能让你的生活、家庭甚至整个人生感到自信、快乐、有价值吗？如果答案是否定的，或是困惑的，那么对这一问题的回答，你需要跳出工作的小圈子，从范围、内涵、影响面更宽广的"生涯"中找找答案。

工作是一个小单位，无法串联起职业、生涯乃至生命。生涯（career），是对职业认识的全新视角，即从关注一份工作转变到从工作出发关注生命演进历程，时间维度、内涵维度都得以扩大。在职业基础上形成的职业生涯，向下联结着具体的工作，向更深远联结着生命，职业生涯概念的提出给了我们一个系统地探索自己人生或职业发展的视角，故职业生涯为我们开启了从工作出发关注生命发展意义的路径。

1. 生涯的定义

关于生涯的概念，舒伯（D. E. Super）认为，生涯是指生活中各种事件的演进方向和历程，它统合了人一生中的各种职业和生活角色，由此表现出个人独特的自我发展形态。美国国家生涯发展协会（National Career Development Association）认为，生涯是个人通过从事工作所创造出的一个有目的的、延续一定时间的生活模式。台湾学者金树人总结了"生涯"的三个重点：生涯的发展是一生当中连续不断的过程；生涯包括个人在家庭、学校和社会中与工作有关活动的经验；这种经验塑造了独特的生活方式。

由此，可以从以下三个方面来理解生涯：

（1）从时间上看，生涯是可以分阶段的，每个阶段都有任务。可以说，生涯是一个“终身发展的历程”，强调的是生涯的持续性、长期性，是伴随着整个生命周期而不断演进变化的。

（2）从空间上看，一个人在一生中是“多角色交互的综合体”，在不同的阶段需要扮演不同的角色。生涯包括个人在家庭、学校和社会中与工作有关活动的经验，个人在不同时期或在同一时期可能担任父母、伴侣、职场人、子女、学生等多种角色。

（3）从特点上看，每个人的生涯都不一样，表现出了“个人发展形态的独特性”。生涯是个人依据其人生目标、动机、兴趣、价值观、信念等特征，并受其所处的外部社会环境条件影响，为自我实现目标而开展的独特的生命演进历程。因此，不同的人具有不同的生涯历程。

☞【课堂活动】

说一说：生涯像什么

如果让你用生涯打个比方，你觉得“生涯”像什么？

一道彩虹，一棵树，一条河，一个迷宫，还是……

____

因为____

2. 职业生涯的定义

职业生涯指一个人依据心中的长期目标所形成的一系列工作选择，包括与其相关的教育或培训活动，是一段有计划的职业发展历程。

国内学者将职业生涯分为广义和狭义两类。广义的职业生涯，是指从职业能力的获得、职业兴趣的培养，到选择职业、就职，直至最后完全退出职业劳动这样一个完整的职业发展过程。由此可见，职业能力、职业兴趣的培养应该从孩提时期开始，而不是从大学大一年级开始。狭义上的职业生涯，是指从踏入社会、从事职业训练或职业学习开始直至职业劳动最终结束，离开职业岗位。

因此，除了具有生涯所具备的三个特征（终身发展的历程、多角色交互的综合体、个人发展形态的独特性）外，职业生涯是指以职业为核心的，个体在人生中的工作经历和与之相关的内心体验的经历。它是以人的潜能开发（如心理、生理、智力、技能、伦理等）为基础，以工作内容的确定和变化，工作业绩的评价，工资待遇、职称、职务的变动为标准，以满足需求为目标的变化发展过程。

☞【推荐阅读】

王德顺，24 岁当话剧演员，44 岁学英语，49 岁辞职后北漂研究哑剧，50 岁开始健身，57 岁创造“活雕塑”，65 岁学骑马，70 岁练出腹肌，78 岁骑摩托，79 岁上 T 台……

2015 年 3 月 25 日，在中国国际时装周上，一场以“东北大棉袄”为设计元素的时装发布会上，一位须发皆白的老者登上 T 台，赤裸上身引发轰动。观众回忆说：“大家一看他光着膀子出来，都 high 了，简直是仙风道骨，直接‘秒杀’小鲜肉。”在中国国际时装周走完秀，久未联系的老朋友都给王德顺来了电话：“你火了！”谢幕时，他光着膀子领着一队模特上 T 台，白发苍髯却胸肌赫然，赢得了“老鲜肉”“老型男”“最帅大爷”等称号。

此前他已在舞台上活跃了 50 多年，他所演的“活雕塑”被收入了《图片中国百年史（1894—1994）》。这本书中第一个人物介绍的是林则徐，最后一个介绍的就是王德顺。

王德顺的最新标签“79 岁男模”一出现，其微博粉丝从 1 万多“刷”地涨到了 10 多万，原来几十、几百的评论转发数量，突然之间变成了几万，不说回复，连看都看不过来。“粉丝多了我心不安。”他分析自己突然能火的原因是“反差”：“本来在时尚圈人们习惯了一种温柔袅娜的形象，我来了一个彪形大汉的形象，突然来了一个很大的反差；另外我这个年龄，让人们觉得 79 岁还有这样一个身体状态、生活状态，反差也挺大。”

他的新书《形体语言艺术》在 2015 年出版，他计划新书宣传时表演“活雕塑”，对自己的要求，是身形堪比罗丹雕塑。为此，他每天在家附近的健身房锻炼两个小时。

王德顺，有一个绰号叫“摇滚老头”。为什么这么说？因为他的人生实在太精彩了。他为白岩松等名人上形体艺术课，为中国带出第一批时装模特，还演电影、做哑剧，出演《天地英雄》《闯关东》《功夫之王》等影视剧。甚至在接近 80 岁的高龄，他还参加了全国马拉松速滑比赛。

用王德顺的一句话来说就是：“有梦就去追，活着就得带劲儿！”

（资料有删改，资料来源：顾雪英，李莉. 大学生职业生涯规划与发展［M］. 南京：南京大学出版社，2019.）

（二）生涯教育与生涯发展

生涯发展是终身发展的历程，伴随着个人生命周期的持续演进，个体的生涯会形成不同的生涯发展阶段。同时，不同的人具有不同的生涯历程，进而形成不同的生涯发展模式。

1. 生涯发展的五个阶段

生涯发展是一个历程，是对职业的过程管理，绝不是一次性找工作。生涯发展的显著特点是将职业发展与每个人的生命周期发展线相融合。舒伯认为，生涯发展可以分为五个不同阶段。伴随着人的生命周期不断发展形成的五个生涯发展阶段依次是：生涯成长阶段（0～14 岁）、生涯探索阶段（15～24 岁）、生涯建立阶段（25～44 岁）、生涯维持阶段（45～64 岁）、生涯衰退阶段（65 岁及以上）。不同阶段生涯发展重点、发展任务各不相同。

根据舒伯的生涯发展阶段理论，大学生处于生涯探索阶段（15～24 岁），主要发展任务是从多种实践机会中探索自我，逐渐确定职业偏好，并在选定的职业领域中起步。生涯探索阶段还可继续细分为三个子时期：

（1）尝试期（15～17 岁）：综合认识和考虑自己的兴趣、能力、机会，开始尝试择业。

（2）过渡期（18～21 岁）：进入劳动力市场，或者接受专门的职业培训。

（3）初步试验承诺期（22～24 岁）：选定工作领域，开始从事某种职业。

2. 生涯发展的主要模式

由于每个人的兴趣、性格、技能、价值观都不同，且所处的内外环境都有差异，因此，每个人的生涯发展模式自然各不相同，具体表现为不同生涯发展阶段的特点、准备工作与完成情况都各不相同。舒伯提出男性生涯发展的四种模式（career pattern）：

（1）稳定型：未经尝试而直接进入某一职业，并持续工作很久。

（2）传统型：经过一段时间的尝试后，才在某一领域稳定下来。

（3）不稳定型：因各种因素导致不稳定，很晚才进入建立阶段。

（4）多重尝试型：不断尝试多种工作而很难进入建立阶段。

由于男女性别在生涯发展模式上会有一定差异，因此，舒伯还提出了女性生涯发展的七种模式：

（1）稳定家庭主妇型：毕业后很快结婚，婚后做全职主妇。

（2）传统型：毕业后有工作，婚后放弃工作，以家庭为重心。

（3）稳定职业妇女型：各阶段一直有工作，以事业为重心。

（4）双轨生涯型：各发展阶段兼顾工作和家庭双重角色。

（5）间断生涯型：曾经有工作，全心照料家庭一段时间后复工。

（6）不稳定型：家庭和工作之间在不同阶段出现多次停止—恢复的交替循环，无明显规律性。

（7）多轨生涯型：有多种不同的工作，工作之间也不一定相关。

二、生涯教育与职业生涯规划

（一）生涯教育

生涯教育是以学生为主体，通过系统的知识传递、能力培养和价值观引导，帮助大学生在学业、职业、生活等多维度中实现自我认知、目标探索和行动规划的终身发展过程。它不仅是帮助学生找到一份工作的“求职指导”，更是贯穿大学阶段的成长支持体系，旨在解决大学生面临的“我是谁”“我要去哪里”“我要如何行动”三大核心问题（见图 1-1）。

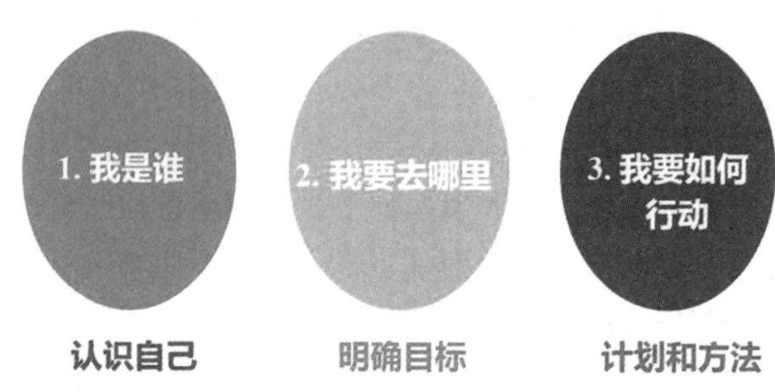

图 1-1 生涯教育的三大核心问题

大学生生涯教育强调将大学生个人兴趣、能力与社会需求动态结合，既关注自身就业竞争力的提升，也注重心理健康、社会责任感和人生意义的建构，最终助力大学生实现从“被动适应社会”到“主动创造价值”的转变。其核心目标是引导学生在大学阶段明确个人价值观、兴趣与潜能，结合社会需求与职业发展趋势，制定适应性的生涯规划，提升就业竞争力与人生幸福感，最终实现从校园到社会的有效过渡与可持续发展。

大学生生涯教育的主要特征有以下四个方面：

1. 主体性特征：以学生为决策核心的成长赋能

大学生生涯教育的核心在于唤醒学生的主体意识，引导其从“被动接受”转向“主动规划”。相较于基础教育阶段的教师主导模式，大学阶段更强调学生通过自我认知、职业探索、决策实践等过程形成独立生涯观。主体性特征要求高校生涯教育老师要从“灌输者”转变为“脚手架搭建者”，通过案例研讨、生涯工作坊等形式激发学生的内驱力。

2. 个性化特征：基于学科特质的精准育人模式

世界上不存在完全一样的两片树叶，每一片树叶都是独一无二的。由于个体在性格、价值观、思维模式、行为方式、职业生涯目标等个人内在因素上的差异，因此，每个人的生涯发展和教育必然存在明显的个性特点。个性化特征是生涯教育最主要的特征。不同学科背景的生涯教育呈现显著差异性，要善于根据不同专业和学科的特点，实行个性化培养，定制个性化成长路径。这种个性化的设计有利于突破传统“千人一面”的粗放培养模式，构建生涯教育与专业培养深度嵌合的精准育人模式。

3. 预见性特征：面向未来趋势的前置能力培养

在人工智能加速职业迭代的背景下，新时代高校的生涯教育已从“就业匹配”升级为“未来－proof 能力培养”。一些高校积极探索建立“职业发展指数模型”，动态追踪2000 家高新企业岗位需求变化，当发现“无人机操控员”“低空旅游策划师”“数字营销人员”等新兴职位时，立即联动相关院系开设微专业。这种预见性教育强调“技能储备领先市场半年”，通过校企共建人才图谱、开设未来职业体验营等方式，帮助学生建立趋势洞察力，真正实现面向未来经济社会的发展趋势来前置学生能力培养。

4. 整合性特征：贯穿全周期的生态化育人体系

区别于模块化就业指导，现代生涯教育呈现全要素整合特征。一些高校积极打造的“生涯立方体”模型，纵向贯通“专业认知—职业探索—职场衔接”三大阶段，横向整合课程（生涯教育必修课）、实践（专业实习实训）、评估（数字化能力诊断）等要素。以环境科学专业为例，探索创设人才培养“绿色职业发展链”：大一时带领学生走进污染治理企业参观访谈，建立行业认知；大二时引导学生积极参加大学生创新计划训练项目或参与碳排放核查项目，积累实操经验；大三进入环评机构顶岗实习，最终形成从课堂到职场的无缝衔接。这种生态化体系强调资源集成与过程协同，有利于构建起贯穿大学全周期的生态化育人体系。

（二）职业生涯规划

职业生涯规划最早产生于20世纪初，是由西方国家的职业指导演化而来。它是在经济发展、职业分化和经济周期产生一系列社会矛盾后，社会为解决就业问题的必然产物。1908年，美国著名的“职业指导之父”——波士顿大学教授帕森斯（Frank Parsons）针对当时大量年轻人失业的情况，成立了波士顿职业局，开了职业指导活动的先河。最初的职业指导主要关注人与职业的匹配，内容以测评和提供职业咨询为主。帕森斯在《选择一个职业》一书中指出，人们正确选择职业应遵循人职匹配论（又称特质因素论）。该理论成为职业选择和职业指导的经典理论。1913年美国成立全国职业指导协会。这一时期，职业指导在英、法、德、日等许多国家和地区迅速建立并发展起来。得益于心理学、教育学、社会学等多学科的发展以及人力资源管理实践的推动，职业指导的相关理论不断得到深入发展和实践应用。美国于20世纪30年代初建立了明尼苏达就业稳定性研究所，研究有关的职业能力兴趣测试工具。到20世纪五六十年代，舒伯等人提出“生涯”的概念，并提出生涯发展理论，使职业生涯指导与职业指导并驾齐驱。自此职业指导跳出了简单静态的人与职业匹配模式，拓展到将“生涯”概念融入个体发展进程，探究从出生到死亡的整个生涯发展过程中个体动态的职业发展与获得职业满足领域。20世纪90年代以来，“促进人的生涯发展”的思想，已经成为职业指导事业的主旨。

职业生涯涉及一个人从青少年时期到退休的时间范畴。欧洲的一些国家从幼儿园就开始进行职业角色教育，所以，从大一年级开展职业生涯规划还早的观点是错误的。同时，职业生涯规划也绝非单纯指求职找工作。职业生涯规划（career planning），是指个人结合自身情况、眼前的机遇及制约因素，为自己确立职业方向、职业目标，选择职业道路，确定教育计划、发展计划，为实现职业生涯目标而分解阶段发展目标，制订具体的行动方案，通过职业活动来最大限度地实现个人生命价值。

生涯规划不仅仅指职业规划，还包含人的生命历程中除职业之外的许多方面的规划，如家庭生涯规划、社会生涯规划、生活生涯规划、休闲生涯规划等。其中，职业也是人最大的生涯，职业生涯规划是人生中最重要的规划，因为人花在工作上的时间几乎占到人生的一半。职业生涯规划是为了通过规划实现职业发展目标，并伴随着其他方面的生涯规划同步展开，共同推动个体的自我实现。

（三）生涯教育与职业生涯规划的区别与联系

生涯教育与职业生涯规划是两个紧密相关但内涵有所差异的概念，在职业发展领域中常被提及。

1. 二者的区别

一是定义范畴差异。生涯教育（career education）是一种系统性教育过程，旨在帮助个体（尤其是学生）全面认识自我与社会，培养职业意识、职业技能和生涯决策能力，覆盖人生全阶段的职业发展需求。例如，对中小学进行生涯教育，可以设置“职业体验”相关课程，对大学生进行生涯教育可以设置“大学生生涯教育”“就业指导”“职业素养”等课程。而职业生涯规划是个人在职业发展中的具体行动策略，通过分析自身兴趣、能力、价值观，结合外部环境，制定阶段性职业目标及实现路径。例如，职场新人为自己设计3年晋升计划，下岗再就业人员设计技能提升方案等。二是核心目标差异。生涯教育侧重对通用能力的培养（如职业认知、适应性、决策能力、自我调节能力等），关注人的终身发展；而职业生涯规划更侧重具体目标实现（如如何更好选择岗位、如何优化晋升路径等），具有明确的实践导向。三是时间跨度差异。生涯教育贯穿人的一生（从儿童到老年）；而职业生涯规划通常更侧重阶段性的规划和安排（如每3～5年调整一次）。我们还可以从核心属性、实施主体、时间长短和实施侧重点四个方面来把握二者的区别（见表1-1）。

表1-1　生涯教育与职业生涯规划的对比

维度	生涯教育	职业生涯规划
核心属性	教育过程	管理工具
实施主体	学校/社会机构	个人主导，可能借助外部支持
时间视角	终身性、前瞻性	阶段性、针对性
实施侧重点	职业意识与通用能力的培养	具体目标、方法与路径的设计

2. 二者的内在联系

一是基础与应用的互补关系。生涯教育为职业生涯规划提供知识储备与能力基础（如自我认知、职业信息获取方法等），而职业生涯规划是生涯教育的实践延伸。二是动态互动过程。生涯教育帮助个体在规划中更科学地调整目标（如通过职业测评发现潜能），职业生涯规划的反馈也会促进生涯教育内容的优化。三是共同导向终身发展。二者均服务于个体在职业领域的可持续发展，强调适应社会变化与自我成长。

第二节　大学生生涯教育的重要意义

一、大学生进行生涯唤醒和生涯定向的需要

（一）生涯唤醒

生涯唤醒的前提是自我觉知。你是否常常问自己：你了解自己多少？你了解外部世

界多少？生涯教育的重要功能就是帮助你了解自己，自我觉知，并引导你了解外部世界。例如，对于砍树这项任务而言，即使我们不磨刀，也可以砍树。但如果事先研究了树的纹理和结构，把刀磨好了，看起来是晚一步砍树，然而却增加了更好更早地完成任务的概率。

生涯唤醒的行动表现是订立契约与作出承诺。生涯规划一旦确定，个人就为自己的人生订立了一份契约，敦促自己为此作出承诺。尽管这份契约和承诺的内容会经过评估、反思、调整，但契约和承诺的精神是保证生涯规划持续进行下去的内在约束力。

总之，在生涯教育过程中，你就是规划的主人。只有你意识到它的重要性，它才能发挥作用。生涯教育最大的意义在于你以行动去实现目标，因此，任何人都无法取代你在自我生涯规划中的主体作用。

☞【课堂活动】

生命故事回顾

准备三张卡片，思考回顾：在过去的生命历程里，你经历了哪些事情成就了今天的你？分别将其写在3张卡牌上。

在小组内，随机选一人先出“牌”，并说出卡牌上的内容。如果卡牌的内容是独特的、其他人都没有的，就可以继续出牌；如果其他同学有与出牌者相同的内容，逆时针（右手边）顺序依次跟牌。最后一位跟牌的同学获得新一轮的发牌权；一个人出了全部牌后，逆时针（右手边）的人获得发牌权。

最后将全部卡牌做一下分类，进行分享交流。

（二）生涯定向

一方面，明确的职业生涯定向，能帮助大学生清晰关注自己的职业生涯所设定的目标方向，明确行动计划、步骤，使大学阶段的学习和生活变被动为主动。另一方面，具有明确职业生涯定向的人，在面对抉择、困难和挑战时，内心会形成一种自我调节的激励机制，形成不达目的誓不罢休，全力以赴超越自我的向上拼劲。反之，则易出现焦虑、不安、畏难等负面情绪。很多大学生群体中存在的盲目性问题，如求学动机缺乏、学习动力不足、学业成绩偏低、学生角色投注不足、个性发展受限等，这些问题都是缺乏明确的生涯定向导致的结果。

1966年，心理学家马西亚（Marcia）从自我认定的角度，依据面对的抉择危机和专注定向，将青年人的自我认定归纳为4种不同的形态，分别如下：

（1）自我定向者（identity achievement），即本人在经历抉择危机之后，逐渐确定其生涯方向或职业目标。

（2）提早定向者（identity foreclosure），即本身未曾面对抉择危机，但在生涯方向或职业目标上，已接受父母或他人的安排而定型。

（3）延迟未定者（identity moratorium），即正在面对个人的抉择危机，需要寻求定向。

(4) 茫然失措者 (identity diffusion)，即面临抉择危机，因生涯方向或职业目标模糊不定而感到焦虑，甚至逃避抉择。

马西亚认为，后两者即延迟未定者和茫然失措者在面临生涯抉择之际，由于缺乏目标定向，更容易产生焦虑、不安等不良情绪，不利于大学阶段的学习和生活成长。马西亚的研究结果表明，生涯确定是青年期主要而关键的发展任务之一，生涯定向明确与否不仅关系到个人的长期发展，也会影响其当前的生活调适。

☞【推荐阅读】

雷军的目标故事

那天晚上，星光很亮，我在武大的操场上走了一圈又一圈，走了整整一个晚上。我心里有团火，我想办一个伟大的公司。就是这样，梦想之火在我心里彻底点燃了。但是一个大一的新生，一个从县城里出来的年轻人，什么也不会，什么也没有，就想创办一家伟大的公司，这不是天方夜谭吗？后来我想，干脆别想，把书念好才是正事。我想了一个在当时特别夸张的目标，就是两年修完大学四年所有学分。那我遇到的第一个问题就是如何选课，当时也是逼急了，实在没办法，我就决定跑到大三大四的宿舍，挨个敲门找老乡，果然就找到了几个学长。学长特别热情，跟我滔滔不绝地讲了几个小时，把整个大学的课程体系都跟我讲了一遍，走的时候还把他们用过的教材教辅，甚至课堂笔记都打包送给我了。那一刹那，我仿佛开了天眼。大学怎么读，一下子就明白了。

接着，我遇到的第二个难点是什么呢？是如何搞定自学。武汉大学的计算机是从数学系里分出来的，相当于半个数学系。这个课程挺难的，我们学的全是数学系的专业数学，上完以后你要自学，多半你看不懂。我经常看着看着痛苦得不得了，怎么看都看不下去。我当时硬着头皮，咬着牙往下读，读着读着突然开窍了，开了一个什么样的窍呢？我就是遇到看不懂的先跳过去，像看小说一样，从头看到尾，坚持往下看，接着呢，放一两周拿出来，再看第二遍，放一两周，再看第三遍，反复多读几遍，读来读去就读懂了。

谈到这里，我再跟大家讲我遇到的第三个难点：搞定点名。因为我很多课都是跟高年级同学一起上的，所以同学我都不太熟，而我要上两倍的课程，很多课程的时间是冲突的。所以对我来说，缺课是不可避免的。一旦遇到老师点名，同学又不熟怎么办呢？我后来在想：为什么全天下的老师都喜欢点名呢？我觉得他们点名的目的主要是监督同学们好好学习。假如我能让老师加深印象，假如我能让老师知道我没有偷懒，这个问题不就解决了吗？于是，上课的时候，同学们特别喜欢坐后面，我总是坐第一排，坐正中央，坐到老师一眼就能看到的地方。只要老师提问题，我总是第一个举手，不管会不会，这样一来，老师印象不就深了吗？课间休息的时候，只要有不懂的，我总是主动地跑去找老师请教。一来二去，老师对我印象就深刻了，其实系里大部分老师，对我印象都挺好的，所以点名缺课就不是问题了。

就这样我克服了重重的困难，终于搞定了四年所有的学分。我们学的是计算机，光修学分是不够的，还需要把程序写好。于是，我又树立了第二个目标，成为一个优秀的程序员。30 多年前，电脑挺少，我们全年级的同学上机实习，只有一台 68K 的小型机，这 68K 的性能比十年前的手机还要差很多，更要命的是 20 多个人一起用，那慢得真的令人发指。可就是这样的条件，还不是你想用就用的，还得凭票使用，每个同学一周两张，每张只有两个小时。我首先的第一招就是，只要有空就跑到机房门口去排队，万一有同学迟到或者不来，我就去捡漏，就用人家的电脑，我混到管机房的那个老师跟我熟得不得了。为了利用有限的上机时间，我每次上机之前都在纸上先把代码写好，到了电脑前面只要录入就行。为了提高录入的效率，我找了张打印纸把键盘拓下来，然后贴在课桌上，这样一边上课我就一边敲桌子练习，我就是这样练出来的。如果实在没有电脑用呢，我还有一个绝招，我就在纸上写，把教材里的一些程序拿出来，这些都是示范程序中写得最好的，我就在纸上用自己的办法一遍一遍地重写，直到写到同样的水平。20 世纪 80 年代计算机系第一门课就是 Pascal 语言程序设计，上大二的时候，有同学来告诉我，我的 Pascal 作业被老师编入了新版的教材。那一刻我可激动了，我觉得我下的功夫老师终于见到了。后来我就到老师的实验室帮忙做课题，这样我就可以有电脑用了，就在实验室的电脑前熬过了一个又一个通宵，逐步修成了同学眼里的技术高手。我又定下的第三个目标就是在一级学报上发篇论文，有了这个目标以后，我就去找我的老师张德祥教授，跟他请教我该怎么做。他给我出了个主意说："要不你把之前研究计算机病毒的那些思考整理整理，寄给学报试试。"当时是在 20 世纪 90 年代初，国内刚刚经历了计算机病毒的第一次大爆发，我当时特别有兴趣，花了很多时间琢磨，还写了一款杀毒软件，但是这个就算学术成果吗？其实我心里一点底都没有，但是我还是按照张老师的建议，壮着胆子就整理成了论文。我真的没想到第一次投稿就中了，正式发表是在两年后的 1992 年 8 月。

我今天回想起来觉得，那些看起来很了不起的目标，你去试一下，也许并没那么难。所以我是觉得每一个年轻人还是要有年轻人的魄力，敢想敢干，也不要听人家这个建议那个建议，我觉得敢想敢干最重要。其实很多事情没有那么难，你去试一下，说不定就成了。

（资料来源：整理自雷军演讲视频）

二、突破障碍、开发潜能与自我实现的需要

米凯洛奇（Betty Neville Michelozzi）指出，生涯教育具有突破障碍、开发潜能和自我实现三个积极作用（见图 1-2）。明确的职业目标和科学规划能帮助大学生在面临困难时，以积极心态汇聚战胜困难的动力，驱逐内心的焦虑、怯懦、迷茫等消极心态。在这三个积极作用中，突破障碍与开发潜能是正反相对的关系。自我实现是最终实现的目标。三者关系首先是互为促进的，进而逐步递进达到自我实现的最终目标。因此，生涯教育所具备的突破障碍、开发潜能和自我实现的作用，将激励大学生在生涯发展道路

上不断实现自我、超越自我。

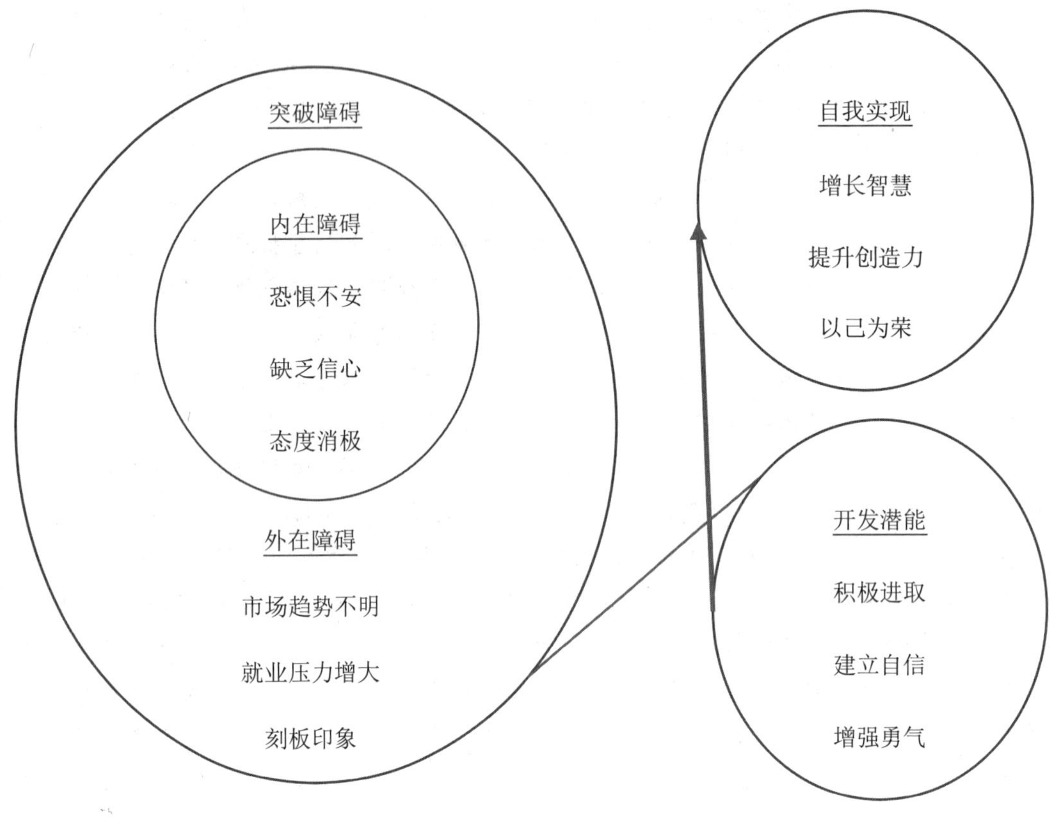

图 1-2 生涯教育的三个积极作用

1. 突破障碍

障碍包括内在障碍和外在障碍，其中内在障碍包括恐惧不安、缺乏信心、缺少自觉、自视甚低、态度消极、缺少技能等；外在障碍包括政局不安、市场趋势不明、经济衰退、社会紊乱、刻板印象、体能要求等。

2. 开发潜能

开发潜能包括自我觉知、积极进取、建立自信、培养实力、增强勇气、增进沟通技巧。

3. 自我实现

自我实现包括以己为荣、圆融、丰足、喜悦、增长智慧、提升创造力等。一个人最大的幸福，是能以自己选择的方式生活。适合自己的才是最好的。生涯规划的最终目的不在于你找到了多么完美的人生目标，而在于它带给你认识自己和了解社会的方法，并在此基础上更加理性地选择适合自己并在内心为之向往的职业发展道路。

三、大学生立志成才，成为时代新人的需要

生涯教育对于大学生的成长成才至关重要。第一，生涯教育能帮助大学生明确目

标、激活梦想。生涯教育有助于引导大学生在探索职业世界的过程中，关注祖国需要、社会发展，使大学生自觉把个人利益同祖国利益、人民利益结合起来，将自己的职业理想同社会的共同理想结合起来，将小我融入大我，实现个人梦与国家梦、民族梦的同频共振。第二，生涯教育有助于引导大学生脚踏实地、付诸行动。当梦想被唤醒后，生涯教育能督促学生根据自己的条件制订实现梦想的行动计划，始终保持清醒的头脑和积极向上的风貌，学会规划、敢于行动，为理想信念打下坚实的基础。第三，生涯教育有助于帮助大学生激发潜能，培育个人实力。生涯教育需要在持续的学习、行动、调整、反馈、优化中不断帮助大学生更好地掌握专业技能、培育优秀的道德品质、大胆的创新精神、良好的沟通和团队协作能力等，形成满足职业发展需要的核心竞争力。总之，生涯教育有助于引导大学生将职业选择与个人志趣、价值取向深度融合，构建起“专业—职业—志业”立体成长框架。生涯教育帮助大学生逐步成为有崇高的职业理想、正确的职业价值观、合理的职业规划、良好的职业素养的社会主义合格建设者和可靠接班人。

☞ **【推荐阅读】**

从龙岩小子到互联网巨头，张一鸣的传奇逆袭之路

一、南开岁月，代码中逐梦

2001年，18岁的张一鸣带着对未来的憧憬与期待，踏入了南开大学的校门。这所位于天津的百年学府，以其深厚的学术底蕴和开放包容的氛围，为张一鸣提供了一个广阔的成长舞台。

刚进入南开大学时，张一鸣被调剂到微电子专业，但经过一段时间的学习，他发现自己对软件工程更感兴趣，于是毅然决然地申请转专业。在那个信息爆炸的时代，计算机技术正以前所未有的速度发展，张一鸣敏锐地捕捉到了这一趋势，他坚信，软件工程将是开启未来世界大门的钥匙。转专业后的张一鸣，如同鱼儿得了水，全身心地投入到代码的世界中。他每天泡在图书馆和实验室里，如饥似渴地学习各种编程语言和算法，不断提升自己的技术能力。

在南开大学，张一鸣不仅专注于学业，还积极参加各种课外活动，锻炼自己的综合能力。他是学校BBS“我爱南开”网页开发技术板块的活跃用户，经常在上面分享自己的技术心得和经验，也会帮助其他同学解决技术难题。凭借着出色的编程能力和乐于助人的性格，张一鸣在学校里结识了许多志同道合的朋友，其中就包括他未来的创业伙伴梁汝波。两人不仅是室友，更是彼此学习和成长的好伙伴，他们经常一起讨论技术问题，交流创业想法，为日后的合作埋下了伏笔。

除了技术上的钻研，张一鸣还广泛涉猎各种书籍，从人物传记到商业管理，从哲学思想到历史文化，他的阅读范围极为广泛。在他看来，阅读是一种低成本的自我提升方式，通过阅读不同领域的书籍，可以拓宽自己的视野，丰富自己的思维方式，为未来的发展打下坚实的基础。他尤其喜欢阅读人物传记，从那些伟大人物的成长经历中汲取力量和智慧。他曾说：“那些伟大的人，在成为伟大的人之前，也是过着看起来枯燥的生

活，也是由点滴的事情构成，大家都是平凡人。”这些传记让他明白，成功并非一蹴而就的，而是需要长期的积累和坚持。

大学期间，张一鸣还积极参加各种学术竞赛和实践项目，将所学知识运用到实际中。他曾参与开发一款电路板自动化加工软件 PCBS，并凭借该软件获得了“挑战杯”二等奖。这次经历不仅让他在技术上得到了锻炼，也让他深刻体会到了团队合作和创新的重要性。在项目开发过程中，他与团队成员密切配合，共同攻克了一个又一个技术难题，最终成功完成了软件的开发。这段经历让他明白，一个人的力量是有限的，只有通过团队的协作，才能实现更大的目标。南开大学的四年时光，是张一鸣人生中重要的转折点。在这里，他不仅学到了扎实的专业知识，还培养了自己的创新思维和团队合作能力，结识了一群志同道合的朋友。这些宝贵的经历和收获，为他日后的创业之路奠定了坚实的基础，也让他逐渐明确了自己的人生方向——在互联网的世界里，创造属于自己的辉煌。

二、职场初体验，挫折中摸索

2005 年，张一鸣从南开大学毕业，正式踏入社会。怀揣着对未来的憧憬和创业的梦想，他与两位学长组成了一个三人小团队，决定开发一款面向企业的 IAM 协同办公系统。在那个互联网行业刚刚兴起的年代，协同办公还是一个相对新颖的概念，张一鸣和他的团队敏锐地捕捉到了这一市场需求，希望能够通过自己的努力，为企业提供一款高效、便捷的办公软件。

然而，创业之路并非一帆风顺。由于缺乏市场经验和对用户需求的深入了解，他们的产品在市场定位上出现了严重的偏差。尽管这款协同办公系统在技术上有一定的创新性，但却未能满足企业实际的办公需求，用户对其反响平平。在投入了大量的时间和精力后，项目最终还是以失败告终。这次创业失败给张一鸣带来了沉重的打击，他陷入了深深的自我怀疑和迷茫之中。但他并没有被失败打倒，而是从这次经历中吸取了宝贵的教训，明白了创业不仅需要有创新的想法，更要深入了解市场和用户需求，找到产品与市场的契合点。

创业失败后，张一鸣开始反思自己的职业规划，他意识到自己在技术和管理方面还有很多需要学习和提升的地方。2006 年，一个偶然的机会，张一鸣看到了旅游搜索网站酷讯的招聘信息。酷讯致力于打造一个专注于旅游信息搜索的平台，旨在为用户提供便捷、全面的旅游搜索服务。这一创新的理念吸引了张一鸣，他认为这是一个可以发挥自己技术专长的机会，于是决定加入酷讯，成为公司的第一位工程师，全面负责酷讯的搜索研发工作。

在酷讯，张一鸣充分发挥了自己的技术优势和创新精神。他全身心地投入到工作中，每天都工作到很晚，不断优化搜索算法，提升用户体验。他的努力和才华很快得到了公司的认可，仅仅一年的时间，他就凭借出色的表现成为技术总监。随着公司的不断发展，张一鸣的职责也越来越重，他开始带领团队进行技术研发和项目管理工作。在这个过程中，他不仅提升了自己的技术能力，还锻炼了自己的团队管理和沟通能力。他学会了如何有效地分配任务，如何激励团队成员，以及如何在团队中营造良好的合作氛围。

然而，随着公司规模的不断扩大，酷讯内部也逐渐出现了一些管理问题。公司的发展方向变得模糊不清，管理层之间的决策也时常出现分歧，这让张一鸣感到十分困惑和无奈。他意识到，酷讯已经无法满足他对职业发展的追求，他需要寻找一个更能让自己成长和发挥的平台。于是，在 2008 年，张一鸣做出了一个重要的决定——离开酷讯。

离开酷讯后，张一鸣收到了来自微软的橄榄枝。微软，作为全球科技行业的巨头，拥有着先进的技术和完善的管理体系，是无数技术人员梦寐以求的工作地方。张一鸣希望能够在微软学习到先进的管理经验和技术理念，提升自己的综合素质。于是，他加入了微软，成为一名普通的员工。

在微软的工作经历，让张一鸣对大公司的管理模式有了更深入的了解。微软拥有一套严格的流程和规范，每一个项目都需要经过层层审批和验证，这确保了产品的质量和稳定性。然而，这种过于烦琐的流程也让张一鸣感到有些束缚，他觉得自己的工作缺乏挑战性和创新性，很多想法都无法得到及时的实施。此外，微软的工作节奏相对较慢，与他之前在创业公司的工作节奏截然不同。这让习惯了快节奏工作的张一鸣感到有些不适应，他开始怀念在创业公司那种充满激情和挑战的工作氛围。

仅仅半年后，张一鸣便离开了微软。他意识到，微软虽然是一家伟大的公司，但并不适合他的职业发展。他渴望回到充满挑战和创新的创业环境中，去实现自己的梦想。这次在微软的短暂经历，虽然没有让张一鸣获得他想要的成长，但却让他更加明确了自己的职业方向和追求。他深知，自己的内心深处始终燃烧着创业的火焰，只有在创业的道路上，他才能找到真正的自我和价值

三、独立创业，崭露头角

2009 年，在经历了多次创业失败和职场磨砺后，张一鸣决定再次踏上创业之路。这一次，他将目光投向了房地产领域，创办了“九九房”，这是一家专注于房产信息搜索和移动应用开发的公司。在互联网行业摸爬滚打多年的张一鸣，敏锐地察觉到了移动互联网的发展趋势，他坚信，通过移动应用为用户提供便捷的房产信息服务，将有着巨大的市场潜力。

在九九房，张一鸣充分发挥了自己的技术优势和创新精神。他带领团队在短短 6 个月内，就推出了“掌上租房”“掌上买房”“房产资讯”等 5 款移动应用，这些应用以其简洁易用的界面、丰富准确的房源信息和个性化的推荐功能，迅速吸引了大量用户。在当时移动互联网刚刚兴起的背景下，九九房的出现，犹如一股清泉，为用户在烦琐的房产信息中找到了一条便捷的通道。用户可以通过手机随时随地浏览房源信息，预约看房，大大提高了找房的效率和体验。

凭借着出色的产品和精准的市场定位，九九房在房产应用领域迅速崛起，很快就做到了行业第一名的位置，拥有了 150 万用户，日活用户达到 10 万。张一鸣也因此在移动开发领域崭露头角，他的创业才华和商业眼光得到了业界的广泛认可。然而，就在九九房发展如日中天的时候，张一鸣却做出了一个令人意想不到的决定——辞去九九房 CEO 的职务。

张一鸣之所以做出这个决定，是因为他对市场趋势有着更深刻的洞察和思考。随着

移动互联网的快速发展，信息爆炸的时代已经来临，用户对于信息的获取和筛选变得更加困难。张一鸣意识到，单纯的房产信息服务已经无法满足用户日益增长的需求，他需要寻找一个更具创新性和发展潜力的方向。经过深思熟虑，他将目光聚焦在了信息推荐领域，他坚信，通过算法和大数据技术，为用户提供个性化的信息推荐服务，将是未来互联网发展的重要趋势。于是，在2011年底，张一鸣毅然决然地离开了九九房，开始筹备他的下一次创业——字节跳动。这次离开，并不是因为他对九九房的发展失去了信心，而是因为他看到了更大的机遇和挑战。他深知，创业是一场永无止境的旅程，只有不断地突破自我，寻找新的方向，才能在激烈的市场竞争中立于不败之地。九九房的成功，不仅让张一鸣积累了丰富的创业经验和资金，更让他对移动互联网行业有了更深入的理解和认识。这些宝贵的经验和认知，为他日后创办字节跳动，打造今日头条、抖音等多款现象级产品奠定了坚实的基础。

四、字节跳动，一鸣惊人

2012年，张一鸣带着他的团队，在北京知春路的一间民居里，开启了字节跳动的创业之旅。字节跳动的第一款产品，正是后来风靡全球的今日头条。在那个信息爆炸的时代，传统的新闻资讯平台采用的是编辑推荐模式，用户获取的信息往往受到编辑主观意识的影响，难以满足个性化的需求。张一鸣看到了这一痛点，他决定运用大数据和人工智能技术，打造一个能够根据用户兴趣和行为，为用户精准推荐个性化新闻资讯的平台。

为了实现这一目标，张一鸣和他的团队日夜奋战。他们深入研究用户的浏览行为、兴趣偏好等数据，不断优化推荐算法，力求让每一条推荐内容都能精准命中用户的兴趣点。经过无数次的试验和调整，今日头条的算法终于取得了重大突破。通过“内容＋用户＋环境”三维算法模型，今日头条实现了每分钟数万次的个性化匹配，用户停留时长较传统门户提升了300％。这一创新的技术理念，让今日头条在竞争激烈的新闻资讯领域中脱颖而出，迅速吸引了大量用户。

在今日头条取得成功后，张一鸣并没有满足于现状。他敏锐地察觉到了短视频领域的巨大潜力，决定再次进行创新和突破。2016年，字节跳动推出了一款全新的短视频产品——抖音。抖音以其简洁易用的视频拍摄和编辑功能，以及基于算法推荐的个性化内容推送，迅速吸引了大量年轻用户。

除了今日头条和抖音，字节跳动还推出了一系列其他产品，如西瓜视频、火山小视频、懂车帝、剪映、飞书等。这些产品涵盖了短视频、长视频、知识科普、汽车资讯、视频剪辑、办公协作等多个领域，形成了一个庞大的产品矩阵。字节跳动通过不断创新和拓展业务领域，满足了用户多样化的需求，也为自己的发展开辟了更广阔的空间。字节跳动的成功，离不开张一鸣的领导和团队的努力。张一鸣始终坚持“技术创新、用户至上、开放合作”的理念，带领团队不断探索和创新。他注重人才培养和团队建设，吸引了一批来自全球各地的优秀人才，打造了一个高效、创新、富有激情的团队。在张一鸣的带领下，字节跳动不断突破自我，实现了从一个初创公司到全球科技巨头的华丽转身。

张一鸣的成功，对我们每个人都有着深刻的启示。他让我们明白，只要有梦想，并为之付出努力，就一定能够实现自己的价值。在这个快速发展的时代，我们要像张一鸣一样，保持敏锐的洞察力，关注行业的发展趋势，不断学习和提升自己，勇于创新和尝试。同时，我们也要学会在团队中发挥自己的优势，与他人合作，共同追求更高的目标。

张一鸣是一位杰出的企业家，他的故事将激励着更多的人勇敢地追求自己的梦想，在时代的浪潮中，创造属于自己的辉煌。

（资料有删改，资料来源：“商业首脑来信”微信公众号，2025 年 2 月 22 日，作者：于道引）

第三节　生涯教育的原则与步骤

一、生涯教育的基本原则

大学生生涯教育既是“认识自我”的探索过程，也是“链接社会”的行动实践。其基本原则需兼顾个体独特性与社会复杂性，通过科学方法与人文关怀的结合，助力大学生构建可持续的生涯发展路径。

1. 个性化指导原则

坚持以学生为主体，尊重学生的个体差异，根据每一个学生的兴趣、性格、能力与价值观不同，有针对性地提供个性化指导和帮助。可以通过职业测评（如 MBTI、霍兰德职业兴趣测试）、一对一咨询等方式，帮助学生识别个人的优势与短板，避免“一刀切”的规划模式。

2. 实践导向原则

实践才能出真知，生涯教育要强调“知行合一”，将理论知识与真实职业场景结合，通过实践积累经验。可以组织学生参加职业生涯规划大赛，到目标企业参访、实习实训等活动，让学生在真实环境中检验职业选择，提升岗位适应力。

3. 动态适应性原则

生涯规划不是一劳永逸的，大学生需要根据个人成长、家庭状况和社会环境变化而动态调整，避免僵化思维。可以引导学生积极关注行业趋势（如人工智能、低空经济发展对职业的影响），着力培养大学生的终身学习能力与灵活应对变化的心理韧性。

4. 系统整合原则

生涯规划不仅具有动态特点，而且还是一个系统工程，要善于整合课程学习、校园活动、各类竞赛和社会资源等多维度支持，构建生涯教育生态系统。可以通过跨学科课程（如职业素养、创新创业等课程）、校友导师计划、校企合作项目等，为大学生提供多元成长路径。

5. 价值引领原则

我国是中国共产党领导的社会主义国家，必须加强爱国主义、集体主义、社会主义教育，着力培养担当民族复兴大任的时代新人。要将社会主义核心价值观融入生涯教育全过程，引导人们树立正确的历史观、民族观、国家观、文化观，避免功利化倾向。要引导和鼓励大学生将小我融入大我，到西部去，到基层去，主动融入国家发展大局，在科技创新、乡村振兴、绿色发展、社会服务、卫国戍边等领域争当排头兵和生力军。

二、生涯教育的主要步骤

系统的生涯教育可按照生涯唤醒、自我探索、探索职业世界、生涯决策、生涯行动、评估反馈与调整六个步骤进行（见图 1-3）。

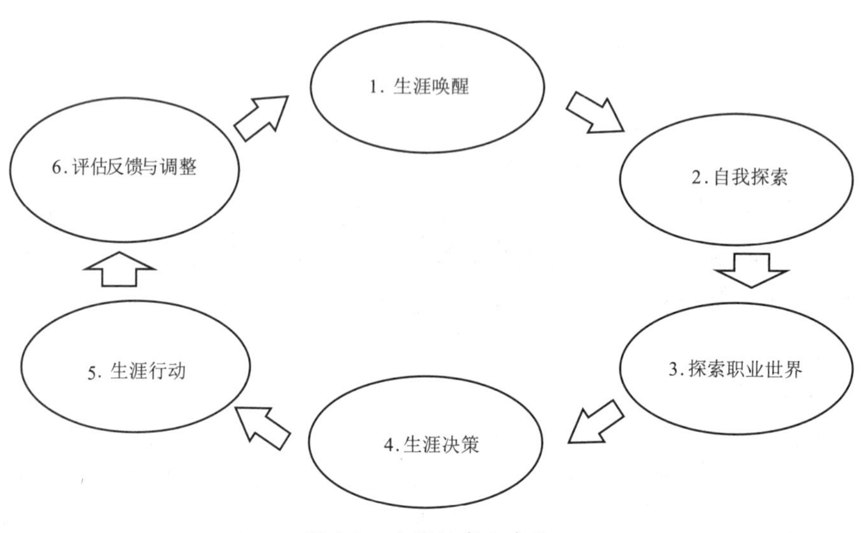

图 1-3　生涯教育六步骤

（一）生涯唤醒

生涯教育始于生涯唤醒。你首先要意识到生涯教育对你自己的意义，并发自内心地想为自己赢得理想人生而主动付出努力。你得愿意花时间来思考自己的人生目标，规划自己的职业发展。同时，也要提醒自己：生涯规划是一个过程，不可能立竿见影。在此基础上，对自己做出一个承诺——对自己制定的生涯规划负责到底。

（二）知己：自我探索

自我实现的前提是知道“我是谁”。要回答这个问题，其实并不简单。很多初入大学的新生面对这个问题，都会感到有些困惑。在生涯教育中，自我探索主要从兴趣、性格、能力和价值观 4 个维度展开，即做什么能给你带来快乐，自己的性格适合做什么，目前的知识、技术、能力决定自己能做什么，以及什么职业让你觉得有意义。在生涯教育中可以采用量化方法进行自我探索，如使用霍兰德职业兴趣测评量表以及 MBTI 性格测试量表等一系列心理学领域的测量工具。通过多维度的自我探索，得出几个适合自己的职业群，再进行职业群的同类合并，得出的交集就是与自己比较匹配的最佳职业库。

（三）知彼：探索职业世界

在自我探索的基础上所形成的职业库，还不能直接作为我们的目标职业方向。因为这完全是由个人主观探索出来的结果。在现实中，我们能否从事某一项职业，还受到外部客观环境条件的制约。探索职业世界包括对职业世界宏观发展趋势的把握，了解职业的分类和内容、准入门槛、能力要求、福利待遇、教育培训、晋升路径等，以及就业创业相关政策、所学专业与职业的关联性等。大学生可以通过网络搜索职业分类、收集招聘信息和就业政策，也可以采用生涯人物访谈、实习实训、社会实践等直接或间接方式完成职业世界探索的任务，形成预期的职业库。

（四）生涯决策

生涯决策是个人在多项选择之间权衡利弊，以达成最大价值的历程。在现实生活中，我们每时每刻都在做大大小小的选择。受个人特质、经验、客观条件等因素的影响，每个人的选择模式各不相同。为了在每个人的职业群中最大限度地做出理性、科学的职业选择，我们可以运用职业生涯规划理论中比较科学的决策模型（如 CASVE 决策理论）来帮助自己作出选择。当然，单纯的选择不等同于决策。我们还需要在确定好目标职业的基础上，制定出实现职业目标的对策，如制定时间表和实施步骤等。

（五）生涯行动

职业目标选择和实施对策确定之后，最重要的是采取行动、付诸实践。对大一新生而言，就是解决该如何做才能适应大学专业课学习，如何提升思考分析能力、组织管理能力、人际交往能力等问题；对大学生高年级学生而言，就是解决“我怎样做才能成功就业”的问题，包括努力提升就业能力、训练求职能力、参加专业实践等。

（六）评估反馈与调整

当行动过程中碰到瓶颈，发现实际情况与规划偏离时，就需要对原有的规划进行检验，包括对人职匹配的准确度、能力条件、社会支持条件、工作满意度、职业成就感、岗位要求、职位晋升可能等进行再评估。结果可能会继续原有的规划前进，也可能会发现原有规划存在不合理或不适合自己的情况。这就需要对当前的自己和职业世界进行再探索，在原有规划基础上适时进行再调整。由此可知，系统的生涯规划是一个不断循环的过程，没有一劳永逸的生涯规划。

☞ **【推荐阅读】**

生涯规划，助力成长

在大学的各类尝试里，机遇无处不在。然而，不少同学心中满是疑惑，怎样才能精准确立自己的生涯目标？又该如何在丰富多样的校园生活中，寻找自己的独特价值？小葵采访了 2023 级心理健康教育专业硕士生曾若珩，若你也正因这些问题陷入迷茫，从她的解答中，我们或许能找到破解这些困惑的答案。

曾若珩，中共党员，心理学院心理健康教育专业 2023 级研究生。大学期间曾获国家级奖项荣誉 7 项、省市级荣誉 23 项，涵盖职业规划、心理教育、志愿服务等多个领域。曾获第五届全国师范生微课大赛一等奖、全国“先行者——心理健康校园行”知识风采展示一等奖、福建省大学生职业规划大赛金奖、福建省高校师范生教学技能大赛一等奖，被评为福建省福州市首届“最美青年志愿者”、福州市“优秀共青团员”。现以“点亮心灯，绽放生涯”为信念，奔走在心理健康教育与生涯规划辅导的道路上。

一、以终为始，打造自己的“不可替代性”

在人生这条漫长的征途上，每个人都在努力探寻独属于自己的方向。谈及生涯规划，她感慨颇深：“曾经我会分享‘没有白走的路，每一步都算数’，但现在，更推荐‘减少白走的路，让每一步都算数’。”大学，是一个充满无限可能的舞台，专业学习、学生工作、志愿服务等活动丰富多彩。然而，面对这些选择，大学生常常会陷入迷茫：究竟怎样合理安排，才能让自己的人生绽放光彩？成为众人眼中的“六边形战士”式全能人才，就等同于真正优秀了吗？掌握十八般武艺就能兑换理想人生吗？作为不曾停下脚步的曾若珩，她说自己逐渐意识到，“成功与否，不在别人的眼里，而是内心清晰地、坚定地明白自己想要成为什么样的人、要去向何方”。如果缺乏明确的生涯目标作为指引，很容易看似什么都会、什么都做，但陷入生涯的迷茫与困惑。

而大学生职业规划大赛就像一盏明灯，引领她深入探索“自己究竟想要成为什么样的人”。回顾2024年参加全国大学生职业规划大赛的历程，她坦言：“在进入大学前，我便明确了自己想成为一名教师的心。但成为哪个领域的老师？大学老师？中小学老师？不同的生涯目标也会对当下及未来的努力方向产生影响。在参赛的过程中，我对自己走过的路重新进行系统性梳理，不断在实践中找到自己的答案。”然而，锚定生涯目标只是第一步。她建议大学生应结合自己的独特优势，打造属于自己的“不可替代性”——“别人提到你的名字，就能脱口而出你在某个领域的卓越专长和独特价值”。

打造“不可替代性”，要秉持“以终为始”的理念。她分享道：“我想成为什么样的人？这样的人会做什么样的事情？再来规划我现在要做什么样的事情。”具体来说，我们首先要深度思考自己渴望成为什么样的一个人，在此基础上，详细地拆解职业目标，明确需要培养哪些专业技能、专业知识和通用素质。在持续的尝试中，挖掘自身的独特之处并在实践中发展，同时思索发展自身长处需要具备哪些能力，以及怎样充分利用大学时光来培养这些能力，这都是打造不可替代性的关键所在。大学生职业规划大赛于曾若珩而言，绝非仅仅是角逐荣誉的赛场，更是一次珍贵的自我探索与成长契机。通过这种向内的摸索，她逐渐明确了成为一名“懂生涯规划的心理老师”这一职业目标，也更加清晰未来的努力方向。

二、行万里路亦需高人指路

读万卷书不如行万里路，而行万里路亦需高人指路。在曾若珩的成长过程中，前辈们的引领起到了至关重要的作用。她认为，优秀的榜样是成长的一大助力。“无论是学长学姐、老师，还是已经从业的朋友，他们有着明确的目标和方向，沿着他们的足迹，我们可以汲取许多智慧。”

“要根据自己的目标去咨询一些前辈，有的路许多前辈们已经踏过，怀揣真诚之心请教总能收获宝贵的经验。”这些经验不仅包括如何提升目标职业所需的能力，还包括学习前辈们的思考方式和对职业的见解。这些见解与经验，正是我们在职业规划和未来发展中所需要了解的。获取经验也并非简单地聆听和记录，而是需要我们用心去感悟、去实践。“我们要将前辈们的经验与自己的实际情况相结合，不断地反思和总结，将其转化为自己的能力和智慧。以教育领域为例，每个省份都会表彰优秀教师。我们需要思考：这些名师有哪些值得学习的闪光点？优秀教师的教学方法、教育理念，以及对学生的关怀方式，都是我们可以借鉴的宝贵经验。”因此，我们需要积极探索自己想成为的职业角色，并根据目标主动向前辈请教。

而生涯混沌理论背景下，职业生涯发展不是一条线性的、可预测的路径，而是一个充满不确定性、复杂性和动态变化的过程。因此，借鉴并非盲目模仿，而是要在向榜样学习的过程中，结合自身的资源、地域特点、个人特质，以及未来时代的发展趋势，进行深度的独立思考，动态性地对自己的生涯目标和实践路径进行调整与优化。通过这样的方式，我们才能在未来道路上走得更稳、更远。

三、愿做微光，不断向太阳炙热的方向前行

早在高一，当朋友圈刷屏着“青年改变城市，教育改变晋江”时，她便与志愿活动结下不解之缘，自此踏上了“不断向太阳炙热的方向前行”的志愿之旅。

“我觉得志愿服务这件事情，与其说我们在奉献自己，不如说是志愿活动给了我们一个成长的机会，是它在成就我。”曾若珩把志愿服务当作一个低成本的试错机会，在服务社会的同时不断提升自己的能力。在实践活动中，她认为：“要把自己当作创造者，而不是参与者。”她的家乡晋江，为她提供了广阔的实践平台，让她在参与过程中将自身能力与社会需求紧密结合，真正做到了以爱心回馈社会，实现个人价值。

对于如何在自己的道路上“成为微光，吸引微光”，曾若珩有着很深的体会。她认为，要成为“懂生涯规划的心理老师”，“深入民生”是关键。“要了解和深入到民生大地，通过调研等科学的方式去发现领域中存在的痛点，进而思考：我能不能为这一个痛点去提供一些专业性的解决方案。”在实践中，她正是这样做的。寒暑假期间，她以家乡“教育改变晋江”志愿服务团队主要负责人、全国晋江籍大学生联合会副会长兼秘书长身份参与策划志愿活动，助力家乡振兴、教育脱贫。在新高考改革背景下，选科选专业至关重要。为帮助晋江的高三毕业生填报志愿，曾若珩策划了“选大学问学长姐”志愿填报活动，成功助力上千名晋江高中生。在“疫情防控家中宅　青春守护·带爱回家”活动中，她运用心理学知识，通过线上直播，探讨了导致父母和孩子冲突的原因，并结合青少年青春期生理、心理发展特点，给出相应解决办法，帮助家长认识和理解孩子青春期的变化，有效缓解了家长的教育压力和焦虑。这些行动，正是她基于对学生群体痛点的挖掘，用专业知识给出的解决方案。

米兰·昆德拉在《不朽》中写道：“人世间本来就有大的不朽和小的不朽，大的不朽是世人对你言必称名，是那些陌不相识的人在你死后依然记得你，而小的不朽，不过是爱你的人依然记得你。”曾若珩感慨道：“我不会为我没能实现大的不朽而后悔，可是我却难免会遗憾和难过我这一生，从来没有在另一个人的生命里做一束微光，曾经闪烁过。”她向着太阳般炙热的方向勇敢笃行，即便只是微光，也竭尽全力焕发光芒。愿我们都能成为一些人生命中或亮或暗的光，在他人的生命中微微闪烁。要相信：微光吸引微光，微光一定会照亮微光！

四、向下扎根，向上生长

尽管学习生活任务繁重，曾若珩却能把生活与工作安排得井井有条，这得益于她独特的时间分配方法。“我每天会做时间分配，一般采用‘时间四象限’，分为：重要紧急，重要非紧急，非重要紧急，非重要非紧急。我一般先做重要紧急和重要非紧急。在有限的时间里先完成最重要的事，其他事情可以稍后再做。”这套科学的方法，让她在繁忙事务中找准节奏，确保各项任务有序推进，无论是投入教学实践，还是投身志愿服务，都能高效应对。

同时，曾若珩强调在大学学习阶段扎实积累的重要性。“在成为有用的人之前，得先让自己拥有一块敲门砖，所以我们的专业知识和技能需要我们在学校里面扎扎实实地学。”她深知，只有在校期间筑牢专业根基，未来才能在社会中站稳脚跟，更好地回馈社会。这种理念，也是她对一届又一届大学新生的建议。

在曾若珩看来，个人成长是一个持续动态的过程。“不弃微末，久久为功。”在充满不确定性的未来中，她总是保持坚定的步伐，持续朝着目标前进，真正实现了“向下扎根，向上生长”。

（资料有改动，资料来源：“福师大小葵”微信公众号，2025 年 3 月 19 日）

☞ **【拓展阅读】**

新时代的生涯成功

持续了几十年的全球化浪潮出现了逆全球化趋势，民族主义、孤立主义和贸易保护主义抬头，国际摩擦、地缘政治冲突带来的世界不确定性上升，这给所有涉外的贸易、制造以及服务行业带来不确定的发展风险；从国内形势来看，我国政府为打击垄断、降低贫富差距、改善民生、实现共同富裕，强力整顿互联网、房地产、教育培训以及游戏娱乐等行业，这些行业过去吸纳大量毕业生就业，目前都面临升级或转型的压力，大学生进入的难度加大。

第一，科学技术飞速进步对职业发展的影响。疫情防控在全球范围内进一步刺激了数字化（线上）经济突飞猛进，越来越多的商业行为和生活起居数字化，由此产生的大量生产和消费数据促进了人工智能的加速发展。

人工智能会实现工作岗位的自动化，很多传统的工作如制造业岗位、低技能服务业（电话销售员、保险核保人、低级翻译等）会逐渐消失，一些高专业性工作如法官、医生、教师等也会因为使用人工智能辅助而带来传统工作内容和方式的不同程度的变迁。同时人工智能会产生更多的新工作，创造更多的工作岗位，但这些工作岗位更多依赖于新兴的技术以及由此产生的生活、工作形态，躺在固定的岗位上以不变应万变会被生活无情暴击。

第二，企业组织管理方式变化对职业的影响。居家办公加速了工作的无边界化，很多在线会议打破地域限制和时间限制，原本清晰的时间边界、职责边界都因为在线办公变得弹性与不清晰；在这种情况下，传统的层级管理模式因其封闭、僵化的组织状态和管控为特点的管理风格，很难快速应对社会变化和客户需求，因此，组织管理模式会变得更以人为本，管理者引领和激励员工自觉认同组织的使命，让一线的组织成员有更大的自主权去面对客户和合作伙伴，更好地应对瞬息万变的社会环境。

综合以上影响，我们可以发现新时代职业发展的几个特征：

第一，职业的不确定性变得前所未有。国内外政治经济大环境不确定性增加，科技发展带来的影响难以预测，各组织内部小环境的管理方式变化在所难免，传统的阶梯式生涯路径正在消失，永久性的全职工作机会减少，雇佣方式多样，项目制的工作方式增多，这给在校大学生预测未来的职业安全和生涯发展带来巨大的不确定性。

第二，职业的创新性特点和个性化特征越来越强。同样的职业因为工作单位的不同而在工作内容上有很大的差异，同样的工作内容因为工作者和工作对象不同带来完全不同的工作范围和工作表现，员工的个人创造性有更大的发挥空间。

第三，工作对劳动者的专业技能和通用技能的要求变得更高。工作者不仅要拥有某一专业领域的技术知识和具体技能，也要掌握必要的高级认知技能，如问题解决能力和批判性思维，还要拥有诸如人际协作、同感理解、组织管理等关键软技能。

那么，大学生如何在新时代取得职业生涯的成功，不仅顺利就业，还能有高质量的生涯发展？新时代的工作者应具备什么样的心理品质才能应对巨大的不确定性、走出有个人风格的职业发展道路呢？

第一，大学生要努力建构自己的生命意义。在复杂多变的世界里，当外界的规范和指导减少，又面对很多人生选择和发展道路时，我们内在的生命意义能够引领我们做出决定，克服迷茫与困惑。生命的意义感有很多来源，有对未知真理的探索，有对美的艺术追求，也有对公平正义的坚守，在这些意义感来源之上，有更为重要的意义感，是对国家和人民的热爱。作为当代中国的大学生，要关心“国之大者”，要自觉地把个人的发展和国家的发展、社会的需要、人民的疾苦联系在一起，在国家发展和民族复兴的百年大计中发现自己的生命意义。当我们把自己的生命意义和崇高的使命建立起有力联系后，我们将获得足够的力量面对不断变化的挑战、复杂因素交织的选择。

第二，大学生要努力提升自己的生涯适应力。生涯适应力是当代著名生涯学者萨维卡斯提出来应对社会职业环境不确定性的核心概念，其描述个体在应对生涯发展任务和职业转换时自我调节的心理力量和心理资源，又可分为四个维度，分别是：生涯关注，指对自己生涯发展的重视，愿意承担个人成长的责任，关心自己的未来；生涯控制，指对自己的未来有掌控感，相信自己的未来掌握在自己手里而不是命运或者其他人手里；生涯好奇，指对自己的未来的职业、工作内容抱有一种好奇心，有愿意去探索、想要去实践的动机；生涯自信，指相信自己能够实现自己的梦想，对自己的能力有自信心。萨维卡斯认为，当一个人有了对自我发展的责任心，相信自己能够掌握命运，同时对未来充满好奇心，并具有应对变化实现想法的自信心，那么他就有应对不确定的能力。

第三，大学生要努力培养自己的创新精神。职业环境的快速变化和工作任务的不断更新，使得既定的工作思路、工作模式不足以应对，工作者必须常怀有创新意识和精神，用新的工作思路、工作方式来解决新问题，勇于变革、敢于变革、善于变革将是未来工作的常态。国务院办公厅在2021年9月发布《关于进一步支持大学生创新创业的指导意见》，提出要健全高校创新创业教育体系，增强大学生的创新精神、创业意识和创新创业能力，坚持创新引领创业、创业带动就业。这表明我国政府鼓励大学生的创业是以创新为基础的创业，唯有不断培养创新精神、提高创新能力，才有符合大学生特点的创业。创业并不只是狭义的创办企业，在现有职位上的创新，用新的工具、新的资源、新的思路、新的技能来解决老的问题，也是一种创业，而且可能为创办一个新企业奠定基础。创新精神要求大学生不断学习，保持对新思想、新技术的开放和好奇，能够敏锐地发现对现有工作可能带来突破点的新事物，掌握解决新问题需要的新技能。古人说，君子不器，在技术快速发展的新时代，这句话是创新精神要求的准确表达。

第四，大学生要拥有积极乐观的健康心态。积极乐观是面对未知和不确定的情形时，能对未来的发展作出正面、积极判断；在面对困难和不利情形时，更多看到困境中的有利因素，相信事情会向好的方面发展的心理品质。新时代职业发展的不确定性是我们个人无法掌控的，我们能够掌控的是我们对待它的态度。组织管理方式的变革，会赋予个体更多的主动权、自主权，来面对服务对象的要求和工作中的挑战，那必然会带来对未知情景的判断，这时，工作者是积极乐观还是消极悲观，会在很大程度上决定事情后续的走向、结果的优劣。积极乐观的工作者会积极地挖掘资源、发现有利因素，把事情往好的结果去推进，而消极悲观的工作者则会关注负面的因素，任由糟糕结果无情到来。

第五，大学生要养成坚韧不拔的做事风格。所有的职业成功都需要持续不断的努力，而不是遇到挫折和困难就放弃。近些年心理学家非常重视坚韧性这个概念，他们研究发现坚韧性是学业、事业发展的核心要素。坚韧性指的是个体在遭遇挫折、创伤之后恢复最初状态，在压力威胁下能够顽强持久、继续努力的心理品质，强调个体在挫折后的成长和新生。在复杂多变的环境里，遇到挫折是无法避免的，唯有坚定努力方向、调整心态、执着努力，才能克服困难，走向成功。

在职业环境变得越来越复杂和不稳定的时代，职业的安全与发展不再由我们的单位所提供的时候，我们心中强烈的生命意义感、高度的生涯适应力、充沛的创新精神、积极乐观的心态和坚韧不拔的做事风格将用我们内在的力量引领我们的发展，使我们安身立命，走出一条富有个人特色的独特道路，获得事业的成功和生活的幸福。

（资料来源："仁能达生涯"微信公众号，2024年6月6日，原载于《光明日报》，作者：乔志宏）

第四节　生涯教育的基本理论

生涯教育的理论发展始于20世纪初。1909年，美国著名的职业指导先驱弗兰克·

帕森斯（Frank Parsons）在《选择一个职业》（*Choosing a Vocation*）一书中，提出人们正确选择职业时应该遵循特质因素论（又称人职匹配论），由此开辟了职业生涯规划的理论研究之路。此后的100多年来，在帕森斯的特质因素论基础上，一批心理学家、社会学家、就业指导专家从不同角度对个人职业生涯问题进行了深入系统的理论构建和实证研究，形成了有关职业选择、职业适应、生涯发展与生涯平衡、生涯决策等一系列基本理论。职业指导、职业规划逐渐被整合形成生涯教育和职业规划理论。

对于大学生来说，初步了解和掌握这些理论非常重要，它帮助我们掌握生涯发展与职业规划的一般规律，为我们了解自我、了解职业、掌握生涯发展的阶段规律以及做出职业决策的方法和步骤开启大门。

一、职业选择理论

职业选择理论主要用于解决职业选择问题，其经典理论主要包括弗兰克·帕森斯的特质因素理论和约翰·霍兰德（John Holland）的职业兴趣理论。职业选择理论有助于帮助学生更好地了解自我特质，为选择真正适合自己的职业做准备。

（一）帕森斯的特质因素理论

1. 主要观点

特质因素论是最早期的职业选择理论。帕森斯认为，每个人的人格都是独特的，与不同人格特征相适应的职业类型也应各不相同，人们可以有选择职业的机会，职业选择的焦点就是实现人职匹配。其中，特质，即人格特征，包括个人的兴趣、能力倾向、价值观等。而“因素”则指某一职业成功必须具备的条件或资格。

2. 实施特质因素论的三步法

特质因素论具有很强的可操作性。该理论将职业选择分为3个步骤：个人特质分析、职业因素分析和人职匹配。通过这3个步骤，个人就可以选择一项既符合个人特性又有可能获得的职业类型。

（1）了解求职者的特质，包括身体状况、性格与气质、能力倾向、兴趣爱好、价值观、缺陷不足等方面，可以通过心理测量工具进行量化测量，也可以通过调查访谈等方法获得求职者的家庭背景、职业经历等资料，并对所获得的资料进行综合评价。

（2）求职者了解各种职业的任职条件及资格等资料，可以通过对职业信息的搜索、分析得到。这些信息包括：

①职业属性特征：工作性质、工作环境、薪酬待遇、晋升机会、行业前途、岗位优势与不足等。

②求职的最低条件：如学历和专业要求、身体条件、年龄、能力条件、心理素质要求等。

③为实现就业所需的教育培训计划，以及提供的教育机构、学习年限、入学资格和费用等。

④就业机会。

（3）人职匹配。实现个人与职业相匹配是特质因素论的最终目标。个人特性与职业要求之间配合得越紧密，职业成功的可能性越大。求职者在对自己的特质和职业指标进行了解、分析、测量后，可由职业指导者辅助求职者进行比较、匹配，使求职者选择的职业在个人特质与职业因素间谋得平衡。例如，教师这一职业需要有掌握教学规律且具备专业知识的择业者与之相匹配；脏、累、苦等劳动条件很差的职业，需要有吃苦耐劳、体格健壮的劳动者与之匹配；具有敏感、易动感情、不守常规、个性强、理想主义等人格特性的人，适宜从事具备审美性、体现自我情感表达的艺术创作类型的职业。

3. 理论评价

特质因素理论为人们的职业选择提供了最基本的原则，各种心理测量工具和各国出版的大量职业信息书刊为这一理论的实践提供了良好支持。该理论开启了生涯教育和职业规划理论发展的先河。该理论的缺陷在于，这一理论对个人特质、人职匹配结果所持的静态观点否定了个人职业选择的动态性，与现代社会的职业变动规律不相吻合，也忽视了社会因素对职业设计的影响和制约作用。

（二）霍兰德的职业兴趣理论

1. 主要观点

霍兰德职业兴趣理论主要解决职业兴趣探索与职业选择类问题。美国著名的心理学家、职业指导专家约翰·霍兰德于 1959 年提出了职业兴趣理论。职业兴趣，指的是个体对不同类型的工作、活动的心理偏好程度。该理论重点阐述了兴趣类型与职业类型之间的匹配关系，认为某种类型的职业通常会吸引具有相同职业兴趣的一类人，而具有相同职业兴趣的人对生活事件的反应模式也相似。霍兰德突出强调了兴趣在职业活动中的动力作用，认为人和职业环境的类型匹配将会增加个体的工作满意度、职业稳定性和职业成就感。霍兰德以职业兴趣为基础，先后编制了职业偏好量表和自我导向搜寻表两种职业兴趣量表作为测查工具。霍兰德的职业兴趣理论由以下四个基本假设组成：

一是在美国文化中，大多数人的职业兴趣类型可以分为以下六种，即实用型、研究型、艺术型、社会型、企业型和事务型。

二是职业也有上述六种类型，其名称、性质与职业兴趣类型的分类一致。

三是人们都尽量寻找这样的职业环境：能突出自己才能、符合自己价值观、担当适当的角色，令自己愉快的职业，如一个现实型的人会尽力寻找现实型的职业。

四是人的行为表现是由职业环境类型和职业兴趣类型相互作用的结果。如果知道自己的职业兴趣类型和职业类型，我们就可以预测自己的职业选择。

2. 霍兰德六种职业兴趣类型

霍兰德的职业兴趣类型可划分为实用型、研究型、艺术型、社会型、企业型和事务型六种，职业类型也相应有上述六种类型。

（1）实用型（realistic）：实用型人的特点是喜欢动手操作、操控工具设备，比较独立，情绪稳定，对事有耐心，直率，但不喜欢人际交往。对应的职业有技术性行业的工作人员、工程师等。

（2）研究型（investigation）：研究型人喜欢思考研究，爱追根究底、思想独立且好奇心强，内心自信，喜欢创新创造，在人际关系上偏好让自己感到适度即可。对应的职业有计算机程序员、科学领域工作人员等。

（3）艺术型（artistic）：艺术型人直觉敏锐、善于表达、创意唯美、爱自由表现、思想独立、情绪上往往比较自我。对应的职业有编辑、作家、工艺美术工作者等。

（4）社会型（social）：社会型人喜欢帮助教导他人、待人和善、亲近他人、比较关心他人的感受、人际关系上比较和谐。对应的职业有教师、护士、学校辅导员等。

（5）企业型（enterprising）：企业型人精力旺盛，喜欢影响他人、说服他人，具有冒险和竞争的精神，行动有计划，对经济敏感，在组织中通常成为影响他人者。对应的职业有管理人员、销售人员等。

（6）事务型（conventional）：事务型人做事谨慎规矩、精确高效、做事有条理、有耐心和细心、为人比较顺从、稳定可靠。对应的职业有公司职员、会计等。

3. 霍兰德职业兴趣六边形

霍兰德认为，大多数人都并非只有一种性向（比如，一个人的性向中很可能是同时包含着社会性向、实用性向和研究性向这三种）。这些性向越相似，相容性越强，则一个人在选择职业时所面临的内在冲突和犹豫就会越少。为了帮助描述这种情况，霍兰德将这六种性向分别放在一个正六边形的每个角上，标示出六大类型的关系（见图 1-4），大体可以分为三种关系。

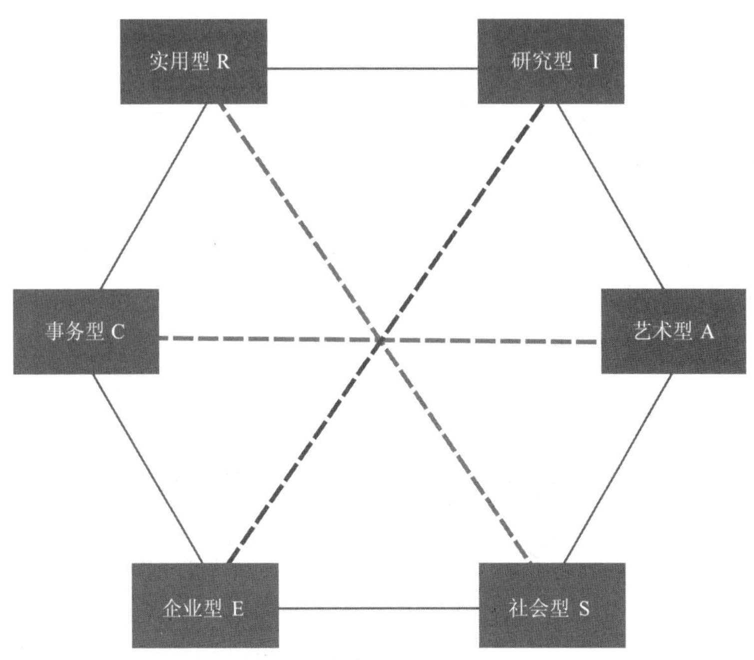

图 1-4　霍兰德职业兴趣六边形

（1）相邻关系，如 RI、IR、IA、AI、AS、SA、SE、ES、EC、CE、CR 和 RC。属于相邻关系的两种类型的个体之间共同点较多。如现实型（R）、研究型（I）的人都不太偏好人际交往，这两种职业环境也都较少有机会与人接触。

(2) 相隔关系，如 RA、RE、IC、IS、AR、AE、SI、SC、EA、ER、CI 和 CS。属于相隔关系的两种类型的个体之间共同点较相邻关系少。

(3) 相对关系。在六边形上处于对角位置的类型之间即为相对关系，如 RS、IE、AC、SR、EI 和 CA。相对关系的两种类型共同点少，因此，一个人同时对处于相对关系的两种职业环境都兴趣很浓的情况较为少见。

4. 霍兰德职业兴趣类型编码

霍兰德职业兴趣类型编码通常可分为三种：单编码、双编码、三编码。个体往往是多种职业兴趣类型的综合体，单一类型显著突出的情况很少见。所以，在通常情况下，评价个体的职业兴趣类型是以其在六大类型中得分居前三位的类型组合而成，组合时根据分数的高低依次排列字母，构成其职业兴趣类型代码，如 RCE、AIS 等。

当个人进行职业选择时，通常会选择与自己职业兴趣类型相匹配的职业环境，如具有现实型职业兴趣类型的人一般选择在现实型的职业环境中工作。但是，在实际情况下，职业选择中的个体并非一定会选择与自己职业兴趣类型完全对应的职业环境。这是因为影响职业选择的因素是多方面的，不仅要依据职业兴趣类型，还要参照社会的职业需求及获得职业的现实可能性。因此，当个体需要做出一定的妥协时，若寻求的是相近或相隔关系的职业类型的，个体就需要不断适应其工作环境。若选择的是相对关系的职业类型时，可能就会感到痛苦或难以适应。

5. 理论评价

霍兰德的职业兴趣理论更强调对个体职业兴趣类型及其匹配对应的职业类型进行归纳，被称为一种“类型学”的职业选择理论。霍兰德职业兴趣类型理论结构完整、清晰、便于操作。量表应用也十分广泛，具有很强的实用价值。该理论重视个人特质与工作世界的匹配，提供了明确的探索方向，有利于引导个体主动积极地进行生涯探索，激发了众多领域学者的关注和深入研究。但是，该理论仍然具有特质因素论的静态视角，将职业兴趣作为个人稳定的人格特质来看，忽略了个人成长和学习经验的重要性，因而受到批评。

二、工作适应理论

工作适应论主要用于解决职业发展的适应类问题，如大学生实习期间的职业适应问题、就业后的职场新人适应、晋升后的适应、组织变动后的员工适应问题等。比较著名的是明尼苏达大学职业评估中心（Vocational Assessment Clinic）的罗圭斯特（Lofquist）与戴维斯（Dawis）提出的明尼苏达工作适应论。该理论最初是为了帮助在工作中面临更多障碍的残障人士，后经过不断修正，逐步发展至适应于一般人群。

（一）主要观点

明尼苏达工作适应论认为，个人与工作环境之间存在着互动关系。人们一方面必须满足工作的要求，另一方面也从工作中获得满足，维持这一双向互动的过程就是工作适应。个人特质与工作环境之间的符合程度就是二者的适配度（fit）。个人与环境持续相互影响，就是互动（interaction），互动包括主动的改变和被动的改变。

明尼苏达工作适应论大体上有以下四方面假设：

（1）工作适应就是人与组织进行的一段持续的双向互动过程；

（2）人们在适应过程中需要不断地做出调整，以维持人与工作环境的符合程度（correspondence）；

（3）工作会改变，个人也会改变，人与工作环境的符合程度是一种动态平衡状态；

（4）个人与工作符合程度越高，工作满意度越高，在此工作领域中也较会持久留任（tenure）。

（二）理论模型

1. 模型解读（见图 1-5）

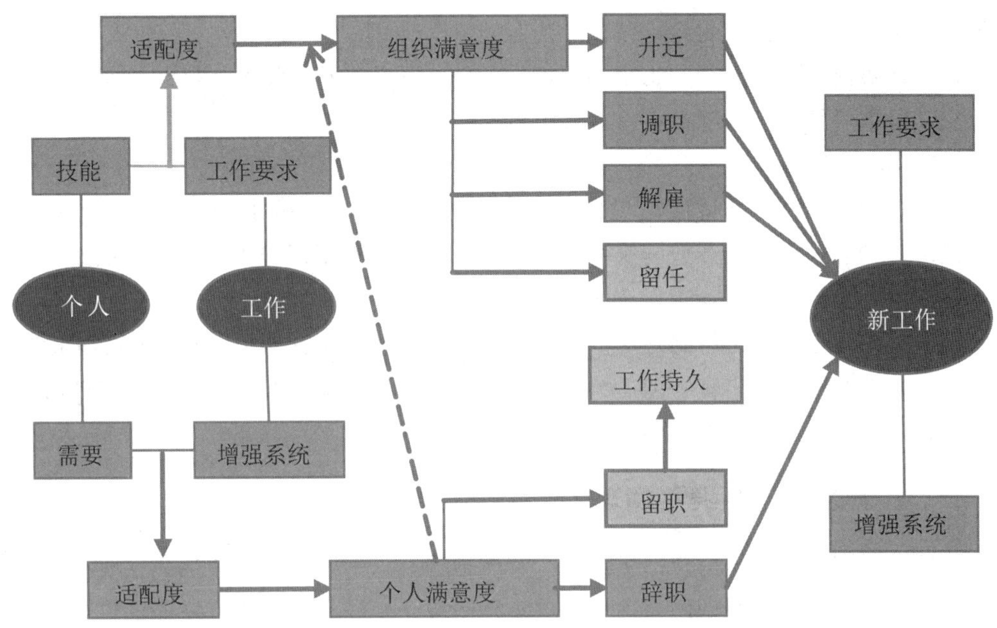

图 1-5　明尼苏达工作适应理论模型

（1）模型中的"技能"由以下三方面构成：

①专业知识或素养，如信息技术、化学、英语、体育教育等。

②可迁移技能，指的是更加通识、可迁移的一类基础能力，如沟通能力。

③自我管理能力，如独立、坚强、动机、自信等。

（2）根据马斯洛需求层次理论，模型中的"需要"包括：

①生存需要（如物质需求）。

②情感需要（如归属感、认同感、偏好）。

③发展需要（如自我实现）。

（3）模型中的"工作要求"可分为岗位职责、规章制度、组织文化三个方面。

（4）模型中的"增强系统"包括工资、福利、未来发展机会和隐性回报。

（5）赞克纳（Zunker）对该理论中的个人满意度方面做了进一步补充，他认为：

工作满意度应该包括工作适应和能胜任工作；工作满意度能预测个体在工作上的持久性；个人满意度的重要因素是个人的需求和价值观。因此，在工作环境中应该处理好能让个人感到满足的增强系统和个人需求之间的关系。

2．口诀要领

从适应问题解决的视角解读明尼苏达工作适应论这一理论模型，其口诀要领是以下四个步骤：

(1)“逆着走”找出个体当前的状态属于哪一个：升迁、调职、解雇、留任、辞职。

(2) 分析“两条线”：分别是衡量组织满意度与否的成功线、衡量个人满意度与否的幸福线。

(3) 落实“四个点”找出问题所在：工作要求是否明晰、个人技能是否匹配、增强系统是否了解、个人需求是否澄清。

(4) 针对四个点上的问题得出相应的“解决方案”：了解要求、提升技能、澄清需求、主动争取增强系统、降低期待、商量调整工作任务。

(三) 理论评价

第一，明尼苏达工作适应论提出了工作适应的概念，打破了特质因素论的静态局限，提出了动态、互动、开放的视角。第二，理论还增加了组织视角，为组织如何和员工互动提供了依据。第三，工作适应模型也清晰扼要，并开发了众多量表，方便实务操作。第四，该理论还为组织满意度的研究提供了完整的架构。明尼苏达工作适应论的局限在于理论涉及的内容丰富，但后续研究不多，特别是跨文化和性别议题的实证研究不足。此外，工作能力分析部分尚缺乏实用工具。

三、生涯发展与生涯平衡理论

生涯教育需要对个体的全部生涯进行整体把握，这一观点在个体生涯发展和职业规划研究领域已经受到普遍认同。这一观点正是来源于生涯发展理论。该理论主要用于解决生涯发展阶段问题。生涯发展理论把人生分成不同的阶段，每个阶段都有每个阶段的发展任务，每一阶段是下一阶段的基础。因此，每个人在职业生涯中，既要立足当前，又要着眼长远。在国外，关于生涯发展的理论有很多，最有影响力的理论有舒伯的生涯发展理论、金斯伯格的职业发展理论。

(一) 舒伯的职业生涯发展理论

1．主要观点

在职业生涯规划和职业咨询发展史中，舒伯（Donald E. Super）是继帕森斯之后又一位里程碑式的职业生涯规划大师。舒伯的生涯发展理论能应用于个人梳理发展历程或职场员工处理多角色冲突的问题。1953 年，舒伯在《美国心理学家》发表文章，提出“生涯”概念，打破了特质因素论一统天下的局面，从全方位视角看待发展，除了关注个人的职业领域，还关注个人工作与生活的平衡问题、不同角色间的精力分配问题、不同阶段的发展任务和长期的发展策略。该理论强调发展的连续性和阶段性，使职业咨询的研究视角从职业（vocation）转向生涯（career），即从关心当前的职业选择与职业适应，拓展为关注整个人生的职业生涯规划，使职业咨询从就业指导走向生涯规划辅导。

舒伯的生涯发展的理论假设包括 14 项，概括如下：

（1）有 3 项假设和个别差异有关，认为不同的人和职业都是有差异的，一个人可以适合多种职业，而某个职业也可以适合多种人。

（2）生涯发展是一个持续的历程，生涯发展过程可以被分为五个阶段。

（3）有 2 项假设和生涯成熟度有关，即个人面对及完成发展任务的准备程度。

（4）有 6 项假设与自我概念有关，包括自我概念的形成是人与职业互动的结果，且不断学习后自我概念将趋于稳定；职业选择行为就是个人自我概念的实现。

（5）个人与环境互动过程因为个别差异而逐渐出现不同的生涯模式。

2. 生活广度（生涯发展阶段）

舒伯认为，生涯发展是一个持续的历程，生涯发展过程可以被分为五个阶段：生涯成长阶段、生涯探索阶段、生涯建立阶段、生涯维持阶段、生涯衰退阶段，不同阶段生涯发展重点不同、发展任务各不相同（见表 1-2）。生涯发展的五个阶段构成了人的生活广度（lifespan）。

表 1-2 舒伯生涯发展阶段

	生涯成长阶段	生涯探索阶段	生涯建立阶段	生涯维持阶段	生涯衰退阶段
年龄	0～14 岁 （儿童期）	15～24 岁 （青年期）	25～44 岁 （成年初期）	45～64 岁 （成年中期）	65 岁及以上 （成年晚期）
发展重点	能力、兴趣、态度及自我概念的发展	对自我和工作世界的探索和了解	从工作经验中考虑职业与我的配合	以不同的方法调整工作，维持职业状况	减少工作，退休
发展任务	争取不同的经验自我肯定，建立信心	结晶化（15～18 岁） （crystallization） 特定化（19～21 岁） （specification） 实践（22～24 岁） （implementation）	稳定 （stabilization） 巩固 （consolidation）	发展新技能	发展非职业性角色

3. 生涯彩虹图

生活空间指人在职业生涯发展历程的各个阶段中所要扮演的各种角色。舒伯提出了一般性的六种不同角色：子女、学生、休闲者、公民、工作者、持家者。其中，每个人对各个角色投入的时间和精力各不相同，在某一阶段投入的时间和精力较多的即为显著角色（careersalience，又称生涯凸显）。

1957—1990 年，为了综合阐述五个生涯发展阶段与生涯角色彼此间的相互影响，舒伯创造性地描绘出一个多重角色生涯发展的综合图形——生涯彩虹图（见图 1-6），形象地展现了生涯发展的时空关系，更好地诠释了生涯的定义。在生涯彩虹图中，纵向层面由六个代表不同颜色的角色组成，展示了个体纵贯上下的生活空间，他们相互影响交织，反映出个人在五大发展阶段中的某一阶段所承担的各种角色分配情况。每个人的生涯彩虹图还受个人心理、生理和外部历史、社会、经济因素的影响而存在差异。

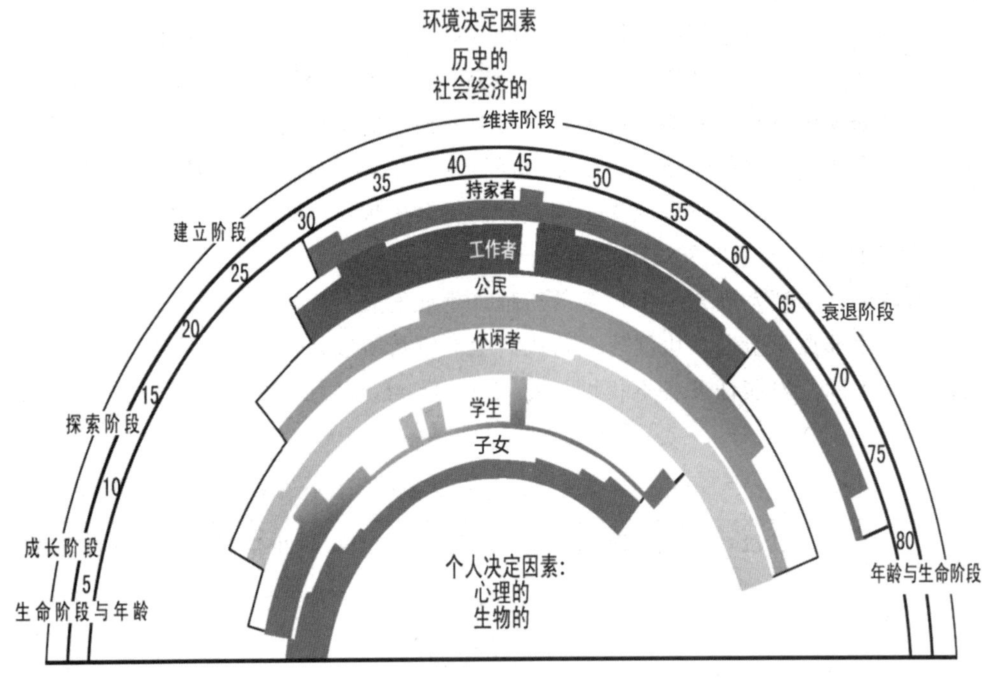

图 1-6 舒伯生涯彩虹图

4. 生涯模式

舒伯提出男性生涯发展的四种模式分别为稳定型、传统型、不稳定型、多重尝试型。同时也指出，男女性别在生涯发展模式上会有差异，女性的生涯模式总体以这七种为主：稳定家庭主妇型、传统型、稳定职业妇女型、双轨生涯型、间断生涯型、不稳定型、多轨生涯型。对于这一部分内容，前文第一章第一节已阐述，此处不再作赘述。

5. 理论评价

生涯发展理论成为特质因素论之后最为重要的生涯理论突破。它构建了完整的生涯发展理论，是现今生涯辅导重要的理论基础。该理论横向的生活广度部分（即发展阶段、发展任务）和纵向的生活空间部分（即生涯角色的发展），交织成一个具体的生涯发展结构，能很好地促进个体进行自我了解和自我实现：对在校大学生而言，能帮助驱动大学生进行对内对外探索，提升生涯成熟度；对企业而言，能帮助企业更多地了解不同年龄员工的需求关注；对职场员工而言，帮助他们解决工作和生活的平衡问题。但是，由于社会的快速变迁，终身学习观念的提出和人的平均寿命增加，生涯发展理论中关于中年期、老年期的角色与任务，有待进一步研究。此外，生涯发展理论较忽略经济、社会因素对生涯发展方向的影响，且学习因素与职业发展历程的关系也需进一步深入研究。

（二）金斯伯格职业发展理论

1951年，美国著名职业指导专家、职业生涯发展理论代表人物金斯伯格在《职业选择》（*Career Choices*）一书中，通过对青少年职业选择的过程与问题的深入研究，提出了职业发展的三个阶段。金斯伯格认为，职业选择经历是从模糊的幻想走向现实的。他将这一逐渐成熟的心理过程分为三个阶段：幻想期、尝试期和现实期。金斯伯格把职业生涯的尝试期和现实期两个阶段又分成若干个子阶段。

1. 尝试期职业发展阶段的细分

金斯伯格认为，11～17岁是由少年儿童向青年过渡的时期，是职业选择的尝试期，并把职业生涯的尝试期阶段细分为兴趣子阶段、能力子阶段、价值观子阶段和综合子阶段四个子阶段。

（1）兴趣子阶段。在兴趣子阶段，个人开始注意并培养其对某些职业的兴趣，期盼着将来从事某些职业。

（2）能力子阶段。在能力子阶段，个人不仅仅考虑个人的兴趣，同时也注意到个人能力与职业的关系，注重衡量自己的能力，并积极参加各种相关的职业活动，以检验自己的能力。

（3）价值观子阶段。在价值观子阶段，个人的职业价值观逐步形成，能兼顾个人与社会的需要，以职业的价值观选择职业。

（4）综合子阶段。在综合子阶段，人们将上述三个阶段的职业相关资料综合考虑，以正确判定未来的职业生涯发展方向。

2. 现实期职业发展阶段的细分

金斯伯格认为，17岁以后的青年时期是职业选择的现实期，他把职业生涯的现实期阶段分为试探子阶段、具体化子阶段和专业化子阶段三个子阶段。

（1）试探子阶段。在试探子阶段，个人根据尝试期的结果，进行各种试探活动，试探各种职业机会和进一步的选择职业。

（2）具体化子阶段。在具体化子阶段，个人根据试探阶段的经历，做具体化的职业目标。

（3）专业化子阶段。在专业化子阶段，个人依据自我选择的目标，做出具体的就业准备。

3. 理论评价

金斯伯格的职业发展理论，主要研究的是个人进入职业前的一段时期的职业观的变化及职业前的职业选择问题，实际上揭示了初次就业前人们职业意识或职业追求的发展变化过程。金斯伯格认为，职业在个人生活中是一个连续的、长期的发展过程。在职业选择过程中包含着一系列的决定，每一个决定都和童年、青年时期的个人经历、身心发展有关。职业选择的实现也是个人意识与外界条件的折中和调适，个人最终所做的职业选择是寻求个人所喜爱的职业与社会所提供、个人能获得的机会之间的最佳组合。金斯伯格的职业生涯理论对职业发展实践活动曾产生过广泛的影响。但是，金斯伯格的职业发展理论对进入职业角色后如何调整与发展职业生涯则研究得不够深入。

四、生涯决策理论

生涯决策是指当一个人在面对职业、生涯等重大问题的抉择时，个人在多项选择之间权衡利弊，所做的选择尽量能够获得最大收益的过程。生涯决策理论主要用于解决生涯决策问题，即在掌握众多信息的基础上，使用科学的生涯决策方法，来完成一个理性的决策。针对当前大学生职业选择中存在的随意性大、被动就业的问题，生涯决策能力的培养就显得至关重要了。目前，生涯决策的理论中，最有影响力的是彼得森的认知信息加工理论（cognitive information processing，CIP）和克朗伯兹提出的生涯决策的社会学习理论。

（一）认知信息加工理论

20 世纪 80 年代初期，美国佛罗里达州立大学以盖瑞·彼得森（Gary Peterson）为首的一个研究团队结合认知心理学，试图建立一个认知信息加工模型，以应用于生涯辅导。1991 年，盖瑞·彼得森、詹姆斯·桑普森（James Sampson）和罗伯特·里尔敦（Robert Reardon）三人合著了《职业生涯开发和服务：一种认知的方法》（*Career Development and Services：A Cognitive Approach*）。在书中，他们提出了一种新的思考职业生涯发展的方法并进行了论述，这就是认知信息加工理论。

1. 理论假设

认知信息加工理论是基于“在生涯问题解决和决策制定过程中大脑如何接收、编码、储存和利用信息和知识”这一概念而形成的理论。该理论主要关注涉及解决职业生涯问题和做职业生涯决策的思维和记忆过程，强调职业生涯问题解决是一个认知的过程。该理论是建立在以下 8 种基本假设基础之上的。

（1）生涯选择基于我们如何认知信息和感受信息。

（2）生涯选择是一种问题解决活动。

（3）作为问题解决者，我们的能力既依赖于我们拥有的知识，也依赖于认知的操纵。

（4）生涯问题的解决需要良好的记忆力。

（5）动机在生涯问题解决中起着重要作用。

（6）生涯发展包括知识结构的不断改变和发展。

（7）生涯认同在很大程度上依赖于“自我认知”的发展程度。

（8）生涯决策成熟与否取决于我们解决生涯问题的能力大小。

2. 基本观点

认知信息加工理论认为，生涯发展的内涵是一个人如何做出生涯决策以及在生涯决策过程中如何使用信息。做出生涯选择是一项解决问题的活动，生涯决策需要动机，有赖于我们想什么、如何想；而生涯质量有赖于我们是否很好地学习和掌握了做出生涯决策所需的技能。因此，通过改进认知信息加工技能，可以提高生涯管理的能力，以下金字塔模型（见图 1-7）构成了认知信息加工理论的基本框架。该模型共分为三层：最高层为执行管理领域，中间层为决策技能领域，塔底层为知识领域。

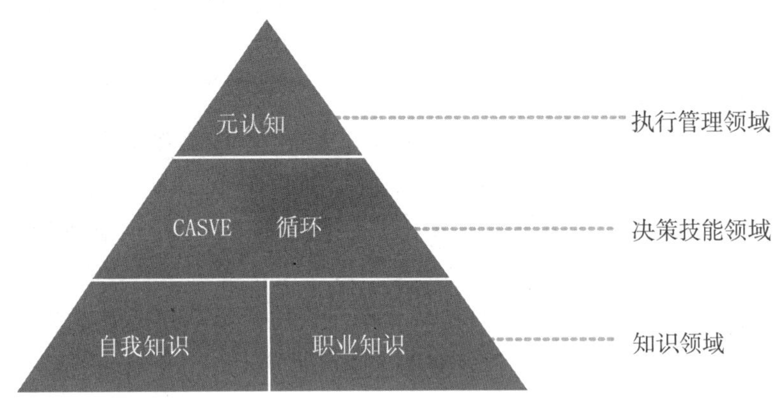

图 1-7　认知信息加工金字塔模型

（1）第一层次：知识领域

问题描述：不了解自己和职业信息。

问题解决：自我探索与职业探索。

知识信息领域处于金字塔最底层，包括搜集自我知识的信息和职业知识的信息。自我知识信息部分主要是对个人职业兴趣、需要、技能、价值观等人格特质的理解；职业知识信息部分主要是全面掌握个别意向职业的知识、了解职业之间结构关系的知识（如职业类别、职业层级，职业与职业间的可迁移性、转换替代性等）。知识领域相当于计算机的数据信息，需要我们进行存储，这是职业生涯决策的基础。

（2）第二层次：决策技能领域

问题描述：选项清晰，各有利弊，无法选择。

问题解决：CASVE 循环分析法。

决策技能领域处于金字塔的中间层，关注的是“个体如何做决策”，其功能相当于计算机的程序软件，是我们对所存储的信息进行运算加工处理的过程。认知信息加工理论中提出了一种生涯决策技能，即 CASVE 循环五步法（沟通、分析、综合、评估、执行）。具体操作步骤将在本书第七章进行详细阐述。

（3）元认知：执行管理领域

问题描述：合理信念。

问题解决：评价人与行为分开。

金字塔中的最高层称为元认知，在认知心理学理论中，认知是指人们的思维方式或者人们的头脑中是如何加工信息的。元认知是指认知的认知或认知过程的认知，也叫反省认知。在金字塔顶端的元认知，也被称为执行管理领域，是个人为完成一项任务或达到一定目标而投身其中的记忆和思考，是一种思维活动过程。元认知的作用是对认知过程进行调节、监督和控制，主宰着如何思考生涯问题和做出决策，它包括自我言语、自我觉察、控制与监督。

执行管理领域相当于电脑的工作控制功能，操纵电脑按指令执行程序，对其下的两个领域进行监控和调节；决策技能领域相当于电脑的应用软件，对所存储的信息进行加工处理；而知识领域相当于电脑的数据文件。从这个模型可以看到，任何一个层次出问题，都会影响职业生涯规划决策的质量。

3. 理论评价

认知信息加工理论是一种强调理性决策的方法论，为我们提供了一套解决生涯或职场重大问题的有效的决策方法。该理论主要关注人们的认知，即人们所思考的内容，注重在问题解决和决策制定过程中的理性和逻辑性，而不是靠直觉。在进行生涯决策时，我们可以借助该方法，为自己绘制自己的金字塔模型，帮助我们看清自己在三个领域（知识领域、决策技能领域、执行管理领域）所面临的困难，分析优势与不足，发挥自己的长处，弥补自己的短板，从而确定有效的生涯决策。

（二）社会学习理论

社会学习理论最早是由美国心理学家阿尔伯特·班杜拉（Albert Bandura）于1952年提出的。该理论着眼于观察学习和自我调节在引发人的行为中的作用，重视人的行为和环境之间的相互作用，强调个人独特的学习经验对其人格与行为的影响。

克朗伯兹和同事吸收和借鉴了班杜拉的社会学习理论，将社会学习的观念引用到职业生涯辅导上，提出了职业生涯决策的社会学习理论（the social learning theory of career decision making）。克朗伯兹对高中生做了一系列研究，观察不同的信息搜集和决策行为的强化对中学生的影响。该理论研究在个人决策历程当中，社会、遗传与个人因素对于个体生涯决策的影响，强调学习的重要性，在变迁中学习，在机会中学习。在此基础上克朗伯兹提出了影响职业决策的四个因素，其后又提出了职业生涯决策的七个步骤。

1. 影响生涯决策的四个因素

克朗伯兹的社会学习理论认为，个体职业生涯发展的根本选择是由内在因素和社会环境因素来共同决定的，包含四个主要因素：遗传因素和特殊的能力、环境状况和事件、学习经验、工作取向的技能。同时，这四个因素交互作用，对个体职业生涯规划产生影响，其中个人成长经历中独特的学习经验尤为重要。

（1）遗传因素和特殊的能力。在某种程度上，个人遗传的一些特质会限制个人对职业或学校教育选择的自由，如民族、性别等。个别特殊能力及由此产生的兴趣与技能，对个人未来规划职业等有较大影响，如音乐能力、美术能力、动作协调能力等。

（2）环境状况和事件。许多来自外部环境的因素是非个人所能控制的，它会影响个体职业生涯规划，如社会经济的发展影响工作机会的数量和性质，政府政策对不同职业的从业要求，不同职业的投资回报率，劳动法的变更修订等。

（3）学习经验。职业选择是每个人一生中一连串学习经验的结果。人必须拓展其兴趣和能力，生涯决策不能仅仅基于现存的特质工作。工作内容在变化，人必须随时培养职业应变能力。日常生活中，个体受到刺激与强化的类型、性质以及两者配合出现的时机常常影响个人职业生涯偏好和生涯技能发展。从婴儿到成人阶段包括以下两种最典型的学习经验。

①工具式学习经验（instrumental learning experiences）。包含三个主要部分：一是前因，即个人在生活中遇到的刺激，包含环境状况和事件；二是内隐与外显的行为，指内在的认知和情绪反应以及外在行动；三是后果，由行动所造成的影响，以及当个体体验到这些后果时的认知与情感反应。

②联结式学习经验（associative learning experiences）。某些环境的刺激会引起个人情绪上积极或消极的反应。如果原来属于中性的刺激与社会上使个体产生积极或消极情绪反应的刺激同时出现，这种伴随在一起的联结关系会使中性的刺激具有积极或消极的反应。在生涯决策中，直接经验往往是不够的，绝大多数来源于间接经验，如网络信息搜集，即联结式学习。

（4）工作取向的技能。个体内在的遗传因素和特殊能力，外在社会上各种影响因素以及不同的学习经验等，会以一种交互影响的方式使个人形成特有的职业技能取向，如解决问题的能力、价值观、情绪认知等。

2. 职业生涯决策的步骤

1977 年，克朗伯兹运用社会学习理论对职业生涯决策技巧的作用进行研究，提出了进行职业生涯决策的七个步骤。

（1）界定问题。理清自己的需求及时间或个人限制，并制定出明确的目标。

（2）拟订一个行动计划。思考可能达成目标的行动方案，并规划达到目标的流程。

（3）澄清价值观。界定个人的选择标准，作为评定各项方案的依据。

（4）找出可能的选项。搜集资料，论证可行的方法。

（5）评价各种选择可能的结果。依据自己的标准，对各种可能的选择方案进行评价。

（6）系统地剔除选项。比较各种可能的选择，根据决策者的价值标准删除不合适的方案，选最合适的方案。

（7）开始行动。方案确定之后开始行动。

3. 职业生涯决策中遇到的困难

克朗伯兹的社会学习理论认为，人们在职业生涯决策过程中会遇到许多困难，这些困难可以归纳为以下五类。

（1）个人可能不会辨认现有的可以解决的问题。

（2）人们可能不努力做决策或解决问题，一切都顺其自然、随波逐流。

（3）由于个人本身的局限性，可能意识不到本来存在的好的决策，可能会放弃或消除一个潜在的令人满意的选择。

（4）人们可能会选择较差的决策。

（5）人们可能因为感到没有能力达成目标而痛苦焦虑。

4. 社会学习理论的评价及其在职业规划中的应用

社会学习理论强调个人独特的学习经验对生涯决策的影响。该理论着眼于终身发展的过程，而不是某一次决定。其对特质因素论的经典范式做了突破，强调终身学习。随着新的观点和方法的提出，该理论还需要不断地完善。克朗伯兹的社会学习理论特别适合在学校中实践，提醒教育工作者在各种学习情景中提供学生丰富的学习经验（包括对偶发事件采取正面的态度），才能有助于学生未来的生涯抉择。在生涯咨询中，强调必须通过为来访者赋能，进而促进其采取行动，而不是坐待诊断结果。

以上是对生涯教育基本理论的介绍。综合而言，职业选择理论侧重从静态的角度来探讨个人特质与职业之间的匹配问题，重视个人的需要、能力、兴趣、人格等内在因素。职业适应理论强调个人能力、个人需要与工作环境增强系统之间的配合与协调发展，很好地解释了个人对组织的满意度问题和组织对个人的满意度问题；生涯发展理论从动态的角度探讨个人职业生涯的成长历程，强调自我概念、自我职业决策能力的发展；生涯决策理论重视个人生涯发展的历程及抉择，重视决策过程中对个人价值观的了解和澄清，认为个人主观的价值评价其实才是最重要的决策。

☞【拓展阅读】

生涯建构理论

生涯建构理论是对生涯发展的一种新理解，是社会建构主义在职业生涯发展领域中的体现。生涯建构理论，更强调生涯适应力，认为个体是自我生命的创作者，强调对生涯的主动建构，更符合当代个体生涯的本质特征。

一、理论背景

早在 1955 年，舒伯提出“职业成熟度”概念，指出每个年龄段人们都会在态度上和认识上有所准备，用以应对一系列职业发展的任务。

所有这些职业发展任务，人们都会有某种程度的准备，包括心理准备和行为准备。

后来，Crites 提出用“生涯成熟度”代之，以突出个人在生涯发展之前的准备程度。然而，舒伯等人研究认为，由于成人与青少年所处的生涯阶段不同，前者已经踏入工作岗位，而后者则未真正认识到职业世界的种种，因此，二者的准备程度不同，不应使用同一概念加以描述。

二、理论内容

Savickas 曾针对生涯建构理论提出过 16 个探索性命题，后来受 McAdams 一般人格结构论启发，他融合并发展了个体—环境匹配理论和职业人生主题理论，把这些命题进一步提炼成为生涯建构理论的三个方面内容：不同个体间的特质存在差异；个体在不同生涯阶段所面临的任务和应对的策略具有承前启后的发展性；生涯发展是一个充满内动力的变化过程。

由此，生涯建构理论分别用职业人格类型、生涯适应力和人生主题回应了个体职业行为中“是什么”（what）、“怎么样”（how）和“为什么”（why）三个问题的解释。于是提出了生涯适应力，认为适应才是终身职业生涯发展的核心。Savickas 在继承和发展舒伯等人的生涯发展的同时，把它提升到了一个更高、更新的境界叫作主观生涯，是一种主观性的看法，把个体生涯的各个阶段编制成一个描述人生主题的模式，不仅把生涯适应力作为生涯发展的核心能力，还指出个体职业发展的实质是一个追求主观自我与外部环境相互适应的动态过程，个体占有完全的主观的主导的地位，不同的人有着不同的建构内容和建构结果。

三、理论核心

生涯建构理论的核心是生涯适应力，是指个体应对可预测的工作任务和角色以及由工作变化带来的不可预测的自我调整的准备程度。生涯适应力代表了一种社会心理资源，是在面对外部挑战和困境时所具备的核心能力。

2005 年 Savickas 进一步完善了生涯适应力的理论建构，重新提出的生涯适应力模型包括：生涯关注、生涯控制、生涯好奇、生涯自信，这四个方面分别代表了个体对职业生涯发展的四个角度的思考，即“我关注自己的未来吗”“我拥有什么样的职业生涯”“我能掌控自己未来的生涯发展吗”“我对自己的生涯发展有足够的信心吗”。

个体生涯适应力的发展贯穿于这四个维度，同时个体在面对职业选择和职业决策中，面对外部环境变化时需做出自我调整时，生涯建构理论强调个体独特的态度、信念和能力，被称为生涯建构的 ABC，A 代表态度（attitude），B 代表信念（belief），C 代表能力（competency）。此三要素对四维度起到调节作用，会影响个体在职业生涯发展中的行为，从而做出更具体有效的职业应对策略。

Savickas 还认为，适应聚焦的是个体生涯发展中的应变过程，即个体与环境之间如何在各种转换中实现顺利过渡和互相匹配。由此不难发现，生涯适应力高的个体具备以下特点：

（1）关注未来职业前景；

（2）对自身的职业生涯具有较强的掌控力；

（3）对自身职业生涯发展充满了探索欲和好奇心；

（4）对自身生涯发展的实现充满信心。

提高个体的生涯适应力是职业生涯发展中解决一系列困境的重要目标。

（资料有改动，资料来源：“升涯通”微信公众号，2022 年 7 月 18 日）

生涯混沌理论如何看生涯

你觉得你的生涯能够被精确“规划”吗？你觉得你的生涯之路会是一条遵循因果关系的线性路径吗？你觉得自己的生涯选择能像做数学、物理等计算题一样把影响你生涯发展的各种因素罗列清楚并准确计算它们的影响效果，并得到唯一的答案吗？

答案都是否定的。也许你听说过蝴蝶效应：亚马孙雨林一只蝴蝶翅膀偶尔振动，也许两周后就会引起美国得克萨斯州的一场龙卷风。这意味着，初始条件十分微小的变化经过不断放大，会对其未来状态造成巨大的影响并产生差别。而我们的生涯发展也存在着蝴蝶效应，比如童年时一次偶然的经历、读书时碰到的某位老师、某次考试的失败、上大学时偶然接触到的行业、找实习时遇到一个合适的机会……这些都可能对你最终的人生选择产生巨大的影响。

既然无规律可循，那我们还要学习生涯规划吗？学习生涯规划意味着什么？同学们不要太快锁定“结论”，生涯混沌理论就在告诉我们：人的生涯正受到各种因素的复杂影响，虽然表面上看似无序，但内在却是一种“有序”的存在，这种有序不同于我们一般理解的线性因果关系，而是一种更为内在的“整体序”。我们的生涯主题就如同当中存在着的某种引力中心（混沌理论中称为“吸引子”），它会吸引着系统内的所有运动都向它靠拢。站在整个系统的宏观观察，你就能看清这个系统所呈现出的整体规则与秩序，也更能够找到自己适合的职业发展方向。接下来就和大家分享一个真实的案例，或许可以帮助你更好地理解生涯混沌理论，这是一位高校生涯咨询师在生涯自传中描述自己在大学转专业的经历。

“我高中学的是理科，高考填志愿时选择了师范大学的化学教育专业，如果按照线性路径，我最有可能成为一名中学化学老师。然而，我刚进大学就因为太想家陷入抑郁情绪。为了解决自己的抑郁情绪，我参加了学校的一个心理互助社团，然后接触到心理学系的学姐，在她的介绍下阅读了大量心理自助书籍，然后就产生了学习心理学的想法。更大的机遇在这时发生了，在转专业并不多见的2000年，学校突然在那一年宣布学生可以根据个人意愿转专业，我恰好最先知道这个消息。然后就在各种机缘巧合下，我成为心理系的一名学生，最终走到今天，成为一名心理学老师。

这个看上去需要多种偶然相结合的生涯路径，真的完全是偶然吗？在学习了生涯心理学后我改变了最初的看法，其实其中有着强有力的‘吸引子’，这就是我对研究人的兴趣要远远大于研究物。正因为对人的内心有强烈的兴趣，我才会关心自己为什么会有抑郁情绪，才会强烈地想要解决自己的情绪困扰，才会自主阅读大量心理学方面书籍，才会在转专业充满不确定的情况下坚定地选择这条路。我也曾想过，如果我早一年上大学，学校还不允许转专业，或者我大一的成绩不好达不到转专业标准，抑或我晚一年上学转专业竞争急剧激烈，我可能都无法成功转到心理学系，那我还是可能成为一名中学化学老师。那时我会放弃对人的兴趣吗？其实不会，我想我会努力成为一个了解学生、懂得学生、研究学生心理的化学老师，说不定也会找机会自学心理学并在学校里兼职为学生提供心理帮助。所以，看上去我现在的职业状态是各种偶然因素的结果，但其中有一些‘吸引子’会让我无论走什么路，都可以殊途同归。”

这位老师用自己的生涯经历解读了生涯混沌理论所说的：表面无序，整体有序。在这里想要强调的是，能让你的生涯系统呈现出整体有序的是“吸引子”。简单说来，就是你的人生中强烈要追求的东西，可能是某种兴趣，也可能是某种意义或价值。你会发现，这其实是“生涯主题”所起的作用，它在你意识不到的情况下，已经在整合着你人生中的各种经历。你如果目前还不清楚自己的“生涯主题”是什么，那就从你看似无序的人生经历中去寻找它、提取它。

（资料来源：乔志宏. 大学生职业生涯与发展规划教程［M］. 北京：清华大学出版社，2023.）

☞ **【思考题】**

1. 系统的职业生涯规划法包括哪六个步骤？

2. 请在附录一个人生涯档案（五）中绘制你的生涯愿景图。

3. 根据舒伯的生涯彩虹图模型，结合以下几点思考，请画一画你自己的生涯彩虹图。

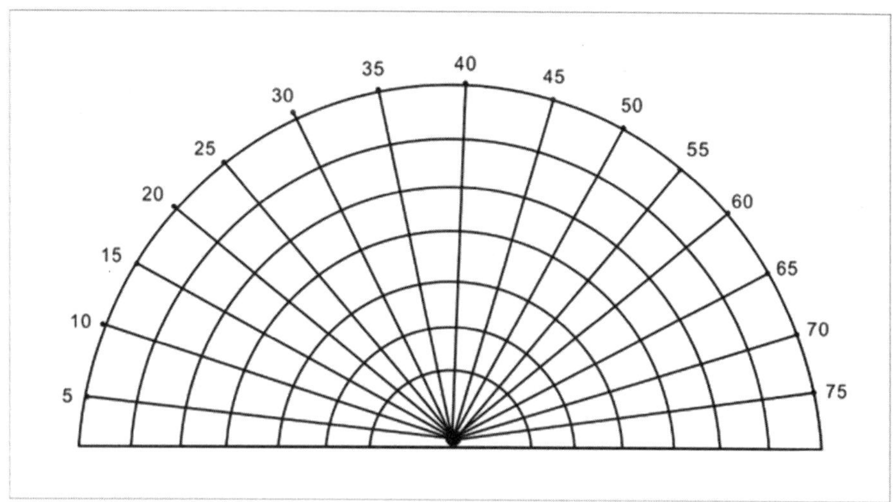

（1）请思考一下：目前或未来你的生活中有哪些角色？

（2）你可以为每个角色（通常为六种，根据每个人情况调整）选一个喜欢的颜色。如蓝色代表工作者。

（3）请你根据外圈的年龄提示画出每个角色的起止时间。

（4）请你用厚薄来表示你对这种角色投入的时间、心力。

（5）想一想，在你整个人生历程里，这几种角色的投入程度会有怎样的变化？

4. 互动游戏：生涯量量看。

1~10岁	11~20岁	21~30岁	31~40岁	41~50岁	51~60岁	61~70岁	71~80岁	81~90岁	91~100岁

（1）你希望自己这辈子活到多少岁？

（2）你当下的年龄？

（3）找到过去的时光中你的巅峰时刻和低谷时刻，你的感受、状态如何？巅峰时刻的自己如果能对当下的自己说一句话，那句话是什么？巅峰时刻的自己有哪些特质？如果现在的自己还带着巅峰时刻的特质的话，你觉得你能做到什么？

（4）找到你人生最低谷的时刻，曾发生了什么？你是怎样走出低谷的？那段经历给你怎样的成长和收获呢？低谷时的自己如果能对现在的自己说句话的话，是什么？

（5）你希望自己多少岁退休？你理想自己退休后能做什么？你觉得退休前需要做哪些积累才能让你过上退休后的理想生活？

（6）从当下到退休，你还有多少年时间？十年后，你多少岁？你理想中的十年后会是怎样的？

（7）用彩笔在一张白纸上画出你理想中十年后的场景。

☞【参考文献】

[1]钟谷兰,杨开.大学生职业生涯发展与规划[M].2版.上海:华东师范大学出版社,2016.

[2]刘越,兰敏利,邓文全.大学生职业生涯规划[M].上海:上海交通大学出版社,2016.

[3]张玉波,楼稚明.大学生职业规划与就业创业指导[M].上海:上海交通大学出版社,2017.

[4]万辉君.大学生就业指导与职业生涯规划[M].武汉:华中科技大学出版社,2018.

[5]苏文平,叶心宇,孙丽霞.大学生职业生涯规划与就业创业指导[M].北京:中国人民大学出版社,2018.

[6]曲振国,杨文亭,陈子文,等.大学生就业指导与职业生涯规划[M].2版.北京:清华大学出版社,2015.

[7]金德禄.大学生职业生涯规划与就业指导[M].南京:东南大学出版社,2020.

[8]金树人.生涯咨询与辅导[M].北京:高等教育出版社,2007.

[9]沈之菲.生涯心理辅导[M].上海:上海教育出版社,2014.

[10]饶泽欢.论高校理想信念教育中职业生涯规划的嵌入[J].亚太教育,2016(28):77.

[11]王清春,孙景福,王国辉.大学生职业生涯与发展规划[M].天津:南开大学出版社,2019.

[12]MARCIA J E. Development and validation of ego—identity status [J]. Journal of Personality and Social Psychology,1966,3(5):551-558.

[13]顾雪英,李莉.大学生职业生涯规划与发展[M].南京:南京大学出版社,2016.

[14]邓彦.大学生职业生涯规划:双色版[M].哈尔滨:哈尔滨工业大学出版社,2018.

[15]王尧,叶莹.大学生职业生涯规划[M].北京:首都师范大学出版社,2022.

[16]涂春艳,马洪玲.大学生职业发展与就业指导[M].北京:中国民主法制出版社,2023.

[17]乔志宏.大学生职业生涯与发展规划教程[M].北京:清华大学出版社,2023.

第二章　生涯探索——认清真实自我

人之初，性本善，性相近，习相远。苟不教，性乃迁，教之道，贵以专。

——《三字经》

知之者不如好之者，好之者不如乐之者。

——孔子

自我探索是一个持续不断的过程，也是一个终生的过程。自我探索不仅会伴随着我们的成长，也塑造着我们的未来。它既是一个人对自己个人身份的追问，也是对存在意义的探索。我是谁？我在性格上有什么特点？我喜欢什么？我擅长做什么？我想要成为什么样的人？这些问题的答案，往往隐藏在我们每个人内心深处。本章将与你一起进行生涯自我探索，围绕兴趣、性格、能力和价值观四个维度进行深入探讨。希望你通过生涯自我探索可以更好地理解自己，更全面地认识自己，从而制定符合个体特质的生涯发展和职业规划。

青年的价值取向决定了未来整个社会的价值取向，而青年又处在价值观形成和确立的时期，抓好这一时期的价值观养成十分重要。这就像穿衣服扣扣子一样，如果第一粒扣子扣错了，剩余的扣子都会扣错。人生的扣子从一开始就要扣好。

——2014 年 5 月 4 日，习近平在北京大学师生座谈会上的讲话

这些年，越来越多年轻人选择到西部、到乡村、到基层志愿服务，无私奉献，展现了新时代中国青年昂扬向上的精神风貌和强国有我的责任担当。希望广大青年坚定理想信念，厚植家国情怀，练就过硬本领，发扬奋斗精神，到祖国和人民最需要的地方发光发热，为中国式现代化建设贡献青春力量。

——2025 年 5 月 3 日，习近平给谢依特小学戍边支教西部计划志愿者服务队队员回信

第一节　性格探索

小时候，大人们常常问我们：“小朋友，长大了想干什么呀？”

一转眼，这群小朋友都上大学了，都长大了，不知道你们是否还坚持着儿时的梦想呢？

在一个人成长的过程中，性格、兴趣、能力和价值观是影响其生涯发展和职业规划的重要因素，其中，性格在生涯教育中会起到“稳压器”作用，能够保持个体与职业之间的协调、稳定。性格可以决定你适合做什么？那么，说起一个人的性格，你会想到什么？内向、外向、安静、活泼、孤僻、开朗……

本节与你一起探讨性格的概念、结构、类型，性格与气质的关系，性格培养的重要性和方法，重点介绍性格与职业生涯的关系，MBTI职业性格理论。认识并探索职业性格，才能更好地了解自己，提高自己的性格修养，从而确立适合自己的职业目标。

一、性格概述

（一）性格的概念

性格（character）是人对现实的稳定态度和习惯化了的行为方式。

性格体现了人们对现实和周围世界的态度，并表现在人们的行为举止中。

性格不仅受个体生物学因素的影响，也是在长期生活实践中逐渐形成的，一旦形成，就具有相对的稳定性。但它也不是一成不变的，随着环境的变化和教育的影响，它还具有一定的可塑性，有助于人们更好地适应社会。另外，意识的自我调节对性格改变也有重要影响。

性格是一种与社会相关最密切的人格特征，性格是个体之间人格差异的核心。性格中有许多社会道德含义，如有的人大公无私，有的人自私自利，因而我们说性格能最直接地反映出一个人的道德风貌。

☞【推荐阅读】

公元前3世纪，希腊学者提奥夫拉斯塔在《各种各样的人》一书中，把在不同人身上表现的“阿谀奉承”“吝啬”“贪婪”“粗野”“虚荣”“自私”等30种特征都用“性格”一词加以概括。若干年来，哲学家、文学家、心理学家等都对性格进行了不同的论述。性格已成为人和人之间个性差异的重要特征。

（资料来源：曲振国. 大学生就业指导与职业生涯规划［M］. 北京：清华大学出版社，2020.）

（二）性格的结构

一个人所有的性格特征的综合形成了性格的结构。性格的结构主要由态度特征、意志特征、情绪特征和理智特征四个成分构成。

1. 性格的态度特征

性格的态度特征主要指的是一个人身处社会中如何处理与各方面的关系的特征，主要体现在对自己、对别人、对事物的态度。

（1）对社会、集体和他人的态度特征

良好的态度特征是热爱祖国、热爱集体、富于同情心、关心他人、乐于助人、文明礼貌、大公无私、诚实诚信、正直勇敢等；不良的态度特征是没有民族气节、对祖国和集体漠不关心、对人冷酷无情、自私自利、唯利是图、损人利己、蛮横粗暴、虚伪狡猾等。

大学生的社会活动都是在宿舍、班级、社团等集体中进行，如果大学生在性格的态度特征上有欠缺或者不完善，就会使自己很难能够融入团队和集体，对将来的工作也会产生负面效应。因此，这是一个重要的性格特征，只有树立对社会、集体和他人的良好态度特征，才能使自己在未来职场更容易脱颖而出，在激烈的社会竞争中立于不败之地。

（2）对学习、工作的态度特征

良好的态度特征是勤奋努力、刻苦钻研、认真负责、自觉主动、朝气蓬勃、敬业奉献、勤俭节约、整洁有序，开拓创新等；不良的态度特征是懒惰敷衍、得过且过、懒散马虎、倦怠被动、萎靡不振、玩忽索取、奢侈浪费、杂乱无章、不负责任、墨守成规等。

大学生在这方面的性格将直接影响学习效果和工作效率。学习是大学生永恒的主题，而工作是大学生未来走上职场、立足社会的重要载体。不论是学习还是工作，对大学生都很重要。因此，大学生应好好学习，努力工作，只有对学习、工作保持良好态度，才能更好积蓄力量，提升能力，为实现自我价值奠定坚实基础。

（3）对自己的态度特征

良好的态度特征是自尊自信、大方无畏、积极乐观、谦虚谨慎、自我批评等；不良的态度特征是自卑自弃、害羞胆怯、悲观消极、骄傲自满、自我放纵等。

这方面的性格中最重要的是大学生是否能进行客观的自我评价，大学生是否能准确地认识自身的优势和劣势，大学生是否能辩证地看待自己和他人的差距。大学生只有树立对自己的良好态度，才能客观、准确、辩证地看待和评价自己，并不断地进行自我反思和调整，以更高标准要求自己，以更积极的态度投入社会。

2. 性格的意志特征

性格的意志特征指的是一个人对自己的行为自觉地进行调节的特征。主要体现在能根据原则自觉地控制自己的行为，并采取适当的手段克服障碍。

（1）自我行为的意志特征

良好的意志特征是有远大理想、目的明确、计划周详、独立自主、自觉自律、善于自控等；不良的意志特征是鼠目寸光、盲目、放任自流、散漫依赖、易受暗示、易于冲动等。

（2）对学习和工作的意志特征

良好的意志特征是坚定不移、坚持不懈、坚持到底、持之以恒等；不良的意志特征是见异思迁、半途而废、虎头蛇尾等。

（3）在紧急和困难时刻的意志特征

良好的意志特征是勇敢果断、镇定自若、一往无前、顽强拼搏、耐挫性高等；不良的意志特征是怯懦迟疑、优柔寡断、惊慌失措、贪生怕死、耐挫性低等。

3. 性格的理智特征

性格的理智特征指人在感知、记忆、想象、思维等认知过程中表现出来的态度及行为方式上的特点。一个人是否能够做到理智地为人处世，在认识与行为上会有很大差别。良好的理智特征是主动观察、善于分析、细致入微、深思熟虑、能够独立思考、全面地辩证地看问题、现实感强且富于想象等；不良的理智特征是被动知觉、粗枝大叶、缺乏主见、人云亦云、看问题片面、易受环境干扰、思想保守、脱离实际甚至想象力受阻等。

4. 性格的情绪特征

性格的情绪特征指的是一个人的情绪对其活动的影响，以及其对自己情绪的控制能力。良好的情绪特征是热情高涨、情绪体验深刻且持久、情绪稳定容易控制、心境状态积极乐观、欢乐愉快等；不良的情绪特征是情绪低落冷漠、情绪体验微弱且短暂、情绪波动难以控制、心境状态消极悲观、多愁善感、郁郁寡欢等。

此外，性格中的情感色彩还有集体荣誉感、劳动义务感、责任感及友爱感等社会道德感。

性格的结构并不是四种性格特征简单的叠加，四种性格特征也不是孤立地、静止地存在着，它们之间有一定的内在联系，是一个有机的统一体。人们可以根据某个人的一种性格特征推测其他特征，如性格急躁的人多易冲动、粗心大意。各种性格特征在不同场合会有着不同的结合方式和表现形式。一个人随着环境和情境的变化，再加上个人角色转变和自我要求的不同，其性格也会呈现出不同的特征。这就使得一个人的性格表现不仅具有丰富性，还会带有一定复杂性，如一个大学生在家从来不收拾房间，父母看到的他懒散、不爱干净，但他在学校宿舍却表现出勤劳肯干、干净整洁的一面。性格特征是人们在社会化过程中接触各种场合后概括化的结果，它既有一贯性的特点，也具有各种特征之间结合的灵活性特点，这有利于人们应对多变的客观事实。因此，要把握一个人的性格全貌，必须从多方面考察一个人的态度体系和行为方式。

（三）性格的类型

（1）依据知、情、意，把性格分为理智型、情绪型和意志型。理智型的人一般以理智支配自己的行为，处事沉着冷静；情绪型的人日常行为受情绪影响比较大，容易感情用事；意志型的人目标明确，遇事有较强的控制能力。

（2）依据个体的心理活动倾向性，性格可分为内向型和外向型。

外向型的人把精力专注于外在世界的人、经验和活动，并善于从中获得能量。这样的人通常会表现以下三个特点：一是，无忧无虑，随和、乐观，爱开玩笑，遇事不怯场，易怒也易平息，不假思索地行动；二是，容易适应环境的变化，更加关注外部世界所发生的事情，追求刺激敢于冒险，但缺乏计划性和坚持性，往往凭兴趣办事；三是，善于交际，朋友多，喜欢与别人谈话，也喜欢变化，反应快，善于适应变化并在变化过程中享受乐趣、激发潜能等。

内向型的人把精力专注于内在世界的意念、记忆和情绪，并从中获得能量。这样的人通常会表现出以下几个特点：一是，善于思考，倾向于对内探索，三思而后行，遇事能够严格控制自己的感情和情绪，很少有攻击行为；二是，性情安静、孤独、内省，容易产生自卑感，反应比较慢，生活比较有规律，喜欢稳定，不喜欢变化；三是，不善于人际交往，不喜欢与别人谈话，除了亲密朋友，对人显得比较冷漠，对书的爱好甚于对人的交往，喜欢与别人保持一定的距离。

一项调查显示，在毕业求职过程中，外向型的人比内向型的人求职成功率会更高些，这是因为性格外向的人更善于展示自己的长处和优势，在求职过程中相对更容易获得用人单位认可，而性格内向的人由于不善于展示自己，使得用人单位无法在短时间内通过感性印象认识他们，因此很难能够获得认可。当然，一旦真正走上工作岗位，性格内向的人可能会因为踏实、稳重而更容易受到单位领导赞赏和重视。

（3）依据个体的独立性，性格可分为独立型、顺从型、反抗型。独立型的人一般遇事会比较有主见，不易受外部环境影响；顺从型的人一般遇事缺乏主见，缺乏自己的判断力，很容易受外部环境暗示和影响；反抗型的人一般遇事会有逆反心理，而且也易受环境影响，在行动上通常会选择对抗的方式。

（4）依据人类社会文化生活，德国心理学家爱德华·斯普兰格（E. Spranger）把性格分为经济型、理论型、审美型、权力型、社会型和宗教型。不同的性格类型具有不同的价值观成分。

对你性格类型的最终判定者，就是你自己。性格本身没有好坏之分，认识自己的性格类型，能够使我们更好做到“知己”，从而实现扬长避短；了解他人的性格类型，能够促进我们更好地与人相处，从而构建良好的人际关系。你可以通过性格类型来理解和原谅自己，但是不能以此作为逃避现实的借口。重要的是理解和完善，而非改变和对抗。

☞ **【推荐阅读】**

丑小鸭的故事：认识自己，了解自己，认可自己

安徒生的童话里有一则家喻户晓的故事《丑小鸭》，说的是角色认知错位所引起的困惑，这是一个用来阐释某些现代人生活状态的很好的范例。

这只最后从蛋壳里爬出来的丑小鸭处处挨啄、受排挤、被讥笑，不仅在鸭群中如此，连在鸡群中也是这样，大家都要赶走这只可怜的丑小鸭，连自己的兄弟姐妹也对它生起气来，鸭妈妈也说：“我希望你走远一些！”于是它闭起眼睛悲哀地逃，逃到一块住着许多野鸭的沼泽地，又逃到一间老太婆和猫儿鸡儿住的农舍，结果还是一样地受歧视，嫌她不会“咪咪”叫，丑小鸭苦闷极了，自个儿在水中钻来钻去，秋天时冻得“呱呱”直叫。

一天傍晚，暮色低垂，一群美丽的天鹅从灌木林里飞出来，丑小鸭从未见过这么美丽的鸟，看着它们飞走了，既茫然又羡慕，心中油然涌出一种深深的爱，好像它从未爱过什么似的。

终于有一天，丑小鸭扇起翅膀飞进了一座大花园，在这里它又遇见了美丽的天鹅，

小鸭突然忧郁地想："我要飞向它们，飞向这些高贵的鸟儿！即使被它们打死，也总比让那些欺负自己的鸭子咬、啄要好受得多。"于是它又飞回到水里，向美丽的天鹅游去。

"请你们把我弄死吧！"可怜的小鸭说，它低低地把头垂到水上，只等着一死，但是，当它在清澈的水中看到自己的倒影，再也不是一只粗笨的、深灰色的、又丑又令人讨厌的鸭子，而是一只漂亮的天鹅时，它恍然大彻大悟。

如果是只天鹅，即使生活在鸭窝里，又有什么关系呢？

在经历了许多挣扎以后，丑小鸭苦尽甘来，在发现自己原来是一只天鹅的同时，它找到了尊严，也理解了自己为什么要经历这么多的磨难。它不再为自己的角色错误感到迷惑，因为它知道自己是一只漂亮的天鹅了。

当许多大天鹅在它周围游泳，用嘴吻她时，曾经的丑小鸭感到非常幸福，快乐地想："当我还是一个丑小鸭的时候，我做梦也没想到会这么幸福！"

这个故事告诉我们，要走出自我毁灭的幽暗迷宫，开启一个自我改造的闪亮新世界。从丑小鸭探索自己的身份开始，它就认定自己真的是很丑陋的，因为别人都这么说，孤单的丑小鸭因为受到其他鸭子的嘲笑、轻视和排斥，它只好到处寻找和它一样，而且会爱它的同类。这不也是我们所要寻找的吗？

在我们每个人的心里，对自己都有一个评价，这个评价会受我们生存的外在世界的影响，而且得到我们自己的认同。就像丑小鸭一样，当我们受排斥而感到伤心、困惑的时候，我们会用各种可能的方法保护自己，希望有一天能找到家，找到一个能够了解我们并爱我们的人。

尼采说："人们经常对自我隐藏，在所有的宝藏中，我们自己总是最后才被挖掘出来的。"唯有通过彻底的自我认知，尤其是探索自己行为的动机，才能解开我们的疑惑，当我们知道自己属于哪一个群体，知道自己的性格特点，知道我们自己需要什么样的环境、什么样的伙伴，知道我们将来适合做什么，知道我们最后要达到什么样的目的，那么我们的生活、理想就不再是凭空的幻想，不再漫无边际，而是站在事实的基础之上，那样我们所有的选择才会有的放矢。

我们穷其一生的时间，都是在寻找自己、发现自己。无论我们是否意识到，我们每个人都在进行这样的人生历程。只是有的人，终其一生，对自己的了解还是一知半解。能够在最早的时间里了解自己的人是幸福的，他们的人生将要比晚了解自己的人少很多挣扎。我们的兴趣、爱好，也许会随着时间的推移发生变化，但是我们的性格却是很难改变的。我们会随着年龄的增长变得更加理性、成熟，但是我们的本性是不会改变的。只有当我们了解了自己的性格类型，明白了自己的价值取向，才可以获得真正的满足和幸福。

（资料来源：汤海滨，王克进. 职业规划：理论、测评与分析［M］. 北京：清华大学出版社，2017.）

（四）性格与气质

气质（temperament）是表现在心理活动的强度、速度、灵活性与指向性等方面的一种稳定的心理特征。气质是我们平时所说的脾气、秉性。孩子刚一出生时，最先表现出来的就是气质差异，有的孩子爱哭好动，有的孩子平稳安静。

人的气质差异是先天形成的，受神经系统活动过程的特性所制约。气质是人的天性，无好坏之分，每一种气质都有积极方面和消极方面，它只给人们的言行涂上某种色彩，但不能决定人的社会价值，也不直接具有社会道德评价含义。一个人的活泼与稳重不能决定他为人处世的方向，任何一种气质类型的人既可能成为品德高尚、有益于社会的人，也可能成为道德败坏、有害于社会的人。

气质也不能决定一个人的成就和价值，但不同气质的人可能更适应不同类型的职业或者工作。任何气质的人只要经过自己的努力都能在不同工作领域中取得成就。俄国著名文学家普希金、赫尔岑、克雷洛夫、果戈里分别属于胆汁质、多血质、黏液质和抑郁质，他们在文学领域都取得了杰出成就。

现代的气质学说源于古希腊医生希波克里特（公元前 460—前 377）的体液说，他认为人体内有四种液体：黏液、黄胆汁、黑胆汁、血液。这四种体液的配比不同，形成了四种不同类型的人。约 500 年后，罗马医生盖伦提出人的四种气质类型，分别是胆汁质、多血质、黏液质、抑郁质。巴甫洛夫依据高级神经活动过程的基本特性，即兴奋过程和抑制过程的强度、平衡性和灵活性，解释了这四种气质类型的生理基础。

1. 胆汁质（choleric temperament）

又称不可遏制型，高级神经活动过程强而不平衡。这种气质类型的人情绪体验强烈，爆发迅猛，平息快速，具有热情真诚、坦诚直率、精力旺盛、生气勃勃、争强好斗、勇敢果断的特点；思维灵活，行动敏捷，表里如一，但粗枝大叶，遇事常欠思量，鲁莽冒失，易感情用事，刚愎自用。这种人适合从事具有开拓性、挑战性和冒险性的工作，适应喧闹、嘈杂的工作环境，如导游、推销员、运动员、经纪人、节目主持人、模特、演讲者、外事接待人员、监督员、检查员等职业角色，不适合从事需要整天坐在办公室、不经常走动的工作。

2. 多血质（sanguine temperament）

又称活泼型，高级神经活动过程强、平衡且灵活。这种气质类型的人情感丰富、外露但不稳定，具有活泼好动、热情大方、善于交往但交情浅薄、稳定性差的特点；思维敏捷，行动敏捷，适应力强，但不求甚解，缺乏耐心和毅力，见异思迁。这种人适合于从事具有灵活性和交际性的工作，职业选择范围较广，如新闻工作者、演员、医生、律师、军人、警察、政府和企事业单位管理人员、外事工作者、公关人员、服务员、咨询员、驾驶员等职业角色。不适合从事工作环境过于安静，细致、单调、机械的工作。

3. 黏液质（phlegmatic temperament）

又称安静型，高级神经活动过程强、平衡但不灵活。这种气质类型的人情绪平稳、表情平淡，具有安静稳重、踏踏实实、沉默寡言、交往适度、交情深厚、主动性较差、缺乏活力的特点；思维灵活性不足，喜欢沉思，行动迟缓，但考虑问题细致而周到，自制力强，耐受力高、内刚外柔。这种人适合从事具有固定性、细致性和持久性的工作，适应安静的工作环境，如管理人员、办公室文员、会计、出纳、外科医生、医务人员、法官、教员、翻译、播音员、图书管理员、保育员、话务员、收银员、营业员等职业角色。不适宜从事具有挑战性和冒险性、富于变化的工作。

4. 抑郁质（melancholic temperament）

又称抑制型，高级神经活动过程弱。这种气质类型的人情绪体验深刻，细腻而持久，具有情绪抑郁、多愁善感、优柔寡断、不善交际、孤僻离群、软弱胆小的特点；思维敏锐、想象力丰富，踏实稳重，自制力强，但行为举止缓慢。这种人适合从事具有感受性、敏锐性和研究性的工作，如艺术工作者、研究人员、心理咨询员、打字员、校对员、质检员、化验员、保管员、数据登记人员、文字排版人员等职业角色，不适合做需要与各种人打交道、大量消耗体力和脑力的工作。

☞ **【课堂互动】**猜一猜：这些人物是哪一种气质类型的典型代表？

《西游记》中的唐三藏属于（　　　　）

《西游记》中的沙和尚属于（　　　　）

《三国演义》中的张飞属于（　　　　）

《三国演义》中的曹操属于（　　　　）

《水浒传》中的李逵属于（　　　　）

《水浒传》中的林冲属于（　　　　）

《红楼梦》中的林黛玉属于（　　　　）

《红楼梦》中的贾宝玉属于（　　　　）

在现实生活中，单一气质的人并不多，只有少数人是上述四种气质类型的典型代表，绝大多数的人是四种气质互相混合、渗透、兼而有之的。有两种气质混合型，如胆汁—多血质、黏液—抑郁质、多血—黏液质等，也有多种气质混合型。

性格与气质的关系很密切，一方面，气质和性格相互影响，气质能影响性格的表现方式，它使性格特征带有明显的个体独特色彩，同时性格对气质也有深刻影响，它可以掩盖和改造气质。另一方面，同一类型气质的人可以形成不同的性格特征，不同气质类型的人也可以形成相同的性格特征。

（五）性格与职业生涯

1. 性格与职业相匹配

不同性格类型的人适合从事不同类型的职业。如一个外向型的人，常具有随和开朗、善于交际等特点，相比内向型的人，更适合从事与人打交道的工作。不同的职业对从业者的性格也有不同的要求。如工程师要求从业者沉静严谨、认真细致、精益求精，相比外向型的人，内向型的人更加适合。大学生在选择职业时，要充分考虑自己的性格，以及职业对性格的要求。从事与自己的性格相匹配的工作，使个人沟通的方式、讲话的方法、工作的风格更适合职业的特点，只有这样才能更好地发挥自己的性格特长，扬长避短，在工作中才能更加得心应手。反之，虽然也能完成工作，但事倍功半，而且心力交瘁、疲惫不堪。性格类型与工作要求的最佳匹配，能够使我们成为更有效的工作者。

2. 性格影响职业生涯发展

性格也影响着一个人对职业的适应性，以及职业生涯的发展。个人性格与职业之间的适配和对应是职业满意度、职业稳定性、职业归属感与职业成就感的基础。职业生涯发展的过程中，能力固然重要，但性格比能力更重要。许多用人单位在选人用人时也越来越看重一个人的性格，性格与职业相匹配的前提下，才对其能力进行考察。找到性格特点、能力素质与职业需求之间的匹配度，才能最大限度地发挥自身潜能，这不仅是通往自我实现的关键，也是确保职业可持续发展的决定性因素。

3. 职业对性格的塑造

当性格与职业不匹配的时候，为了做好本职工作，适应职业领域，人们会通过努力，主动按照工作要求培养和修炼自己相对薄弱的那方面性格，避免或减少自己性格中的劣势方面对职业的影响。也就是说，在工作中克服了自己性格上的弱点。如一个内向型的人，不善交际、不善言谈，通过多年学校班主任职业的修炼，在组织协调、沟通交流等方面得到了很大的提升，性格也开朗外向了许多。我们提倡根据性格选择适合的职业，但人们为了社会的需要可能要从事与自己性格不相匹配的工作。当你发现自己的性格与职业的匹配度不高时，可以通过努力学习和实践培养自己的相应性格，弥补性格上的不足之处。

4. 性格与职业的多面性

在职业与性格的匹配中，要克服片面性和绝对化的看法。某种职业可能需要多种性格的人，性格不同的人也可能适合同一职业，在职业与性格的匹配中，没有绝对的行与不行，有的是相对的适应性。

在职场中，遇到性格与职业选择错位也是非常普遍的现象，有些人的性格特点不适合自己所选择的职业，但为了满足生活的需要和减轻家庭的压力，仍然很努力地去适应工作。这样的人身处职场中，无法感受到工作的快乐，只会日益承受越来越大的压力。职业是可以选择的，现代社会也给了我们更多的选择自由和空间。当你怀疑自己选错了职业时，建议不要盲目急着换工作，有条件的话，先进行一种职业性格测评，了解自己的职业性格和气质，分析自身优势和劣势，然后再结合自己的兴趣爱好、教育背景和工作经验等条件，重新对自己的职业生涯和发展进行规划。或者在明确自己职业目标后，结合自身性格、兴趣、能力和价值观等因素，对自己的职业生涯进行重新规划，不断评估和调整，进一步完善自己的职业生涯规划。

☞ **【推荐阅读】**

性格影响职业发展

奥普拉·温弗瑞（Oprah Winfrey）是美国著名的电视主持人、演员、制片人和慈善家。她的职业生涯是一个典型的例子，展示了性格如何深刻影响职业选择和发展。奥普拉的性格特质中，最突出的是她的同理心、沟通能力和坚韧不拔的精神。奥普拉出生在一个贫困的家庭，童年经历了许多困难，包括贫困和虐待。然而，她的性格中有着极强的韧性和乐观精神。她从小就表现出出色的沟通能力，喜欢与人交流，并且能够敏锐地捕捉他人的情感需求。这种性格特质使她在高中时期就展现出了演讲和表演的天赋，并最终走上了媒体行业的道路。

在职业生涯的早期，奥普拉曾是一名新闻记者，但她很快发现，传统的新闻报道并不适合她的性格。她更擅长与人建立情感连接，而不是冷静地报道事实。于是，她转向了脱口秀节目，并最终主持了风靡全球的《奥普拉·温弗瑞秀》。她的节目以深入的情感交流和真实的故事分享著称，吸引了数百万观众。她的同理心和沟通能力使她成为观众心中的"知心朋友"，也让她在媒体行业取得了巨大的成功。

奥普拉的性格不仅影响了她的职业选择，也塑造了她的职业风格。她始终坚持以真实和温暖的方式与观众沟通，这种风格使她在竞争激烈的媒体行业中独树一帜。此外，她的坚韧和乐观精神也帮助她克服了职业生涯中的许多挑战，包括种族和性别歧视。

（资料来源：温弗瑞. 我坚信［M］. 陶文佳，译. 北京：北京联合出版公司，2015.）

二、职业性格的探索

（一）职业性格的概念

职业性格是指一个人在长期特定的职业生活中所形成的与职业相联系的、稳定的个性心理特征。

有的人对待工作一丝不苟，踏实认真，表现出高度责任感，对待他人富有同情心和爱心，对待自己则是严于律己、自信、谦虚。我们说这个人适合从事医生或者老师这样的职业，而所有这些特征的总和就是其职业性格。如果没有这些职业性格，无论是做医生还是做老师，其都很难成为一个好医生或好老师。

从事每一种职业都需要具备相应的职业性格，好的职业性格有助于人们在职业中更出色地完成工作，获得更多的成功机会。

（二）职业性格的类型

根据我国的实际情况，将职业性格及其适应的职业分为九种基本类型。

1. 变化型

这一职业性格的人追求丰富多样的工作内容，喜欢多变的工作环境，在新的或意外的工作情境中感到愉快，在有压力和挑战性的工作中表现出色。适合的职业有记者、推销员、演员等。

2. 重复型

这一职业性格的人能够持续不断地重复进行相同的任务，喜欢按照既定的计划、规则或标准来完成工作，喜爱固定的、不变的工作模式。适合的职业有纺织工、机床工、印刷工、电影放映员等各类专业技术工种。

3. 服从型

这一职业性格的人愿意听从领导的安排和指示，能够很好地完成领导布置的工作任务，但却不喜欢自己做出决策或是承担责任。适合的职业有办公室职员、秘书、翻译等。

4. 独立型

这一职业性格的人喜爱工作中的独立性，能够自己独当一面，善于计划和决策，喜欢指导别人开展工作并对工作负责。适合的职业有管理人员、律师、警察等。

5. 协作型

这一职业性格的人愿意与人交往，喜爱协同合作，善于引导别人按客观规律办事，并愿意帮助和服务他人，希望自己能得到他人的喜欢和认同。适合的职业有社会工作者、各类咨询人员等。

6. 劝服型

这一职业性格的人对别人的反应具有较强的判断力，善于影响他人的态度和行为，也希望自己的观点能够得到他人的认同。适合的职业有辅导人员、行政人员、宣传工作者、作家等。

7. 机智型

这一职业性格的人能够很好地执行危急的任务，自我控制能力较强，机智灵活、镇定自若、应变能力强。适合的职业有驾驶员、飞行员、公安人员、消防员、救生员、商务谈判人员、应急处置人员等。

8. 自我表现型

这一职业性格的人喜欢表现自己，善于通过工作来表达自己的思想和情感。适合的职业有演员、诗人、音乐家、画家等各类艺术工作者。

9. 严谨型

这一职业性格的人追求尽善尽美，注重细节的精确，喜欢在各个环节中追求完美，并希望能够保质保量完成工作任务，适合的职业有会计、出纳、统计、校对员、图书档案管理员、打字员等。

九种职业性格只是粗略的分类，在实际工作中，每种职业需要的性格特点有交叉，也有混合。

（三）职业性格的理论

MBTI 职业性格理论源于 1913 年瑞士心理学家卡尔·荣格（Carl Gustav Jung）在慕尼黑国际精神分析会议上提出的内倾型和外倾型两种性格，1921 年他又在发表的《心理类型学》（*Psychological Types*）一书中进行了充分的阐明，并论述了性格的一般态度类型和机能类型。一般态度类型分为内倾型和外倾型。内倾型的活动倾向于自己，外倾型的活动倾向于外部环境。这两种类型代表着性格反映特有情境的两种态度或方式。机能类型指的是个人的心理活动有感觉、思维、情感和直觉四种基本机能。感觉是人脑对直接作用于感觉器官的客观事物的个别属性的反映，如视觉、听觉、嗅觉、味觉、触觉、痛觉等；思维是人脑对客观事物的概括的、间接的反映，主要告诉人们这是什么；情感告诉你它是否令人满意；而直觉则告诉你它来自何方和向何处去。两种态度与四种机能组合成八种性格类型，分别是内倾感觉型、内倾思维型、内倾情感型、内倾直觉型、外倾感觉型、外倾思维型、外倾情感型、外倾直觉型。

美国心理学家凯瑟琳·库克·布里格斯（Katharine Cook Briggs）和她的女儿伊莎贝尔·布里格斯·迈尔斯（Isabel Briggs Myers）进一步拓展了荣格的理论，在两种态度类型和四种机能类型的基础上，又增加了判断和知觉两种类型，并编制了迈尔斯—布里格斯类型指标（Myers-Briggs Type Indicator），通过辨别个体在性格各方面的不同类型偏好，找出适合个体所从事的职业。这些偏好并无优劣之分，却形成了人与人之间的不同。MBTI 用四维度偏好二分法来评估一个人的类型偏好，每个维度偏好二分法均由两极组成。由此组成了性格的四维八极特征，组合构成了 16 种职业性格类型。

按照注意力的指向不同，分为外倾型（extroversion，E）和内倾型（introversion，I）；按照能量获取的途径不同，分为感觉型（sensing，S）和直觉型（intuition，N）；按照决策判断方式不同，分为思维型（thinking，T）和情感型（feeling，F）；按照采取行动方式不同，分为判断型（judging，J）和知觉型（perceiving，P）。

日常生活中人们在认识和处理任何事物，一般都经历上述的四个过程。首先，人们会把注意力指向外部世界，也会指向自己的内心世界，在注意的基础上，人们通过感觉和直觉来获取外界的信息，并利用这些信息结合自己的价值观对事情做出判断和选择，最后组织自己的行为并实施行动。

四维度又可组合成为 16 种性格类型，分别是内倾＋感觉＋思维＋判断（ISTJ）、内倾＋感觉＋思维＋知觉（ISTP）、外倾＋感觉＋思维＋判断（ESTJ）、外倾＋感觉＋思维＋知觉（ESTP）、内倾＋感觉＋情感＋判断（ISFJ）、内倾＋感觉＋情感＋知觉（ISFP）、外倾＋感觉＋情感＋判断（ESFJ）、外倾＋感觉＋情感＋知觉（ESFP）、内倾＋直觉＋情感＋判断（INFJ）、内倾＋直觉＋情感＋知觉（INFP）、外倾＋直觉＋情感＋判断（ENFJ）、外倾＋直觉＋情感＋知觉（ENFP）、内倾＋直觉＋思维＋判断（INTJ）、内倾＋直觉＋思维＋知觉（INTP）、外倾＋直觉＋思维＋判断（ENTJ）、外倾＋直觉＋思维＋知觉（ENTP）。

在实际生活中，一个人是内倾型就不可能是外倾型，但这并不代表一个内倾的人就丝毫没有外倾的特征。完全属于内倾型或外倾型的人是没有的，绝大多数人都是兼有内外倾的中间型，在特定场合下，某一种类型占优势。每个人也能同时运用四种心理机能，只不过各人的侧重点不同，有些人更多地发挥这一种心理机能，另一些人更多发挥另一种心理机能。每个人在某一维度上，会表现出对某倾向的一定偏好。每个维度的两极，既是"非此即彼"，又是"主要"表现。当我们处于偏好的倾向时，我们往往表现更佳，感觉更有效率，而且精力充沛。大部分人在 20 岁后会形成稳定的 MBTI 类型，并且基本固定。当然，MBTI 的类型也会随着年龄的增加、经验的丰富而发展完善。

MBTI 职业性格理论向人们揭示了职业性格类型的多样性和由此导致的不同个体之间行为模式、价值取向的差异性，深刻影响着人们观察事物的角度、思考问题的方式、决策的动机、工作中的行事风格，乃至人际交往中的习惯与喜好。半个多世纪以来，MBTI 已广泛应用于自我探索、职业发展、人才选拔、团队建设、管理培训、恋爱与婚姻咨询、教育（学业）咨询及多元文化培训中，成为世界上应用最广泛的人才甄别工具。该理论在荣格的优势功能和劣势功能、主导功能和辅助功能等概念的基础上，进一步提出功能等级等概念，并有效地为每一种类型确定了其功能等级的次序，又提出了类型的终生发展理论，对心理类型理论做出了新的贡献。

☞ **【推荐阅读】**

“i 人”和“e 人”的专属幸福清单

“你是 i 人还是 e 人?”近两年，这句话是开启社交的高频词，当 MBTI 性格测试持续风靡，不少人通过这样的问题来增进对自己和他人的了解。此刻正在阅读这篇文章的你，是常常与朋友相谈甚欢的“e 人”，还是更享受独处时光的“i 人”呢?

人与人性格不同，能获得幸福感的事情也会有所差异，今天，我们准备了一份“e 人幸福清单”和一份“i 人幸福清单”，趁着大好春光，去拥抱属于你的幸福吧!

一、“e 人”幸福清单

1. 参加聚会，认识有趣的新朋友。
2. 每到节假日都有不同的朋友邀请出去玩。
3. 听别人介绍一个全新的领域。
4. 发的朋友圈收到很多点赞和评论。
5. 出门玩的时候都是好天气。
6. 吃饭、逛街、看电影，总是有人陪。
7. 好朋友来家里留宿，一起聊了很久。
8. 出去旅游，刚好遇到当地的节庆活动。
9. 在电梯上遇到邻居家的宠物，和它们打招呼并得到回应。
10. 出门遇见熟人，刚好目的地一致，可以一起同行。
11. 去小型现场演出、演唱会时，忘我地和歌手一起歌唱。
12. 被朋友带去见 ta 的朋友或家人。
13. 临时决定开启一趟旅行，去一个从未到过的地方。
14. 见到朋友或者与朋友告别时，热情地拥抱。
15. 用自己的知识或经历帮助朋友。
16. 打车时和司机师傅聊天。
17. 和朋友一起拍土味但好玩的照片、短视频。
18. 自己的高光时刻被记录下来。
19. 请朋友去自己喜欢的餐厅吃饭，并在之后受到回邀。
20. 被邀请担任主持人、伴娘、伴郎等重要角色。

二、“i 人”幸福清单

1. 周末什么都不做，只休息。
2. 虽然没有明确表达过，但依旧被身边重要的人坚定地选择。

3. 找一家氛围安静的咖啡馆或茶馆，选一本喜欢的书，点一杯热饮。
4. 精心挑选的礼物，对方读懂了礼物背后的寓意。
5. 关上房间的灯，打开投影仪，播放一部喜欢的电影。
6. 路过花店时，给自己买一束鲜花。
7. 聚餐时，没有“提一杯”的环节。
8. 下班路上，抬头看到天边被夕阳染成橙红色的晚霞。
9. 身边的朋友、同事都是有“边界感”的人。
10. 外卖员按照你的备注，没有敲门，把外卖放在门口。
11. 和自己喜欢的一切安静地待在一起。
12. 听雨落下的声音，闻雨后空气中青草的味道。
13. 收拾房间，把不需要的东西都清理掉。
14. 遇到能完美理解你的想法并且沉默寡言的理发师。
15. 一个人在家读了很久的书。
16. 去小摊买东西，不用砍价，摊主就给了很实惠的价格。
17. 一个人翻相册，想起很多美好的回忆。
18. 在公园长椅上，看着潺潺流水，夕阳一点点落下。
19. 耳机里播放到最契合心情的歌。
20. 每天晚上读完夜读，静静感受文字的温暖。

千人千面，MBTI 只有 16 面。我们自己，以及遇到的每个人都是复杂而生动的个体，无法被简单的字母概括。生活不会一成不变，人也不会一成不变，此时的“i”和“e”其实只代表一个人目前的状态。

合理娱乐但不过度延展，理性参考但不绝对定义，去认识你自己，去认识具体的人，而非只信任抽象的符号，方能收获真实的幸福。愿我们都能从更多生活小事里，感受到快乐、力量和幸福。

（资料来源：“人民日报”微信公众号，2025 年 3 月 19 日）

☞ **【课堂互动】**

职业性格的探索

1. 他人眼中的我

请写下自己的五个特质，或者用五句话来描述你自己的特质。

我是一个（　　　　　　　　　　　　　　　　　　　　）的人。

我是一个（　　　　　　　　　　　　　　　　　　　　）的人。

我是一个（　　　　　　　　　　　　　　　　　　　　）的人。

我是一个（　　　　　　　　　　　　　　　　　　　　）的人。

我是一个（　　　　　　　　　　　　　　　　　　　　）的人。

请分别找你的同学、朋友、家人等熟悉自己的人，请他们也列举出你的五个特质。

我的同学/朋友/老师/家人认为我是一个（　　　　）的人。
我的同学/朋友/老师/家人认为我是一个（　　　　）的人。
我的同学/朋友/老师/家人认为我是一个（　　　　）的人。
我的同学/朋友/老师/家人认为我是一个（　　　　）的人。
我的同学/朋友/老师/家人认为我是一个（　　　　）的人。

看看他们对你的看法与你对自己的看法有些什么异同，并和他们讨论这些异同。

2. 性格圈一圈

下列是形容人格特质的常用词语，仔细想想看你自己具备了哪些特质。请将这些形容词提供给你的好朋友参考，也请他圈选出他认为你所具备的特质。对此看看他所形容的你和你所形容的自己，有些什么异同，为什么会有这些异同。

顺从　重视物质　温和　坦白　自然　害羞　勤奋
诚实　有恒心　稳定　谦虚　实际　分析　独立
喜欢解决问题　理性　内向　好奇　重视方法　冷静沉着　批判
科学精神　追根究底　深谋远虑　亲和力　人缘佳　喜欢与人接触　乐于助人
为他人着想　随和　宽宏大量　善体人意　温暖　合作　循规蹈矩
喜欢规律　缺乏弹性　节俭　缺乏想象力　传统保守　谨慎　有条理
按部就班　负责任　复杂善变　喜欢变化　缺乏条理　想象力丰富　崇尚理想
情绪化　直觉的　不切实际　不喜从众　独创性　较冲动　感性
富冒险性　精力充沛　善表达　慷慨大方　自信　有领导能力　活泼热情
积极主动　喜欢表现　说服力强

我圈，别人也圈的特质是：________________________________
我圈，别人没圈的特质是：________________________________
别人圈，我没圈的特质是：________________________________
我的发现：原来我是个________________________________的人。
我希望继续保有的特质是：________________________________
我希望改变的特质是：________________________________

职业性格自画像

1. 学生用彩笔在A4纸上绘制“职业性格自画像”，用图形、颜色、符号等表达自己的性格特点和理想职业。

2. 学生分组展示自己的自画像，并解释画中的元素代表什么（例如：“我用红色代表我的热情，用齿轮代表我对技术的兴趣”）。

3. 每组推选一位代表，向全班展示自画像并分享创作思路。

4. 最后，由教师总结学生的创作，并引导学生思考如何将性格优势融入职业发展。

☞【拓展阅读】

故事一：乔布斯的性格与职业成就

史蒂夫·乔布斯（Steve Jobs）是苹果公司的联合创始人，他的性格特质对他的职业成就产生了深远影响。乔布斯被广泛认为是一个典型的“直觉型”（N）和“思考型”（T）人格（MBTI中的ENTP类型）。他具有极强的创造力和远见，能够看到别人看不到的未来趋势。例如，他在20世纪70年代就预见了个人电脑的潜力，并推出了Apple I和Apple II，彻底改变了计算机行业。

然而，乔布斯的性格也有其挑战性。他追求完美，对细节要求极高，甚至到了苛刻的地步。这种性格特质让他在产品设计上取得了巨大成功（如iPhone和Mac Book的设计），但也导致他在团队合作中常常显得专断和难以相处。尽管如此，乔布斯的性格特质与他对科技和设计的热情完美结合，最终使他成为科技行业的传奇人物。

故事二：特蕾莎修女的性格与职业使命

特蕾莎修女（Mother Teresa）是一位著名的慈善工作者，她的性格特质与她的职业使命紧密相关。从MBTI性格类型来看，特蕾莎修女可以被归类为“情感型”（F）和“判断型”（J）人格（ISFJ类型）。她极具同情心和责任感，始终关注他人的需求，尤其是那些最贫困和最弱势的群体。

特蕾莎修女的性格特质使她在慈善事业中表现出色。她在印度加尔各答创立了仁爱传教修女会，致力于帮助穷人、病人和孤儿。她的耐心、细致和无私奉献精神让她赢得了全世界的尊敬。尽管她的工作环境极其艰苦，但她始终坚守自己的使命，用实际行动诠释了“服务他人”的职业价值观。

故事三：J. K. 罗琳的性格与文学创作

J. K. 罗琳（J. K. Rowling）是《哈利·波特》系列的作者，她的性格特质对她的文学创作产生了重要影响。从MBTI性格类型来看，罗琳通常被认为是“内向型”（I）和“直觉型”（N）人格（INFJ类型）。她具有丰富的想象力和深刻的情感洞察力，能够创造出复杂而引人入胜的魔法世界。

罗琳的性格中还有一个显著特点，那就是她的坚韧和乐观。在创作《哈利·波特》系列的过程中，她经历了许多困难，包括经济拮据、婚姻破裂和抑郁症的困扰。然而，她始终没有放弃自己的梦想，而是将这些经历转化为创作的灵感。例如，她在《哈利·波特》中塑造的“摄魂怪”形象，正是她抑郁症经历的艺术化表达。最终，她的坚持和努力让她成为全球最知名的作家之一。

（资料来源：MBTI名人堂，网址：https://www.yowc.com/mbtimrt/212023183093.html）

☞【拓展阅读】

个性新说

当一个内向的人试图变得外向的时候，他可能失去了自我内心的安宁，也失去了命运的眷顾！

经验上人们判断一个人的内向性格或者外向性格是从行为与情绪类型来判断的。这个判断不太可靠，因为人的行为是可以通过后天的学习与强化得到的，人的情绪也可以因为经验和年龄变得和谐。在心理学含义上内向、外向主要指人的精神指向，比较关注内心的是偏内向，比较关注外部世界的是偏外向。关注内心的人着力发展自我感，首要面对的是如何喜欢自己；关注外在的人着力发展能力，首要面对的是被人喜欢与被环境认同。两种力量对每个人都是必不可少的。

经常遇到内向的人为自己的个性烦恼，其实这样的人应该感谢上帝让他获得如此重要的个性倾向。仔细想想，没有内在肯定和自我认同的人，不可能有持续的力量去发展朝外的进取与奋斗，一个只关注外界从不自省内心的人也不可能获得成功。我们的文化对个性的描述一直存在着一种无意识的割裂，以为这两种个性是恰好相反的，二者只能选择其一。其实这可能是人类二律悖反得出的最荒诞的偏见。内向的力量是树根与树干，外向的力量是枝叶、花蕾与果实。这两种心理力量恰好是并存相依的。

文化习惯把外向的人想象为乐观、开朗、热情、自信、进取，把内向者联想为保守、压抑、退缩、不安、胆怯、不合群。会识字的人都会说外向是受社会欢迎的，内向却不那么好。当然，内向的人很自我、内省、另类，不按常规出牌，自然难得文化的喜欢。外向的人不坚持己见，从众、随同、喜欢分享、依赖规则、服从环境、追求社会认同，自然容易成为文化价值导向下的可爱一族。

区别内向与外向的一个简单可信的依据是问问自己的快乐从哪里来。内向把心理能量指向自己，因此快乐也主要由心而生，不那么依靠外部世界的认同与赞许；外向把心理能量指向外部世界，喜欢人际接触，好奇，富有冒险精神，对主流文化比较认同。内向为主的人比较有意志、理想和个性追求，有特色的美感、兴趣，爱学习，喜欢没事偷着乐，外界不管有多大的变化、干扰，甚至打击都妨碍不了他们生活的目的与信念。他们为了一个梦想或观点常常会独自坚持，不达目的誓不罢休。外向为主的人比较灵活、顺从，不给别人和自己找麻烦，审时度势，喜欢顺水推舟，不喜欢逆水行船。很多人陷入社交的烦恼，害怕人际关系，胆怯，退缩，自认为是内向的。其实他们恰好缺少内在的精神指向，根本就没有快乐，期待被别人喜欢、认同来获得快乐，这样的人恰好是外向的，也恰好缺乏内向的心理能力。

人的一生中两种个性力量是同时存在的，不夸张地说，内向的个性能力是获得外向个性能力的前提。正如埃里克森在《同一性：青少年的危机》中说的，自我认同是一种精神朝内的灌注。其实，人的个性是复杂的，不可能像文化标定那样是单一的。社会是个舞台，只要喜欢，人可以表演出不同的个性色彩。如果真能单一，我猜单一的内向还是比单一的外向好。很多科学家、哲学家、伟人、艺术家、创业者都是因为发展了很好的内向能力而让自己能在浮躁的社会里沉静下来，独立思考，富有创意，最终获得成功。

被文化描述的个性其实是人的社会性格，而非人内心本质的心理性格。要让偏内向的人喜欢自己，就要思考我们的文化定义给内向人带来的观念困境。如果社会把内向与外向等同起来看，并给不同性格的人相同的笑脸，那么内向的人可能更容易找到适合自己存在的方式。强迫内向的人按照文化导向的外向模式去生活可能产生很大的不适应。

人只有发展好内向的力量，让心灵成为快乐的源泉，外向的个性才能慢慢有根基，既沉寂得下来，也能放得开去，不喜欢自己，不接纳自己，你的灵魂会远离你，终身漂泊。自己爱自己，从内心世界去找到存在的意义，这样的快乐是随时可以自给自足的。

（资料来源：李子勋. 心灵飞舞［M］. 北京：中国广播电视出版社，2006.）

三、职业性格的培养

爱因斯坦说："优秀的性格和钢铁的意志，比智慧和博学更重要。"良好的性格不仅为成功提供强大的精神动力，有助于克服和战胜前进道路上的各种困难和挫折，还有利于建立良好的人际关系，获得社会多方面的帮助和支持。良好的性格对于大学生的学习、工作、生活方方面面都具有重要影响。一个具有良好性格的人更有可能成为一个成功的人，对社会有用的人。因此，在大学生涯中培养和塑造良好的性格十分重要。

俗话说"江山易改，本性难移"，性格一旦形成就不易改变，这是性格稳定性的表现。但影响性格形成和发展的因素是多方面的，个人对性格的自我教育，以及外部因素通过自我意识的调节对性格所起的作用，为良好性格的培养提供了依据。可以说，我们每个人都在生活实践中塑造自己的性格。

（一）培养良好的习惯

性格中的很大一部分是一个人习惯化了的行为方式。习惯是通过身体动作的熟练而形成的，真正的习惯是主动养成的，如果一个人能从日常生活中的一件小事开始改变，久而久之，新的习惯就赋予了新的性格特征，良好习惯的形成有助于改变性格的内在品质和结构。如一个办事懒散马虎、杂乱无章的人，从每天记录任务表、下班前整理自己的办公桌等习惯开始养成，逐渐成为一个整洁有序、认真负责的人。塑造性格的关键在于努力培养自己良好的生活习惯。

（二）坚守正确的原则

每个人的心中对于是非曲直都有自己的想法和原则，即什么是正确的，什么是不正确的。要培养健全的性格，就要形成正确的人生观、世界观和价值观。树立正确的人生目标，才能正确处理好自己、他人和集体的关系，正确评价和引导自身的行为，形成积极的生活态度和行为方式，使性格健康地发展。

（三）保持积极的情绪

情绪特征是性格的构成成分，不同的性格产生不同的情绪，情绪能够反映性格，情绪也会感染性格。某种情绪持续的时间越长，对性格的感染作用越明显。积极的情绪体验能使人形成关心、关爱、朝气蓬勃、乐观向上的性格。如果一个人能够有效控制自己的情绪，保持愉快平稳的心境，不仅有助于明亮性格的情绪色彩，还能获得社会责任感、道德感等高级情感的升华。

(四) 养成顽强的意志

意志使人克制自己的欲望、爱好，去做自己不喜欢但又必须要做的事，它让人们的行动更为自觉，从眼前的每一件事做起，拥有锲而不舍、滴水穿石的恒心、毅力和耐心。很多时候，意志强大比天资聪明更重要得多。坚强的性格体现了意志坚韧性，有坚强的意志就会有坚强的性格，意志一直是性格力量的主要源泉。养成好的意志，有着坚韧不拔的精神，是塑造性格的一个重要方面。

(五) 借助榜样的力量

榜样引领，对培养和塑造良好的性格具有重要的作用。无论在革命战争年代，还是在社会主义和平建设时期，各行各业都涌现出了一批又一批的榜样人物，从中汲取榜样的力量，有利于激发大学生培养和塑造良好的性格的动力。大学生可以在两种人物上感受榜样的力量，一是社会中的先进模范人物，如时代楷模、全国道德模范和感动中国人物等；二是生活中对自己影响巨大的亲人和朋辈。大学生通过学习这些榜样的性格特点和精神力量，能够最大程度激发内在性格上的情感共鸣，从而重新塑造自身良好的性格优势，并将这些性格优势应用于自己的学习、工作和生活。

(六) 付出持久的努力

性格体现在行动中，因而要通过实际行动来塑造，经过长期的努力，逐渐改变不良性格，培养和形成良好的性格。如由懒惰变为勤劳，由粗心变为细心，由自卑变为自信，由懦弱变为坚强，由骄傲变为谦虚，由急躁变为沉着等。只有把培养性格与生活实践联系起来，经过长期艰辛的努力、锻炼与考验，才能实现自己确定的性格培养目标。

性格的培养是一种改进和完善自己的自觉行动，也非一朝一夕所能奏效，必须有坚强的意志、持久的努力。在进行性格塑造时，应时时在意、处处留心，在每件小事上一点一滴地改变不好的习惯、控制自己的情绪、约束自己的言行，在潜移默化中逐步不断完善与发展自己的性格。

第二节　兴趣探索

兴趣，决定你愿意做什么。兴趣作为一个人生涯探索的“发动机”和“引擎”，在一个人生涯教育过程中发挥着重要的内在动力作用。本节与你一起探讨兴趣的概念、品质、类型、兴趣与爱好的关系、兴趣培养的重要性和方法，重点介绍兴趣与职业生涯的关系和霍兰德职业兴趣理论。认识并探索职业兴趣，才能更好地了解自己，找到自己喜欢的职业。

一、兴趣概述

（一）兴趣的概念

兴趣是人们探究某种事物或从事某种活动的心理倾向。

兴趣不是天生就有的，而是在社会生活实践中产生和发展起来的。遗传因素、父母兴趣、家庭文化、学校教育、社会环境等多种因素都可以影响兴趣的形成。兴趣不是靠外界强制力量形成的，而是以需要为前提和基础的。当一个人有某种需要时，就会有满足需要的愿望，推动着人们认识事物、探索外界、寻求真理。

兴趣是一种选择性的态度，表现为一种喜好的情绪。人对自己感兴趣的东西会表现出巨大的积极性，并且产生某种肯定的情绪体验。如对生活有浓厚兴趣的人，就会觉得生活充满阳光，丰富多彩，更懂得享受生活的乐趣；对某一学科感兴趣的人，就会对这一学科的学习兴致勃勃，孜孜不倦，充满激情，更懂得享受学习的快乐；对某种工作怀有浓厚的兴趣，就会刻苦钻研业务，废寝忘食地工作，更容易在工作中找到成就感。

人们对什么感兴趣，就能唤醒主体意识、集中注意力，充分调动潜能，对它感知敏锐、记忆牢固、思维活跃、情绪愉快、情感浓厚、意志坚定、行动积极。因此，兴趣是人们从事某种活动强大的精神动力。

（二）兴趣的品质

1. 兴趣的广度

是指兴趣的范围大小。有的人兴趣广泛，对许多事物和活动都感兴趣，丰富知识，开阔眼界；有的人兴趣狭窄，对什么都不感兴趣、漠不关心，人的个性无法得到充分发展。

2. 兴趣的中心

是指对某个特定领域的事物形成更浓厚、更强烈的兴趣，它能推动人们更加深入全面地认识客观世界。也就是说，一个人在广泛兴趣的基础上要有一个中心兴趣，在中心兴趣基础上发展广泛兴趣，两者结合，既博又专，才是兴趣珍贵的品质。与之相对的，就是兴趣的分散，说的是一个人兴趣易变、不集中，对什么都喜欢，又什么都不深入、不专注，更没有形成中心兴趣，虽然也感觉忙忙碌碌，但终究一事无成。

3. 兴趣的稳定性

是指对某个特定领域事物的兴趣具有持久性和连续性，即兴趣保持时间的长短。持续时间长则稳定性强，持续时间短则稳定性弱。有的人兴趣保持的时间长，而有的人兴趣保持的时间短，变化无常。稳定而持久的兴趣才能使人长时间地专注于某项活动，推动人深入钻研问题，持之以恒，获得系统而深刻的知识，这样更容易取得成功。反之，兴趣多样而不持久，一种兴趣迅速地被另一种兴趣代替，朝秦暮楚，见异思迁，则很难取得成功。

4. 兴趣的效能

是指兴趣在一定程度上能积极推动人的活动，有效提高人的活动效能，即兴趣对活动产生的效果的大小。兴趣对人的活动产生的效果可分为两种：一是，兴趣对人的活动产生积极的效果。凡是能推动社会进步和个人身心发展的兴趣，就会对人的活动产生积极、正面的效果。二是，兴趣对人的活动产生消极的效果。凡是阻碍社会进步和个人身心发展的兴趣，就会对人的活动产生消极、负面的效果。

（三）兴趣的类型

兴趣是一个多维的概念，结合兴趣的特点，我们可以把兴趣分为以下几种类型。

1. 物质兴趣和精神兴趣

根据兴趣的内容，可以分为物质兴趣和精神兴趣。物质兴趣主要指人们对舒适的物质生活的兴趣和追求，如衣、食、住、行等方面；精神兴趣主要指人们对精神生活的兴趣和追求，如科学、文化、艺术、研究等方面。儿童更多是对物质产生兴趣，青年以后，精神兴趣得到发展，开始对文学、艺术感兴趣。大学生处于人生观和世界观形成的关键时期，无论是物质兴趣还是精神兴趣，都需要师长进行积极引导，从而树立积极向上的人生观、世界观和价值观。

2. 直接兴趣和间接兴趣

根据兴趣的来源，可以分为直接兴趣和间接兴趣。直接兴趣是对活动过程的兴趣，如一个人喜欢跳舞、打球，是因为在跳舞和打球的过程中，能获得愉快和满足，这些活动的本身对人有吸引力；间接兴趣是对活动所产生的结果的兴趣，如一个人做科学研究，可能对繁杂的数据处理过程没有兴趣，只对研究的结果有兴趣，这种兴趣就是间接兴趣。间接兴趣在自觉组织的劳动中占重要地位，因而应该注意它的形成和培养。直接兴趣和间接兴趣两者是相互联系、相互促进的，如果没有直接兴趣，各种活动的过程就会显得很枯燥、很乏味；如果没有间接兴趣的支持，过程中就有可能会失去目标，甚至迷失方向，这样的过程就很难能够坚持下去。因此，一个人只有把直接兴趣和间接兴趣有机地联系起来，使它们相互促进，才能充分发挥积极性和创造性，才能目标明确，持之以恒，并最终取得成功。

3. 短暂兴趣和稳定兴趣

根据兴趣的稳定性，可以分为短暂兴趣和稳定兴趣。短暂兴趣存在的时间相对较短，往往随着某种活动的产生而产生，又随着某种活动的结束而消失。而稳定兴趣存在的时间相对较长，具有较强的稳定性，因此它不会随活动的结束而消失。只有短暂兴趣而没有稳定兴趣，很难实现对事物的深入了解，最终将是一事无成；只有稳定的对某种事物的兴趣，而没有对其他事物的短暂兴趣，人生也会过于单调。因此，人既要有短暂兴趣，又要有稳定兴趣，才能使自己的生活更加丰富、工作更加出彩、人生更加圆满。

4. 个体兴趣和情境兴趣

个体兴趣是指个体长期指向某一特定领域事物的一种相对稳定的兴趣，这种兴趣会与个体自身的情绪、情感和价值观相联系。个体兴趣与引起正情绪的客体或活动相联系，就会产生愉快和享受等正向情感体验。此外，个人对有重要意义的事物或活动也会产生个体兴趣。如有人对音乐、美术和舞蹈感兴趣，就会产生喜欢和热爱的情感体验，长期坚持就会成为他一生的爱好。而情境兴趣是一种唤醒状态的兴趣，指的是由于环境中的某一事物突然激发的兴趣，它持续的时间相对较短，但也会对个体的知识、情感和价值观产生一定的影响。

5. 积极兴趣和消极兴趣

根据兴趣的效能，可以分为积极兴趣和消极兴趣。积极兴趣是一种有效能的兴趣，是有主动性质的兴趣。这时人们不是停留在静观阶段，而是为了获得兴趣的对象去积极活动。积极兴趣是掌握知识、形成技能、发展个性的优良的兴趣品质。消极兴趣是被动的兴趣，只有表面上的了解，使人处于静观状态，仅仅停留在对兴趣对象的感知和欣赏上，不能成为实际活动的动力，因而也不能产生实际效果，是一种不良的兴趣品质。

6. 个人兴趣和社会兴趣

个人兴趣是个体以特定的事物、活动及人为对象，所产生的积极的态度和倾向。社会兴趣是指对社会怀有积极的看法，并且对增进社会福利怀有强烈的兴趣，愿意与他人友好合作以实现共同增进社会利益的目标，并能与大家一同造福社会。如周恩来总理，为祖国的建设、人民的幸福而努力奋斗与工作，他的优越都表现在为社会所做出的贡献，社会也回报他们以极大的尊重和赞许。有社会兴趣的人由于选择了正确的社会奋斗目标，他们不仅能够实现自己所期望的优越，而且有助于发展出成熟健康的心理。缺乏社会兴趣的人，追求的是与个人利益相关的目标，甚至是违反社会利益的目标，是很难在生活中获得良好的适应和发展的。大学生既不能埋没自己的个人兴趣，又要把个人兴趣与社会兴趣有机结合，在实现个人目标的同时为社会做出自己的贡献。

（四）兴趣与爱好

当兴趣不是指向认识的对象，而是指向某种活动时，这种动机叫爱好，如对体育、绘画、书法活动的爱好等。

在日常生活中，人们常把兴趣和爱好作为同义词使用，实际上二者既有联系又有区别。兴趣是力求认识、探究某种事物的心理倾向，它是人对客观事物的一种内在趋向性和内在选择性。爱好是从事某种确定活动的倾向，也是在需要的基础上形成的。兴趣是爱好的前提，爱好是在兴趣的基础上发展起来的，爱好的事物必定是感兴趣的事物。兴趣对个体的认识活动有巨大的推动力，当它进一步发展为从事某种活动的内在动机时，就成了爱好。爱好是兴趣的发展和行动，爱好不仅是对事物的接近和倾向，而且表现为某种实际行动。如一个人对足球感兴趣，是个热心的球迷，但他不一定爱好踢足球；一个人对绘画感兴趣，并从喜欢、欣赏发展到自己动手学绘画，那么就转化成对绘画的爱好。

兴趣与爱好都是和人的积极情绪体验联系在一起的。当人们兴趣盎然地进行某种活动、获得某种认识时，他们常常体验到快乐和满意等积极情绪。培养良好的兴趣爱好是推动人努力学习、积极工作的有效途径。

☞【推荐阅读】

兴趣的发生和发展

兴趣的发生和发展一般要经历这样一个过程：有趣—乐趣—志趣。

有趣是兴趣发展过程的低级阶段，常常与一个人对某一事物的新奇感相联系。比如有人今天想当一名导游，明天又想当服装设计师，后天又对网络管理感兴趣，这种兴趣往往短暂易逝，通常是一时心血来潮，新奇感的消失，兴趣也会自然地逝去，非常不稳定。

乐趣是兴趣发展过程的中级阶段，又称为爱好。它在有趣的基础上定向发展而成，比较稳定、专一和深入。比如一个人对计算机维修感兴趣，他不但会主动学习这方面的知识，还会寻找一切机会进行装配和修理实践。

志趣是兴趣发展过程的高级阶段，当与社会责任、理想、奋斗目标结合起来时，乐趣便变成了志趣。志趣具有社会性、自觉性和方向性，到了志趣阶段，一个人会心甘情愿地为其钟情的事情废寝忘食而乐此不疲，并为之尽心尽力。

我们的职业生涯就是要将自己兴趣发挥到极致，可以爱业、敬业，最后乐业。

（资料来源：曲振国. 大学生就业指导与职业生涯规划［M］. 北京：清华大学出版社，2020.）

（五）兴趣与职业生涯

1. 兴趣是选择职业的重要依据

从心理学角度来说，在职业选择时，首先需要了解自己的兴趣。正如人们在日常生活中喜欢做自己感兴趣的事一样，是否从事自己感兴趣的职业对一个人的职业发展，乃至一生都会产生很大的影响。比如，有的人喜欢钻研理论知识，不喜欢动手操作，如果你硬要让他把他的兴趣转移到技能操作领域，他就会感到无用武之地。这种兴趣上的差异就构成了职业选择的重要依据。

2. 兴趣提升工作效率和职业能力

兴趣并不等同于能力，但兴趣与能力有着密切的关系。兴趣通过工作动机促进个体能力的发挥，包括调动人的全部精力，以敏锐的观察力、高度的注意力、深刻的思维和丰富的想象力投入工作。如果一个人的兴趣和能力能够合理结合，则能发挥一个人全部才能的80%～90%，其工作效率会大大地提高，并且长时间保持高效率而不感到疲倦；如果对工作没有兴趣，只能发挥其全部才能的20%～30%，并且容易筋疲力尽。反过来，个人有较强的能力，在从事自己喜欢的事情时就会感到得心应手，增添了对这些事情的兴趣，形成良性循环。因此，兴趣是最好的老师，不仅提高工作效率，还能调动一个人潜能的发挥。以兴趣为动力，能力是可以培养出来的，更有可能取得职业生涯成功。

3. 兴趣影响职业稳定性和工作满意度

兴趣与工作满意度、职业成就感和职业稳定性之间存在着明显的关联。一个人如果选择了自己不感兴趣的职业，不仅很难感到满意，甚至会感到压抑、痛苦，并由此导致工作的不稳定。在其他条件相似的情况下，如果我们所从事的职业是自己所喜欢的，那我们的工作和生活会愉快得多，而且能让自己有激情面对挑战、持续发展，在工作中取得成功，获得满足感。兴趣会让枯燥的工作变得精彩，兴趣也使工作不再是一种负担，而是一种享受。兴趣也是保证职业稳定、职场成功的重要因素，职业生涯有了兴趣的力量可以走得更长远。

这里需要理清的一点是，并非所有的兴趣都应该或能够在职业中得到满足。兴趣也可以通过休闲活动、兼职或副业、参加社团等多种方式来发展。关键在于工作和生活、爱好之间的协调与平衡。在选择职业的时候，有必要将兴趣作为一个重要的因素考虑进去。如果人们对所从事的职业有兴趣，就能充分调动和发挥自己的主观能动性，充分开发智力和潜能，提高工作效率，从而增强职业的适应性，工作满意度也会提高，职业稳定性也会加强，工作绩效也会变好。在现实的基础上进行“择业”，是成功“就业”的前提和基础。

☞ **【推荐阅读】**

兴趣驱动的职业转型——从工程师到音乐人

李明（化名）是一名毕业于某985高校的机械工程专业学生。大学期间，他的成绩优异，毕业后顺利进入一家知名国企，成为一名机械工程师。然而，工作两年后，李明逐渐感到迷茫和疲惫。尽管他的工作稳定且收入可观，但他发现自己对机械设计缺乏热情，每天的工作更像是一种“任务”而非“兴趣”。

李明从小就对音乐有着浓厚的兴趣，大学期间他曾是校园乐队的吉他手，并自学了音乐制作。工作之余，他常常利用周末时间创作音乐，甚至在一些小型音乐平台上发布了自己的作品。随着时间的推移，李明越来越意识到，音乐才是他真正的兴趣所在。

经过深思熟虑，李明决定辞去工程师的工作，全身心投入音乐创作。起初，他的家人和朋友对此表示不理解，认为他放弃了一份稳定的工作去追求一个不确定的未来是不理智的。然而，李明坚信，只有追随自己的兴趣，才能找到真正的职业满足感。

在接下来的几年里，李明从零开始学习音乐制作和市场营销，逐渐在音乐圈内积累了一定的知名度。他的作品开始被一些知名音乐平台推荐，并获得了不少粉丝的喜爱。如今，李明已经成为一名独立的音乐制作人，不仅实现了自己的职业梦想，还通过音乐创作获得了经济上的回报。

（资料来源：王晓峰. 职业生涯规划：从理论到实践［M］. 北京：高等教育出版社，2019.）

☞ **【推荐阅读】**

从会计到插画师的追梦之旅

小杨（化名）是一名会计专业的毕业生，毕业后进入了一家大型企业从事财务工作。尽管她的工作稳定且收入不错，但她始终感到内心空虚。小杨从小就对绘画有着浓厚的兴趣，大学期间她曾自学插画，并在社交媒体上分享自己的作品，收获了不少粉丝。

工作两年后，小杨逐渐意识到，自己对数字和财务报表毫无热情，反而在绘画中找到了真正的快乐。她开始利用业余时间接一些插画设计的兼职工作，并逐渐积累了一些客户和经验。然而，她也面临着巨大的压力：家人和朋友认为她放弃稳定的会计工作去追求一个不确定的未来是不理智的。

经过深思熟虑，小杨决定辞去会计工作，全身心投入插画创作。起初，她的收入并不稳定，但她对插画的热爱让她坚持了下来。她通过不断学习和实践，逐渐在插画圈内积累了一定的知名度，并开始接到一些商业合作项目。如今，小杨已经成为一名自由插画师，不仅实现了自己的职业梦想，还通过插画获得了经济上的回报。

（资料来源：薛毅然. 职场真话：认清自己，看懂市场，选好工作［M］. 北京：中信出版集团，2022.）

二、职业兴趣的探索

（一）职业兴趣的概念

职业兴趣是兴趣在职业方面的表现，是指人们对某种专业或职业活动具有的比较稳定而持久的心理倾向，使人对某种职业给予优先注意，并向往之。

兴趣本身并不是为了从事什么职业而产生和形成的，但当这种兴趣直接指向与职业有关的活动，与职业类型、职业要求相一致时，就表现为职业兴趣。如逛商场、购物的兴趣可以演变为导购或销售的工作；养宠物的兴趣可以与动物饲养员、宠物医生、野生动物保护专家等职业挂钩。职业兴趣是个人兴趣、能力和责任的集合体，我们选择职业的时候，要充分了解职业的岗位职责和任职要求，要以职业兴趣为重要考量标准。

（二）职业兴趣的理论

霍兰德（John Henry Holland）是美国约翰·霍普金斯大学的心理学教授，美国著名的职业指导专家。他于 1959 年提出了具有广泛社会影响力的人业互择理论。据此发展的职业兴趣类型测验能帮助测试者发现并确定自己的职业兴趣，从而合理地做出求职择业的决策。这一测验依据的是霍兰德的人格类型与职业类型学说，也属于人职匹配范畴的职业兴趣理论。关于霍兰德的职业兴趣理论已在第一章“职业生涯规划基本概述”中进行论述，在此，重点补充两个方面内容：

1. 职业兴趣组型

霍兰德认为，人的兴趣可以是单一类型，也可以是多种兴趣的组合。个人的职业兴趣也是多方面的，很少只是集中在某一种类型上。每个人或多或少都具有六种兴趣，只是偏好程度不同。大多数人都属于六种职业类型中的一种或两种以上类型的不同组合。比如一个人喜欢研究，但研究的是社会问题，他可能就是一个社会科学研究人员，社会科学研究人员就是研究型和社会型的组合。因此，为了比较全面地描述个人的职业兴趣，霍兰德用单代码、双代码和三代码，组合成了丰富多样的职业兴趣组型。

（1）单代码：R，I，A，S，E，C

（2）双代码：RI，RA，EA，ES……

（3）三代码：ISA，EAS，CRI……

通常用最强的三代码来表示一个人的职业兴趣，具体职业通常也采用3个字母代码的方式来描述其工作性质和职业氛围。这三个字母间的顺序表示了兴趣的强弱程度不同，比如职业代码ISA，其研究型成分最多，社会型其次，艺术型第三，而常规型、企业型和现实型相对更少。

2. 兴趣与环境的适配

每个人实际上都是多种兴趣类型的综合体，单一类型显著突出的情况不多。确定个体的兴趣类型时，一般是看其在六大类型中得分居前三位的类型组合，根据分数的高低依次排列字母，构成其兴趣组型。如RCA组型，构成职业兴趣的“大三角”类型，职业发展空间和选择空间较大；AIS组型构成“小三角”类型，职业发展空间较集中。

因此，个体并非一定要选择与自己兴趣完全对应的职业环境类型。在进行职业选择时，人们应尽量寻求与兴趣类型相近的职业环境类型，如果选择相反的职业环境类型，则可能难以适应，或者难以乐业。

☞ **【拓展阅读】**

如何发现自己的职业兴趣所在？

兴趣，简单来说，就是指一个人喜欢做的事情，找到自己的职业兴趣不仅能让我们工作得更开心，也有助于我们工作得更好。

以下是四种发现职业兴趣的具体方法：

第一种方法：记录你每天的“投入—能量”日志。

投入是指你在做一件事情时候的一种沉迷的状态，完全的投入的状态叫作心流；我们从事的体力和脑力劳动，有的会为我们赋能，有的会消耗我们的能量。

具体做法：以10分制来记录你做每件事情的投入与能量状态，投入大于7.5分，且能量为正，做这件事时就会有心流状态；能量状态大于0分，就会感到开心；小于0分，就会感到心累。

那些有心流状态的事情就是我们热爱的事情。

第二种方法：梳理自己的业余时间都在做什么。

从在没有任何外界要求的情况下，我们会主动去做的事情中，也会找到我们热爱的蛛丝马迹。

比如坚持记日记，那么会不会是因为喜欢写作呢？

比如喜欢读心理学相关的书籍，会不会是喜欢跟人打交道的事情？

第三种方法：榜样人物法。

从小到大，自己的榜样是谁，他们是从事什么职业的，身上有哪些地方是你想要学习的或者希望自己也能做到的？

第四种方法：推荐一种职业规划测评工具——霍兰德性格测试。

霍兰德性格测试的题目列出了我们对每件事物的偏好，可以通过测评对自己的性格有大致的了解。

相信通过以上几种方法，我们都会对自己的兴趣有进一步的认识。

需要注意的是，有时候我们会发现上述几种方法好像行不通，比如绞尽脑汁也想不出自己的榜样人物，比如业余时间基本都在刷剧，没做什么有意义的事情，这个时候就需要调整我们的生活方式了，具体可以做以下尝试：

1. 参加各种活动多与人交流，开阔自己的视野。

2. 多读书，尤其是人物传记。

3. 多尝试，想做什么就去行动，在行动中发现自己的热爱，也可以在行动中培养一项兴趣爱好。

4. 结交良师益友。

另外，一个人的兴趣并不是一成不变的，随着人生经历不断丰富以及周围环境的改变，一个人的兴趣也有可能发生改变呢。

（资料来源：知乎，网址：https：//zhuanlan. zhihu. com/p/107896104，2020 年 2 月 19 日）

（三）职业兴趣的探索

1. 兴趣岛

1 号岛屿：自然原始的岛屿。岛上自然生态保持得很好，有各种野生动物。居民以手工见长，自己种植花果蔬菜、修缮房屋、打造器物、制作工具，喜欢户外运动。

2 号岛屿：深思冥想的岛屿。有多处天文馆、科技博览馆及图书馆。居民喜好观察、学习，崇尚和追求真知，常有机会和来自各地的哲学家、科学家、心理学家等交流心得。

3 号岛屿：美丽浪漫的岛屿。充满了美术馆、音乐厅，街头雕塑和街边艺人，弥漫着浓厚的艺术文化气息。居民保留了传统的舞蹈、音乐与绘画，许多文艺界的朋友都喜欢来这里找寻灵感。

4 号岛屿：友善亲切的岛屿。居民个性温和、友善、乐于助人，社区均自成一个密切互动的服务网络，人们重视互助合作，重视教育，关怀他人，充满人文气息。

5 号岛屿：显赫富庶的岛屿。居民善于企业经营和贸易，能言善道。经济高度发展，处处是高级饭店、俱乐部、高尔夫球场。来往者多是企业家、经理人、政治家、律师等。

6 号岛屿：秩序井然的岛屿。岛上建筑十分现代化，是进步的都市形态，以完善的户政管理、地政管理、金融管理见长。岛民个性冷静保守，处事有条不紊，善于组织规划，细心高效。

（1）如果有机会让你到下列六个岛屿度假旅游，不用考虑费用和其他因素，仅凭自己的兴趣挑出你最想前往的岛屿。可以按照喜欢程度选出三个。

选择 1：____ 号岛屿，因为：____。

选择 2：____ 号岛屿，因为：____。

选择 3：____ 号岛屿，因为：____。

（2）如果你必须要在这个岛上至少住半年的时间，和岛上的居民一起工作、生活，不用考虑费用和其他因素，仅凭自己的兴趣挑出你最想前往的岛屿。可以按照喜欢程度选出三个。

选择 1：____ 号岛屿，因为：____。

选择 2：____ 号岛屿，因为：____。

选择 3：____ 号岛屿，因为：____。

（3）想象你已年华老去，希望能找到一个最适合你度过退休生活的居所，以安享天年。不用考虑费用和其他因素，仅凭自己的兴趣挑出你最想前往的岛屿。可以按照喜欢程度选出三个。

选择 1：____ 号岛屿，因为：____。

选择 2：____ 号岛屿，因为：____。

选择 3：____ 号岛屿，因为：____。

说明：六个岛屿代表霍兰德职业兴趣理论中提出的六种职业兴趣类型。1 号岛屿：实用型（R）；2 号岛屿：研究型（I）；3 号岛屿：艺术型（A）；4 号岛屿：社会型（S）；5 号岛屿：企业型（E）；6 号岛屿：常规型（C）。你选的第一个岛屿是主要兴趣，第二、第三个是辅助兴趣。三个兴趣类型构成你的霍兰德代码。

☞ **【课堂互动】**

如果是在团体内做兴趣岛这个活动，可以将活动场所分为六个区域，分别代表上述六个岛屿。按自己的第一选择的岛屿就座。如果同一小组的人数太多，可再分小组。

同一岛屿的人交流一下：自己为什么选择这个岛屿，看看大家有什么共同的兴趣爱好，归纳为关键词。根据大家的交流给自己的小组命名并选取一个标志物（logo），在大白纸上制作一张本小组的宣传图。每个小组请一位代表用两分钟时间展示自己小组的图，并在全班分享一下自己小组成员共同的特点。

（1）我最想前往的三个岛屿：

（2）我们的岛屿名称：

（3）岛屿标志物及其含义：

（4）岛屿关键词：

活动小结：这六个岛屿实际上代表着霍兰德提出的六种类型。做完这个活动后，你应当能得出自己最有兴趣的前三个类型，亦即你的霍兰德代码，并对六种类型的基本特征有所了解。

需要注意的是，这只是对你兴趣类型的一个初步判断。因为霍兰德理论比较复杂，初学者对霍兰德类型的掌握不深入，再加上社会期望和缺乏自我认识等原因，个人不易准确地判断自己的职业兴趣类型，因此最好通过职业兴趣测试来加以确认。

2. 兴趣觉察练习

请你通过下列问题，回忆并梳理日常生活中有关个人兴趣的一些代表性事件，并与一位同伴相互提问，仔细思考，详细讲述。同伴可以通过对话帮助讲述的人发掘细节和原因。这个练习的目的是将你在日常生活中的一些表现与职业兴趣类型相对应，增进自我觉察，作为今后职业决策时的重要参考。

（1）请列举出三种你非常感兴趣的职业（只考虑感不感兴趣，不考虑能力）。这些职业中的哪些特征吸引着你？

（2）请回忆三个从事某件事情时令你感到快乐或满足的经历，详细地描述这三个画面。是什么令你感到如此快乐或满足？

（3）从小到大你担任过哪些职务？你喜欢的是哪些职务？不喜欢的是哪些职务？请具体说明为什么。

（4）你最崇拜的人是谁？他（她）对你产生了什么样的影响？你最像他（她）的是什么地方？最不像他（她）的是什么地方？

（5）除了单纯的娱乐放松以外，你最喜欢看哪几类电视节目？节目中什么吸引着你？

（6）你最想做什么或学什么？这里面又是什么吸引着你？

（7）你最喜欢的科目是什么？为什么喜欢？

（8）生活中是否有过因为全神贯注于做某件事情而忘了时间？是什么事让你如此忘我？

（9）你的答案里面有什么共同点吗？是否可以归纳为一些主题或关键词，这些词语可能和霍兰德的哪些类型相对应？

（10）你如何能够让这样的主题在你今后的生活中得到更充分的彰显？

3. 了解你的兴趣

（1）写下最近一个星期（或一个月）的生活事件，让你感到愉快的经验。在事件发生之时或完成之后让你感受到相当程度的喜悦或满意。

①______________________________。

②______________________________。

③______________________________。

综合来看，这些让我感到愉快的生活事件，有些共同特性。是资料型还是思维型？是偏向人群还是偏向事物？请在下面的数字中标出适当位置。

资料 5—4—3—2—1—0—1—2—3—4—5 思维

人群 5—4—3—2—1—0—1—2—3—4—5 事物

（2）当你不必上课或上班时，你通常喜欢从事哪些休闲活动呢？

①______________________________。

②______________________________。

③______________________________。

综合来看，这些我喜欢从事的休闲活动，有哪些共同特性，同样地，请在下面的数字中标出适当位置。

资料 5—4—3—2—1—0—1—2—3—4—5 思维

人群 5—4—3—2—1—0—1—2—3—4—5 事物

4. 职业兴趣分类

首先，以下有 85 种职业，请根据你自己的感兴趣程度进行分类，分别填入下表 2-1。其次，填写完毕后，请认真思考“不感兴趣”这一栏，里面的职业是否有你还想保留的。如果有，请将该职业填到前面的相应的格子里；如果没有，请将“不感兴趣”这一栏全部划掉，再也不用去关注。接下来的“不太感兴趣”“不知道”和“有点感兴趣”也以同样的方法操作，直到保留最后一栏“感兴趣”。最后，请认真思考“感兴趣”这一栏里的职业，按兴趣的强弱程度进行排序，最后留下的排名前五的职业就是你最感兴趣的职业。

表 2-1 职业兴趣分类表

感兴趣	有点感兴趣	不知道	不太感兴趣	不感兴趣

星级酒店管理 CSR
秘书/行政助理 CES
银行柜员 CER
文职人员 CSE
图书管理员 CSE
会计/会计师 CEI
造价师 CER
审计员 CEI
税务管理人员 CES
采购员 CES
精算师 CIE
人力资源专员 ECS
销售（IT、科技领域）ECI
证券/期货经纪人 ECS
客服人员 ECS
投资/理财顾问 ECS
地产销售/保险经纪人 ECS
海关报关员 ECS
市场/公关人员 EAS
律师 EIC
工程项目经理 ERC
警察 ERS
体育经纪人 ESA
政治家/外交官 ESI
法官/检察官 ESC
广告文案 EAC
策展人 EAC
导演/编导 EAS
网络店主 ECR

平面/工业设计师 AER
模特 AES
主持人/播音员 AES
演员 AES
动漫/插画师 ASE
作家 AIS
音乐家 ASI
室内设计师 AES
摄影师 AIR
时尚设计师 ASR
造型师 ASE
建筑设计师 AIR
教师（幼儿、中小学）SE
生涯规划师 SAE
培训师 SAE
空中乘务员 SEC
心理咨询师 SIA
大学教师 SIA
学校行政人员 SCE
社会工作者 SEA
理疗师 SRI
健身教练 SRE
护士 SRC
神职人员 SEA
导游 SEA
城市规划师 IEA
数据分析师 IEC
营养师 ISE

药剂师 ICS
工程师 IRC
外科医生 IRS
内科医生 ISC
康复训练医师 ISR
金融分析师 ICA
地理学家 IRA
考古工作者 IRA
宠物医生 IRC
计算机程序员 IRC
化学技术人员 RIC
飞行员 RCI
化验员 RCI
工程技术人员 RIC
设备操作员 RC
动物饲养员 RIC
消防员 RSE
职业运动员 RE
体育裁判 REC
军官 RE
编辑 AES
厨师 ARC
产品经理 ASE
手工匠人 ARE
工艺美术师 ARI
翻译（笔译、口译）ASC
记者 ASI
游戏设计师 AEI

☞ **【案例阅读】**

做你喜欢做的事

在美国，有一位妇孺皆知的老太太，她的全名叫安娜·玛丽·罗伯逊·摩西，大家尊敬地称她摩西太太。她生于纽约州格林尼治村一个贫穷的农夫家庭，母亲生育了10个孩子。摩西童年时代只受过零星的教育，12岁就离开父母在别人的农场打工挣钱，补贴家用。27岁时，她与托马斯·摩西结婚，这名来自弗吉尼亚州斯汤顿的男子也是农场工人，两人都在斯汤顿谢南多厄河谷的一个农场工作。像母亲一样，她也生了10个孩子。

后来摩西太太重回纽约州，在离出生地格林尼治村不远处的伊格布里奇一个农场居家过日子，一晃近20年。她整日忙于擦地板、挤牛奶、装蔬菜罐头等琐事，还抽出时间刺绣乡村景色，并以此为乐。丈夫去世后，她在小儿子的帮助下继续操持农场。后因年事已高，只得退休和女儿生活在一起。摩西太太76岁时患上关节炎，双手因疼痛而不得不放弃刺绣，但酷爱艺术的她并没有善罢甘休，开始拿起画笔。对于一位年过七旬的老人，在随后20多年的绘画生涯中创作1600幅作品确实不易。

摩西太太在当地展览自己的绘画作品，女儿还将她的画带到镇上的杂货铺里寄售，每一幅只卖23美元，就是靠这些微薄的收入，勉强为她含辛茹苦抚养的11个孙辈提供最基本的生活费用。

一天，艺术收藏家路易斯·卡多尔被陈列在杂货店橱窗中的作品吸引，颇感兴趣，买了下来，而且提出想多要几幅。为了帮助才华横溢的摩西太太，卡多尔将她的作品带到纽约画商奥特卡利尔的画廊。从此，摩西太太在当地美术界的名气越来越大。

摩西太太年过八十时，在纽约举办个人画展。此事成为一大新闻，引起轰动。从此以后，她变成了名人，每天收到大量的问候卡。她的作品在艺术市场火爆热销，供不应求，在多次比赛后，摩西太太成为获奖专业户，由于电台与电视台的采访报道，她的知名度超过别的艺术家。

在公众眼里，摩西太太最使人感动的是她挣脱年龄羁绊和突破教育限制的孜孜追求，最令人羡慕的是她取得的巨大成功和幸福的晚年生活。尽管从来没有接受过正规系统的艺术训练，但对美的热爱使她爆发了惊人的创作力。她脚踏实地，一步一个脚印，从临摹柯里夫和艾夫斯的图片和明信片开始，随后根据自己早期的农场生活进行创作。摩西太太的作品丰富多彩，有对童年时代乡村景色的描绘，有对个人生活的记录，有对过往的伤感怀旧，有对永恒东西的向往，摩西太太的风景画善于捕捉人与自然和谐相处的意境，体现出季节、天气和时间的细微差别。她通过自己的发现和感悟，用画笔创造出种别样的精彩人生，让人们看到了奋斗与成功的希望。

摩西太太上过《时代》和《生活》杂志的封面，作品在一流的纽约现代美术馆展出过，被大都会博物馆和白宫收藏，个人画展从美国办到法国和英国等地。在摩西太太百岁时，纽约州将她生日那天命名为Grandma Moses Day，给予了极高的荣誉。摩西太太101岁逝世时，美国邮政特地为她发行邮票，表示纪念。这位百岁老人一生留下千余幅油画作品，代表作有《过河去看奶奶》《捉感恩节火鸡》《戚树园里的熬糖会》等，从这些题目就不难领略到她质朴无华、与众不同的乡土气息。说起来也许令人不可思议，其中20多幅作品是她在过完100岁生日之后创作的。

（资料来源：李忠东．做你喜欢做的事［J］．青年博览，2012（14）：30-31）

☞【拓展阅读】

发现兴趣

“追随你的热情”，这是我们在很多名人演讲中听过的励志格言。但实际上，只有少数人在很小的时候就非常明确自己的兴趣和热情，并沿着那条路一直走下去。对于大部分人来说，并没有某个瞬间就能让他们对自己的兴趣有一个大彻大悟，突然发现上天赐予的热情并从此追随下去。

著名心理学家巴里·施瓦茨（Barrg Schwartz）认为，很多年轻人往往对发展自己的兴趣这件事情有着不太现实的期望，他们可能往往认为爱上一份职业应该是突然而迅猛的，就像巴里所说："这和很多年轻人在寻找人生伴侣时候遇到的问题是一样的——他们想要找到一个特别有魅力、聪明、善良、有同情心、体贴、幽默的伴侣。他们就是坚持要找到那个所谓完美的伴侣。"但是实际情况是，很多事情当中的巧妙和欣喜都是你坚持了一段时间，深入地投入之后才产生的。很多事情刚开始的时候看起来很肤浅，没有意思，直到你坚持做后，你才意识到，原来很多方面是你一开始并不知道的。就像是寻找人生伴侣一样，我们往往是先找到一个潜在的匹配对象，而不是独一无二的完美的匹配。一个有发展希望的匹配，仅仅是事情的开始。

"兴趣"（interest）这个词来自拉丁语"intersese"，意思是"不同"，它是通过与外部世界互动引发的。人们发现兴趣的过程可能是凌乱的、偶然的、低效的，不经过实践，永远无法搞清楚哪些兴趣会持续下去，哪些不会。一个人在做某件事情一段时间之后，很可能会出现无聊的情绪，这是一种非常正常的反应。我们的天性就是喜新厌旧，即使小婴儿，也是喜欢把目光从已经看过的事物转向新鲜事物。对初学者来说，"新"是他们之前没有见过的东西，而对专家来说，"新"是细节上的差别。

我们早期的兴趣往往都是脆弱和模糊的，需要有力的、经年的培育和研磨。如果你很容易就放弃当前的事情，去寻找下一个"Mr. Right"，并对此轻松地解释为"当前这个不是我的兴趣"。这往往会形成一个恶性循环，让我们在很多事情上浅尝辄止，遇到困难就逃避。

《坚毅》一书的作者安杰拉·达克沃思（Angela Duckworth）是著名的心理学家，他认为"兴趣的培养其实需要毅力，因为我们总是会遇到困难"。对很多人来说，往往不是热情带来成功，而是成功带来热情。如果我们把事情做得很好，可以得到良好的反馈，我们就会喜欢上这个事情。如果一件事情，我们刚开始挺有兴趣，但是屡试屡败，往往热情也就被磨灭了。如果你现在还没有找到自己的热情，最可能的捷径就是把当前的事情做好，做到优秀，取得积极正向的反馈，大概率你会爱上这件事情。还有，就是当你遇到困难的时候，想要放弃的时候，想要转移阵地寻找所谓的热情的时候，问一下自己有没有尽全力做好当前的事情，如果答案是否定的，那么下一次做你感兴趣的事情时，你还可能会遇到同样的情况。

总之，对于大部分人来说，兴趣和热情不会像顿悟一样突然而至。在发现自己的兴趣所在之后，会有一个比发现过程长得多的更加主动地发展兴趣的时期。当然，如果你在这个过程中受到一些鼓励和支持，你的兴趣更可能被激发。

（资料来源：乔志宏．大学生职业生涯与发展规划教程［M］．北京：清华大学出版社，2023.）

三、职业兴趣的培养

（一）职业兴趣的影响因素

任何兴趣都不是天生的，都是在后天受成长环境和个人经历的综合影响而养成的。职业兴趣也是如此，它的形成与人们所处的历史条件、实践活动和自身能力有着密切的关系，那么影响职业兴趣的因素主要有哪些呢？

1. 家庭环境

家庭对个体的心理发展产生重要的影响，家庭环境的熏陶对其职业兴趣的形成具有十分明显的导向作用。一般情况下，求职者对于家庭成员特别是长辈的职业比较熟悉，求职者在选择职业时也不可避免地带有家庭教育的印记，因为大多数人从幼年起就在家庭的环境中感受其父母的职业活动，随着年龄的增长，逐步形成自己对职业价值的认识。这一点是职业兴趣和职业选择上产生的趋同性影响。同时受家庭群体职业活动的影响，个人的择业决策或多或少地产生于家庭成员共同协商的基础上。

2. 社会舆论

政府政策导向、传统观念、社会时尚等社会舆论是影响求职者职业兴趣的主要因素。在个人职业选择中，政府就业政策的宣传是主导因素，传统的就业观念和就业模式是制约因素，而社会时尚则是求职者特别是青年人追求的目标。如基于当前中国老龄化的国情，家政服务和养老事业都得到国家政策的大力扶持，对这类职业有兴趣的人数也会逐渐增加。

3. 受教育程度

任何一种社会职业对从业人员都有知识与技能等方面的要求，求职者本人的知识与技能水平高低在很大程度上取决于其受教育的程度，求职者自身接受教育的程度又是影响其职业兴趣的重要因素。一般而言，求职者学历层次越高，接受职业培训范围越广，其职业取向领域就越宽。

4. 职业需求

职业需求是一定时期内用人单位可提供的不同职业岗位对从业人员的总需求量，它是影响求职者职业兴趣的客观因素。职业需求越多、类别越广，求职者选择职业的余地就越大。职业需求对求职者的职业兴趣具有一定的导向性，在一定条件下，它可强化求职者的职业选择，或抑制求职者不切实际的职业取向，也可引导求职者产生新的职业取向。

（二）职业兴趣的培养方法

职业兴趣一旦形成便具有一定的稳定性，但根据实际需要，职业兴趣也可以通过多种途径和自身的努力去改变、发展和培养。在培养职业兴趣时，可从以下几个方面努力。

1. 充分认识自己的兴趣

在培养职业兴趣之前要寻找自己的兴趣所在，不要把别人认可和看重的事当作自己的兴趣，不要以为有趣的事就是自己的兴趣所在；充分认识自己的兴趣，要根据自己兴趣的不同特点，发挥自己的优势，克服自己的不足，扬长避短，培养良好的兴趣品质；客观评价自己的兴趣适合哪种职业，不要以为有兴趣就意味着自己有这方面的天赋，尽量寻找天赋和兴趣的最佳结合点，在此基础上形成的职业兴趣才是长久的、可规划利用的。

2. 培养广泛的兴趣

具有广泛兴趣的人，眼界比较开阔，认识的职业种类较多，不仅对自己职业领域的东西有浓厚的兴趣，对多种职业的性质也有所了解。这种人择业动机较强，择业余地也相对宽广，当职业发展遇到问题或困难时，也可以从多方面解决问题，对新事物的适应性较好，即使改变职业轨迹，也能较快地适应。

3. 积极培养中心兴趣

人的兴趣应该广泛，但是不能浮泛，要积极探索中心兴趣，并以中心兴趣为导向，确定职业规划方向。既要有广泛兴趣又要有中心兴趣，才能既学有所长，又有广泛的知识。现代社会要求人的职业兴趣应是广泛兴趣与中心兴趣相结合，既博又专，防止兴趣的分散。培养职业的中心兴趣，才能投入更多的热情和精力，深入钻研相关内容，在事业上才能有所发展和成就。

4. 重视培养间接兴趣

人在最初接触某种职业时，如果对职业本身缺乏强烈的兴趣，必须要从间接兴趣着手培养直接兴趣，用间接兴趣引导直接兴趣。可以通过了解从事该职业的意义和价值、发展前景、对社会和人类活动的贡献等以引起职业兴趣。

5. 保持稳定兴趣

有的人兴趣保持的时间长，稳定而持久，而有的人兴趣保持的时间短，多样而短暂。对事物具有持续、稳定的兴趣，不会因活动的结束而消失，才能使人长时间地专注于某项活动，推动人深入钻研问题，持之以恒，获得系统而深刻的知识，这样更容易取得成功。反之，一种兴趣迅速地被另一种兴趣代替，随着某种活动的产生而产生，又随着某种活动的结束而消失，很难取得成功。

6. 注意形成社会兴趣

一个有社会兴趣的人，就是把“小我”融进了“大我”之中，在追求这样的职业目标中，会逐步发展并完善其“合作”与“奉献”的优良品质。如果个体缺乏社会兴趣，那么他的生活就会出现问题，工作就会出现疏漏，行为就会出现偏差。大学生要在与社会和人的交往中培养社会兴趣。当以社会交往为目的的社会兴趣成为支配性力量的时候，道德的中心就由对自我的关注转向了对社会的关注，兴趣就具备了道德上的力量。

（三）大学生培养职业兴趣的方法

1. 兴趣是可以培养的，珍惜你所学的专业

在大学中，如愿考上自己喜欢的专业的大学生毕竟不占多数。大学生要学会在理想与现实之间找到平衡点，既然无法“学你所爱”，那么不妨试试“爱你所学”。许多同学对自己的专业不喜欢，没有兴趣，实际上是对这个专业不了解。首先应该做的就是去了解你的专业，找出与你的兴趣相关的、吸引你的地方，找到它值得热爱的地方，然后培

养对它的兴趣。此外，学习一个专业，培养的是一个学生多方面的能力，具备了这些能力，有助于你在就业时能够选你所爱，未来努力去考取自己感兴趣专业的研究生，重新进行一次专业选择也是一个不错的选择。在现实中追求自己的理想，立足于现实，把自己不喜欢的专业学好，并在这个过程中培养兴趣、积累技能、寻找新的机会。

2. 拓宽职业兴趣面，择己所爱

增加知识储备，是兴趣产生的基础条件，知识越丰富，兴趣越广泛，在广泛兴趣的基础上，参加有趣的活动，激发直接兴趣，明确目的意义，培养间接兴趣和社会兴趣；创造机会接触真实的职业世界，对职业本身有深刻的认识和了解，通过职业实践活动调节和培养兴趣，发现自己的潜质和所喜爱的专业，找寻中心兴趣；在确定职业兴趣的同时，也要客观评价自己的能力，看自己是否适合某种职业，在此基础上形成的职业兴趣才是长久稳定的。

3. 学会把没有意思的工作做得很有意思

在就业时，多数人并不总是能够完全按照职业兴趣选择自己的理想职业。当职业环境和自身素质决定你必须做自己不感兴趣的工作时，你应该拿出必要的对社会负责的态度，尽快调整职业期望值，适应就业环境，在不理想的工作中，培养自己的职业兴趣。随着从业时间的延长、职业技能的提高、对职业生涯的掌握和了解，特别是取得一定的成绩或成就之后，人们的职业兴趣会大大增加。只要你用心地投入这个职业中，你会发现它有一种使你倾心的魅力。

☞ **【案例阅读】**

郎平与排球运动

郎平是中国女排“五连冠”时国家女排队队员。她由于有力的扣球和在排球场上的拼搏精神，被人们誉为“铁榔头”。可是，你知道郎平是怎样爱上排球，开始她的运动生涯的吗？郎平从小爱画画，理想是做一名风景画家。14 岁那年，她观看了一场国际女子排球赛，中日双方激烈交战，最后日本队以 3∶0 战胜了中国北京队。当时日本姑娘高兴得欢呼跳跃，北京队的姑娘眼含热泪离开了赛场，这情景深深地留在郎平的脑海中。她由此开始关注排球，并在心底渐渐地产生了一个愿望，争取有一天成为国家队的队员，穿上印有国徽的运动衣，在赛场上为国争光。

郎平的想法得到了父母的支持和帮助。那时，郎平身材比较高，但比较瘦弱，胳膊纤细，缺乏力量，与一名排球运动员的差距较大。于是郎平的父亲就每天陪郎平定时训练。郎平为实现自己的理想一步步攀登，为争取进入少体校进行系统训练，先当了业余体校的临时学员，后来成为正式学员。在那段时间里，她了解了许多关于排球的知识。对排球运动更加着迷了，在教练有目的、有计划的系统训练下，郎平进步很快，掌握了一定的排球技巧，对排球的认识更加深刻了。每一次扣球的成功、比赛的胜利都让郎平感到无比地快乐，也更激发了她对排球的热爱之情。郎平和队友们被选中代表中国参加国际排球比赛。兴奋之余，郎平开始积极准备，为了弥补身体的不足，她比别人训练的时间更长，流的汗更多。为了解对方的战术，她广泛查阅资料，观看比赛录像，研究排球的技巧。她在比赛中找问题，找差距，创新招，经受了来自体力、技术和心理等多方面的考验。功夫不负有心人，终于郎平和队友们以“五连冠”的成绩实现了自己的理想。望着国旗冉冉升起，望着全国人民的笑脸，郎平哭了又笑了……

她明白：她的胜利不只是自己的骄傲，而是全国人民的骄傲，自己肩负着重任，有责任把中国的排球运动推向新的高峰，排球运动已成为郎平生命中不可缺少的一部分。

（资料来源：百度文库，网址：https://6viyij.smartapps.baidu.com/pages/view/view?docId=3fb889241b37f111f18583d049649b6649d70920&from=share&_swebfr=1，2019 年 11 月 3 日）

☞【拓展阅读】

职业兴趣的误区

1. 把简单的喜欢、感兴趣当成职业兴趣。有些人看了几本小说，就认为自己应当去从事作家职业；有些人喜欢打游戏，就觉得自己应该去学计算机。而真的接触这些专业时，才发现并不适合自己。职业兴趣要与将来的工作相关，只有想清楚自己要从事什么样的具体工作，并对工作的内容、职责、性质等有所了解，且乐于准备可以达到工作要求的知识技能时，才谈得上是真正的职业兴趣。

2. 从事自己感兴趣的工作，就意味着轻松愉快。做自己感兴趣的工作是快乐的，甚至可以激发工作热情，但并不一定轻松。实际上，不管何种工作，都要付出努力和辛劳才能取得成就、做出成绩。另外，有的时候坚持自己的职业兴趣，还要付出经济报酬和社会地位的代价，毕竟不是所有人都会对待遇高、地位高的职业感兴趣。

3. 不是自己感兴趣的工作就不做。能从事自己有兴趣的职业是每个人的理想，但职业选择除了兴趣以外，还要综合考虑性格、能力等问题，这也是理想与现实的差距和矛盾。有调查显示，有 60%多的大学生正在就读自己不喜欢的专业，有 50%的职场人正在做着自己不感兴趣的工作。但由于各种原因，大家也只能面对现实。因此，很多人需要这种“曲线救国”的方式，也未尝不可。

（资料来源：张玉波，楼稚明. 大学生职业规划与就业创业指导 [M]. 上海：上海交通大学出版社，2017.）

第三节　能力探索

能力，决定你能够做什么。能力作为一个人生涯发展和职业规划的重要“燃料”，是兴趣“发动机”和“引擎”运转的基础，是个体在生涯发展中最核心的竞争力，能够推动个体在职场中不断向前发展，并使其立于不败之地。本节与你一起探讨能力的概念、结构、类型，能力与技能、能力与自我效能感的关系等，重点介绍能力与职业生涯的关系，自我职业能力的探索以及能力培养的方法。

一、能力概述

（一）能力的概念

能力（ability）是一种心理特征，是个体掌握和应用知识技能，顺利实现某种活动的心理条件。它既包括已表现出来的实际能力和已达到的某种熟练程度，又包括尚未表现出来的心理能量，即潜在能力，通过学习和训练后可能发展起来的能力与可能达到的某种熟练程度。

能力表现在所从事的各种活动中，并在活动中得到发展。如一个有绘画能力的人，只有在绘画活动中才能施展自己的能力；一个有管理能力的人，也只有在领导一个企业或学校的活动中才能显示出来。能力和其他的心理特征不同，它直接影响活动的效率，直接决定活动的完成。能力的产生和发展是和人类的社会生活分不开的。人的较复杂、较高级的能力，是随着社会的进步、人类实践的需要才逐步发展起来的。

（二）能力的结构

能力是具有复杂结构的各种心理品质的综合。国外心理学家对能力的结构提出了相当丰富的理论学说，包括能力的因素说、能力的结构理论和能力的信息加工理论。分析能力的结构，对于深入理解能力的本质，合理地设计出能力的测量手段，科学地设定能力培养的原则都有重要的意义。1983 年美国心理学家加德纳（Gardner）提出的多元智力具有较大的影响力，该理论认为智力的结构可分为 7 种，具体如下：

（1）言语智力，指的是听说读写的能力。主持人、记者、律师、教师、文学擅长者、推销员等都具有突出的语言智能。

（2）逻辑－数学智力，指的是数学运算与逻辑思考的能力。科学家、工程师、统计人员、财会人员、电脑软件研发人员等都具有很强的逻辑智能。

（3）空间智力，指的是认识、辨别位置、方向和空间关系的能力。航海家、飞行员辨别方向的能力比较强；画家、摄影师、建筑设计人员空间表达能力比较强。

（4）音乐智力，指的是对声音的辨别与韵律表达的能力。作曲家、歌唱家、指挥家、调琴师、音乐欣赏水平较高的听众等。

（5）运动智力，指的是支配肢体、控制身体完成精密作业的能力。运动员、影视演员、舞蹈演员、外科医生、机械师、手艺人等都有这方面的智能。

（6）社交智力，指的是与人交往且能和睦相处的能力，包括理解别人的行为、动机或情绪。外交家、领导者、心理咨询师、公关人员、推销员等具有较强的人际智能。

（7）自知智力，指的是认识、觉察、反省自己并选择自己生活方向的能力。心理学家、哲学家和作家就有高度的自省智能。

这七种能力（智力）每一种都是一个单独的功能系统，这些系统可以相互作用，产生外显的行为。每个人都同时拥有这七种能力，但它们在每个人身上以不同的方式、不同的程度组合，从而使得每个人的能力各具特点。对于世界上的每一个人来说，不存在谁更聪明的问题，只存在不同个体在哪个方面聪明的问题。每个人都是独特的。正如中国古人所言："天生我材必有用。"如果个人能将自己独特的天赋充分发挥出来，那么，每个人都可以是出色的。

☞【推荐阅读】

情绪智力（情商）

情绪智力，又称情商（EQ），是指一个人识别、理解、管理自己情绪的能力，以及识别、理解和影响他人情绪的能力。这一概念由心理学家约翰·梅耶（John D. Mayer）和彼得·萨洛维（Peter Salovey）于1990年提出，并由丹尼尔·戈尔曼（Daniel Goleman）在其1995年的同名书籍《情绪智力》中进一步普及。

情绪智力可以分为四个主要方面：情绪自知、情绪管理、社会意识和关系管理。

（1）情绪自知：指个体识别和理解自己的情绪。这包括认识到情绪的出现，以及情绪对思考、决策和行为的影响。

（2）情绪管理：指个体在情绪上的自我调节能力。这涉及控制或调整自己的情绪，以适应不同的情境或实现特定的目标。

（3）社会意识：指个体理解他人的情绪、需求和关注点。这包括同理心的能力，即从他人的视角理解他人的情绪和观点。

（4）关系管理：指个体在社交情境中管理和影响他人情绪的能力。这涉及有效地沟通、解决冲突、激励他人以及建立积极的人际关系。

情绪智力对个人的成功至关重要，无论是在职场、学校还是个人生活中。高情绪智力的人通常具有更强的人际关系、更好的工作表现和更高的个人幸福感。

（1）职场表现：情绪智力有助于建立强大的工作关系，提高团队合作效率，增强领导力，以及有效地管理压力和冲突。

（2）学业表现：情绪智力有助于学生更好地管理考试压力，提高学习效率，以及增强与同学和老师的关系。

（3）个人幸福感：情绪智力有助于个人更好地理解和管理自己的情绪，从而提高生活满意度，减少心理问题。

提高情绪智力是一个持续的过程，涉及自我认知、情绪管理、社交技能的提升。以下是一些具体的方法：

1. 增强自我意识

情绪日记：每天记录自己的情绪体验，包括触发这些情绪的事件、自己的反应以及情绪变化过程。这有助于识别情绪模式和触发点。

自我反思：定期花时间思考自己的情绪反应和行为模式，尝试从中找到成长的机会。

2. 学习情绪管理

呼吸和放松技巧：练习深呼吸、冥想或瑜伽等放松技巧，帮助缓解压力和负面情绪。

积极思维：通过积极思维训练，如正念或认知重构，来改变对挑战性事件的看法，减少负面情绪的影响。

3. 提升社交技能

有效沟通：学习倾听和表达技巧，确保在交流中能够准确理解他人意图并清晰表达自己的想法和感受。

同理心练习：尝试从他人的视角看问题，理解他们的情绪和需求，这有助于建立更深层次的人际关系。

（资料来源："听心教育"微信公众号，2024年3月5日）

☞【拓展阅读】

高情商的十大表现

情商是一个人为人处世和处理应急事件的能力表现，它是从内心生发出来的一种东西。情商高的人总能事半功倍。

提高情商，把不可控情绪的部分变为可以控制的情绪，增强理解他人及与他人相处的能力，尤为重要。

1. 不抱怨，不指责

高情商的人不指责、不抱怨别人。其实，抱怨和指责都是不良情绪，它们会传染。高情商的人只做有意义的努力，不做无意义的抱怨。

2. 热情和激情

高情商的人对生活、工作和感情保持热情，有激情。能充分调动自己的积极情绪，让好的情绪伴随每天，不让不良情绪影响生活和工作。

3. 包容和宽容

高情商的人心胸宽广。心有多大，眼界有多大，你的舞台就有多大。高情商的人不斤斤计较，有一颗包容的心。

4. 沟通与交流

高情商的人善于沟通、交流，对他人坦诚而有礼貌。沟通与交流是一种技巧，需要学习，并在实践中不断地摸索总结。

5. 多赞美别人

高情商的人善于赞美别人，这种赞美是发自内心的、真诚的。看到别人优点的人，才会进步得更快。总是挑别人缺点的人会故步自封，反而退步。

6. 保持好心情

高情商的人每天都能保持好的心情。每天早上起来，送给自己一个微笑，并且鼓励自己，告诉自己是最棒的，告诉自己是值得被别人爱的。

7. 聆听的好习惯

高情商的人善于聆听。多听多看，而不是自己滔滔不绝。聆听是尊重他人的表现，聆听是更好沟通的前提，聆听是人与人之间最好的一种尊重。

8. 有责任心

高情商的人敢作敢当，不推卸责任，遇到问题，分析问题，解决问题。正视自己的优点和不足，敢于担当自己的责任。

9. 每天进步一点点

高情商的人每天进步一点点，说到做到，不是光说不做，行动力是成功的保证。每天进步一点点，别人也更加愿意帮助这样的人。

10. 用心对待他人

高情商的人善于记住别人的名字，用心对待他人。你记住了别人的名字，别人也会更加愿意亲近你，和你做朋友。

真正的情商高，会让人感到温暖，因为他们心中有他人，让自己舒心，让身边的人感到舒服。

（资料来源：“干部决策参阅”微信公众号，2025 年 2 月 17 日）

（三）能力的类型

在选择职业时，我们要寻求个人能力与职业技能要求的适配。因此，需要清楚能力有哪些分类，从而清楚自己具备什么样的能力，职业又要求什么样的能力。

人的能力是各种各样的，一般可以分为以下几种。

1. 一般能力和特殊能力

根据适用范围，能力可以分为一般能力和特殊能力。

一般能力指个体完成大多数活动都需要的基本能力，如观察力、注意力、记忆力、想象力、创造力等。也就是我们平常所说的智力。这些基本能力可以反映个人在职业发展上的潜力。

特殊能力指个体顺利完成某种专业活动所需要的能力，如色彩鉴别能力、形象记忆能力、音乐表象能力、节奏感知能力、文字核对能力、计算推理能力、肌肉协调能力、平衡控制能力和机械操作能力等，均属于特殊能力。这些能力只对某种特定的职业活动有影响。

一般能力是特殊能力的重要组成部分，也是特殊能力形成和发展的基础。比如人首先要具有一般听觉能力，才能发展言语听觉能力和音乐能力。同时，一个人音乐能力的发展会使一般听觉能力随之提高，进而影响言语听觉能力的发展。因此，特殊能力的发展也会促进一般能力的发展。如在人成长的过程中，一般能力和特殊能力有机结合，既要以一般能力作为基础，又要具备一定的特殊能力。

2. 模仿能力和创造能力

根据来源，能力可以分为模仿能力和创造能力。

模仿是动物和人类的一种重要的学习能力，是指人们通过观察别人的行为、活动来学习各种知识，然后以相同的方式做出反应的能力。如临摹字帖、幼儿咿呀学语，模仿明星的穿衣打扮甚至言谈举止。模仿不但表现在观察别人的行为后立即做出的相同的反应，而且表现在某些延缓的行为反应中。

创造能力是指产生新的思想和新的产品的能力。如小说作家笔下新的人物形象、发明家手中新的专利产品、科学家提出新的理论模型等等，都是创造力的具体表现。一个具有创造能力的人往往能超脱具体的知觉情景、思维定势、传统观念和习惯势力的束缚，在习以为常的事物和现象中发现新的联系和关系，提出新的思想，产生新的产品。

二者之间的区别在于，模仿只能按现成的方式解决问题，而创造能提供解决问题的新方式与新途径。在选拔和使用人才的过程中，应注意了解模仿能力和创造能力的个体差异。有的人擅长模仿，而创造力较差；有的人既善于模仿又富有创造力。二者又是有着密切的关系，模仿是创造的前提和基础。人们常常先通过观察模仿别人，然后再进行独立创造。好比书法家初学的时候先临摹前人的字帖，之后才创作出具有个人独特风格的作品。

3. 液体能力和晶体能力

根据能力在人的一生中的不同发展趋势以及能力和先天禀赋与社会文化因素的关系，能力可以分为液体能力和晶体能力。

液体能力也叫流体智力，是指在信息加工和问题解决过程中所表现出来的能力。如对关系的认识，类比、演绎推理能力，形成抽象概念的能力等。它决定于先天的因素，主要与人的神经生理的结构和功能有关，很少受后天教育因素的影响。液体能力的发展与年龄有密切关系，一般人在 20 岁以后液体能力的发展达到顶峰，30 岁以后将随年龄的增长而降低。

晶体能力也叫晶体智力，是指获得语言、数学等知识的能力，它决定于后天的因素，与学习、教育和社会文化有密切的关系，是经验的结晶。晶体能力在人的一生中都在发展，只是到 25 岁以后，发展的速度渐趋平缓。

晶体能力的发展依赖于液体能力，具有相同经历的人，液体能力高者，晶体能力发展较好。对于晶体能力的发展，只有液体能力是不够的，还需要环境的作用，即一个液体能力较高的人，若生活在一个不好的环境中，其晶体能力的发展水平也不会高。不同的能力具有不同的发展速度，达到成熟和出现衰退的时期也是不同的。

4. 认知能力、操作能力和社交能力

根据作用，能力可以分为认知能力、操作能力和社交能力。

认知能力是指人脑加工、存储和提取信息的能力。类似我们刚才所讲的一般能力，使得人们能够认识客观世界，获得各种各样的知识。操作能力是指人们通过自己的肢体操作来完成各项活动的能力，如劳动能力、艺术表演能力、体育运动能力、实验操作能力等。人们通过认知能力积累一定的知识和经验，能够促进操作能力的形成和发展，而操作能力的发展又能促进人的认知能力更好地发展。

社交能力是在人们的社会交往活动中表现出来的能力，如沟通交流能力、言语感染力、组织协调能力等等。这种能力对组织团体、促进人际交往和信息沟通有重要作用。

5. 现实能力与潜在能力

根据是否已经习得，能力可以分为现实能力与潜在能力。

现实能力也叫实际能力，是指个体已经习得或表现出来的能力，它与已有成就相联系。潜在能力简称潜能，是指个体正在发展之中，但尚未发展成熟或完全形成的能力。潜在能力只是个体能力发展的可能性，只有在外部条件许可时，才能通过进一步的学习和练习发展成现实能力，它与未来成就相联系。潜在能力是现实能力形成的条件和基础，现实能力的展现又有利于个体潜能的发展。

☞【推荐阅读】

能力的差异

人与人之间在能力上存在着明显的个体差异，这种差异主要表现在以下三个方面。

1. 能力发展水平的差异，就是我们通常讲的人的能力有大小。有的人聪明，有的人愚笨，而大多数人属于中等。

2. 能力表现早晚的差异。人的能力充分发挥有早有晚。有些人的能力表现较早，年轻时就显露出卓越的才华，这叫“人才早熟”；有些人的能力的充分发展在较晚的年龄才表现出来，叫作“大器晚成”。

3. 能力结构的差异。能力的不同结合构成了结构上的差异。如有人长于观察，有人长于记忆，有人长于思维，有的人模仿能力强，有的人富有创造能力。更具体地说，在观察能力、记忆能力和思维能力等方面，也有结构上的差异。比如在记忆方面，有的人主要是形象记忆，有的人主要是语词的抽象逻辑记忆，有的人则居中；形象记忆为主的人对人物、图画、颜色、声音等材料的记忆效果较好，语词逻辑记忆为主的人则对概念、数字一类材料的记忆效果较好。

（资料来源：金德禄．大学生职业生涯规划与就业指导［M］．南京：东南大学出版社，2020.）

（四）能力与技能

技能（skill）是人们通过练习而获得的能力，表现为某种动作方式和动作系统。

能力与技能息息相关，技能可以说是能力的具体化和深化。辛迪·梵和理查德·鲍尔斯（Sidney Fine & Richard Bolles）将技能分为三种类型：专业知识技能、可迁移技能和自我管理技能。

1. 专业知识技能

专业知识技能是指那些需要经过有意识的、专门的学习和记忆才能掌握的知识或能力。这些技能常常与我们的专业学习或工作内容直接相关，并且不可迁移。如心理咨询师这一职业需要系统的心理学专业知识，职业指导师这一职业需要专门的职业生涯规划和就业指导专业知识，建筑师这一职业需要完整的建筑专业知识。

除了通过在校期间正式的专业教育之外，接受系统的业余辅导，自学相关的课程，参加专业会议、讲座、研讨会，通过资格认证考试，还有业余爱好、娱乐休闲、社团活动、家庭职责、岗前培训和在职教育，这些方式和途径都可以帮助人们获取专业知识技能。

2. 可迁移技能

可迁移技能是指你所能做的事，可以在生活的方方面面，特别是工作之外得到发展并且可以应用于不同的工作。可迁移技能可以在工作内外、工作之间通用，也称为通用技能。一般用动词来表示，如教学、组织、管理、协调、说服、设计、安装、帮助、计算、考察、分析、搜索、决策、维修等。它适用于各种职业、能够适应岗位的变换，是个人最能持续运用和最能够依靠的技能。可迁移技能可通过观察学习、模仿体会、归纳总结、业余爱好、娱乐休闲、培训实践、专业训练、社团活动、家庭职责等途径获得。

专业知识技能的运用都是在可迁移技能基础之上的。如一个人要运用动物学这个专业的知识技能，是通过“教授”动物学，还是在保护动物协会帮助“照料”小动物，或是当宠物医生“治疗”宠物，这些加引号的都是可迁移技能。

3. 自我管理技能

自我管理技能常被用来描述或说明人所具有的特征和品质，一般用形容词来表示，如认真、负责、积极、主动、耐心、严谨等。它涉及个体在不同的环境下如何管理自己：是否能够保持对工作的热情，是否能够在压力下保持镇定，做事是否认真自律，是否勇于创新。这类技能可以从非工作领域迁移到工作领域，用来帮助一个人更好地适应环境，也被称为“适应性技能”。

自我管理技能无论是与生俱来还是后天习得，都需要练习。它们可以从榜样的认同、观念的多元、自我认知的提高、意志力的培养，以及丰富的精神生活、业余爱好、娱乐休闲、社团活动、家庭职责等渠道形成。它是个人最有价值的“资产”，也是影响职业生涯成功与否的关键。

专业知识技能不可或缺，它是获得可迁移技能和自我管理技能的基础，使我们有可能不局限于自己所学的专业。但它的重要性常常被求职者夸大，以至于许多大学生在校期间十分重视专业知识的学习，在校内学习很多的课程，在校外参加各种培训班，并积极考级考证，获得奖学金和各种荣誉证书。所有这些努力，只为了证明自己的专业知识技能，却忽视了可迁移技能和自我管理技能的培养。

实际上，专业知识技能早已不是用人单位选人用人的唯一标准，用人单位需要的是能够胜任该职位的人，不少外企在校园招聘时甚至都已不再区分学生的专业背景。可迁移技能在许多工作中都会用到，可以随着人们的需求和工作环境的变化而使用，因此开始成为用人单位最看重的部分。随着我们工作经验和生活阅历的增加，可迁移技能还会得到不断的发展。

与此同时，一个人是如何使用自己的专业知识，以什么样的态度从事工作的，甚至比工作内容本身更为重要。正是这样一些品质和态度，将优秀的求职者与许多其他具有相同知识技能的候选人区别开来，使优秀的人最终得到一份工作，并能够适应新的环境和规则，在工作中取得成就，获得加薪和晋升的机会。而人们被解雇或离职更多是因为缺乏自我管理技能，如缺乏团队精神、敬业精神和服务意识，眼高手低，不认真，不踏实，不诚信，沟通能力、学习能力、创新能力、抗压能力差等，而不是缺乏专业知识技能和可迁移技能。

这就是为什么许多大学生在找工作时往往陷入专业对不对口的困惑，在进入职场之后，也经常出现校园里的优秀学生不如成绩一般的学生发展得好的情况。专业知识技能固然重要，但最终使人获得工作机会，适应工作，并拥有更好的职业发展的，更多的是可迁移技能和自我管理技能。大学生在从校园走向社会之前，培养良好的自我管理技能，学会如何为人处世，是至关重要的。

此外，技能的组合也尤为重要。具有不同知识技能的“复合型人才”在人才市场上更具有竞争力，也更有可能将工作完成好。例如精通平面设计的人又掌握心理学专业知识，在广告设计工作中运用消费心理学知识，作品更能令客户满意，也更有可能吸引消费者购买。因此，不论你现在学习的专业是否是你所喜爱的，或是你将来要从事的，你从中获得的专业知识在某个时候就有可能派上用场。甚至一些并非你所学专业的看上去似乎并不那么起眼的知识，都有可能使你在面试的时候显得与众不同、比他人略胜一筹。

☞ **【推荐阅读】**

自我效能感

与能力相关的还有一个重要概念，是自我效能感（self-efficacy），这一概念是美国著名心理学家班杜拉于20世纪70年代在其著作《思想和行为的社会基础》中提出的，它指的是个体对自己是否有能力完成某一行为所进行的推测与判断。

一个人在进行某一活动前，对自己能否有效地做出某一行为会有所判断。当人们确信自己有能力进行某一活动时，他就会产生高自我效能感，能积极采取行动，取得预想的结果。而自我效能感低的人，则会产生消极的情绪，采取回避或消极的行为，最终与好的结果无缘。

自我效能感可以通过直接经验、对他人经验的理解、他人的告知和对自身情绪动机状态的评价等方面获取。在实际生活和工作中，对个人行为起决定性作用的往往不是个人实际能力的高低，而是个人的自我效能感。这种“能做什么”的认知反映了一种个体对环境的控制感。人的自我效能感在外在表现上，常常等同于自信感，也就是一个人自信心的高低。自我效能感强的人，自信心就会高，也更有信心处理生活中出现的各种问题。

（资料来源：曲振国. 大学生就业指导与职业生涯规划［M］. 北京：清华大学出版社，2020.）

（五）能力与职业生涯

不同职业对人的能力有不同要求，能力和职业发展有着密切的关系。

一方面，能力是职业适应性首要的和基本的制约因素，能力制约着人们活动的领域与职业选择的范围，在选择职业时要寻求个人能力与职业要求相匹配。当一个人的能力和工作的要求相匹配时，最容易发挥自己的潜能，并获得满足感和成就感；当一个人从事能力所不及的工作时，最容易感到自卑和焦虑，甚至出现失败感和挫折感；当一个人的工作能力超出工作要求太多时，又容易感到无聊和疲倦。因此，我们需要清楚自己具备什么样的能力，职业要求什么样的能力。

另一方面，能力与个人的职业满意度、工作适应性以及职业稳定性具有直接的相关关系。职业能力也是个人发展和创造的基础，职业能力越强，越能给人带来好的工作绩效，进一步产生职业成就感。心理学家罗圭斯特与戴维斯（Lofquist & Dawis，1984）就个体的工作适应问题提出：当工作环境能满足个人的需求时，个人会感到“内在满意”，而当个人能够满足工作的要求时，个人会感到“外在满意”，即令自己的领导、同事感到满意。“内在满意”主要通过衡量个人价值观与企业文化及奖惩制度之间的适配性来评估；“外在满意”主要可以通过衡量个人职业技能与工作的技能要求之间的配合程度来进行评估。当个人能够同时达到内在满意和外在满意时，个人与环境之间的关系就比较协调，个人的工作满意度会比较高，在该工作领域也能持久发展。

☞【推荐阅读】

雷军的专业选择与职业转型

雷军是中国著名的企业家、小米科技的创始人兼CEO。他的职业生涯是一个典型的例子，展示了专业选择如何深刻影响职业发展。雷军的故事从他在武汉大学的专业选择开始。

1987年，雷军考入武汉大学计算机科学专业。当时，计算机科学在中国还是一个新兴领域，但雷军对这个专业充满了兴趣。他在大学期间表现出色，仅用两年时间就修完了所有学分，并开始自学编程和软件开发。他的专业背景为他日后的职业发展奠定了坚实的基础。

毕业后，雷军加入了金山软件公司，成为一名程序员。他的专业知识和技能使他在公司中迅速崭露头角，并逐步晋升为总经理。在金山软件的职业生涯中，雷军积累了丰富的技术和管理经验，这为他日后的创业奠定了基础。

然而，雷军的职业发展并没有止步于技术领域。2007年，他离开金山软件，开始了自己的创业之路。2010年，他创立了小米科技，专注于智能手机和智能硬件的研发与销售。尽管小米在创业初期面临许多挑战，但雷军的专业背景和行业经验使他能够带领团队迅速成长。如今，小米已成为全球领先的科技公司之一。

雷军的故事展示了专业选择对职业发展的深远影响。他的计算机科学专业背景不仅帮助他在技术领域取得了成功，还为他日后的创业提供了重要的支持。此外，他的职业转型也表明，专业选择并不是职业发展的终点，而是职业生涯中的一个重要起点。

（资料来源：雷军. 小米创业思考［M］. 北京：中信出版集团，2022.）

☞【拓展阅读】

工作能力强的人，都有哪些特征？

工作能力是指一个人在工作中能够有效地完成任务和目标的能力，它包括了专业技能、思维能力、创新能力、执行能力、协作能力等多个方面。工作能力是衡量一个人职业素养和竞争力的重要指标，也是影响一个人职业发展和成就的关键因素。

一、工作效率高

说到工作效率，很多人只追求速度，然而，这种观点非常片面。工作效率高，指的是工作做得又快又好。如果速度快但质量差，那也是效率低的一种表现。想要提高效率，你可以在这几方面下功夫：提高决策正确率、合理分配时间、拒绝干扰、使用番茄工作法等。工作效率高的人通常会表现在以下三个方面：

1. 坚定的目标导向者，带着思考去工作

方向正确是做好工作的前提，方向不对，即使再努力，也无济于事。

康德说："没有目标而生活，恰如没有罗盘而航行。"只有明确你的目标，你才能开始制定和实施自己的计划，走一步看一步很容易原地打转。

成为一个以目标为导向的人，工作不跑偏有三点需要注意：不自作聪明、分解目标和定期回顾。

（1）如果目标可以量化，那么可以以周期为单位进行拆解，比如将月度目标拆解为每周的小目标，每周总结回顾。

（2）如果是制定计划，先要梳理活动目的，预期效果，之后再围绕目的进行思考。

（3）对于阶段性任务，可以把目标进行拆分，在预设的时间点去回顾。

2. 高执行力

做到这点需要有效行动，而不是凭直觉做事，就像前面讲的那样，如果方向错误，看似行动力高，也是无效行动。在目标正确时，按照进程有效执行，才是工作能力强的体现。同时也要有正确的观念，高行动力不是指一天才能完成的事情非得一小时搞定，对于任务时间线长、短期内无法完成的工作，持续汇报进展，这样也会给人留下执行力强的印象。

3. 自律

执行力强、效率高的人一定比拖延症晚期、踩着 DDL 完成工作的人更自律。

自律包含着两个方面：首先，自律意味着自控力。自律的人拒绝不良习惯，上下班从不迟到早退，做事干练有力，因此，在工作中，备受领导喜爱。自律的人，他们懂得也常常维持良好的体态，更不会蓬头垢面地进入公司，常常给人带来清爽精致的印象。其次，自律的人自我驱动能力极强。在工作中，他们永远积极主动，善于寻求问题解决方案，而不是停下来等待老板命令，也不会将责任推给他人。

二、沟通能力强

在职场协同工作中，尤其是项目经理的日常工作中，不懂得沟通很容易让人在合作任务中遇到困难。沟通能力强，不仅能清晰表达诉求、恰到好处地理解对方意图，也会给人留下愉快的共事体验。

沟通能力强有两个基本要求：(1) 简明的表达能力：把事情说清楚，不歪曲，不容易跑偏；(2) 精准的理解能力：能听得懂，能领会对方的意图。良好的沟通能力也能帮助我们在工作中习惯用逻辑说话，避免被情绪主导。

三、善于规划总结

工作能力强的人即使是处理复杂的工作，也完成得很好，这源于对大局观和细节的把控能力，既能总体规划，又能兼顾各方，总结复盘。可以试着将工作分解成前、中、后期：

1. 前期规划能力是将任务层层划分为可落地执行的能力，需要细化到解决具体问题的环节，如果只谈主干，容易空谈。

2. 中期资源整合能力做好规划并不意味着可以按部就班地工作，项目中可能出现紧急情况，比如筹备一个小型活动，结果团队成员临时被调走，这时候如果工作跨度不大，有人会选择全部自己干，最后把活动做完，但由于人力限制，效果大打折扣。另外一种做法是向上寻求支持，付出一定沟通成本，从外部协调补充人员。全面工作技能是个人能力的体现，但大包大揽并不是体现能力的唯一方式，我们也需要整合已有的资源进行利用。

3. 后期总结学习能力和工作能力强的人，也会犯错，但他们在错误中的成长速度会更快，这源于对错误经验的总结反思、举一反三，形成正向反馈，长此以往也会收获更多。如果目前的工作还没有到可以把控整个项目的阶段，可以先总结自身的工作，这也是作为管理者所要具备的素质。

四、情绪稳定

1. 空杯心态

敢于尝试新事物，不懂就学，不逞能，面对质疑时不懂装懂或许能蒙混过关（悄悄提升弥补另说），但不是长久之计，所有还是要保持空杯心态，放下包袱。

2. 自我调节

职场人多多少少都会经历职场倦怠期，会有年龄焦虑、方向迷茫的时候，甚至自我怀疑，其实人都是不完美的，仰观宇宙，我们仅是沧海一粟，学会自我调节很有必要。

3. 释放情绪压力

爱逞强的性格要尤其重视，适度释放自己的脆弱，向内自我调节，调节不了的情绪就向外释放，如果心有郁结之气却得不到释放，很难接纳新的事物。

4. 逆商

即面对挫折、摆脱困境的能力。逆商低的人容易陷入一种挫败情绪，影响自己的状态，逆商高的人则更能顶住压力。有些人天生逆商高，喜欢解决问题后的成就感和满足感，但更多人是在一次次挫折中才练就出一颗强大的心脏。在很多情绪上头的时候觉得天要塌了，但时间会疗愈一切，事情过去后我们又可以迎接新的生活，职场也是如此。

（资料来源：“安雅文化”微信公众号，2024 年 9 月 13 日）

二、职业能力概述

（一）职业能力的概念

职业能力是在职业活动中形成和发展起来的，直接影响职业活动效率，使职业活动得以顺利完成的心理特征。

从事某种职业必须以一定的职业能力为前提，职业能力在职业活动中表现出来，大学生只有具备了从事某项职业所必需的资质及本领才能为职业的发展打下基础。

（二）职业能力的类型

通常将职业能力分为一般职业能力、专业能力和综合能力。

1. 一般职业能力

一般职业能力主要是指任何职业岗位的工作都需要的，如一般的学习能力、文字和语言运用能力、数学运用能力、空间判断能力、形体知觉能力、颜色分辨能力、手的灵巧度、手眼协调能力、人际交往能力、团队协作能力、对环境的适应能力，以及遇到挫折时良好的心理承受能力都是我们在职业活动中不可缺少的能力。

2. 专业能力

专业能力主要是指从事某一职业的专业能力。如从事教师工作，需要具备最基本的教学能力；从事医生工作，需要具备系统的医学知识和治疗能力；从事国防工作，需要具备军事理论和专业的军事技能。在求职过程中，用人单位最关注的就是求职者是否具备胜任岗位工作的专业能力。

☞【拓展阅读】

DeepSeek 创始人梁文锋：从数学天才到人工智能先锋

在人工智能技术飞速发展的时代，梁文锋以其卓越的技术能力和远见卓识，成为了中国人工智能领域的领军人物。他创立的 DeepSeek，不仅在国内引发了技术革命，更以其开源大模型震撼了全球科技界。梁文锋的故事，是一段从天才少年到技术先锋的非凡旅程。

一、少年天才：数学的世界里，他总是领先一步

梁文锋出生于广东吴川，从小便展现出过人的学习能力。小学六年级时，他以优异成绩考入吴川一中，成为学校重点培养的“尖子生”。在数学领域，他的天赋尤为突出：初中时期，他不仅完成了高中数学课程，还开始学大学数学，展现出超越同龄人的数学思维能力。

“他在数学上的理解力和逻辑思维能力非常强，初中时就能解决大学水平的数学问题。”梁文锋的初中班主任容先生回忆道。尽管成绩优异，梁文锋却并非传统意义上的“书呆子”。他性格文静，但在学习上有自己独特的方法，注重效率与劳逸结合，总能在短时间内掌握复杂的知识。

二、从吴川一中到浙江大学：天赋与努力的结合

2002 年，17 岁的梁文锋以吴川一中“高考状元”的身份考入浙江大学，攻读电子信息工程专业。在浙大期间，他不仅保持了优异的学术成绩，还展现出对技术应用的浓厚兴趣。他对数学的热爱延续到了计算机科学领域，尤其是在算法设计和数据分析方面展现出非凡的能力。

本科毕业后，梁文锋继续攻读浙江大学信息与通信工程专业研究生。在学生阶段，他开始接触量化交易领域，与同学一起积累市场数据，探索全自动化交易系统的可能性。这段经历不仅拓宽了他的技术视野，也为他日后在人工智能领域的创业奠定了基础。

三、创立 DeepSeek：用技术探索未来

2023 年，梁文锋创立了深度求索（DeepSeek），一家专注于人工智能基础技术研发的公司。DeepSeek 的名字寓意着“深度探索”，体现了梁文锋对技术创新的执着追求。他希望通过人工智能技术，解决现实世界中的复杂问题，为社会创造更大的价值。

在创立 DeepSeek 的过程中，梁文锋始终坚持技术自主研发。他带领团队专注于大模型的开发，致力于打造一款性能卓越、成本可控的人工智能模型。经过无数次的技术迭代和优化，2024 年 12 月，DeepSeek 发布了自主研发的大模型“DeepSeek-V3”。

四、DeepSeek-V3：震撼全球的技术突破

DeepSeek-V3 的发布迅速引发了全球科技界的关注。这款大模型不仅在性能上比肩国际顶尖产品 GPT-4O，更以其极高的性价比震惊了行业。与 GPT-4O 相比，DeepSeek-V3 的研发成本仅为 558 万美元，训练成本不到 GPT-4O 的 1/20，且仅使用了 2048 张 H100 GPU，耗时 53 天完成训练。

这一成就让 DeepSeek 成为全球人工智能领域的焦点。海外技术论坛和社交媒体上，许多网友将 DeepSeek-V3 称为“来自东方的神秘力量”。它不仅证明了中国在人工智能领域的技术实力，也为全球开源社区注入了新的活力。

五、技术背后的理念：开放与共享

梁文锋始终坚持“技术为善”的理念。他认为，人工智能技术的真正价值在于开放与共享，而非垄断与封闭。因此，DeepSeek 在发布 DeepSeek-V3 后，选择了开源这一战略决策。这一举措不仅降低了全球开发者使用顶尖 AI 技术的门槛，也推动了人工智能技术的普及与发展。

梁文锋的故事，是一段关于天赋、努力与坚持的传奇。从吴川一中的数学天才，到浙江大学的技术精英，再到 DeepSeek 的创始人，他用自己的行动证明了技术的力量，也为中国人工智能行业树立了新的标杆。在未来的人工智能浪潮中，梁文锋和 DeepSeek 无疑将继续书写属于他们的辉煌篇章。

（资料来源：“科学文化传播”微信公众号，2025 年 1 月 31 日）

3. 综合能力

综合能力主要包括跨职业的专业能力、方法能力、社会能力和个人能力，是国际上普遍注重培养的“关键能力”。跨职业的专业能力主要包括运用外语、数学、测量、计算机等解决技术问题和进行交流的能力；方法能力主要包括信息收集、筛选、计划、决策、实施能力，以及自我评价和接受他人评价的承受力、吸取经验教训的能力；社会能力主要是指一个人的人际交往、交流沟通和团队协作能力；个人能力主要指一个人的职业道德，爱岗敬业、工作负责、注重细节的职业人格会越来越受到全社会的尊重、赞赏、肯定和推崇。

☞ **【推荐阅读】**

HR 最关注应届毕业生的几个方面

在就业市场中，人力资源部门（HR）对应届毕业生同学们的选拔是一个多维度、全方位的评估过程。对于 HR 而言，他们在选拔应届毕业生时，会着重关注几个关键方面。以下是这些内容的详细分析，希望能对同学们有所帮助。

一、专业能力与技能

专业能力与技能是 HR 在选拔应届毕业生时最为看重的一环。这包括学生在校期间所学的专业知识、掌握的技能以及通过实践项目所积累的实践经验。一个具备扎实专业基础和熟练技能的毕业生，往往能快速融入工作岗位，减少企业培训成本，提高工作效率。因此，对于 HR 而言，应聘者的专业能力和技能是他们首要考虑的因素。

二、综合素质与个人品质

除了专业能力，HR 还会关注应聘者的综合素质与个人品质。这包括应聘者的沟通能力、团队协作能力、解决问题的能力、抗压能力等。一个具备良好综合素质的毕业生，能够在工作中更好地适应各种环境和挑战，与同事建立良好的合作关系，为公司创造更大的价值。

三、实习经历与项目经验

实习经历和项目经验是衡量一个应届毕业生实践经验的重要指标。通过实习和项目，学生可以将所学理论知识应用于实践，提高自己的实际操作能力。HR 在选拔时，会关注应聘者是否有过相关的实习经历和项目经验，以及在这些经历中取得的成果和收获。这些经验能够证明应聘者的实践能力和解决问题的能力。

（资料来源：“西安工业大学就业指导服务中心”微信公众号，2024 年 10 月 15 日）

（三）职业能力的探索

1. 用 STAR 法来编写成就故事

写一个你的成就故事，包括以下要素：

（1）当时的形势（situation）。包括你面临的障碍、限制或困难。

（2）面临的任务/目标（task/target）。包括你想达到的目标、需要完成的事情。

（3）采取的行动/态度（action/attitude）。包括你的具体行动步骤，你是如何一步步克服障碍、达成目标的。

(4) 取得的结果（results）。包括你取得了什么成就。

这个成就故事可以有关你的学习或者工作，也可以是娱乐活动或家庭生活中所发生的事情，不一定是惊天动地的大事，只要故事符合以下两条标准：一是你喜欢做这件事时体验到的感受；二是你为完成它所带来的结果感到自豪。如果同时你还获得了他人的认可那就更好了。

成就故事范例：这学期，作为师范生的必要培训内容之一，我们的教学技能培训课要求我们在学期当中必须自选题目并用 PPT 进行一次演示讲解。在此之前，我没有学过如何制作 PPT。

我请同宿舍的一位同学用了大约二十分钟的时间教我 PowerPoint 软件的基本使用方法，我又自己在学校的电脑机房琢磨了一下，并向机房的管理人员请教了几个不明白的问题。选定了我要讲的题目以后，我上网搜索了相关的资料和图片，然后制作了十分钟课程的辅助教学 PPT。

在课堂讲解演示中，由于我制作的 PPT 图片精美、文字与内容搭配得宜，我获得了 95 分的高分，并得到了老师和同学的称赞。

写完之后在小组中逐一进行分析讨论，分析其中所反映的个人技能，看看在这些故事中是否有重复出现的技能，并将这些技能按优先次序加以排列。

2. 技能词汇

按照问题，从自我管理技能词汇表中找出你认为最擅长并且喜欢，愿意在未来职业中运用的技能形容词来填写。然后思考：为什么会这样描述自己？有哪些实际生活和工作的例子可以用来证明你的结论？在你未来的职业中，哪些技能最可能被用到？上述哪些技能需要进一步拓展？怎样去拓展这些技能？

自我管理技能词汇表

诚实　正直　自信　开朗　合作　耐心　细致　慎重　认真　负责　可靠　灵活
幽默　友好　真诚　热情　投入　高效　冷静　严谨　踏实　积极　主动　豪爽
勇敢　忠诚　直爽　现实　执着　机灵　感性　善良　大度　坚强　随和　聪明
稳重　热情　乐观　朴实　渊博　机智　敏捷　活泼　灵活　敏锐　公正　宽容
勤奋　镇定　坦率　慷慨　清晰　明智　坚定　乐观　亲切　好奇　果断　独立
成熟　谦虚　理性　周详　客观　平和　有创意　有激情　有远见　有抱负
有条理　想象力丰富　善于观察　坚忍不拔　足智多谋　精力旺盛　头脑开放
多才多艺　彬彬有礼　善解人意　吃苦耐劳

(1) 我最重要的五项自我管理技能（形容词）

①______________________________

②______________________________

③______________________________

④______________________________

⑤______________________________

(2) 我最重要的五项可迁移技能（动词）

①______________________________

②______________________________

③______________________________

④______________________________

⑤______________________________

(3) 我最重要的五项专业知识技能（名词）

①______________________________

②______________________________

③______________________________

④______________________________

⑤______________________________

技能词汇表的词汇丰富，可以启发思路，让个人更全面地看到自己所拥有的技能。

对自我技能进行探索的目的，就是要帮助个体认识到自己在以往的岁月中其实已经掌握了相当多的技能，从而能够对自己有更好的定位，做到“扬长避短”。

3. 职业技能分类

首先，请仔细浏览以下50种职业技能，判断自己对这些技能的感觉，将相应技能填入表2-2的适当位置。

谈判　调解　绘画摄影　情绪管理　临场发挥　危机处理　客户服务　销售　预算
直觉　激励　沟通　分析　事务管理　引导变革　培训　发明　多任务管理
处理模糊问题　娱乐表演　决策　估计　适应变化　写作　机械技能　编辑校对
计划组织　推进　团队合作　收集信息　教导　持续记录　监督　监控　归类
处理　数字　计算机技能　执行　归纳总结　评价　制定战略　时间管理　观察
概念化　质询　想象　授权　咨询　设计　创新

表2-2　职业技能分类

	非常熟练	可以胜任	不胜任
非常愿意使用			
比较愿意使用			
愿意使用			

（续表）

	非常熟练	可以胜任	不胜任
最好不使用			
非常不愿意使用			

用笔在上表中你认为恰当的位置画出一横一竖，构成四个象限。将“可以做得非常好”里的词语进行顺序排列。从“不是我的能力之一”的词语里选出一个，告诉自己你要设法改善它，并且拟定计划去做。

可以做得非常好	只要努力，可以做得好
可以做，但不是很好	不是我的能力之一

4. 生涯人物访谈

向实际从事某一职业的人了解该职业的技能要求。通常，用这种方法可以比较详细、具体地了解特定职业不为常人所知的要求，可以有效地帮助个人在进入某一行业前做好职业方面的技能准备。

我从“生涯人物访谈”所收集到的有关职业技能要求的信息有：

____

____

5. 360 度职业能力测评

所谓 360 度反馈评估技术（360 degree feedback）又称多源反馈技术。它是由与被评估人有密切工作关系的人（包括被评估人的上级、同级、下级、自己）对被评估人进行匿名评估的综合评估系统，从而全面、客观地搜集被评估人工作表现的信息，了解被评估人的优势和不足，并可以通过多次评估结果的连续跟踪和记录，帮助被评估人进行科学的自我评价，促进被评估人不断成长。

三、职业能力的培养

（一）职业能力的影响因素

能力的形成与发展依赖于多种因素的交互作用，基本上包括以下四个方面。

1. 遗传因素

遗传因素对能力的影响主要表现在身体素质上，身体素质是能力发展的重要前提。但是，身体素质不等于能力本身。具有相同身体素质的人，可能发展多种不同的能力；而良好的身体素质如果没有良好的培养、训练，能力也可能得不到应有的发展。可见，不可否定遗传的作用也不可夸大遗传的作用。每个人都有一定的遗传优势和不足，你可以发现你的优势并好好地利用它，同时发现自己的不足，通过努力去克服或者通过其他方式补偿改变。

2. 环境因素

每个人从遗传因素中所获得的潜在能力不同，但这种潜能开发到何种程度取决于环境。发展能力还要重视早期环境的作用，探索环境是能力发展的重要条件，因此丰富的环境刺激有利于儿童能力的发展。胎儿的产前环境（即在母体内的环境）对胎儿的生长发育和出生后的智力发展有着重要的影响，因此，我国古代早有“胎教”的主张；父母在婴幼儿时期采用的教养方式会决定孩子一生的主要性格特征，进而影响孩子能力的发展。学校教育对能力形成和发展所起的作用是系统性的，学生通过系统地接受教育，能力也会得到不断的发展。

3. 实践活动

我国古代思想家王充指出“施用累能”，即指能力是在使用中积累的。人的各种能力是在社会实践活动中最终形成和发展起来的。个人直接经验的积累在人的能力发展中有着不可替代的重要作用。离开了实践活动，即使有良好的素质、环境和教育，能力也难以形成和发展起来。

4. 个性品质与主观能动性

有的人天资聪慧，但勤奋不足，最终事业无成；有的人天生资质普通，但通过勤学苦练，也会取得事业的成功。因此，在实践活动中优良的个性品质对能力的形成和发展具有重要的意义，勤奋、谦虚和坚毅等都有助于能力的形成和发展。能力的提高也离不开人的主观努力，即人的主观能动性。一个人刻苦努力，积极向上，具有广泛的兴趣和强烈的求知欲，他的能力就可能得到发展。相反，一个人饱食终日，无所用心，工作上没要求，事业上无大志，对周围的一切事物态度冷淡、没兴趣，他的能力就不可能有较好的发展。因此，人的能力的发展是与其他心理品质的发展分不开的。

对工作的热爱会给能力的发展提供巨大的动力，坚强的意志品质对能力的发展也有重要意义，能力的发展还依赖于自我分析与自我评价的能力，及时发现自己在能力方面的优点和弱点，并通过自己的努力加以提高和改进，使能力朝向确定的目标发展。

（二）职业能力的培养方法

1. 扎实专业知识的学习

在现实生活中很多毕业生从事着与自己的专业不甚相关的职业，淡化专业的就业趋势越来越明显，但这并不意味着大学生就可以不学习或不努力学习专业知识。专业知识的学习和掌握在就业中仍占有重要的地位：（1）成绩的好坏仍是专业型用人单位选择的重要标准；（2）当前社会需求的是复合型的人才，毕业生在专业知识的基础上拥有合理的知识结构，无疑会在就业市场中赢得更多的就业机会。

2. 注重通识知识的积累

通识知识的学习能够培养大学生适应社会的能力、组织管理能力、沟通协调能力、创新能力等。

担任学生干部、参加社团活动、参与各类竞赛是大学生拓宽知识面、积累通识知识、锻炼各方面能力的三个主要渠道。担任学生干部，无论是团委学生会干部，还是班级班委，或是宿舍舍长，通过组织活动、召开班会、上传下达、汇总统计等任务，任何一个职位都可以是你发挥自身才干，为同学服务的机会。社团是大学生为了某一个共同的兴趣和目的所组织起来的业余团体，有学术类社团、体育类社团、文艺类社团，如文学社、篮球协会、吉他协会等等。社团活动是高校校园文化的重要载体，是高校第二课堂的重要组成部分，是丰富学生的校园生活、培养兴趣爱好、扩大求知领域、增加交友范围的重要方式。大学校园里常常举办的各类竞赛，如职业生涯规划大赛、十佳歌手赛、“挑战杯”全国大学生创业计划大赛等，也成为大学生展现自我风采、培养个人能力的绝好契机。

3. 重视实践能力的提升

参与社会实践活动主要有两种形式：勤工俭学和专业实习。勤工俭学的内容形式多种多样，每年高校会提供不少勤工俭学的机会给广大学生，如校内岗位有图书管理员，校外也有餐厅服务员、超市的收银员、家教等社会兼职。大学生通过勤工俭学不仅能够获取劳动所得，减轻家庭的经济负担，还能接触社会、拓宽视野、锻炼能力、增长才干，为将来就业打下基础。专业实习是大学生在校期间要完成的专业作业，是一门必不可少的必修课。通过实习，大学生在参观学习、模仿体会、专业训练和培训中可以了解该行业的业务内容和工作方法，向有经验的工作人员学习先进的技术和本领。

第四节 价值观探索

价值观，决定你想做什么。价值观作为一个个人生涯发展和职业选择的“导航仪”，不仅是个体生涯发展最核心的东西，也是个体生涯选择和决策最重要的影响因素。本节与你一起探讨价值观的概念、特点、类型，价值观与职业理想的关系，树立正确的价值观的重要性和方法，重点介绍价值观与职业生涯的关系、价值观澄清理论。认识并探索职业价值观，才能深入地了解和调整自己的职业价值观，并以价值观为指导树立正确的职业理想与职业精神，培养自己与社会相适应的职业品质。

一、价值观概述

（一）价值观的概念

价值观（values）是人按照客观事物对其自身及社会的意义或重要性进行评价和选择的原则、信念和标准。

价值观对个人的思想和行为具有一定的导向或调节作用，直接影响着个体对各种观念、事物和行为的判断，使个体发现事物对自己的意义，确定自己奋斗的目标，并按照自己认为有价值的事情或目标去做。因此，是否符合一个人的价值观，是个体判断该事物和行为是否有价值的标准。

价值观是后天形成的，从出生开始，在家庭和社会的影响下，随着知识的增长和生活经验的积累而逐渐形成，到成年时期相对稳定。一个人所处的社会的生产方式及其所处的经济地位，对其价值观的形成有决定性的影响。

☞【推荐阅读】

真正决定选择的是我们的价值观

“鱼，我所欲也；熊掌，亦我所欲也。二者不可得兼，舍鱼而取熊掌者也。生，亦我所欲也；义，亦我所欲也。二者不可得兼，舍生而取义者也。”这是我们非常熟悉的一段古文，其核心意图在于告诫人们要明确自己到底想要什么，什么对我们是最重要的。在很多时候，我们往往要在一些“舍与得”中做出选择，因为获得的同时意味着失去，而左右我们选择的正是我们的价值观。

（资料来源：张玉波，楼稚明．大学生职业规划与就业创业指导［M］．上海：上海交通大学出版社，2017.）

（二）价值观的特性

从价值观的形成过程，我们可以看出它的特点。

1．主观性与系统性

价值观是主观的，是因人而异的。因先天条件和后天环境的不同，每个人的人生经历也不尽相同，价值观的形成就受到不同的影响，因此，每个人都有自己的价值观和价值观体系。在同样的客观条件下，具有不同价值观和价值观体系的人，其动机模式不同，产生的行为也不同。

价值观不是孤立地、单个地存在着的，而是按照一定的逻辑和意义联结在一起，按一定的结构层次或系统而存在的。

2．稳定性与持久性

价值观是人们思想认识的深层基础，一旦形成，便相对稳定，具有持久性。这种较稳定的观念可使个体的行为都一致地朝向某一目标或带有一定的倾向性。比如，对某种人或事物的好坏总有一个看法和评价，在条件不变的情况下这种看法不会改变。

3．可变性与发展性

由于环境的改变、经验的积累、知识的增长，价值观又是可以改变的，具有一定的可变性，如当人遇到一些重要事件的冲击时，人的价值观也会发生一些改变。随着人们各方面的成熟，对社会问题理解的加深，各种需要和目标都在发生变化，价值观也是发展的，具有一定的发展性。

4．历史性与选择性

价值观具有一定的历史性，是长期社会化的结果，在不同时代、不同社会环境和文化背景中形成的价值观是截然不同的。价值观总是反映着时代精神，总是与时代的脉搏相呼应。

价值观具有一定的选择性，是经过反复比较权衡和选择获得的。这种选择是经过慎重考虑后，从可选择范围内自由选择，而非被迫的，选择时必须同时具备其他可选择的内容。

（三）价值观的类型

价值观是多种多样的，每个人或多或少都具有各种成分，只是相对强弱不同、主导价值观不同。心理学家从不同的角度对价值观进行了分类。

1. 根据社会文化生活方式划分

德国心理学家爱德华·斯普兰格（Eduard Spranger）在《人的类型》一文中，根据社会文化生活方式把人的价值观区分为经济价值观、理论价值观、审美价值观、社会价值观、政治价值观和宗教价值观等。

（1）经济价值观：从经济观点出发判断事物的有用程度。注重实际与效用，追求财富，谋求利益，重人力、物力、财力和效能。实业家多属于这种价值观。

（2）理论价值观：善用批判和理性的方法，发现事物的本质，寻求真理。好钻研，求知欲强。哲学家和科学家多属于这种价值观。

（3）审美价值观：重视事物的美，以美的原则如对称、均衡、和谐等评价事物。认为美的价值高于一切，致力于使事物变得更有魅力。艺术家多属于这种价值观。

（4）社会价值观：投身于社会，重人际交往，爱护与关怀他人、热心社会活动、尊重他人价值，注重人文关怀，致力于增进社会的福利。社会活动家多属于这种价值观。

（5）政治价值观：追求权力、影响和声望，喜欢领导、支配和控制他人。对人对己要求严格，讲原则，守秩序。政治家多属于这种价值观。

（6）宗教价值观：关注宇宙、命运和超自然力量，超脱现实生活，有坚定的信仰，追求圣洁的心灵境界，克服一切低级趣味。宗教信仰者或传教士多属于这种价值观。

美国心理学家奥尔波特（1931）认为，上述六种价值观同时存在于每个人的身上，但有不同程度的组合。同工作环境下这六种价值观对人有不同的重要性。有些人把追求财富（经济型）、获得权力（政治型）放在首要位置，有的人把帮助他人（社会型）、追求信仰（宗教型）看得最重，有的人更关注为世界创造美（艺术型）、做学问（理论型）。

2. 根据工具—目标维度划分

美国社会心理学家米尔顿·罗克奇（Milton Rokeach）总结了 13 种价值观偏好。

（1）成就感：希望工作的完成能获得成功感和满足感，并能受到他人的认可，得到社会认同。

（2）美感：希望工作能有机会接触或欣赏到周遭的人、事、物，提升审美和品位。

（3）挑战：希望工作具有一定的难度和挑战性，需要运用聪明才智来解决困难，需要选择创新的方法来处理事务。

（4）健康：包括身体和心理健康，希望工作能够保持平稳的情绪和正常的生活作息，免于焦虑、紧张和恐惧，免于患病风险。

（5）收入与财富：希望工作能够获得经济上的收入和回报，明显、有效地改变自己的财务状况，购买自己所需的物品。

(6) 独立性：希望在工作中能有独立自主的空间，可以充分掌握自己的时间和行动，工作有弹性，自由度高。

(7) 爱、家庭、人际关系：希望工作中能够与他人互相关心、互相协助，体贴友爱。

(8) 道德感：希望工作单位的目标、文化、价值观、宗教观等，以及工作的使命与社会道德不相冲突，紧密结合。

(9) 欢乐：希望工作的过程是美好时光，工作的完成能够获得愉悦和享受。

(10) 权力：希望工作中能够领导、影响或控制他人，使他人照着自己的意思去行动。

(11) 安全感：希望工作能够远离危险，以及突如其来的意外，满足基本的安全需要。

(12) 自我成长：希望工作能够帮助其自我实现，在智慧、知识与人生的体会上有所提升。

(13) 协助他人：希望工作能够让自己体会到付出对团体是有帮助的，别人因为你的行为而收获颇多。

罗克奇根据工具—目标维度把价值观分为工具性价值观和终极性价值观。工具性价值观是以个体偏爱的行为方式或生活手段为工具，进而获取社会的认可，如有礼貌、诚实、勇敢。工具性价值观偏重人对于行为方法的信念，也就是关于何种特质或条件较佳、如何实现生活目标之类的想法。终极性价值观是个体以一种行为方式谋求期望存在的终极目的，如家庭幸福、国家安全、世界和平。终极性价值观偏重人对于生命意义及生活目标的信念，也就是关于成为什么样的人、过什么样的生活之类的想法。

实际上工具性价值观是终极性价值观的手段。我们在探寻价值时，由于生活经历的局限，比较容易体会、认同工具性价值，而事实上，往往正是那些终极性价值会长期影响我们的职业感觉，影响我们的职业价值观。

(四) 价值观与动机

动机（motive）是激发和维持有机体的行动，并将行动导向某一目标的心理倾向或内部驱力。动机不能被直接观察到，但是可以通过任务选择、努力程度、对活动的坚持性和言语表达等外部行为间接地推断出来。通过任务选择，我们可以判断个体行为动机的方向、对象或目标；通过努力程度和坚持性，我们可以判断个体动机强度的大小。

动机具有激活功能，它能发动行为，推动个体产生某种活动，如为了消除饥渴而进食饮水，为了获得优秀成绩而努力学习，为了取得他人赞扬而勤奋工作，为了摆脱孤独而结交朋友等。动机也具有指向功能，将行为指向一定的对象或目标，动机不一样，个体活动的方向和所追求的目标就不一样，如在学习动机的支配下，人们可能去教室自习，在休息动机的支配下，人们可能去电影院、公园或娱乐场所，在成就动机的驱使下，人们会主动选择有挑战性的任务等。动机还具有维持和调整功能，表现为行为的坚持性。当活动指向个体所追求的目标时，这种活动就会在相应动机的维持下继续下去，相反，当活动背离了个体所追求的目标时，进行这种活动的积极性就会降低，或者完全停止下来。

动机的一般分类如下：

1. 生理性动机与社会性动机

根据性质，动机可分为生理性动机与社会性动机。

生理性动机也称驱力，它以有机体自身的生物学需要为基础，推动人们去活动，从而满足某种生物学需要。例如，饥、渴、缺氧、疼痛、母性、性欲、睡眠、排泄等动机，都是生理性动机，当这种生理的需要得到满足时，生理性动机便趋于下降。

社会性动机，是以人的社会文化需要为基础的，例如，权力的需要、社会交往的需要、成就的需要、认识的需要等，因而产生了相应的权力动机、交往动机、成就动机和认识性动机等。这些动机推动人们与他人交往，希望获得社会和他人的赞许，希望参与某种社会团体，并能在其中获得某种地位。当这些社会性需要获得满足时，社会性动机才会缓解下来。

2. 原始的动机与习得的动机

根据学习在动机形成和发展中所起的作用，动机可分为原始的动机和习得的动机。

原始的动机是以人的本能需要为基础的，与生俱来，是不需要经过学习的。正如上文提到的饥、渴、母性、性欲等动机，都属于原始的动机。人们受饥、渴的推动而产生觅食、找水的活动，人的认识性动机有一部分也具有与生俱来的性质。

习得的动机是指后天获得的各种动机，即经过学习产生和发展起来的各种动机。如具有减少恐惧、获得赞许和追求成就的动机。

3. 有意识的动机与无意识的动机

根据意识水平，动机可分为有意识的动机和无意识的动机。

人的动机有部分发生在意识的水平上，即人能意识到自己的行为动机是什么，也能意识到自己的行为在追求什么样的目标。但是，在自我意识没有发展起来的婴幼儿身上，他们的行为动机是无意识的；在成人身上，也有无意识的或没有清楚意识到的动机。例如一位教师对某个学生的印象好，认为他聪明、勤奋、成绩优秀，因而在评分时不自觉地降低了评分的要求，并忽略了学生试卷中存在的某些错误；反之，对印象差的学生，不相信他在考试时会得到优秀的成绩，因而评分时不自觉地提高了评分的要求，对其试卷中的问题也比较敏感等。

4. 外在的动机和内在的动机

根据来源，动机可分为外在动机和内在动机。

外在动机是指人在外界的要求与外力的作用下所产生的行为动机。如学生为了得到父母或教师的嘉奖或避免受到父母或教师的责备、惩罚而学习。

内在动机是指由个体内在需要引起的动机。如儿童由于认识到学习的意义或对学习有了兴趣，而积极主动地学习。

外在动机与内在动机的划分不是绝对的。由于动机是推动人的活动的内部心理过程，因此，任何外界的要求、力量都必须转化为人的内在需要，才能成为活动的推动力量。

价值观反映了人的认知和需求状况，对动机有导向的作用。人们行为的动机受价值观的支配和制约，价值观对动机的调节和控制有直接影响，在同样的客观条件下，具有不同价值观的人，其动机不同，产生的行为也不相同。这也正是对同样的职业不同的人有不同评价和选择的原因。

个体把目标的价值看得越高，由目标激发的动机就越强，在活动中发挥的力量就越大，相反，个体认为目标的价值不大，由此激发的力量就小。换句话说，动机是个体行为的定向和调节系统的一个组成部分，其中价值观起着核心的作用。价值观决定着动机的性质、方向和强度。如利他的价值观促使个体产生助人的动机，做出助人的决定，并使这种行为坚持下去。

☞【推荐阅读】

需要层次理论

马斯洛（Maslow）提出，人有五个层次的需求，由低到高分别是生理的需要、安全的需要、归属与爱的需要、尊重的需要和自我实现的需要。

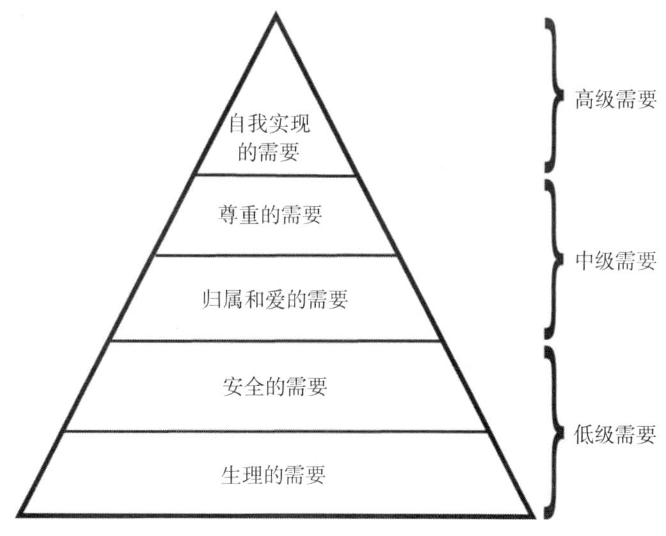

图 2-1　马斯洛需要层次理论示意图

生理的需要：低级需要，人对食物、水分、空气、睡眠、性等的基本需要。

安全的需要：低级需要，人对稳定、安全、受到保护、有秩序、能免除恐惧和焦虑等环境和制度的需要等。

归属和爱的需要：中级需要，一个人需要与其他人建立感情的联系或关系，如结交朋友、追求爱情、参加一个团体并在其中获得某种地位、支持和关注。

尊重的需要：中级需要，人有自尊和希望受到别人的尊重的需要，即被认可、被肯定。

自我实现的需要：高级需要，人们追求实现自己的能力或潜能，使之完善化，类似成就感和价值感。

马斯洛认为，这五种需要都是人的最基本的需要。这些需要是天生的、与生俱来的，它们构成了不同的层次，并成为激励和指引个体行为的力量。

低级需要直接关系到个体的生存，也叫缺失需要。高级需要与人的健康成长有关，也叫生长需要。需要的层次越低，它的力量越强，潜力越大。随着需要层次的上升，需要的力量相应减弱。只有当低级的需求得到满足或部分得到满足后，高级的需求才有可能出现。例如，当一个人饥肠辘辘，或担心自己的安全而感到恐惧时，他是不会追求归属或爱的需要的。

这些需求是强大的内在驱动力，我们所做的事情正是为了满足这些需求。它们体现在我们的生活中，就成为我们的价值观。比如有些学生会比较重视工作能带给自己多少收入，而有些学生，可能更多地考虑要做自己喜欢的工作。这两者的不同在很大程度上可以归结于他们所处的需求层次不同，前者在“生理”“安全”的层次上，而后者是在较低层次的需求已经得到满足的情况下，追求对“归属”“自我尊重”“自我实现”的需要。

人类活动的动机源于需求，正是有了这些需求，人类的行为才有了强大的内驱力，满足这些需求的愿景就成了我们的价值观。大部分需求是通过职业满足的，于是这些需求就转化为我们的职业目标，就成了我们的职业价值观，它们是我们职业发展的驱动力。

（资料来源：彭聃龄. 普通心理学［M］. 北京：北京师范大学出版社，2019.）

（五）价值观与职业生涯

价值观体现了一个人真正想从职业中得到什么，它决定了个体对工作的相对稳定的、内在的追求，对于个体的职业选择与发展起着不可替代的方向导引及动力维持的作用。

1. 价值观关系到个体的职业选择

价值观在人们的职业生涯发展中起到极其重要的、决定方向的作用，甚至往往超过了兴趣和性格对我们的影响。在进行职业选择时，人们面对多种选择机会，不同的人选择不同的行业或职业，归根结底取决于自身的价值观。由于个人的身心条件、年龄阅历、教育状况、家庭影响、兴趣爱好等方面的不同，人们对各种职业有着不同的主观评价。由于社会分工的不同，各种职业在劳动性质的内容、劳动难度和强度、劳动条件和待遇、所有制和稳定性上都存在差别，再加上传统的思想观念的影响，各类职业在人们心目中的声望地位也有好坏高低之分，这些评价就形成了人们的职业价值观，影响着人们对就业方向和具体职业岗位的选择。大量研究表明，个人总是倾向于选择那些能满足其价值观追求的工作。因此，价值观在个人职业发展中发挥着重要的作用。当然，我们在选择职业时，也会经常有矛盾和冲突，是选择坚持到底还是妥协放弃，我们的价值观也会起到关键作用。

☞【推荐阅读】

耶鲁“村官”秦玥飞

秦玥飞，曾经是拿着全额奖学金进入世界名校耶鲁大学的“学霸”，毕业的时候有机会进入硅谷的大公司，成为精英人物，甚至可以拿到美国绿卡。但是他放弃了很多人梦寐以求的待遇，回到了湖南农村，做起了“村官”。

农村的条件很艰苦，虽然他做好了思想准备，但还是出现了很多预料不到的事情。比如酷暑天气出了一身臭汗的秦玥飞端着水盆准备去冲澡时恰巧被村民看到了，于是他就被误会是“嫌弃他们这穷乡僻壤”。秦玥飞经过思考，调整了自己的生活方式，一有时间就在村子里走街串巷，蹲在人堆里和大家一起聊天。村里老人和孩子居多，只要遇到谁家有困难，秦玥飞总是非常热心地去帮忙。今天帮人修水管，明天给人补房顶，甚至连孩子们交不上学费，他都尽己所能地提供帮助。他逐渐地获得了村民的信任，也做成了很多事情。在他任职的几年时间里，秦玥飞带领着村民们把路修通了，路灯安上了，甚至还专门建了一所养老院，给那些孤寡老人居住。

出生在一个小山村的秦玥飞家庭非常普通，父亲是工厂的修理工人，母亲在平时也只是靠着打一些零工来赚取微薄的收入，一家人的生活仅仅维持在温饱水平。为了能让儿子走出大山，拥有一个美好的前途，母亲决定带着他去北京求学读书。从小就聪明懂事的秦玥飞十分体谅父母的不容易，来到北京之后，更加发奋读书。终于，他在高中毕业之后以满分的成绩通过了托福考试，并且以全额奖学金被世界名校耶鲁大学录取。当他拿着通知书给父母看的时候，他流下了激动的眼泪，所有的努力终于没有白费。

进入大学之后的秦玥飞有自己的想法和主见，他经常在假期的时候做一些支教工作，也会回到家乡做一些力所能及的农活。秦玥飞在家乡参加劳作的时候，深深地体会到了乡亲们对他这位飞出国门进入名校的大学生的敬佩，也感受到了这些为人父母的乡亲对自己子女的期盼。谁不想一代更比一代强，给孩子提供一个良好的读书和成长环境，让他们有一个美好的未来。但是，现实往往让他们不得不先考虑当下，像他母亲那样能放弃一切带着孩子去大城市的又能有几个？想到这些，秦玥飞感到既痛惜又庆幸。一股建设山村的责任感油然而生，他要用自己的能力去帮助更多的人。

在这个湖南的村子里，秦玥飞不仅带领老百姓们脱贫致富，更时刻关注着下一代的成长环境。他常常在外拉赞助，给家庭贫困的孩子提供免费上学读书的机会，为学生们修建更加宽敞明亮的教室，甚至把信息化的教学设备资源引进课堂。除此之外，秦玥飞为了集中更多的力量来帮助有需要的人，创建了一个公共服务平台，整合资源，提高利用效率，更好地为各行各业的老百姓提供服务。

“耶鲁哥”秦玥飞之所以选择到湖南农村去当“村官”，并且持续做了这么多年，肯定不是一时冲动。他还拒绝了几次提拔的机会，扎根农村，希望踏踏实实在农村做点事情，也取得了很好的成绩，获得了“最美村官”“感动中国2018年度人物”等荣誉。

是什么力量支撑着一个世界名校毕业生扎根农村呢？背后一定有价值观的指引，让他认为这是他应该走的方向，是他要追寻的人生，是他认为值得去努力的事情。价值观说起来是个很虚的词，却影响着我们每时每刻的选择。它就像是我们心中的导航系统，引领我们去往哪里。在殿堂和田垄之间，秦玥飞选择了后者，并且他在困难的时候能够坚持下去。

（资料来源：乔志宏．大学生职业生涯与发展规划教程［M］．北京：清华大学出版社，2023.）

2. 价值观推动个体的职业发展

个人所处的生涯发展阶段不同，工作的需求也会随之改变，从而导致价值观发生变化。如刚毕业的大学生常把更多机遇、更好待遇作为职业的首要选择，在工作一段时间之后，工作的稳定性和舒适性成为重点考虑的问题，在工作了几年之后，符合自己的兴趣爱好，兼顾家庭成为他们的首要目标。一个人只有清楚了解自己的价值观，知道自己想在工作和生活中获得什么，什么对自己最重要，他的职业生涯目标才会清晰。

此外，时代的巨大变迁、多元价值体系的冲击，我们身处的社会环境发生变化，也会导致原有的价值观念发生改变。在计划经济体制时期，提倡的是“干一行，爱一行”“我是革命的一块砖，哪里需要往哪里搬”；改革开放以后，“尊重个体的差异和独特性、充分发挥个人才能”逐渐被越来越多的人接受。但不管在哪一个历史时期，把国家、民族和人民的需要放在首位，自觉把小我融入大我，在奉献国家、振兴民族和服务人民中实现自我价值，都是时代和社会所推崇的主流价值观。

☞【案例阅读】

两弹元勋：邓稼先

邓稼先（1924 年—1986 年），中国科学院院士，著名核物理学家，中国核武器研制工作的开拓者和奠基者，为中国核武器、原子武器的研发做出了重要贡献。

1924 年 6 月 25 日邓稼先出生于安徽怀宁县一个书香门第的家庭。1935 年他考入志成中学，在读书求学期间，深受爱国救亡运动的影响。1937 年北平沦陷后，他曾秘密参加抗日聚会。后在父亲邓以蛰的安排下，他随大姐前往昆明，并于 1941 年考入西南联合大学物理系。1948 年至 1950 年，他在美国普渡大学留学，获得物理学博士学位，毕业当年，他就毅然回国。1956 年，邓稼先加入了中国共产党。

邓稼先

邓稼先是中国核武器研制与发展的主要组织者、领导者，邓稼先始终在中国武器制造的第一线，领导了许多学者和技术人员，成功地设计了中国原子弹和氢弹，把中国国防自卫武器引领到了世界先进水平。1999 年邓稼先被追授“两弹一星功勋奖章”。他对中国核科学事业做出了伟大贡献，因而被称为“两弹元勋”。2009 年 9 月 10 日邓稼先入选 100 位新中国成立以来感动中国人物名单。2019 年 12 月 18 日，邓稼先入选“中国海归 70 年 70 人”榜单。

邓稼先在一次实验中，受到核辐射，身患直肠癌，于 1986 年 7 月 29 日因手术时大出血在北京不幸逝世，终年 62 岁。

一、选择

1949 年 10 月 1 日，新中国成立，中国人从此站立起来了！1948 年至 1950 年，邓稼先留学于美国普渡大学，仅用一年多的时间就获得了博士学位，当时他只有 26 岁，这也成为了一个传奇。取得博士学位后，邓稼先不顾导师的挽留，放弃了国外的优越条件，毅然决定从美国回到百废待兴的新中国。

二、隐姓埋名

接到秘密任务，上不告父母，下不告妻儿，隐姓埋名，铸造国之重器。邓稼先要去搞原子弹当晚辗转反侧，夫人许鹿希问怎么了，他答：“我要调动工作。”“调哪?”“不能说。”“干啥?”“也不能说。”“我跟你通信?”“不行。”整整 28 年，邓稼先不知去向，许鹿希信守诺言，痴情等待……让人泪目：有种爱情叫“国家机密”。

三、值得

邓稼先隐姓埋名搞原子弹时，夫人一无所知。

离开前，他告诉夫人许鹿希：如果能做好这件事，我死也值了。中国原子弹，氢弹相继爆炸成功，邓稼先也耗尽了自己的心血。因为没有严密的防护服，他为了保护年轻人，又抢着去捡摔裂的原子弹，他的话很简单：我去！你们还年轻，你们不能去！

邓稼先因为核辐射而患上了癌症，被医生强令住院，许鹿希等回了自己的爱人。她身为医学博士，却救不了自己的爱人，只能默默流泪。1986 年 7 月 29 日，邓稼先因手术时大出血，抢救无效死在了许鹿希的怀里，死前他还对妻子说：“假如生命终结后可以再生，那么，我仍选择中国，选择核事业。”

1999 年被授予“两弹一星功勋奖章”时，邓稼先已辞世整整 13 年。邓稼先下病重期间，坚持要去天安门广场看一看，面对高耸的人民英雄纪念碑，邓稼先心潮澎湃，他问身边的人：“再过几十年，还有人记得我们吗?”今天，我们回答：永远记得！

（资料来源：综合整理自“人民网”微信公众号、《中国青年报》、百度百科等，图文整理：洪凯欣，谢思榆）

☞【案例阅读】

袁隆平：我的两个梦

袁隆平（1930 年—2021 年），中国科学院院士，著名农业科学家，中国杂交水稻研究的开拓者和奠基人，为中国的粮食安全和农业发展做出了卓越贡献。以下是袁隆平的自述。

袁隆平

时光如白驹过隙，一转眼，90年过去，我成了正儿八经的“90后”。我大半辈子都在与水稻打交道，至今从事杂交水稻研究工作已有55个年头。我最关心的就是与水稻和粮食相关的事。

新中国成立之前，中华大地上到处灾荒战乱，人民生活颠沛流离，少年时我就被迫从一个城市辗转到另一个城市，虽然少不更事，但每当看到沿路举家逃难、面如菜色的同胞，看到荒芜的田野和满目疮痍的土地，我的内心总会泛起一阵阵痛楚。报考大学时，我就对父母说，我要学农。母亲听了，吓一跳，说，傻孩子，学农多苦啊，你以为好玩儿呢？但我是真正爱上了农业，死活要学，还摆出大道理：吃饭可是天下第一桩大事，没有饭吃，人类怎么生存？最后，父母尊重我的选择。

毕业后，我被分配到湖南安江农校任教。安江农校地处偏远，临行前，学校的领导告诉我，那里很偏僻，“一盏孤灯照终身”，你可要做好思想准备。当时我想，能传播农业科学知识，也是为国家做贡献！没想到，去了不久，就碰上困难时期。我当时想，这么大一个国家，如果粮食安全得不到保障，其他一切都无从谈起，我要为让中国人吃饱饭而奋斗！

一天，我看到一些农民从高山上兑了种子，担回来种，就问他们，为什么跑到那么高的山上去换种呢？他们说，山上的种子品质好一些，产得多些。他们接着还说了一句话，叫作“施肥不如勤换种”。这对我有很大启发：农业上增产的途径有很多，但其中良种是非常重要的因素。

从此以后，我开始自己的杂交水稻研究之路。一路走来，有汗水和辛酸，也有丰收和喜悦。科学探索无止境，在这条漫长而又艰辛的路上，我一直有两个梦，一个是禾下乘凉梦，一个是杂交水稻覆盖全球梦。

禾下乘凉梦，我是真做过，我梦见水稻长得有高粱那么高，穗子像扫把那么长，颗粒像花生那么大，而我则和助手坐在稻穗下面乘凉。其实我这个梦想的实质，就是水稻高产梦，让人们吃上更多的米饭，永远都不用再饿肚子。

做梦容易，但要把梦变成现实，则需要付出大量艰苦的劳动和努力。我清楚地记得，那是1961年7月的一天，我到安江农校的试验田选种。突然，我发现了一株“鹤立鸡群”的稻株。穗大，颗粒饱满。我随手挑了一穗，竟有230粒之多！当时以为，选到了优良品种，岂不是可以增产无数粮食？

第二年春天，我把种子播下，结果却令人大失所望，一眼望去，高的高，矮的矮，没有一株赶得上最初的那株水稻。我不甘心，开始反复琢磨其中的奥秘，研究那一片试验田的稻株比例，最终得出一个结论：水稻是有杂交优势的，那株鹤立鸡群的水稻，就是天然的杂交水稻。既然天然杂交稻具有这样强的优势，那么人工杂交稻，也一定有优势。当时，遗传学理论一直否定自花授粉作物有杂交优势。我对此理论提出疑问。随后，我又拜访专家，翻找资料，最终得出结论，既然自然界存在杂交稻，那么人工杂交水稻也一定可以利用。而要想利用这一优势，首先需要找到“天然的雄性不育水稻”。

于是，我又走上曲折的寻找之旅。

其中，最令人刻骨铭心的是，在海南岛找到天然雄性不育野生稻“野败”并加以利用的过程。那是1970年11月，我和助手李必湖、尹华奇驻守在海南岛崖县（现三亚市）南红农场，在当地寻找野生稻。在那里，有一位农专毕业的冯克珊，是南红良种繁育场的技术员，经常跑来听我讲课。冯克珊联想到农场附近有一种名叫“假禾”的草，很可能就是我要找的野生稻。11月23日，他找到李必湖，来到南红农场铁路涵洞附近的水塘边，到那片正在开花的野生稻中察看。他们发现了三个雄花异常的野生稻穗，野生稻穗的花药细瘦，色浅呈水渍状，不开裂散粉。这三个稻穗生长于同一禾蔸，是从一粒种子长出、匍匐于水面的分蘖。他们立即把这蔸野生稻连泥挖起，放在铁桶里拉回去，然后移栽到试验田里，等待鉴定。当时，我正在北京开会，收到助手们从海南发来的电报，连夜赶火车奔回海南岛。经过仔细检验，我们最终确认这是一株十分难得的天然雄性不育株野生稻，我给它命名为“野败”。

这真是大海捞针啊！

“野败”的发现对杂交水稻研究具有里程碑的意义，更是杂交水稻“三系”配套成功的突破口。1973年，我们协作组历尽千辛万苦才通过测交找到恢复系，攻克“三系”配套难关，才有了新中国第一代杂交水稻。第一代以细胞质雄性不育系为遗传工具的杂交水稻，优点是不育系不育性稳定，但也有缺点，即配组的时候受到恢保关系制约，因此选择优良组合的概率比较低，难度大。自20世纪80年代中后期起，我们开始研究两系杂交水稻。1995年，第二代以光温敏不育系为遗传工具的杂交水稻——两系法杂交稻研制成功，它的主要优点是配组自由选择，能选配到优良稻组合的概率比较高。但是，第二代杂交稻也不是完美的：不育系育性受气温和光照影响较大。我想，如果有一种杂交水稻，既兼具第一代和第二代的优点，又能克服二者的缺点，那该多好啊！2011年，我们又启动第三代杂交水稻育种技术的研究与利用，这是以遗传工程雄性不育系为遗传工具的杂交水稻，已初步研究成功，该杂交水稻克服了前两代的缺点。现在，我们甚至开始了第四代、第五代杂交水稻的研制。

追求高产更高产，是我们永恒的目标。自20世纪90年代中后期起，我们开始超级杂交稻攻关，分别于2000年、2004年、2011年、2014年实现大面积示范亩产700公斤、800公斤、900公斤、1000公斤目标。近5年又突破每公顷16吨、17吨的目标。2017年，世界水稻平均每公顷产量仅4.61吨，而我国杂交水稻平均产量每公顷达7.5吨，在世界上遥遥领先。

不可否认，20世纪我们的主要任务是解决人民群众的温饱问题，所以杂交水稻把产量摆在优先地位。现在生活水平提高了，人民不仅要吃饱，还要吃好。所以，我们也改变思路，提出既要高产，又要优质。但是必须说清楚，虽然要满足市场对优质大米的需求，但我们仍然坚持一条，即不能以牺牲产量来求优质。我始终觉得，粮食安全问题必须时刻警惕。历史也无数次告诫我们，把饭碗牢牢端在自己手中的最有效途径，就是提高水稻的产量。

科学探索永无止境，我的另一个梦，就是杂交水稻走向世界、覆盖全球梦。

世界上超过一半人口以稻米为主食，一个令人担忧的事实却是，全球现有1.6亿公顷稻田中，杂交水稻种植面积还不到15%。发展杂交水稻不仅有广阔的舞台，更对保障世界粮食安全具有重要意义，倘若全球有一半稻田种上杂交稻，按每公顷比常规水稻增产2吨计算，则增产的粮食可以多养活4亿～5亿人口。杂交水稻覆盖全球不仅能提升全球水稻产量，造福人类，还能提升我国的国际地位。

为了实现这个梦，我们一直在努力。从20世纪80年代至今，我们坚持开办杂交水稻技术国际培训班，为80多个发展中国家培训了14000多名杂交水稻技术人才，我还受邀担任联合国粮农组织首席顾问，帮助其他国家发展杂交水稻。目前，杂交水稻已在印度、越南、菲律宾、孟加拉国、巴基斯坦、印度尼西亚、美国、巴西等国实现大面积种植。今年6月，在长沙举行的中非经贸博览会上，来了不少非洲国家农业界的朋友，看到他们对杂交水稻充满感激和期待，更坚定了我们将杂交水稻推向世界的信心与决心。

新中国杂交水稻事业能够取得丰硕成果，离不开党和国家的高度重视与大力支持，同时也是广大科技工作者集体智慧的结晶。我已经90岁了，但"老骥伏枥，志在千里"，我要力争让我们的团队早日完成每公顷18吨的高产攻关，做好第三代杂交水稻技术的生产应用。我希望最终能实现"禾下乘凉、覆盖全球"的两大心愿。

（资料来源：《人民日报》，2019年10月23日）

☞【案例阅读】

中国核潜艇之父——黄旭华同志

黄旭华（1926年—2025年），中国共产党优秀党员，中国工程院院士，"共和国勋章"和国家最高科学技术的奖获得者，全国道德模范，中国第一代核潜艇工程总设计师，中国船舶集团有限公司第七一九研究所原所长、党委书记（代理）、名誉所长。

黄旭华

国家的分量，在一个人心中能有多重？黄旭华投身我国核潜艇事业的故事会告诉你答案。

一、白手起家，干惊天动地事

"那时候严格地说是不具备研制核潜艇的条件的。我们没有人见过核潜艇，大部分人没出过国，都是'土包子'。"黄旭华说。

核潜艇诞生于1954年，这一年美国"鹦鹉螺号"核潜艇首次试航。1957年，苏联第一艘核潜艇下水。当时有一个说法来描述核潜艇的续航能力：一个高尔夫球大小的铀块燃料可以让潜艇航行6万海里，如果用柴油作燃料，则需近百节火车皮的柴油。

为打破美苏等国的核潜艇技术垄断，1958 年，主管科学技术工作的军委副主席聂荣臻向中央建议，启动研制导弹核潜艇。

中央批准后，组成了一个 29 人的造船技术研究室（后来改为 09 研究所）。黄旭华成为该研究室的一名技术人员。

他清晰地记得，29 个人平均年龄不到 30 岁，除了他和另外两三人成了家，“其他人都是光棍”。

随后，中央又选拔一批大学毕业生加入研究室。在那个人才严重匮乏的年代，一些还未毕业的上海交通大学三年级学生也被选中参加核潜艇研制任务。

20 世纪 50 年代末的中国，没有一个人真正懂得核潜艇，也没有任何参考资料。

1959 年 10 月，赫鲁晓夫访华时傲慢地说：“核潜艇技术复杂，价格昂贵，你们搞不了！”

毛泽东回应：核潜艇研制，我们自己试试。

此后不久，毛泽东说出了让黄旭华那一代科研工作者心潮澎湃的话：“核潜艇，一万年也要搞出来！”

黄旭华知道，自己跟核潜艇结下了不解之缘，“这一辈子非要把核潜艇搞出来不可”。

可是当时谁也没见过真正的核潜艇，它的模样还只存在于黄旭华的猜想中。“没有人见过核潜艇长什么样，只是笼统地认为，核潜艇大概就是常规动力潜艇中间加个反应堆，事实上完全不是这样。”

“从物质到知识，用一穷二白来形容一点也不为过。现在回头去看，当时连基本的研制条件都不具备，我们就开始干了。”黄旭华回忆说。

在没有任何参考资料的条件下，黄旭华和同事们大海捞针一般从国外的新闻报道中搜罗有关核潜艇的只言片语，用算盘和计算尺去计算核潜艇上的大量数据。

为了保证计算的准确，研制人员分成两三组，分别单独进行计算，出现不同结果重新再算，直到得出一致的数据。

这让 1988 年跟随黄旭华参与核潜艇深潜试验、现任七一九所型号总设计师的张锦岚觉得“不可想象”：“核潜艇的数据，要运用各种复杂、高难度的运算公式和数字模型。”

幸运的是，有人从国外带回两个美国“华盛顿号”核潜艇的儿童模型玩具，玩具窗户掀开后，里面是密密麻麻的设备，这令黄旭华“高兴极了”。

他没想到，这两个玩具，竟然和他们凭着零零散散的资料、完全靠想象画出来的核潜艇图纸，基本上一样。“核潜艇就是这样子，没什么大不了的。”

为从零零碎碎、真假难辨的资料中拼凑有用信息，他们时刻携带“三面镜子”：用“放大镜”搜索相关资料，用“显微镜”审视相关内容，用“照妖镜”分辨真假虚实。

就这样，黄旭华和同事们突破了核潜艇中最为关键的核动力装置、水滴线型艇体、艇体结构、发射装置等技术。

时针转动，我国迎来核潜艇首次深潜试验。潜到水下数百米深，危险程度可想而知。

核潜艇上一块扑克牌大小的钢板，深潜后承受的外压是1吨多。艇体但凡有一块钢板不合格、一条焊缝有问题、一个阀门封不严，都可能面临艇毁人亡的结局。

设备全面检修、准备了28套500多条应急处置的预案……尽管已为深潜做了周密准备，参试人员仍面临着巨大的心理考验。

“也许我告别，将不再回来，你是否理解？你是否明白？……”艇上人唱起了《血染的风采》，一时间气氛凝重而悲壮。

这位总设计师把这一切看在眼里，他当即决定，亲自随艇下潜！“艇的结构设计和数据测试都是安全的，我很有信心，也请大家放心；万一有情况，我同大家一起处理。”黄旭华说，我们要唱“雄赳赳，气昂昂，跨过鸭绿江”，去把试验数据完整地拿回来！

10米、100米、200米……核潜艇不断向极限深度下潜。海水挤压着艇体，舱内不时发出“咔嗒、咔嗒”的巨大声响，每一秒都惊心动魄。只见黄旭华，全程沉着冷静、全神贯注地记录和测量着各种数据。

成功了！核潜艇稳稳地潜到了极限深度。当核潜艇浮出水面时，现场的人群沸腾了。此时黄旭华终于藏不住激动的心情，欣然题诗：“花甲痴翁，志探龙宫。惊涛骇浪，乐在其中！”

二、用一生诠释对国家的忠，就是对家的孝

在很多人眼中，这几乎是不可思议之事。为了工作上的保密，黄旭华像核潜艇一样，整整“深潜”了30年没有回家。离家研制核潜艇时，刚三十出头，等到回家见到亲人时，他已是六十多岁的白发老人了。

1958年，黄旭华开始参与并领导我国第一代核潜艇的研究设计工作，先后出任第一代核潜艇副总设计师、第二任总设计师，历任中国船舶工业总公司及中船重工集团公司第七一九所副总工程师、副所长、所长、党委书记。其间，为保密研制核潜艇，他隐姓埋名、彻底与家人亲友断绝联系，30年“人间蒸发”，将满腔热血和智慧付诸中国核潜艇事业，直至1987年才被长篇报告文学《赫赫而无名的人生》披露。

自称是“一个不称职的儿子、不称职的丈夫、不称职的父亲”，黄旭华对家人满是愧疚。

“我要感谢我的夫人，我要上艇深潜，她支持我；父亲去世我不能回家奔丧，她理解我；女儿小时候摔倒在山沟，在医院躺了九天九夜，怕影响我工作，她一人承担了下来，我回到家里才知道……我代表所有科研人员感谢她和所有女同志！”

1987年，上海一家杂志刊登了报告文学《赫赫而无名的人生》，讲述中国核潜艇总设计师的人生经历。黄旭华把杂志寄给了远方的母亲。母亲含着泪一遍遍地读，还把兄弟姐妹叫到跟前说，“三哥的事，你们要理解，要谅解他。”

自古忠孝难两全，黄旭华正是用一生诠释了对国家的忠，就是对父母最大的孝。

三、家国情怀，“潜”心依旧

1974年，中国核潜艇首艇交付部队使用时，黄旭华和我国第一代核潜艇科研人员回顾其艰难研制历程，总结提炼出“自力更生、艰苦奋斗、大力协同、无私奉献”的核潜艇精神，激励着一代又一代中国核潜艇人自立自强、锐意进取、刻苦攻关、创新超越，为中国核潜艇事业不断实现新的跨越式发展提供了宝贵的精神财富。

1988 年，在完成中国第一代核潜艇深潜试验和水下运载火箭发射试验后，黄旭华把这个使命般的接力棒传给了第二代核潜艇研制人员。此后的 20 多年里，他给年轻一代当“啦啦队”“关键时刻给他们撑腰”，还扮演“场外指导”，“不做教练员，只在做大试验出问题时，帮他们看看。”

他不需要助理和保姆，经常一个人拎起水壶去打水。多年过着雷打不动的规律生活，早上 6 点起床，6 点半去打太极长拳，7 点钟吃饭，再去上班。他从来都觉得自己很平凡。有媒体称他为“中国核潜艇之父”，他坚决反对。在他心里，核动力专家赵仁恺、彭士禄，导弹专家黄纬禄，都是“中国核潜艇之父”，全国千千万万人的大力协同工作才有了中国第一代核潜艇。

在上海交大 120 周年校庆演讲中，黄旭华回忆七一九所刚组建时，“一声令下，300 名科技人员就放弃了上海、北京等工作条件优越的城市，去到荒凉的葫芦岛，一待就是十几年，在我国第一代核潜艇研制事业上，他们立下了汗马功劳。”

黄旭华淡泊名利，不计个人得失，他始终认为党和国家给予自己的表彰奖励是对中国核潜艇事业的肯定和鼓励，自己只是广大核潜艇科研工作者中的一员，要不断发光发热、回报社会。他时刻关心国家科技事业、核潜艇事业的长远发展和下一代的健康成长，先后向科研、科普、教育机构捐献自己的奖金逾 2000 万元。其中，他捐资 1100 万元设立的“黄旭华科技创新奖励基金”激励着一大批科研工作者继承和发扬科学家精神，开拓创新、勇攀高峰；他多次到大中小学作报告、科普，弘扬爱国主义优良传统，宣讲核潜艇精神，在武昌区中山路小学设立“黄旭华院士科技教育中心”，勉励青少年爱党爱国、学好本领、成长为对社会有用的人才。

黄旭华始终坚定共产主义理想信念，保持共产党员本色，不忘初心、牢记使命，心怀“国之大者”，全面贯彻习近平新时代中国特色社会主义思想，深刻领悟“两个确立”的决定性意义，增强“四个意识”，坚定“四个自信”，做到“两个维护”，为中国核潜艇事业和国防建设奋斗终身，做出了卓越贡献。他用自己无声、无悔、无畏、无私的一生，忠实践行了为共产主义事业奋斗终身的誓言。

（资料来源：综合整理自“新华每日电讯”微信公众号、《北京青年报》、长安街知事等，撰文：陈丽君）

二、职业价值观概述

（一）职业价值观的概念

职业价值观也叫工作价值观，是价值观在职业领域的体现，是人努力在工作中追求的，也是最期待从工作中获得的东西。它受到文化价值观与社会价值观影响，是一般价值观在职业生活中的投射。

职业价值观包括正确的职业价值取向、科学的职业理想、合理的职业价值目标和科学的职业发展观。职业价值观作为价值观的重要成分之一，表现出内涵的丰富性、层次的多样性、个体体验的差异性等特点，是一种非常复杂的心理现象，与人的需要、目的、态度、信仰等有着广泛的联系。

职业价值观是职业人生的方向标，它的确定无论是对个人还是对社会都至关重要，它对促进大学生个人的全面发展和未来职业发展也具有重要作用。

（二）职业价值观的类型

职业指导专家通过大量的调查，从人们的理想、信念和世界观角度把职业价值观分为九大类。

1. 自由型

不愿受人干涉，凭自己的能力和本领创造生活，不受别人指使，想充分施展本领。相应职业类型：室内装饰专家、图书管理专家、摄影师、音乐教师、作家、演员、记者、诗人、作曲家、编剧、雕刻家、漫画家等。

2. 经济型

关注金钱、利益，认为世界上的各种关系都建立在金钱的基础上，包括人与人之间的关系。相应职业类型：各种职业中都有这种类型的人，商人为甚。

3. 支配型

领导者，喜欢支配他人，独断专行，不重视他人的想法，不容置疑。相应职业类型：进货员、商品批发员、旅馆经理、饭店经理、广告宣传员、调度员、律师、政治家、零售商等。

4. 小康型

追求社会地位和名誉，希望能常常受到众人尊敬，优越感也很强。欲望得不到满足时，由于过于强烈的自我意识，有时反而很自卑。相应职业类型：记账员、会计、银行出纳、法庭速记员、成本估算员、税务员、核算员、打字员、办公室职员、统计员、计算机操作员等。

5. 自我实现型

发挥个性，追求真理，尽力挖掘自己的潜力，施展自己的本领，并视此为有意义的生活。不考虑收入、地位及他人对自己的看法，不关心平常的幸福。相应职业类型：气象学者、生物学者、天文学家、药剂师、动物学者、化学家、科学报刊编辑、地质学家、植物学者、物理学者、数学家、实验员、科研人员等。

6. 志愿型

富于同情心，把他人的痛苦视为自己的痛苦，把默默地帮助不幸的人视为无比的快乐。不愿干表面上哗众取宠的事。相应职业类型：社会学者、导游、福利机构工作者、咨询人员、社会工作者、社会科学教师、护士等。

7. 技术型

做事组织严密，井井有条，性格沉稳，并且对未来保持平常心态。相应职业类型：木匠、农民、工程师、飞机机械师、野生动物专家、自动化技师、机械工、电工、火车司机、公共汽车司机、机械制图等。

8. 合作型

人际关系较好，善于团结合作，认为朋友是最大的财富。相应职业类型：公关人员、推销人员、秘书等。

9. 享受型

喜欢安逸的生活，不愿从事任何挑战性的工作。相应职业类型：无固定职业类型。

（三）职业价值观的理论

职业价值观的理论以价值澄清理论为代表，它是美国教育家罗伊斯·拉斯（Louis Raths）等人提出的。20 世纪 60 年代，在西方由传统社会向现代社会转变的过程中，为适应社会价值观念复杂多变的选择需要，价值澄清学派提出了价值澄清的理论假设：人们处于充满互动的价值观的社会中，这些价值观深刻影响着人们的身心发展，而现实社会中根本就没有一套公认的道德原则或价值观。因此，教师不能把价值观直接教给学生，而只能通过分析评价等方法，帮助学生形成适合本人的价值观体系，帮助学生了解、选择、确立自己的价值观。在需要做出人生选择的时候，个人仔细觉察自己选择时所依据的内心价值观就显得尤为重要。

价值澄清理论强调四个关键因素：

一是要以生活为中心，主要解决生活中的问题。

二是要接受现实，即不必对他人的言行进行评价，原原本本地接受他人。

三是要求进一步思考、反省，并做出多种选择。

四是培养个人深思熟虑地进行自我指导的能力。

价值观澄清过程中，除了要考虑上述四个因素外，还应分为三个阶段，即选择、珍视和行动，共包含七个步骤。

1. 选择阶段

所谓选择（choosing）是指在没有任何压力的情况下选择一个价值观，不考虑他人的压力，也不考虑其他的价值观。

步骤一：自由选择，没有来自任何人或任何方面的压力。

步骤二：从不同的途径中选择，是在尽可能广泛的范围内，从众多的价值观中挑选出来。

步骤三：深思熟虑后选择，是在思考了所做选择的结果后被挑选出来。提问：

（1）你考虑过任何一个选择吗？

（2）可能的结果是什么？

（3）你自己愿意去做吗？

2. 珍视阶段

所谓珍视（prizing）是要明确是否对一个价值观有着强烈的感觉并感到十分珍惜，是否乐于向他人公布自己所珍视的价值观。

步骤四：重视与珍惜自己的选择，为你的选择感到高兴和自豪。

步骤五：公开表示自己的选择，乐于向公众公布，愿意向其他人承认。提问：

（1）你觉得这么做是对的吗？

（2）你愿意向谁讲呢？

3. 行动阶段

所谓行动（acting）是指确认是否能够用行动来支持所选择的价值观，并始终如一地根据你的选择行动。

步骤六：根据自己的选择，采取行动，行动与自己选择的价值观相一致。

步骤七：重复行动，始终如一地根据自己的价值观来行动。提问：

（1）到目前为止做得怎样？

（2）你下一步要怎么办呢？

（四）职业价值观的探索

1. 我生命中最宝贵的5样东西

这是一项探索个体价值观的练习。给大家5分钟时间，请大家安静地认真思考，然后写下你认定的生命中最宝贵的5样东西。

接下来，请逐一删去你认为5项中不那么重要的项目，最后只留下一项。

练习结束后，请同学们仔细思考：最终留下的，是不是你生命中最宝贵的东西，是不是你生命存在的意义？

（1）____________________

（2）____________________

（3）____________________

（4）____________________

（5）____________________

2. 价值观想象

（1）如果我有1000万美元，我将____________________

（2）在一生中最想要的是____________________

（3）如果我只剩下24小时的生命，那我将____________________

（4）我将给我的孩子的忠告是____________________

（5）假如我能改变自己一样东西，那么它将会是____________________

思考：你最期待从工作中获得什么？____________________

3. 自我价值观澄清

应用价值观澄清的方法来明确自己的价值观，为自己的生涯找准方向。

自我陈述法澄清价值观。在你的生命历程中，影响最深的事情有哪些？你最想做的事情是什么？请回答下面12个问题，你便可以找到一些答案来帮助你发现你的价值观，让你进一步看清什么是你生活中最重要的。注意：回答时，不需要考虑任何的客观因素（有利或不利因素）。

（1）列出5件你最爱做的事。

____

____

____

____

____

（2）在这个世界中，你想要改变哪一件事？你想改变你居住的城市中的哪一件事？对于你自己有哪件事想改变？

____

____

____

（3）如果你还有三个月的生命，你特别想学会的是什么？

____

（4）如果你有无限的财富，你根本就不必工作。你会如何使用你的时间（不要仅仅局限在一个暑假，把视野扩大到一种生活方式）？你会参与哪类慈善事业或公益事业？

____

____

（5）你听过、读过最好的观念是______________________

（6）你最关心的事是______________________

（7）你幻想最多的事是______________________

（8）你的父母最希望我能______________________

（9）你生命中最大的喜悦是______________________

上面的回答能反映出你最重要的哪些价值观？（比如，教育、独立、自由、健康、家庭、声望、财富等）

（10）你是怎样的人______________________

（11）熟知你的人认为你是什么样的人______________________

☞ **【课堂活动】**

价值观拍卖会

同学们，如果你们有5000元，你希望得到什么？每人分发一张购买清单，清单上列有今天所有的“拍卖品”，请先记录下你最想购买的1～2样东西。

所有拍卖品底价均为500元，你们可以竞拍你们想要的东西，每次出价至少以100元为单位递增，但幅度上升不超过1000元。价高者得，如有一口出价5000元的，立即成交。同学们将会收到相应的卡片，请将自己花了多少钱记在上面。

按拍卖的规则进行，售完为止，然后请认真考虑买回来的东西。

浪漫的爱情	忠实的朋友	温馨的家庭	热爱的工作	美丽的容颜	无尽的财富
无上的权力	世人的赞誉	无拘的自由	永远的青春	一生的快乐	一世的健康
丰富的阅历	渊博的学识	卓越的能力	绝世的才华	超凡的智慧	辉煌的成就

分享感受：

①你买了什么，说说为什么？

②你是否买到了你最想买的东西？如果没有，说说为什么？

③你是否后悔得到你所买的东西？为什么？

④有没有同学什么都没有买？为什么不买？

小结：拍卖会上拍卖的东西都很珍贵，有的同学买到了自己最想买的东西并且没有感到后悔，说明你的价值观首先得到了你自己的肯定；有的同学后悔买到的东西，虽然有点遗憾，但是你已经摒弃错误的价值观念，开始探索新的价值；还有的同学什么都没有买到，可能你的出价不如别人高，这说明为了你最想得到的东西，你付出的努力还不够，你还不舍得全力以赴；也可能是你并没有很想要的东西，这说明你还没有明确的自我价值观。经历了这次价值大拍卖以后，每个同学对自己都有了新的认识、新的方向。

☞【课堂活动】

价值观阶梯

课前在教室地面上用彩条贴出五阶梯的形状，代表五个台阶，分别是 1、2、3、4、5，1 代表最重要，依次递减重要性，5 代表最不重要。幻灯片呈现活动一中的 18 种价值观。每人分发一张价值阶梯表（共 18 行）。

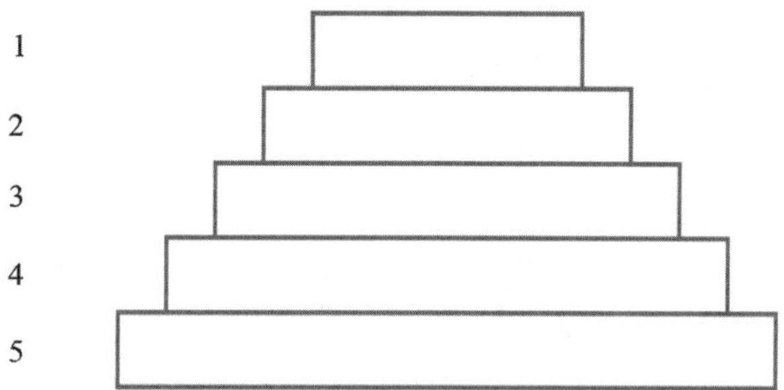

请你根据自己的意愿，对上述的十八种价值观进行排序，按照重要程度，最重要的排在第一位，最不重要的排在最后一位。请同学们仔细倾听自己的心声，结合实际生活判断好价值，填写手中的价值阶梯表。

接下来，请同学们根据自己手中的价值阶梯表，依次来看看每一种价值观，如果它入选了你的前五强，请主动站到相应的阶梯上。如果没有，也请你仔细听听别人的看法。

分享感受：

1. 你为什么把它排在第一位？（如果没人选第一，从最高的阶梯问起）其他阶梯的同学有没有不同的意见？

2. 它为什么没入选你的前五强？

3. 阶梯里的同学，你们可以自由交流，说服对方到自己的阶梯来，移动的同学请说说你是怎么改变想法的。

4. 阶梯外的同学，如果你们也被说服了，也可以选择一级阶梯走进去，并说说你是怎么改变想法的。

小结：通过这个小小的价值阶梯，同学们来来往往，都获得了不少感受，其中最多的是来自其他同学的分享，“你虽然和我想的不一样，但听上去也颇有道理，值得借鉴”“我虽然和你想的不一样，但我更认同自己的”。大家都了解了彼此的价值世界，允许并接受彼此价值观的不同。同学们处在价值观尚未定型和成熟的年龄段，互相之间多做交流，去伪存真，去粗存精，求同存异，这有助于同学们思考自己的价值观，尝试理解他人的价值观，修正自己的价值观，树立正确的价值观。

在价值观探索活动中，可能有人会发现对价值的取舍和排序是一个艰难的过程，甚至做完了这个活动，仍然不清楚自己想要的到底是什么。出现这样的情况是正常的，因为大学生还处在建立和形成个人价值观的生涯探索期，有一些混乱是必然的。重要的是对自己的职业和生活进行不断地思考和探索。价值观的澄清本身也不是一劳永逸的过程。因此，有必要进行进一步的探索，并在今后的生活中不断反思。

4. 价值观清单（分类卡）

有条件的话建议使用规范的“价值观分类卡”进行探索（如果没有现成的分类卡，也可以自己制作：将以下56项重要且常见的价值观写在扑克牌大小的卡片上，可以根据实际情况自行补充一些价值观），根据自己的感觉快速地将价值观卡片按“总是重视”“常常重视”“有时重视”“很少重视”“从不重视”进行分类。在“总是重视”栏目中不能超过八张卡片。要根据自己的感觉来分类，而不要管别人会怎么说，或他们希望你怎么选择，因为需要明确的是什么对你最为重要。

表 2-3　价值观分类

总是重视	常常重视	有时重视	很少重视	从不重视

信仰　友谊　知识　创新　审美　督导　独立　环保　晋升　传统　刺激　冒险　变化　权力
保障　家庭　竞争　利润　归属感　高收入　多元化　常规性　实用性　决策力　快节奏
道德理想　有益社会　帮助他人　影响他人　团队合作　赏识认可　发挥专长　挑战难题
同事关系　工作地点　人际联系　艺术创造　单独工作　机会均等　社会地位　人身安全
时间自由　专业地位　身体挑战　单位知名度　建设性表达　精确性工作　高压工作环境
前沿领域工作　符合兴趣爱好　工作节奏平缓　正直的工作关系　轻松的工作环境
结构性和可预见性　工作—生活的平衡　快速—难度学习

将每个栏目中的卡片按重要程度进行排序，将你自己最重视的价值观卡片放在顶端，其他依次按重要程度降序排列。

依次拿掉“从不重视”“很少重视”“有时重视”“常常重视”等栏目的价值观卡片，最终只剩下“总是重视”栏目。

在“总是重视”栏目中再一次按重要程度进行排序，卡片不能超过 10 张，最终选择出自己认为最重要的 4～6 张价值观卡片，并按自己的想法排成一个形状。

最后，我们来做一个思考：你此前的职业决策和你的重要价值观有联系吗？注意你的价值观是支持、否定、刚好匹配，还是与你的职业抉择完全无关。写下你的思考。

____

____

____

☞【案例阅读】

时代楷模：传奇校长张桂梅和 1804 个女孩的故事

我生来就是高山而非溪流，我欲于群峰之巅俯视平庸的沟壑。我生来就是人杰而非草芥，我站在伟人之肩藐视卑微的懦夫！

——张桂梅

很难想象，这样一段豪情万丈的口号出自一所地处偏远的女子高中——云南省丽江华坪女子高级中学。2020 年，因为媒体的报道，这座中国第一所全免费的女子高中和它的创办者张桂梅校长一下子走到了聚光灯下，被全国人民关注！

张桂梅

2002 年，作为一名普通的山区教师，孑然一身、无儿无女的她立下了这样的誓言：“我想建一所免费的女子高中，让这些山里的女孩们读书，让她们走出大山……”

为了建起这所学校，她曾四处筹款；为了让贫困家庭的女孩走进学校，她一次次翻山越岭挨家挨户做工作；为了让她们考出好成绩，她每天早上 5 点起，快凌晨 1 点才躺下……在这整整 12 年的时间里，1804 个可能辍学的贫困女孩，因她走出了大山，走进了大学校门……

张桂梅的故事，让我们很多人泪流满面。我们被张桂梅的坚守感动，然而，她用血肉之躯为学生“架路”、完全不顾生死一步也绝不后退的执着，也让我们很多人想不明白：张桂梅，这一副身患重疾、瘦小孱弱的躯体里，究竟从哪来的这样多使也使不完、用也用不尽的力量和勇气？

01

张桂梅，并非超人，20 多年前，在人生最灰暗最艰难的时刻，她也曾万念俱灰……1957 年，张桂梅出生在黑龙江省牡丹江市，17 岁那年，她跟随姐姐来到云南支边。1990 年，她和丈夫在大理结了婚，一起在大理喜洲镇一中教书。然而，幸福的时光只有短暂的5年……1995年，张桂梅的丈夫因为患上胃癌离开人世。万分悲痛的张桂梅，不愿意在大理继续待下去。处理完丈夫的后事，她只身一人离开大理，前往位于深度贫困山区的华坪县中心中学。张桂梅向学校申请带四个初三毕业班，将所有精力都投入在教学中，本以为这样能让自己忘记痛苦，然而，短短一年多之后，命运又一次给予她暴击……一次医院检查时，医生对她说：你肚子里有个肿瘤，已经像5个月的胎儿那么大！

曾经万念俱灰、不想活下去的张桂梅，此刻，内心无比坚定："孩子们要中考了，我必须活着！"当时，偌大的肿瘤压得张桂梅的腹腔器官都移了位，可她硬是撑了三个月，等孩子们中考完才选择手术。出院后张桂梅参加了华坪县妇联代表大会，20多年了，只要一说起开会当天的场景，张桂梅的眼泪就夺眶而出……

那天下午开会时，有代表说：我们要给张老师捐款！妇联主席对她说：张老师不要怕，县里虽然穷，但一定会全力救你；一位山区的妇女代表，把自己身上仅剩的五块钱都捐了出来，那是她回去的路费……

张桂梅被现实碾碎的心，一下子被华坪县的老百姓所温暖。直到今天，说起那天的场景，她仍然激动地说：至死都不会忘！我没给这个县城做过什么贡献，我愧对这片大山，我一定为这块土地做事！2001年，总想着要报恩，想为这里做点什么的张桂梅，成为华坪县儿童福利院的院长。她发现，遗弃在福利院门口的多是女婴，而每一个被遗弃的孤儿背后都有一个悲剧性的母亲……

那几年，她跟孩子们越来越亲、越走越近，渐渐地，大山深处的贫困，以及由贫困造成的悲剧，赤裸裸地摆在她的眼前：母亲舍得贷款供儿子读书，女儿才只有十几岁，直接就给嫁出去了……张桂梅每一次家访都哭得泪流满面，看到诸如此类的事件越来越多，她特别痛心地意识到，正是贫困山区教育的落后和不对等，导致了低素质女孩成为低素质母亲，从而培养出低素质下一代的恶性循环。

她想改变这个局面，她要给大山里的女孩撑起一片天。2002年，一个迫切的念头，在张桂梅心头油然而起：办一所不收费的女子高中！然而，仅靠华坪县的财政不足以支撑建设这样一所中学。当时，张桂梅已经45岁了，却像"发了疯似的"想要建学校，很多人劝她：张老师不着急，再等等吧。可是张桂梅总是激动地说：我们等得起，孩子们等不起！

四处求助无果的张桂梅，走上了一条自己筹钱办学的路。她把自己的荣誉证书复印了一大堆，在大城市的街头，放弃了自己所有的体面与尊严，逢人便拿出来请求捐款……整整5年，她只筹集到1万元。然而，就在她心灰意冷，几乎要放弃的时候，一个令她意外的消息降临了。2007年，张桂梅被选为十七大代表，在北京、在人民大会堂，她得以堂堂正正地说出自己的心愿！连她自己都没有想到，这个在旁人眼中近乎"痴人说梦"的梦想很快就照进了现实……

02

2008年9月1日，只有一座教学楼的华坪女中迎来了她的第一批学生——来自丽江市华坪、永胜、宁蒗等深度贫困县的100名贫困女孩……

由于没有入学门槛，这些孩子文化课基础很差，有的学生数学才考了6分！面对这样的学生基础和办学条件，张桂梅却坚定地要求：三年后，必须让学生全部考上大学，而且要努力上一本二本！

当时，在所有人看来，这根本就是天方夜谭！很多老师说：校长，我们尽力就好了！张桂梅听了立马黑了脸：不行，党和人民把孩子交给了我们，我们就要对她们负责，如果让她们只是混个高中毕业证，办女高就失去了意义。这个不可能完成的任务让不少教师打了退堂鼓，加之学校条件简陋，建校才半年，17名教师中9名辞职。眼看学校快要办不下去，内心焦灼的张桂梅被留下的老师们的人事档案感动了：剩下的8个人里有6名党员。

他们就在学校二楼画了一面党旗，把誓词写在上面。她说："我们有6个党员，如果在抗日战争年代，阵地上剩一个党员，这阵地都不会丢掉！"重温入党誓词时，张桂梅说一句，老师们说一句。当说到为共产主义奋斗终身的时候，张桂梅哭了，后边的声音也全是哭声……

在6名党员激动的泪水中，张桂梅找到了办好女高的思路：我们的初心是什么？就是通过教育改变大山女孩的命运，进而改变三代人的命运，改变一方水土贫穷落后的命运！这不仅是为人师者的初心，更是一位共产党人的初心！从那天开始，张桂梅带着老师和学生们一起学党章、看《焦裕禄》、讲革命英雄故事，唱《英雄赞歌》《红梅赞》……从那天之后，张桂梅、老师们、学生们，全都拼了！

无论有课没课，老师全天都得在校，每天跟学生们一起早上5点多起床，夜里12点休息；学生的作息被严格控制在分秒，3分钟之内从教室赶到食堂，吃饭不超过10分钟……有人说张桂梅苛刻，其实张桂梅比谁都更心疼孩子们，但是她又比任何人都更清楚，读书和考大学对于山区女孩的意义！

整整三年过去了，到了放榜那一天，老师和孩子们看着成绩哇哇大哭，华坪女高第一届参加高考的96名学生全部考上大学！张桂梅和所有的女高老师们，用12年的坚守，和分秒必争的拼搏，帮助1804名女孩靠知识改变了命运！然而，这样的奇迹背后，却是张桂梅这位坚定的共产党员，不计回报，倾其所有，甚至不顾生死的付出……

03

在华坪女高的女生宿舍里，有一张床铺属于张桂梅，12年和女学生们吃在一起，住在一起……每天早上五点多，宿舍楼就会响起她的声音：起床咯，姑娘；每天忙到快深夜1点，她才拖着疲惫的身躯躺下入睡……

张桂梅身边的学生和孩子们背后都有一个不幸的家庭，为了不让一名女孩因贫困失学，12年里，她步行着翻山越岭，坐着拖拉机、摩托车，甚至骑马摔断肋骨走了11万多公里，走遍了丽江边远山区的每一个村寨。

然而，终日的劳苦奔波使张桂梅的身体每况愈下，肿瘤、肺纤维化、小脑萎缩等20余种疾病缠身，这些病经常以不同的方式折磨着她。2018年的高考前夕，张桂梅在学校里晕倒了，可谁也没有想到，她醒来说的第一句话，是对来看望她的县领导说：请你帮我这个忙，能不能把我的丧葬费预支给我，我走了以后就火化扔金沙江里，这些钱要都用在孩子们的身上，我才放心……

对于无儿无女、没有房产、孑然一身的张桂梅来说，女高的孩子们就是她的一切！她总说：我可能活不了几年了，在我活着的时候，我一定要看她们走出去！

然而，仅仅走出去还远不是张桂梅的终极目的，她一直在思考的是，我们要培养的到底是什么样的人？在女高的一年又一年里，张桂梅的脚步变慢了，嗓门变小了，疾病变多了，但她的目标更清晰了，她的立场更坚定了：从大山飞出去的那一刻，就要牢记身上肩负的使命，为家乡、为社会、为国家、为民族做贡献！

04

最让张桂梅欣慰的是，女高大部分毕业生选择的职业是教师、医生、警察……

今年，有两个女孩子到西藏当兵，当她们告诉张校长这个消息的时候，张桂梅因为舍不得而掉泪，反倒是孩子们安慰她：您告诉过我们，祖国哪里需要，我们就上哪里去！听到孩子们的话，张桂梅瞬间哭成了泪人，她说："在那一刻，我就想，不管我付出的是什么，我都觉得值得。"日前，中共中央授予张桂梅"全国优秀共产党员"称号；近日，中共中央宣传部又授予她"时代楷模"称号。

在"时代楷模发布厅"的舞台上，女高的毕业生以自己的方式集体送给张桂梅的"礼物"，让她几度泣不成声！

周云丽，从云南师范大学毕业后，毅然决然回到人生的起点，成为华坪女高的一位老师！陈法羽，她考上警校，现在是永胜县的一名人民警察！苏敏，现在是一名医生！周云翠，现在是一名小学教师！

张桂梅所有的努力，所有的愿望就是希望她们有出息，能够成为对社会有价值的人。看着眼前这一张张青春的面孔，谁还能想到，她们曾经都是有可能辍学的山区女孩儿！张桂梅最爱唱的歌是《红梅赞》。这 1804 位考出大山的女孩，就是朵朵放光彩的红梅，她们正昂首怒放花万朵香飘云天外……

写到这里，我们回到文章开头的问题：20 多年了，张桂梅使不完、用不尽的力气和勇气到底是从哪儿来的，到底是什么支撑着她一直向前，一步都不肯后退？在节目中，张桂梅亲自给了我们答案。她说：是我们的信仰，是共产党员的信仰，是我对党的承诺！她像一颗火种，照亮了山区女孩的人生；她像一位勇士，手握利刃，斩断了贫困的代际传递！

"如果说我有追求，那就是我的事业；如果说我有期盼，那就是我的学生；如果说我有动力，那就是党和人民……"今天，63 岁的张桂梅并没有停下脚步，她仍然每天 5 点起床，拿着小喇叭喊着：孩子们，起床……

（资料来源："时代楷模发布厅"微信公众号，2020 年 12 月 11 日）

☞【案例阅读】

我的价值观：做一个幸福的平凡人

第一次开始真正思考价值观是在职业生涯规划课上，老师在教学过程中引导我们通过职业测评、课堂汇报等方式进行自我价值观探索，这些自我探索促进我对自己初步形成的价值观念有了更加深入的思考：何为人生价值？守财奴金钱至上，士人追逐功名，孤独者渴望陪伴……

“寄蜉蝣于天地，渺沧海之一粟”，在浩瀚无垠的宇宙中，我们只是小小的尘埃，用有限的时间去体会生活的悲喜，去感受世界的绚烂，终其一生去领悟生命的奥义。于我而言，“人生”这个词仍太漫长，对于人生价值的理解依然肤浅。“高楼平地起”，近二十年的经历已然垒砌成我人生价值的雏形：“做一个幸福的平凡人”。

“做一个幸福的平凡人”，这是我最敬重的一位中学校长对我们所有学子的期许，更是我从自身生活经历的点点滴滴中初步形成的价值感受。也许有些人认为我的价值观太过普通，也许有些人会反对我那看似过于“佛系”的人生价值观。人各有志，在我看来，做一个幸福的平凡人其实并不容易。

首先，平凡但绝不平庸！平凡的人们也许不那么闪耀，也许不那么伟大，但积极向前的身影总是闪闪发光，勇于担当的品格总是受人景仰。纵观历史长河，能够成为伟人的仅为凤毛麟角，而芸芸众生中多数人都是“平凡人”。

欲创丰功伟绩，必顺时代潮流，讲求天时地利人和。生活中，大部分人都难以功成名就。即便如此，芸芸众生也穷其一生，渴望走上更高的台阶，他们兴许不像司马迁名垂青史，亦不似比尔·盖茨家财万贯，也没有爱因斯坦的卓越成就。但是，他们在一次次的挫折中涅槃重生，在年复一年的平淡生活中始终不忘初心，奋力拼搏。如此勇士，谓之平庸？

时常听见关于职业好坏、月薪高低的论调，许多看似平凡简单的职业又是多么伟大。2020 年初，全国疫情肆虐，人民的生命安全受到极大威胁。在这非常时期，除了救死扶伤的伟大医护人员，还有许许多多同外卖小哥一般坚守岗位，为民众提供基本服务的平凡工作者。尤其在当时的武汉，成百上千的志愿者、骑手、出租车司机为满足医护人员的衣食住行的生活需求，冒着感染病毒的巨大风险自愿送餐送物送人。他们说：“我只是在做我力所能及的事。”没有人无畏生死，然而，面临险境，他们将生死抛之脑后。如此英雄，谓之平庸？

其次，我希望自己是一个“幸福人”。每个人都憧憬着理想的未来，每个人都在奋力追逐属于自己的那道光。我认为，所谓幸福就是做自己想做且能做的事，成为自己想要成为的模样。那么，我想做什么？又想成为怎样的人？作为一名师范生，最理想的职业莫过于教师，“师者，所以传道受业解惑也”。我渴望若干年后可以站在属于自己的讲台上传授知识，更期待用心浇灌那一棵棵幼苗，助其找寻生命的意义。

近日，丽江华坪女子高级中学校长张桂梅的先进事迹引发关注。年逾花甲的张桂梅坚守丽江贫困地区近 40 年，她忍受着病痛的折磨，承受着巨大的心理压力，克服重重困难，建成针对贫困山区家庭困难女孩的全国第一所全免费女子高中，使 1800 多名贫困家庭学生圆梦大学。在感动中国十大人物的颁奖现场，我看见了她那双贴满膏药的粗糙的双手，这双贴满膏药的手批改过千万份作业，翻阅过一册又一册的教案，书写了四十余年的课堂笔记……这双贴满膏药的手撑起了贫困地区女子教育的一方天地，这双贴满膏药的手诠释了张桂梅校长“以怒放的生命，向世界表达倔强”的那一份热忱。我也真切地希望着教育能够传播到每一个角落，改变一方天地。当下，贫困地区教育落后甚至教育缺失的现象依然存在。多年后，若有幸成为一名人民教师，我希望能积极参与乡村支教，将知识的种子播撒到孩童们的心中，滋润那柔弱的心灵。为此，我正朝着这一目标努力奔跑。

追逐幸福的过程困难重重，人生价值也因此更为可贵。曾听过无数次的失意抱怨：“真的好难啊！为什么又失败了！还是放弃吧……”请不要气馁，如果跌倒了就趴着休息休息，然后在困难不留神时趁机爬起，继续向前。一首小诗中有这样一段话：“生命就是等待正确的行动时机。所以，放轻松点。你没有落后，你没有领先。在命运为你安排的属于自己的时区里，一切都准时！”我想，做一个幸福的平凡人应以更积极向上的态度去看待失败，去包容一切缺憾，去接纳不够完美的自己。不必慌张，一切都刚刚好。

最后，以习近平总书记对我们的殷切期待与君共勉：“广大青年要肩负历史使命，坚定前进信心，立大志、明大德、成大才、担大任，努力成为堪当民族复兴重任的时代新人，让青春在为祖国、为民族、为人民、为人类的不懈奋斗中绽放绚丽之花。”

（作者简介：卢湘妍，女，2020级汉语言文学专业学生。）

三、树立正确的职业价值观

（一）不良的职业价值观

从理论上来说，价值观的差异没有好或者坏，而且价值观也无法预测职业发展能否成功。但对于大学生来说，某些职业价值观确实会影响他们将来的求职和就业。

1. 过分注重薪酬和待遇

求职时把目标单位的福利待遇放在首位，并且作为考虑取舍的唯一标准，这样的职业价值观，常常忽视自己与职业要求之间的差距，其弊端显而易见。

2. 期望工作趣味化

期望从职业中得到趣味化的享受。当工作做出成就时，个人会有满足感，但这并不意味着工作与个人兴趣的完全对应。如果过分追求工作对心理乐趣的满足，个人将会对工作中一些琐碎或程序化的东西感到厌烦。片面要求工作多变、乐趣无限是不现实的。

3. 要求工作有充分的自由和充足的自主性

在越来越看重个人表现的时代背景下，不少大学生都要求工作有充足的自主性，有足够的空间自我表现。因此对于那些需要从基层做起、从基础工作做起、按照他人要求做起的工作不屑一顾。无疑，这种想法或价值观会大大阻碍大学生职业生涯的发展。

4. 一味希望工作提升技能

对于职业的成就实现目的要求过高，恨不得通过几个月的工作就能成长为公司骨干，一味强调用人单位应给予培训、晋升，表现得过于急功近利。职业技能的提升是个循序渐进的过程，有时是在无形中发生的，关键是自己日常工作中的努力程度。

（二）树立正确的职业价值观

1. 树立正确的世界观、人生观和价值观

马克思主义世界观是迄今为止最科学的世界观。辩证唯物主义和历史唯物主义是马克思主义的基石。具体问题具体分析是马克思主义的活的灵魂，解放思想、实事求是、一切从实际出发是马克思主义的理论精髓。社会主义的价值观体现了社会主义精神文明所倡导的为中国特色社会主义和共产主义而奋斗的社会政治理想、为人民服务的人生观、社会主义的荣辱观、崇尚科学追求真理的科学观、集体主义的道德观、真善美相统一的积极健康的审美观等。树立这样的价值观，不仅对我国社会主义事业的健康发展，而且对当代大学生的健康成长具有重要的意义。只有在正确的世界观、人生观和价值观指导下，我们的莘莘学子，才能在前进的道路上经受住磨炼和考验，为祖国和人民做出卓越的贡献。所以，当代大学生要坚持马克思主义的指导地位，坚持不懈地运用马克思主义纠正错误，培育社会主义核心价值观，坚持在正确的世界观、人生观以及价值观指导下学习。

2. 树立正确的金钱观、权力观

矛盾是对立统一的两面，而金钱也不例外。对于那些志高清廉、不爱慕金钱的人来说，金钱简直就是魔鬼，它会腐蚀人的思想，消磨人的意志；而对于爱慕虚荣的人来说，金钱是最美的天使，不但能带来荣华富贵，还能带来权力和地位。世界上存在这两种人，所以金钱也存在两种不同的诠释。有钱或是没钱并不能真的意味着什么。拿破仑曾拥有许多人梦寐以求的一切荣耀、权力、财富，但他却说：“我这一生没有过一天快乐的日子。”而海伦又聋又哑又瞎，她却表示：“我发现生命是这样的美好。”这就是有金钱未必好，而没有金钱却也一样快乐。钱能做什么？钱不能做什么？钱能买来食物，却买不来食欲；钱能买到床铺，却买不到睡眠；钱能买来药品，却买不来健康；钱能买来熟人，却买不来朋友；钱能买到钟表，却买不到时间；钱能买到书籍，却买不到知识；钱能买来奉承，却买不来信赖。人生的追求是丰富多彩的，物质生活的满足固然重要，而崇高的理想、事业的成功、家庭的幸福、身体的健康更应该成为人生的追求，尽管其中不少方面离不开金钱，但却不是完全用金钱可以买到的，所以钱不能解决所有问题。

在现实生活中，很多东西比金钱更重要，如高尚的人格、父母的亲情、真挚的友谊、梁山伯与祝英台般的爱情等，都是金钱“遥不可及”的。因此，作为大学生，我们应当树立正确的金钱观、权力观。对于金钱，不仅要用之有益，还得取之有道，用正当手段赚钱，靠诚实劳动和合法经营获得财富。

3. 坚持内在价值与外在价值相一致

大学生在求学期间要正确认识自我，积极进行自我探索，更加清楚认识自己的职业性格、职业兴趣、职业能力和职业价值观，客观地分析与评价自己及外部工作环境，了解自己的职业倾向，唤醒自我的生涯意识，从而更加深刻地认识到自身的内在动力和价值，感受到职业活动的积极情绪体验，享受职业本身给自己带来的激情、乐趣、成就与价值，而这些正是经济报酬、薪资福利、社会地位、单位知名度和规模大小等外在价值所无法取代和比拟的。因此，大学生要坚持内在价值与外在价值相一致，自觉抵制个人利益至上的职业价值观，只有这样才能更好实现自身内外价值的协调统一，从而大大提升自身的职业获得感、成就感和幸福感。

4. 坚持自我价值与社会价值相统一

中国特色社会主义进入新时代，大学生作为青年中的先进群体，是国家和民族未来发展的中坚力量，要努力将个人的发展与国家、民族和社会的需求紧密联系起来。要勇于将小我融入大我，毕业后积极到基层去、到农村去，到祖国和人民最需要的地方去建功立业，以青春奉献祖国，以青春服务社会，并在奉献和服务的过程中实现自我价值。同时，大学生还要正确地处理好个人与集体、个人和社会的关系，树立正确的职业价值观，努力在实现自我价值的同时，不断增强自我的社会责任感，更多地关注国家和社会的需求，从而实现自我发展与社会发展的协调统一。要坚持自我价值与社会价值相统一，只有这样才能更好助力个人职业生涯的持续发展，才能使自己真正成为一名对国家、对社会有用的时代新人。

☞【案例阅读】

茫茫大漠40载 一生为国铸核盾

林俊德（1938年—2012年），男，汉族，中共党员，1938年3月出生，1960年9月入伍，福建永春人，生前系原总装备部某基地研究员，中国工程院院士。他投身国防科技事业50多年，是我国爆炸力学与核试验工程领域著名专家，年过七旬依然战斗在科研试验第一线，最终病逝在工作岗位上。1990年被国家评为有突出贡献的中青年专家，同年光荣参加团中央“奋斗者的足迹”知识分子报告团，1999年特邀出席“两弹一星”突出贡献科技专家表彰大会，荣立一等功1次、二等功1次、三等功2次，被中央军委授予“献身国防科技事业杰出科学家”荣誉称号，全军挂像英模。

林俊德

一、爱党爱国，忠诚事业

他始终胸怀报国强军的坚定信念，携笔从戎，毅然走进“死亡之海”罗布泊，一辈子战斗在科研试验一线。即使身居艰苦环境、几经岗位调整，甚至遭遇人生挫折和病痛折磨，他也无怨无悔、从未动摇，生动诠释了一名革命军人的真挚情怀。

林俊德出生在闽南山区一个贫苦家庭，父亲早逝，母亲含辛茹苦拉扯5个孩子，生活十分艰难，曾被迫辍学。新中国成立后，他依靠政府助学金重返学校，并以优异成绩考入浙江大学。

1955年，从未离开过大山的林俊德，怀揣着母校永春一中资助的20元钱，穿着母亲织的土布袜子和草鞋，来到了美丽的西子湖畔。在大学里，不仅所有学费生活费都由国家负担，而且老师和同学们在班上为他组织募捐。林俊德深知，没有共产党，没有新中国，就没有自己的一切。他暗下决心，一定要用知识和本领报效祖国。

1960年，大学毕业的林俊德携笔从戎，胸怀强军报国之志，长期扎根戈壁大漠，始终坚守科研试验一线，为铸就国防盾牌、挺起民族脊梁作出了卓越贡献。

二、生命不息，奋斗不止

他始终保持着对事业的执着、对责任的担当，直面挑战不言退，奋力进取不停滞，一年365天只在春节给自己放3天假，每天工作12个小时以上，年轻时这样干，评上院士后依然这么干，年过七旬还负责重大国防科研项目，在被确诊为胆管癌晚期到去世的20多天里，因担心治疗影响身体状态以致耽误项目进展，他毅然放弃手术和化疗，坚持把病房当作战场、与死神争分夺秒，把一生从事科学研究的学术思想和技术思路整理出来，“我要工作，不能躺下，一躺下就起不来了！”这是他在生命最后时刻说得最多的一句话，在生命的最后三天里，先后整理科研资料1.5G，即便在去世前时而昏迷时而清醒的5个小时里，仍反复嘱咐身边的学生和家人，办公室里还有什么资料要整理，密码箱怎么打开，整理时要注意保密，等等，为国防科技事业奋斗到生命最后一息。

凭借着舍生忘死、舍家为国的崇高精神风范和顽强意志品质，林俊德重任在肩压不垮、危难关头全不怕，敢于迎战一切困难挑战，书写出壮美感人的人生华章。

三、不畏艰难，勇攀高峰

他总是把挑战当机遇，把难题当课题，一辈子聚焦自己的研究领域，在国外实行封锁、国内无可借鉴的情况下，带领科技人员锐意进取、奋勇攻关，突破了多项核心技术，取得了一大批重大成果，突破某大型实验装备及工程应用关键技术，先后获国家科技进步奖4项、国家技术发明奖2项、军队科技进步奖30多项。

他大胆借鉴钟表工作机理，经过一年半的艰苦攻关、试验改进，研制出第一台钟表式压力自记仪。

他对年轻同志言传身教、勤勉扶持、悉心指导，给每个学生都建立成才指导档案，既带方法、带技术，更带思想、带作风，倾力匡助他们成长成才。去世前最后三天，他还强忍病痛认真审改一名博士生的毕业论文，并写下了300余字的6条建议。他带出的学生大多成为学术技术带头人。

四、淡泊名利，默默奉献

他一直保持“两弹一星”年代的质朴本色，始终恪守“干惊天动地事、做隐姓埋名人”的铮铮誓言，一心一意做学问，心无旁骛干事业。评上院士后，他坚持不要秘书，免费讲学，不属于自己研究领域的社会活动一律不参加，多次谢绝个人奖项推荐、客座教授聘请，家里的沙发、床和衣柜都是上世纪80年代自己用包装箱板材做的，常拎的公文包用了20年，戴的手表还是1997年参加母校校庆时的纪念品，临终前还特别交代“后事一切从简，不给组织添麻烦”。遵照他的遗愿，家里把组织慰问的十万元钱作为他的最后一次党费全部上交。

2013 年 1 月，中央军委追授林俊德同志“献身国防科技事业杰出科学家”荣誉称号。林俊德还被评为“感动中国 2012 年度人物”“全军 2012 年度践行当代革命军人核心价值观新闻人物”，2013 年 9 月被评为第四届全国道德模范。

“大漠，烽烟，马兰。平沙莽莽黄入天，英雄埋名五十年。剑河风急云片阔，将军金甲夜不脱。战士自有战士的告别，你永远不会倒下。”“感动中国”组委会给予林俊德的颁奖词，是他壮美一生的真实写照。

（资料来源：最美奋斗者，网址：http://zmfdz.news.cn/723/index.html）

☞【案例阅读】

读博？年薪 40 万？23 岁的他，做了另一个选择

读博 or 当兵，年薪 40 万 or 当兵，你会怎么选？这是一位 23 岁少年的选择，2019 年 6 月，谢林沛即将完成英国伦敦国王学院的研究生学业，他做了一个决定：回国当兵。

2014 年，谢林沛以 608 分的优异成绩考上了中山大学，毕业后又收到英国伦敦国王学院的录取通知书。一年后，谢林沛学业有成。一份年薪 40 万的工作向他抛出了橄榄枝，而导师则建议他继续读博，但是谢林沛知道，如果这一次选择不回国，自己的军旅梦就不可能实现了。

当兵的梦想其实早在谢林沛的心里生根发芽，他的爷爷谢学明，是一名抗美援朝老战士。在谢林沛的记忆里，奶奶总喜欢倚在窗边唱着那首“雄赳赳，气昂昂，跨过鸭绿江……”，待他长大些，便一遍一遍给他讲爷爷的故事。1951 年，谢学明所在部队在朝鲜战场与敌军激战 13 个昼夜后，弹尽粮绝，尤其缺水。

谢学明自告奋勇，跟随小分队去寻找水源，穿越敌军的炮火封锁，他找到了一条小河沟，把身上的衣服全部浸湿，匍匐着爬了回来，这才拧出了一小桶饮用水，而一同前去的战友们一个都没有回来。战后，谢学明荣立了二等功。

那一代人，为了保家卫国，在异国他乡拼死血战。谢林沛觉得虽不能立刻走上战场，但在他的生命中一定要有一段当兵的岁月。为了赶上征兵季，他没有参加毕业典礼，带着尚未完成的毕业论文，跨越万里，回到了祖国的怀抱。

那一年夏天，谢林沛一边应征报名、参加体检、提交政审材料，一边继续完善毕业论文，为毕业答辩做准备。当炎炎夏日结束时，他顺利提交了毕业论文，并收到了入伍通知书。送他入营前，父亲熬了大半个月的夜，字斟句酌地写下了一封家书《诫从军》，文字间饱含着长辈的殷切嘱托。

《诫从军》

服从命令，灵活机动。尊重首长，团结战友。

勤劳苦练，身心兼修。正行强毅，雷厉风行。

素质过硬，安全第一。合理统筹，不错不乱。

举止大方，谦虚谨慎。胆大心细，干事精准。

注重勤务，先人一步。全心全意，结果重现。

善于展示，重于实效。是明非清，适时度势。

将帅之勇，儒仕之度。抓住当下，谋划长远。

不忘初心，牢记使命。内化于心，外化于行。

听话：本意与寓意相结合，会真意！

看人：现象与本质相结合，明特征！

看事：正面与反面相结合，寻真理！

谋事：当前与长远相结合，求稳健！

三个月的新兵连生活并不容易，刚开始，谢林沛样样课目不合格，连00后新兵都笑话他“海归研究生，训练真不行”。他听了心里很不是滋味，主动找到班长，自愿每晚加练。三个月后，新训结业考核，谢林沛完美蜕变，还被评为了“优秀新兵”。

下连后，一次实弹演习，谢林沛主动申请担任某型反坦克导弹主射手，并精确摧毁目标，被单位表彰为“外训先进个人”，2020年还被评为“四有”优秀士兵。谢林沛说：“我至今仍坚信，当初回国参军的决定无比正确，那是我这个年纪应该做的事情，也让我的人生更有意义。”

踏遍万里山河，归来仍是那个初心不改的少年，点赞谢林沛，愿你前程似锦。

（资料来源：“人民网”微信公众号，2021年1月26日）

☞【拓展阅读】

青年在选择职业时的考虑（节选）

我们的使命绝不是求得一个最足以炫耀的职业，因为它不是那种使我们长期从事而始终不会情绪低落的职业。相反，我们很快就会觉得，我们的愿望没有得到满足，我们的理想没有实现，我们就将怨天尤人。

但是，不只是虚荣心能够引起对这种或那种职业突然的热情。也许，我们自己也会用幻想把这种职业美化，把它美化成人生所能提供的至高无上的东西。我们没有仔细分析它，没有衡量它的全部分量，即它让我们承担的重大责任。我们只是从远处观察它，然而从远处观察是靠不住的。

在这里，我们自己的理智不能给我们充当顾问，因为它既不是依靠经验，也不是依靠深入的观察，而是被感情所欺骗，受幻想所蒙蔽。然而，我们的目光应该投向哪里呢？在我们丧失理智的地方，谁来支持我们呢？

是我们的父母，他们走过了漫长的生活道路，饱尝了人世的辛酸——我们的心这样提醒我们。

如果我们通过冷静地研究，认清了所选择的职业的全部分量，了解它的困难以后，我们仍然对它充满热情，我们仍然爱它，觉得自己适合它，那时我们就应该选择它，那时我们既不会受热情的欺骗，也不会仓促从事。

……

如果我们选择了不能胜任的职业，那么，我们决不能把它做好，我们很快就会自愧无能，并对自己说，我们是无用的人，是不能完成自己使命的社会成员，由此产生的必然结果就是妄自菲薄。还有比这更痛苦的感情吗？还有比这更难于靠外界的赐予来补偿的感情吗？妄自菲薄是一条毒蛇，它永远啮噬着我们心灵，吮吸着其中滋润生命的血液，注入厌世和绝望的毒液。

如果我们错误地估计了自己的能力，以为能够胜任经过周密考虑而选定的职业，那么这种错误将使我们受到惩罚。即使不受到外界指责，我们也会感到比外界指责更为可怕的痛苦。

如果我们把这一切都考虑过了，如果我们生活的条件容许我们选择任何一种职业，那么我们就可以选择一种能使我们最有尊严的职业，选择一种建立在我们深信其正确的思想上的职业，选择一种给我们提供广阔场所来为人类进行活动、接近共同目标（对于这个目标来说，一切职业只不过是手段）即完美境地的职业。

……

在选择职业时，我们应该遵循的主要指针是人类的幸福和我们自身的完美。不应认为，这两种利益是敌对的，互相冲突的，一种利益必须消灭另一种的。人类的天性本身就是这样的：人们只有为同时代人的完美、为他们的幸福而工作，才能使自己也过得完美。

如果一个人只为自己劳动，他也许能够成为著名的学者、大哲人、卓越诗人，然而他永远不能成为完美无瑕的伟大人物。

……

如果我们选择了最能为人类幸福而劳动的职业，那么，重担就不能把我们压倒，因为这是为人类而献身。那时，我们所感到的就不是可怜的、有限的、自私的乐趣，我们的幸福将属于千百万人。我们的事业是默默的，但她将永恒地存在，并发挥作用。面对我们的骨灰，高尚的人们将洒下热泪。

（资料来源：马克思恩格斯全集：第1卷［M］. 北京：人民出版社，1995.）

☞【拓展阅读】

人生飞轮模型下的个人发展策略

今天的世界已经进入乌卡（VUCA是volatile、uncertain、complex、ambiguous四个单词的首字母，含义分别是不稳定、不确定、复杂和模糊）时代。在这样的时代背景下，宏观环境的变化对职场和工作方式的影响、国际政治关系对很多公司和行业的冲击均不容忽视。每个人在生活和职业发展的旅途上都充满了变数。以前那种稳定的，在一个行业、一个岗位上做一辈子的线性职业发展模式越来越少见，大部分人会经常面临抉择，挑战与机遇并存。每个人都需要学会拥抱变化、适应变化。

就像在波涛汹涌的大海上航行的船只需要灯塔的指引和十足的动力一样，我们的职业生涯发展也需要找到这样的明确方向和内在驱动力。什么才是我们真正想要的职业发展方向呢？虽然每个人的具体标准不同，但总体上大部分人理想的职业目标会被几个重要的方面驱动，这个驱动机制也被称为人生飞轮模型。

一、飞轮模型的提出与发展

飞轮模型最早来自美国著名管理学家吉姆·柯林斯（Jim Collins）的著作《从优秀到卓越》。这本书试图解开那些长期表现平庸的公司为什么会变成伟大的公司的问题。柯林斯给出的一个重要答案就是“飞轮效应”：一流的商业模式，好比一个巨大的轮子。一开始很难转动，但只要设计得法，抓住关键，同时拼尽全力推动，那么每一次努力都不会白费。一旦突破临界点，轮子会越转越快，创造奇迹。

比如早在亚马逊创业之初，杰夫·贝佐斯（Jeff Bezos）便将从柯林斯那里学到的“飞轮效应”用于构建亚马逊的底层商业逻辑，并一以贯之地执行。亚马逊先从提升客户体验开始，客户体验提升会促进流量的增长；更多的流量，会吸引更多的卖家；卖家的增多，会带来更多的商品选择；更多的商品选择，又会推动客户体验的提升。就这样，这几个要素形成了闭环的“增强回路”，互相推动，彼此循环增强。“亚马逊飞轮”也成为“飞轮效应”在商业领域最成功的案例。

其实，我们每个人也都经营着一个属于自己的“人生无限公司”。那么，作为公司的CEO，我们要怎样找到自己的事业飞轮呢？把商业公司运行中的客户、流量、商品选择等概念替换到人生目标、职业发展方面，就是吉姆·柯林斯在书中提到的热爱、擅长和价值。

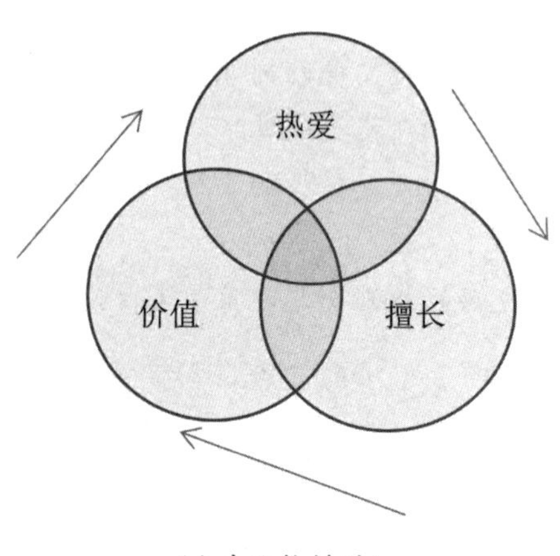

（人生飞轮模型）

第一部分是热爱。热爱是指你要去做对其充满兴趣和热情的事情。你会在一些事情上有沉浸体验，享受做某些事情的过程，遇到困难的时候还能锲而不舍，这些事情就是你的兴趣和热情了。

第二部分是擅长。擅长是指你在某些领域具备天赋和才干，或具备能力和特质方面的优势。你若能找到这样的领域，你就有机会做得比绝大多数人更好，更容易成功，也更容易有成就感。

第三部分是价值。价值是指这个职业符合你的价值观，能够给你带来你认为有价值的回报，这个回报可能包括经济报酬、成就感、声望地位、帮助别人的机会、救死扶伤的自豪感，或者是改变世界的使命感等。

这种三环定位的方法原本用在商业目标制定中，可以让目标变得简单、聚焦，也叫“刺猬理念”。如果一件事是你既热爱又擅长的，同时，又能给你带来丰厚的价值回报，它就是你值得为之不懈努力与奋斗的事业。

当然，事情可能不会总是那么完美，甚至还会遇到一些艰难的抉择，比如，你可能遇到热爱或擅长的事情，但暂时没法给你带来基本的金钱回报；又如，你有机会从事的事情可以给你不错的经济回报，却不是你热爱或擅长的。此时，你可以从其中的一个或者两个方面开始，就像是前面商业模型当中的各个元素相互增强一样，人生飞轮的这三个方面也是相互促进的。热爱，即对一件事的兴趣和热情会给人们带来动力去不断学习，提升自己的能力，强化自己的擅长与优势；而擅长得到了强化又赢得更多的价值和成就方面的回报；而价值的提升，可以再度强化热爱。这三个方面就像飞轮上的三个齿轮，刚好构成一个正向循环的事业飞轮系统。

二、人生飞轮模型下的个人发展策略

你可以根据自己的情况，选择以下三种发展策略。

先从热爱开始。这一策略，适合那些特别确定自己的热爱，同时衣食无忧，或者可以保持对物质的低需求，暂不考虑价值回报的人。当你心无旁骛、持续专注地从事热爱的事情，不断地投入，你的擅长也会持续得到强化，最终一定会带给你相应的回报。

先从擅长开始。如果不太确定所热爱的，但很确定擅长的，那么也会给你带来机会，带来价值回报，成为飞轮的第一推动力。比如，也许你一开始对某件事情并无特殊偏爱，但由于小有天赋，出手不凡，并得到了他人的赞美和奖励，从而点燃了兴趣和热情。你在热情驱动之下大量投入，又推动天赋进一步转化为优势擅长。一个正反馈的增强回路就这么形成了。

先从价值开始。如果你的热爱和擅长都不足以让你兑换到基本的经济价值，而你为了生存，又不能无视物质回报，那就先从你能获得的价值入手。你可以边工作赚钱边培养自己的热爱和擅长，寻找兑换价值的机会，不断朝着理想的职业目标迈进。当你积累了一定财力，同时热爱和擅长又得到强化后，转换职业的时机往往就会到来了。

事实上，任何一条职业发展道路上，要想有所成就，都需要努力拼搏。所以，最好找到自己热爱、擅长又能够给自己带来价值感的事情，才能让你的人生飞轮转动起来。在这个多变的世界中，人生飞轮就像是人生的锚，可以让你以不变应万变，快速找到方向。

当然，也因为这个世界变化万千，很多人根本没有耐心寻找自己适合推的轮子，于是这个推两下，那个也推两下，最终陷入选择困境，在盲目的尝试中浪费了过多的精力和时间。究其本质，是他们不能深刻认识自己。

需要特别注意的是，飞轮模型还有个特点，就是在刚刚起步的时候，努力和收益之间往往出现严重的不平衡，就像是我们骑自行车最开始的几下往往特别费劲。关键是你要认准目标，还要有足够的耐心，要持续不断地推动，只有越过了某个临界点，才能看到时间的复利效应，看到轮子最终轻快地旋转起来。

根据人生飞轮模型，不妨问问自己以下三类问题：①我对什么有兴趣？我做什么最享受？什么会让我发光？是音乐、文学、数学、体育，还是别的什么事情？②我最擅长什么？我的才能在哪里？我学什么东西很容易上手？③这世界需要什么？世界有哪些问题需要解决？有什么机会可以发展成我认为有价值的事业？

（资料来源：乔志宏．大学生职业生涯与发展规划教程［M］．北京：清华大学出版社，2023.）

☞【思考题】

1. 请简要说明性格与职业生涯的联系。
2. 根据MBTI职业性格理论，请简要介绍自己的性格特点。
3. 你从小一直坚持到现在的兴趣有哪些？说一说为什么能够坚持到现在。
4. 根据霍兰德职业兴趣理论，请简要介绍自己的职业兴趣倾向。
5. 根据STAR法，编写3个与能力有关的成就故事。
6. 结合你自身情况，谈谈如何才能培养自身形成良好的职业能力。
7. 请简要介绍价值观与职业生涯的联系。
8. 请谈谈如何才能树立正确的职业价值观。

☞【参考文献】

［1］彭聃龄.普通心理学［M］.5版.北京：北京师范大学出版社，2019.

［2］张玉波，楼稚明.大学生职业规划与就业创业指导［M］.上海：上海交通大学出版社，2017.

［3］汤海滨，王克进.职业规划：理论、测评与分析［M］.北京：清华大学出版社，2017.

［5］李忠东.做你喜欢做的事［J］：青年博览，2012(14)：30-31.

［6］金德禄.大学生职业生涯规划与就业指导［M］.南京：东南大学出版社，2020.

［7］曲振国，杨文亭，陈子文，等.大学生就业指导与职业生涯规划［M］.2版.北京：清华大学出版社，2020.

［8］刘越，兰敏利，邓文全.大学生职业生涯规划［M］.上海：上海交通大学出版社，2016.

［9］钟谷兰，杨开.大学生职业生涯发展与规划［M］.2版.上海：华东师范大学出版社，2016.

［10］李君霞，谢小明，王义友.新编大学生职业规划与就业指导［M］.上海：上海交通出版社，2017.

[11]王清春，孙景福，王国辉.大学生职业生涯与发展规划[M].天津：南开大学出版社，2019.

[12]雷军.小米创业思考[M].北京：中信出版集团，2022.

[13]乔志宏.大学生职业生涯与发展规划教程[M].北京：清华大学出版社，2023.

[14]王晓峰.职业生涯规划：从理论到实践[M].北京：高等教育出版社，2019.

[15]薛毅然，陈舒扬.职场真话：认清自己，看懂市场，选好工作[M].北京：中信出版集团，2022.

第三章 生涯测评——辅助探索工具

生涯测评是通过系统化的工具与方法，帮助大学生探索个人性格、职业兴趣、能力倾向及价值观，进而促进其生涯认知与决策能力发展的动态过程。生涯测评的核心在于将量表测评与生涯规划教育结合，通过生涯测评，使大学生得以在专业学习、职业选择与人生目标之间建立主动联结，最终实现从“被动应对选择”到“主动设计生涯”的转变。科学的生涯测评是以特定的理论为基础，经过设计问卷、抽样、统计分析、建立常模等程序编制，必须符合三个条件：信度、效度和常模。信度是指一个测验的可靠性，即用同一测验多次测量同一团体，所得结果之间的一致性程度。效度是指一个测验的有效性，即一个测验在多大程度上能够测到它所要测量的心理特质。常模是指解释测验分数的参照系。测评者将具有一定代表性的一群被测者的测验分数进行一般性、样本化、标尺化处理后形成的一种参照性分数，也就是常模团体的分数分布，是用来解释测评结果的分数标准和根本依据。

本章围绕性格、兴趣、价值观和能力这四个方面，介绍四个标准化、信度和效度良好、应用广泛的生涯测评量表，通过标准化量表测评、能力评估及价值观澄清，帮助大学生建立对自身优势、兴趣和潜能的科学认知。虽然生涯测评只是一种辅助探索工具，但是通过生涯测评的科学性、客观性和可比较的功能来了解自我，具有其他自我探索的方法不具有的优越性。

第一节 MBTI职业性格测验

请仔细阅读表3-1的93道题目，根据自己的实际情况作答，答案没有对错之分，只是表明你平时如何看待和处理事物。有些题目可能与你不符或你从未考虑过，如有这种情况，请选出一个你个人倾向的答案，这里的倾向不是指你向往得到的，而是指你现在已经具有的。在答题过程中不得漏题，在同一题目上不要考虑太多时间，请根据自己看完题后的第一反应回答。整个测试过程建议时间为20分钟。

表 3-1　MBTI 职业性格测验表

序号	问题描述	选项	E	I	S	N	T	F	J	P
1	当你某日想去一个地方，你会______？ A. 事先计划好了，然后再去 B. 先去，然后随机应变	A							○	
		B								○
2	如果你是一位老师，你愿教______？ A. 注重实践的课程 B. 注重理论的课程	A			○					
		B				○				
3	遇到问题时，你通常喜欢______？ A. 和别人讨论解决方法 B. 自己想办法解决	A	○							
		B		○						
4	你认为______？ A. 很早就应该开始为聚会、约会等做准备 B. 不必先做准备，去了以后见机行事	A							○	
		B								○
5	你通常和______相处得更好？ A. 喜欢想象的人 B. 注重现实的人	A				○				
		B			○					
6	你更多时候是______？ A. 让情感驾驭理智 B. 让理智驾驭情感	A						○		
		B					○			
7	当你和一群人在一起时，你常常是更愿意______？ A. 加入大家的谈话中 B. 独自和熟识的人交谈	A	○							
		B		○						
8	你最喜欢______做事情？ A. 按兴致 B. 按计划	A								○
		B							○	
9	你希望自己被看作一个______？ A. 实干家 B. 发明家	A			○					
		B				○				
10	当别人问你一个问题时，你经常会______？ A. 马上就做回答 B. 先在脑子里想一想	A	○							
		B		○						
11	你喜欢与______打交道？ A. 常有出人意料想法的人 B. 按照常理行事的人	A				○				
		B			○					

续表

序号	问题描述	选项	E	I	S	N	T	F	J	P
12	按日程表办事______？ A. 正合你意 B. 束缚了你	A							○	
		B								○
13	你觉得通常别人______？ A. 要花很长的时间才能和你相熟 B. 很快就能和你熟识	A		○						
		B	○							
14	为“如何过周末”订一个计划______？ A. 是有必要的 B. 完全没必要	A							○	
		B								○
15	下列哪一个评价更适合你？ A. 性情中人 B. 理智的人	A						○		
		B					○			
16	更多的时候，你倾向于______？ A. 独处 B. 同他人在一起	A		○						
		B	○							
17	在日常工作中，你更喜欢______？ A. 在时间紧迫的情况下，争分夺秒地工作 B. 做好提前量，尽早把工作做完	A								○
		B							○	
18	你更愿把______作为朋友？ A. 总能有新想法的人 B. 脚踏实地的人	A				○				
		B			○					
19	你是一个______？ A. 兴趣广泛，什么都想尝试的人 B. 专注地投入某个兴趣的人	A	○							
		B		○						
20	当你有一项特别的工作要做时，你喜欢先______？ A. 察看工作的全貌 B. 找出必须做的环节	A							○	
		B								○
21	你更接受______？ A. 以情动人 B. 以理服人	A						○		
		B					○			
22	当你为了消遣而阅读时，你______？ A. 欣赏作者奇特、独创的表达 B. 喜欢作者的表达直接、明确	A				○				
		B			○					

续表

序号	问题描述	选项	E	I	S	N	T	F	J	P
23	新认识你的人______了解到你的兴趣所在？ A. 马上就能 B. 只有真正和你熟悉以后才能	A	○							
		B		○						
24	在旅行时，你喜欢______？ A. 随兴致行事 B. 事先知道一天中该做的事	A								○
		B							○	
25	做许多人都做的事时，你喜欢______？ A. 按惯例去做 B. 发明自己的新方法	A			○					
		B				○				
26	多数人说你是一个______？ A. 不爱吐露心事的人 B. 非常坦率的人	A		○						
		B	○							
27	A. 看不见的　B. 看得见的	A				○				
		B			○					
28	A. 计划　B. 随意	A							○	
		B								○
29	A. 温情　B. 坚定	A						○		
		B					○			
30	A. 事实　B. 想法	A			○					
		B				○				
31	A. 思维　B. 情感	A					○			
		B						○		
32	A. 热忱　B. 平静	A	○							
		B		○						
33	A. 说服　B. 打动	A					○			
		B						○		

续表

序号	问题描述	选项	E	I	S	N	T	F	J	P
34	A. 陈述　B. 概念	A			○					
		B				○				
35	A. 分析　B. 同情	A					○			
		B						○		
36	A. 系统性　B. 随机性	A							○	
		B								○
37	A. 敏感　B. 精确	A						○		
		B					○			
38	A. 缄默　B. 健谈	A		○						
		B	○							
39	A. 常识性的　B. 理论性的	A			○					
		B				○				
40	A. 侠肝义胆　B. 深谋远虑	A						○		
		B					○			
41	A. 正式　B. 非正式	A							○	
		B								○
42	A. 沉静　B. 活跃	A		○						
		B	○							
43	A. 利益　B. 祝福	A					○			
		B						○		
44	A. 理论性　B. 确定性	A				○				
		B			○					

续表

序号	问题描述	选项	E	I	S	N	T	F	J	P
45	A. 坚定的　B. 忠诚的	A					○			
		B						○		
46	A. 理想　B. 现实	A				○				
		B			○					
47	A. 雄心　B. 柔肠	A					○			
		B						○		
48	A. 想象中的　B. 事实上的	A				○				
		B			○					
49	A. 冷静的　B. 激情的	A					○			
		B						○		
50	A. 制作　B. 创造	A			○					
		B				○				
51	A. 热情的　B. 中立的	A						○		
		B					○			
52	A. 明理的　B. 迷人的	A			○					
		B				○				
53	A. 有同情心　B. 有逻辑头脑	A						○		
		B					○			
54	A. 生产　B. 设计	A			○					
		B				○				
55	A. 冲动　B. 抉择	A								○
		B							○	

续表

序号	问题描述	选项	E	I	S	N	T	F	J	P
56	A. 公正的　B. 体谅的	A					○			
		B						○		
57	A. 安静的　B. 爱交际的	A		○						
		B	○							
58	A. 理性　B. 感性	A					○			
		B						○		
59	A. 不受限制的　B. 安排好的	A								○
		B							○	
60	A. 具体　B. 抽象	A			○					
		B				○				
61	A. 能干的　B. 细腻的	A					○			
		B						○		
62	A. 开放　B. 私密	A	○							
		B		○						
63	A. 建造　B. 发明	A			○					
		B				○				
64	A. 有序的　B. 随便的	A							○	
		B								○
65	A. 想象　B. 现实	A				○				
		B			○					
66	A. 好胜的　B. 好心的	A					○			
		B						○		

续表

序号	问题描述	选项	E	I	S	N	T	F	J	P
67	A. 理论　B. 事实	A				○				
		B			○					
68	A. 很少的朋友 B. 很多的朋友	A		○						
		B	○							
69	A. 可能　B. 确知	A				○				
		B			○					
70	A. 宽容的　B. 坚决的	A						○		
		B					○			
71	A. 新异的　B. 已知的	A				○				
		B			○					
72	A. 温柔　B. 力量	A						○		
		B					○			
73	A. 实用　B. 创新	A			○					
		B				○				
74	和一群人在一起聚会通常会让你感到______? A. 兴致勃勃　　B. 精疲力尽	A	○							
		B		○						
75	你在做一个决定时，更多地会______? A. 权衡实际的得失 B. 考虑其他人的感受	A					○			
		B						○		
76	通常你更喜欢______? A. 提前安排好该做什么 B. 到时候率性而为	A							○	
		B								○
77	当你一个人在家时，你______? A. 能够沉浸在自己的思维中 B. 总觉得应该做点什么事情	A		○						
		B	○							

续表

序号	问题描述	选项	E	I	S	N	T	F	J	P
78	多数情况下，你______？ A. 随兴致做事 B. 按日程表做事	A								○
		B							○	
79	你通常______？ A. 容易和大家打成一片 B. 独处的时候更多	A	○							
		B		○						
80	你做事更倾向于______？ A. 等到各方面的信息都全了以后再做计划 B. 提前很久就订计划	A								○
		B							○	
81	别人______交上朋友？ A. 容易和你 B. 较难和你	A	○							
		B		○						
82	你通常喜欢上______的课程？ A. 探讨理论和概念 B. 列举事实和图表	A				○				
		B			○					
83	在聚会时，你______？ A. 说的时候多 B. 听的时候多	A	○							
		B		○						
84	你觉得自己更倾向于是一个______？ A. 随意的人 B. 有秩序的人	A								○
		B							○	
85	你______？ A. 只同那些兴趣相同的人才能长谈 B. 只要愿意，和任何人都可以长聊	A		○						
		B	○							
86	当你有一个报告需要在一个星期内交出时，你______？ A. 常留出足够的时间并能提早完成 B. 常常是在最后一刻及时赶出来	A							○	
		B								○
87	哪一个对你来说是更高的评价？ A. 有好胜心的 B. 有同情心的	A					○			
		B						○		

续表

序号	问题描述	选项	E	I	S	N	T	F	J	P
88	你觉得按日程表办事______? A. 虽有必要，但不喜欢 B. 有帮助的，非常喜欢	A								○
		B							○	
89	你更愿在一个______的老板手下工作? A. 态度亲切，但有时会感情用事 B. 态度严厉，但始终按逻辑办事	A						○		
		B					○			
90	在完成一项大任务时，你常常是______? A. 边做边考虑下一步 B. 事先想好每个步骤	A								○
		B							○	
91	在社交场合，你通常觉得______? A. 很难和不认识的人进行交谈 B. 很容易和多数人谈笑风生	A		○						
		B	○							
92	你常常是______? A. 按已经有效的方法做事 B. 尝试一下有没有更好的办法	A			○					
		B				○				
93	你更喜欢按______做事情? A. 当天的感觉 B. 已定好的日程表	A								○
		B							○	
小计										

当你将○涂好后，把 8 项（E、I、S、N、T、F、J、P）的得分分别加起来，并将总和填在表 3-2 的方格内，请复查你的计算是否准确。

表 3-2　MBTI 职业性格测验得分表

外向	E			I	内向
实感	S			N	直觉
思考	T			F	情感
判断	J			P	认知

以“E—I”“S—N”“T—F”和“J—P”四个组别来评估你的性格类型倾向。请你比较四个组别的得分。每个子别中，获得较高分数的那个类型，就是你的性格类型倾向。例如，你的得分是E（外向）12分，I（内向）9分，那你的类型倾向便是E（外向）了。

将代表获得较高分数的类型的英文字母，填在表3-3的方格内。同分处理规则：假如E=I，请填上I；假如S=N，请填上N；假如T=F，请填上F；假如J=P，请填上P。

表3-3 MBTI职业性格评估类型

第二节 Holland职业兴趣测验

本测验量表将帮助您发现和确定自己的职业兴趣和能力特长，从而更好地做出求职择业的决策。如果您已经考虑好或选择好了自己的职业，本测验将使您的这种考虑或选择具有理论基础，或向您展示其他合适的职业；如果您至今尚未确定职业方向，本测验将帮助您根据自己的情况选择一个恰当的职业目标。本测验共有七个部分，每部分测验都没有时间限制，但请您尽快按要求完成。

第1部分 你心目中的理想职业（专业）

对于未来的职业（或升学进修的专业），你也许早有考虑，它可能很抽象、很朦胧，也可能很具体、很清晰。不管是哪种情况，现在请你把你最想干的3种工作或最想读的3种专业，按顺序写下来。

1______________________________

2______________________________

3______________________________

第2部分 你所感兴趣的活动

下面列举了一些十分具体的活动。这些活动无所谓好坏，如果你喜欢去参加（包括过去、现在或将来），就请在答题卷的相应题号上的“是”一栏的方框□内打个“√”；如果不喜欢，就请在“否”一栏的方框□内打“√”。注意，这一部分测验主要想确定你的职业兴趣，而不是让你选择工作，你喜欢某种活动并不意味着你一定要从事这种活动。答题时不必考虑过去是否干过或是否擅长这种活动，只根据你的兴趣直接判断即可。请务必做完每一道题目。

R 型			
题号	你喜欢做下列事情吗?	是	否
1	装配修理电器	□	□
2	修理自行车	□	□
3	装修机器或机器零件	□	□
4	做木工活	□	□
5	驾驶卡车或拖拉机	□	□
6	开机床	□	□
7	开摩托车	□	□
8	上金属工艺课	□	□
9	上机械制图课	□	□
10	上木工手艺课	□	□
11	上电气自动化技术课	□	□
"是"的总数:			

I 型			
题号	你喜欢做下列事情吗?	是	否
1	阅读科技书刊	□	□
2	在实验室工作	□	□
3	研究某个科研项目	□	□
4	制作飞机、汽车模型	□	□
5	做化学实验	□	□
6	阅读专业性论文	□	□
7	解一道数学或棋艺难题	□	□
8	上物理课	□	□
9	上化学课	□	□
10	上几何课	□	□
11	上生物课	□	□
"是"的总数:			

A 型			
题号	你喜欢做下列事情吗?	是	否
1	素描、制图或绘画	□	□
2	表演戏剧、小品或相声节目	□	□
3	设计家具或房屋	□	□
4	在舞台上演唱或跳舞	□	□
5	演奏一种乐器	□	□
6	阅读流行小说	□	□
7	听音乐会	□	□
8	从事摄影创作	□	□
9	阅读电影、电视剧本	□	□
10	读诗写诗	□	□
11	上书法美术课	□	□
"是"的总数:			

S 型			
题号	你喜欢做下列事情吗?	是	否
1	给朋友们写信	□	□
2	参加学校、单位组织的正式活动	□	□
3	加入某个社会团体或俱乐部	□	□
4	帮助别人解决困难	□	□
5	照看小孩	□	□
6	参加宴会、茶话会或联欢晚会	□	□
7	跳交谊舞	□	□
8	参加讨论会或辩论会	□	□
9	观看运动会或体育比赛	□	□
10	寻亲访友	□	□
11	阅读与人际交往有关的书刊	□	□
"是"的总数:			

E型				C型			
题号	你喜欢做下列事情吗？	是	否	题号	你喜欢做下列事情吗？	是	否
1	对他人做劝说工作	□	□	1	保持桌子和房间整洁	□	□
2	买东西与人讨价还价	□	□	2	抄写文章或信件	□	□
3	讨论政治问题	□	□	3	开发票、写收据或打回条	□	□
4	从事个体或独立的经营活动	□	□	4	打算盘或用计算机计算	□	□
5	出席正式会议	□	□	5	记流水账或备忘录	□	□
6	做演讲	□	□	6	上打字课或学速记法	□	□
7	在社会团体中做一名理事	□	□	7	上会计课	□	□
8	检查与评价别人的工作	□	□	8	上商业统计课	□	□
9	结识名流	□	□	9	将文件、报告、记录分类与归档	□	□
10	带领一群人去完成某项任务	□	□	10	为领导写公务信函与报告	□	□
11	参与政治活动	□	□	11	检查个人收支情况	□	□
"是"的总数：				"是"的总数：			

第3部分　你所擅长或胜任的活动

下面从6个方面分别列举一些十分具体的活动，以确定你具备哪一方面的工作特长。回答时，只需考虑你过去或现在对所列活动是否擅长、胜任，不必考虑你是否喜欢这种活动。如果你认为你擅长从事某一活动，就请在答题卷的相应题号上的"是"一栏的方框□内打"√"；如果不擅长，就请在"否"一栏的方框□内打"√"。注意，你如果从未从事过某一活动，那就请考虑你将来是否会擅长从事该项活动。请你务必做完每一道题目。

R型				I型			
题号	你喜欢做下列事情吗？	是	否	题号	你喜欢做下列事情吗？	是	否
1	使用锯子、钳子、车床、砂轮等工具	□	□	1	了解真空管的工作原理	□	□
2	使用万能电表	□	□	2	知道三种以上蛋白质含量高的食物	□	□
3	给自行车或机器加油使它们正常运转	□	□	3	知道一种放射性元素的"半衰期"	□	□
4	使用钻床、研磨机、缝纫机等	□	□	4	使用对数表	□	□
5	修整木器家具表面	□	□	5	使用计算器或计算尺	□	□
6	看机械、建筑设计图纸	□	□	6	使用显微镜	□	□
7	修理结构简单的家用电器	□	□	7	辨认3个星座	□	□
8	制作简单的家具	□	□	8	说明白细胞的功能	□	□
9	绘制机械设计图纸	□	□	9	解释简单的化学分子式	□	□
10	修理收录音机的简单部件	□	□	10	理解人造卫星不会落地的道理	□	□
11	疏通、修理自来水管或下水道	□	□	11	参加科技竞赛或科研成果交流会	□	□
"是"的总数：				"是"的总数：			

A 型

题号	你喜欢做下列事情吗？	是	否
1	演奏一种乐器	□	□
2	参加二重唱或四重唱表演	□	□
3	独奏或独唱	□	□
4	扮演剧中角色	□	□
5	说书或讲故事	□	□
6	表演现代舞或芭蕾舞	□	□
7	人物素描	□	□
8	油画或雕塑	□	□
9	制造陶器、捏泥塑或剪纸	□	□
10	设计服装、海报或家具	□	□
11	写得一手好文章	□	□
“是”的总数：			

S 型

题号	你喜欢做下列事情吗？	是	否
1	善于向别人解释问题	□	□
2	参加慰问或救济活动	□	□
3	善与人合作、配合默契	□	□
4	殷勤待客	□	□
5	能深入浅出地教育儿童	□	□
6	为一次宴会安排娱乐活动	□	□
7	帮助他人解决困难	□	□
8	帮助护理病人或伤员	□	□
9	安排学校或社团组织的各种集体事务	□	□
10	善察人心或善于判断人的性格	□	□
11	善与年长者相处	□	□
“是”的总数：			

E 型

题号	你喜欢做下列事情吗？	是	否
1	学校里当过班干部并且干得不错	□	□
2	善于督促他人工作	□	□
3	善于使他人按你的习惯做事	□	□
4	做事具有超常的精力和热情	□	□
5	能做一个称职的推销员	□	□
6	代表某个团体向有关部门提出建议或反映意见	□	□
7	担任某种领导职务期间获过奖或受表扬	□	□
8	说服别人加入你所在的团体（俱乐部、运动队、工作或研究组等）	□	□
9	创办一家商店或企业	□	□
10	知道如何做一位成功的领导人	□	□
11	有很好的口才	□	□
“是”的总数：			

C 型

题号	你喜欢做下列事情吗？	是	否
1	一天能誊抄近一万字	□	□
2	能熟练地使用算盘或计算器	□	□
3	能够熟练地使用中文打字机	□	□
4	善于将书信、文件迅速归档	□	□
5	做过办公室职员工作且干得不错	□	□
6	核对数据或文章时既快又准确	□	□
7	会使用外文打字机或复印机	□	□
8	善于在短时间内分类和处理大量文件	□	□
9	记账或开发票时既快又准确	□	□
10	善于为自己或集体做财务预算（表）	□	□
11	能迅速誊清贷方和借方的账目	□	□
“是”的总数：			

第 4 部分　你所喜欢的职业

下面列举了许多职业，对这些职业的基本情况，你或多或少都有所了解，并在此基础上形成了自己的评价态度。如果你喜欢某项职业的话，请在答题卷的相应题号上的

"是"一栏中打"√"；如果不喜欢，则请在"否"一栏中打"√"。这一部分测验也要求每题必做。

R 型			
题号	你喜欢做下列事情吗？	是	否
1	飞行机械技术人员	□	□
2	鱼类和野生动物专家	□	□
3	自动化工程技术人员	□	□
4	木工	□	□
5	机床安装工或钳工	□	□
6	电工	□	□
7	无线电报务员	□	□
8	长途汽车司机	□	□
9	火车司机	□	□
10	机械师	□	□
11	测绘、水文技术人员	□	□
"是"的总数：			

I 型			
题号	你喜欢做下列事情吗？	是	否
1	气象研究人员	□	□
2	生物学研究人员	□	□
3	天文学研究人员	□	□
4	药剂师	□	□
5	人类学研究人员	□	□
6	化学研究人员	□	□
7	科学杂志编辑	□	□
8	植物学研究人员	□	□
9	物理学研究人员	□	□
10	科普工作者	□	□
11	地质学研究人员	□	□
"是"的总数：			

A 型			
题号	你喜欢做下列事情吗？	是	否
1	诗人	□	□
2	文学艺术评论家	□	□
3	作家	□	□
4	记者	□	□
5	歌唱家或歌手	□	□
6	作曲家	□	□
7	剧本写作人员	□	□
8	画家	□	□
9	相声演员	□	□
10	乐团指挥	□	□
11	电影演员	□	□
"是"的总数：			

S 型			
题号	你喜欢做下列事情吗？	是	否
1	街道、工会或妇联负责人	□	□
2	中学教师	□	□
3	青少年犯罪问题专家	□	□
4	中学校长	□	□
5	心理咨询人员	□	□
6	精神病医生	□	□
7	职业介绍所工作人员	□	□
8	导游	□	□
9	青年团负责人	□	□
10	福利机构负责人	□	□
11	婚姻介绍所工作人员	□	□
"是"的总数：			

E型				C型			
题号	你喜欢做下列事情吗？	是	否	题号	你喜欢做下列事情吗？	是	否
1	供销科长	□	□	1	簿记员	□	□
2	推销员	□	□	2	会计师	□	□
3	旅馆经理	□	□	3	银行出纳员	□	□
4	商店管理费用人员	□	□	4	法庭书记员	□	□
5	厂长	□	□	5	人口普查登记员	□	□
6	律师或法官	□	□	6	成本核算员	□	□
7	电视剧制作人	□	□	7	税务工作者	□	□
8	饭店或饮食店经理	□	□	8	校对员	□	□
9	人民代表	□	□	9	打字员	□	□
10	服装批发商	□	□	10	办公室秘书	□	□
11	企业管理咨询人员	□	□	11	质量检查员	□	□
"是"的总数：				"是"的总数：			

第5部分　你的能力类型简评

表3-4和3-5是你在6个职业能力方面的自我评分表。你可以先与同龄人比较一下自己在每一方面的能力，然后经斟酌以后对自己的能力作一评价。评分时请在表中适当的数字上画圈。数字越大，表示你的能力越强。

注意，请勿全部圈画同样的数字，因为人的每项能力不可能完全一样。

表3-4　职业能力自我评分表（A）

	R型	I型	A型	S型	E型	C型
	机械操作能力	科学研究能力	艺术创造能力	解释表达能力	商业洽谈能力	事务执行能力
高	7	7	7	7	7	7
	6	6	6	6	6	6
	5	5	5	5	5	5
中	4	4	4	4	4	4
	3	3	3	3	3	3
低	2	2	2	2	2	2
	1	1	1	1	1	1

表 3-5 职业能力自我评分表（B）

	R 型	I 型	A 型	S 型	E 型	C 型
	体力技能	数学技能	音乐技能	交际技能	领导技能	办公技能
高	7	7	7	7	7	7
	6	6	6	6	6	6
	5	5	5	5	5	5
中	4	4	4	4	4	4
	3	3	3	3	3	3
	2	2	2	2	2	2
低	1	1	1	1	1	1

第 6 部分 统计和确定你的职业倾向

请将第 2～5 部分的全部测验分数按前面已统计好的 6 种职业倾向（R 型、I 型、A 型、S 型、E 型和 C 型）得分填入表 3-6，并作纵向累加。

表 3-6 职业倾向得分表

测验	R 型	I 型	A 型	S 型	E 型	C 型
第 2 部分						
第 3 部分						
第 4 部分						
第 5 部分（A）						
第 5 部分（B）						
总分						

请将上表中的 6 种职业倾向总分按大小顺序依次从左到右重新排列：

______型、______型、______型、______型、______型、______型

第 7 部分 你所看重的东西——职业价值观

这一部分测验列出了人们在选择工作时通常会考虑的 10 个要素（见所附工作价值标准）。现在请你在其中选出对你最重要的 2 项因素，以及最不重要的 2 项因素，并将序号填入下边相应空格上。

最 重 要：______________________

最不重要：________________

次 重 要：________________

次不重要：________________

附：工作价值标准

1. 工资高，福利好。
2. 工作环境（物质方面）舒适。
3. 人际关系良好。
4. 工作稳定有保障。
5. 能提供较好的受教育机会。
6. 有较高的社会地位。
7. 工作不太紧张，外部压力小。
8. 能充分发挥自己的能力特长。
9. 社会需要与社会贡献较大。
10. 能从事自己感兴趣的工作。

第三节　GATB 一般能力倾向测验

第 1 部分　试题作答

下面开始测验，测验的目的是了解自己更能胜任的职业，请根据表 3-7 真实作答。

表 3-7　GATB 能力倾向测验表

一、一般学习能力倾向（G）						
题号	内容	强	较强	一般	较弱	弱
1	快而容易地学习新的内容					
2	快而正确地解决数学题目					
3	你的学习成绩总处于					
4	对课文的理解、分析、综合能力					
5	对所学知识的记忆能力					

二、言语能力倾向（V）

题号	内容	强	较强	一般	较弱	弱
6	善于表达自己的观点					
7	阅读速度和理解能力					
8	掌握词汇量的程度					
9	你的语文成绩					
10	你的文学创作能力					

三、算术能力倾向（N）

题号	内容	强	较强	一般	较弱	弱
11	做出精确的测量					
12	笔算能力					
13	口算能力					
14	打算盘					
15	你的数学成绩					

四、空间判断能力倾向（S）

题号	内容	强	较强	一般	较弱	弱
16	解决立体几何方面的习题					
17	画三维度的立体图形					
18	看几何图形的立体感					
19	想象盒子展开后的平面图					
20	想象三维度的物体					

五、形态知觉能力倾向（P）

题号	内容	强	较强	一般	较弱	弱
21	发现相似图形中的细微差别					
22	识别物体的细节部分					
23	注意物体的细节部分					
24	观察物体的图像是否正确					
25	对物体的细微描述					

六、书写知觉能力倾向（Q）						
题号	内容	强	较强	一般	较弱	弱
26	快而准确地抄写资料（如姓名、日期、电话号码等）					
27	发现错别字					
28	发现计算错误					
29	能很快查找编码卡片					
30	自我控制能力（如较长时间抄写资料）					

七、眼手运动协调能力倾向（K）						
题号	内容	强	较强	一般	较弱	弱
31	玩电子游戏					
32	打篮球、排球和踢足球等一类活动					
33	打乒乓球、羽毛球运动					
34	打算盘能力					
35	打字能力					

八、手指灵巧度（F）						
题号	内容	强	较强	一般	较弱	弱
36	灵巧地使用很小的工具					
37	穿针眼、编织等使用手指的活动					
38	用手指做一件小工艺品					
39	使用计数器的灵巧程度					
40	弹琴					

九、手腕灵巧度（M）						
题号	内容	强	较强	一般	较弱	弱
41	用手把东西分类					
42	在推拉东西时手的灵活度					
43	很快地削苹果皮					
44	灵活地使用手工工具					
45	在绘画、雕刻等手工活动中的灵活性					

第 2 部分　结果统计

对每一种能力中每一个选项的选择次数进行统计，如一般学习能力倾向（G）中

“强”选择了1次，就在表3-8中对应一格里填1。再按照表中的计算公式，得出每一种能力的平均分。最后，形成九种能力代码。

表3-8　能力倾向得分表

序号	能力名称	强	较强	一般	较弱	弱	平均分
1	一般学习能力倾向（G）						
		[（　）×1+	（　）×2+	（　）×3+	（　）×4+	（　）×5]÷5	
2	言语能力倾向（V）						
		[（　）×1+	（　）×2+	（　）×3+	（　）×4+	（　）×5]÷5	
3	算术能力倾向（N）						
		[（　）×1+	（　）×2+	（　）×3+	（　）×4+	（　）×5]÷5	
4	空间判断能力倾向（S）						
		[（　）×1+	（　）×2+	（　）×3+	（　）×4+	（　）×5]÷5	
5	形态知觉能力倾向（P）						
		[（　）×1+	（　）×2+	（　）×3+	（　）×4+	（　）×5]÷5	
6	书写知觉能力倾向（Q）						
		[（　）×1+	（　）×2+	（　）×3+	（　）×4+	（　）×5]÷5	
7	眼手运动协调能力倾向（K）						
		[（　）×1+	（　）×2+	（　）×3+	（　）×4+	（　）×5]÷5	
8	手指灵巧度（F）						
		[（　）×1+	（　）×2+	（　）×3+	（　）×4+	（　）×5]÷5	
9	手腕灵巧度（M）						
		[（　）×1+	（　）×2+	（　）×3+	（　）×4+	（　）×5]÷5	

表3-9　能力倾向平均分

序号	一	二	三	四	五	六	七	八	九
能力	一般学习能力倾向（G）	言语能力倾向（V）	算术能力倾向（N）	空间判断能力倾向（S）	形态知觉能力倾向（P）	书写知觉能力倾向（Q）	眼手运动协调能力倾向（K）	手指灵巧度（F）	手腕灵巧度（M）
平均分									

第四节　舒伯职业价值观

第1部分　试题填答

表3-10有60道题目，每个题目都有5个备选答案，请根据自己的实际情况或想法

作答，在认同的答案上打“√”。在每一道题目上不要考虑太长时间，作答时不得漏题。

表 3-10　舒伯职业价值观测验表

题号	题目	非常重要	很重要	重要	不太重要	不重要
1	能参与救灾济贫工作	5	4	3	2	1
2	能经常欣赏完美的艺术作品	5	4	3	2	1
3	能经常尝试新的构想	5	4	3	2	1
4	必须花精力去深入思考	5	4	3	2	1
5	在职责范围内有充分自由	5	4	3	2	1
6	可以经常看到自己的工作成果	5	4	3	2	1
7	能在社会上扮演更重要的角色	5	4	3	2	1
8	能知道别人如何处理事务	5	4	3	2	1
9	收入比相同条件的人高	5	4	3	2	1
10	有稳定的收入	5	4	3	2	1
11	有清静的工作场所	5	4	3	2	1
12	主管善解人意	5	4	3	2	1
13	能经常和同事一起休闲	5	4	3	2	1
14	能经常变换职务	5	4	3	2	1
15	能成为你想成为的人	5	4	3	2	1
16	能帮助贫困和不幸的人	5	4	3	2	1
17	能增添社会的文化气息	5	4	3	2	1
18	可以自由地提出新颖想法	5	4	3	2	1
19	必须不断学习才能胜任	5	4	3	2	1
20	工作不受他人干涉	5	4	3	2	1
21	常觉得自己的辛劳没有白费	5	4	3	2	1
22	能使你更有社会地位	5	4	3	2	1
23	能够分配调整他人的工作	5	4	3	2	1
24	能经常加薪	5	4	3	2	1
25	生病时能得到妥善的照顾	5	4	3	2	1
26	工作地点、光线、通风好	5	4	3	2	1
27	有一个公正的主管	5	4	3	2	1

续表

题号	题目	非常重要	很重要	重要	不太重要	不重要
28	能与同事建立深厚友谊	5	4	3	2	1
29	工作性质常会变化	5	4	3	2	1
30	能实现自己的理想	5	4	3	2	1
31	能够减少别人的苦难	5	4	3	2	1
32	能运用自己的鉴赏力	5	4	3	2	1
33	常需构思新的解决方法	5	4	3	2	1
34	必须不断地解决新的难题	5	4	3	2	1
35	能自行决定工作方式	5	4	3	2	1
36	能知道自己的工作绩效	5	4	3	2	1
37	能让你觉得出人头地	5	4	3	2	1
38	可以发挥自己的领导能力	5	4	3	2	1
39	可使你存下很多钱	5	4	3	2	1
40	有好的保险和福利制度	5	4	3	2	1
41	工作场所有现代化的设备	5	4	3	2	1
42	主管能采取民主的领导方式	5	4	3	2	1
43	不必和同事有利益冲突	5	4	3	2	1
44	可以经常变换工作场所	5	4	3	2	1
45	常让你觉得如鱼得水	5	4	3	2	1
46	能经常帮助他人解决困难	5	4	3	2	1
47	能创作优美的作品	5	4	3	2	1
48	常需提出不同的处理方案	5	4	3	2	1
49	需对事情深入分析研究	5	4	3	2	1
50	可以自行调整工作进度	5	4	3	2	1
51	工作结果受到他人肯定	5	4	3	2	1
52	能自豪地介绍自己的工作	5	4	3	2	1
53	能为团体拟定工作计划	5	4	3	2	1
54	收入高于其他行业	5	4	3	2	1
55	不会轻易被解雇或裁员	5	4	3	2	1

续表

题号	题目	非常重要	很重要	重要	不太重要	不重要
56	工作场所整洁卫生	5	4	3	2	1
57	主管的学识和品德让你敬佩	5	4	3	2	1
58	能够认识很多风趣的伙伴	5	4	3	2	1
59	工作内容随时间变化	5	4	3	2	1
60	能充分发挥自己的专长	5	4	3	2	1

第 2 部分　结果分析

请按表 3-11 列示的题号统计分数（各小题分数加到一起），找到分数最高的三项和分数最低的三项，并参照最后的 15 种价值观类型的含义进行解释。

表 3-11　价值观类型得分统计表

序号	维度	包含题项	得分	序号	维度	包含题项	得分
1	利他主义	1、16、31、46		9	经济报酬	9、24、39、54	
2	美的追求	2、17、32、47		10	安全稳定	10、25、40、55	
3	创造发明	3、18、33、48		11	工作环境	11、26、41、56	
4	智力刺激	4、19、34、49		12	上司关系	12、27、42、57	
5	独立自主	5、20、35、50		13	同事关系	13、28、43、58	
6	成就满足	6、21、36、51		14	多样变化	14、29、44、59	
7	声望地位	7、22、37、52		15	生活方式	15、30、45、60	
8	管理权力	8、23、38、53					

第五节　生涯教育一体化平台

吉讯测评系统是北森生涯学院为了帮助大学生探索职业发展，促进就业而研发的生涯教育一体化平台。在吉讯测评系统内提供了包含现状评估、职业性格、职业兴趣、职业技能、价值观和学习风格等模块的线上测试内容（详见表 3-12），能帮助大学生解决“不清楚自己的特点、不知道自己该朝什么方向发展、不知道怎么做出重大人生选择、不知道如何开始行动……”等问题，系统里还搭载了职业探索和决策行动辅助工具，并配有职业素养提升等相关的专业课程，能够为大学生的生涯探索、职业发展提供有益的帮助。

表 3-12 吉讯测评系统线上测评内容

序号	测试内容	题数或者步骤	建议答题时间
1	现状评估	17 题	8 分钟
2	职业兴趣	94 题	20 分钟
3	职业性格	88 题	20 分钟
4	职业技能	3 步	10 分钟
5	价值观	30 题	10 分钟
6	学习风格	80 题	20 分钟

请在任课老师的指导下，用手机微信扫描二维码（见图 3-1）进入登录页面，点击授权登录，再点击允许；然后按要求输入学号和初始密码，点击登录并绑定微信；接着根据系统要求完善相关信息后就可以开始进行线上测评，测评后系统会自动生成测评报告，可供线上查阅。（也可使用电脑登录，网址：https://fjnufq.careersky.cn）

图 3-1 吉讯测评系统小程序二维码

在此，还要特别提醒两点注意事项：第一，不论是做线下量表测评，还是线上系统测评，为了获得最有效的测评结果，请务必要选择一个不受打扰的时间和场所，在测评答题过程中，请相信自己的第一感觉，在认真阅读题项后凭直觉按要求作答；第二，职业测评作为自我探索的一种辅助工具和手段，虽然都经过标准化程序进行编制，并具有良好的信度和效度，但是任何测评都不是万能的，也都存在一定的局限性。之所以要进行测评，只是为了帮助我们更好地进行自我探索，因此，我们要正确对待测评结果。正如霍兰德所说的："虽然我们做了几十年的研究，但预测个人职业选择最有效的方法却是询问这个人自己想做什么。"

☞ **【思考题】**

1. 完成 MBTI 职业性格测试，并结合测试结果，简要介绍自己的性格类型和含义。你认为测试结果准确吗？

2. 完成霍兰德职业兴趣测试，并结合测试结果，简要介绍自己职业兴趣的前三位代码及含义。你认为测试结果准确吗?

3. 完成职业价值观测试，并结合测试结果，简要介绍自己最关注的职业价值观有哪些。你认为测试结果准确吗?

☞【参考文献】

[1]迈尔斯 I B,迈尔斯 P B.天生不同:人格类型识别和潜能开发[M].闫冠男,译.北京:人民邮电出版社,2016.

[2]金德禄.大学生职业生涯规划与就业指导 [M].南京:东南大学出版社,2020.

[3]孙鑫,李华.大学生职业生涯规划与就业指导[M].北京:中国电力出版社,2019.

[4]苏文平.大学生职业生涯规划与就业创业指导 [M].北京:中国人民大学出版社,2018.

第四章　生涯好奇——探索职业世界

在选择职业时，我们应该遵循的主要指针是人类的幸福和我们自身的完美。

——马克思

人的职业生活是人生的关键部分，个人对社会的贡献、对理想的追求、对生活方式的选择受到职业的影响。一定意义上，你选择的不仅仅是一份职业，更是选择了未来的人生发展道路。大学学习时光是快乐的，大学生怀揣着长辈的期望和对美好生活的向往，无一不想在毕业之后顺顺利利找到一份满意的工作。职业世界对大学生而言既熟悉又陌生，我们因身边人处在职业世界中，有一份谋生的职业而熟悉，又因未正式进入职业世界而陌生。所谓"知己知彼，百战不殆"，职业世界是什么样的？怎样探索职业世界？大学所学的专业能够从事哪些职业？求职容易吗？本章将带领大家开展职业世界的探秘之旅。

劳动没有高低贵贱之分，任何一份职业都很光荣。

——2016 年 4 月 26 日，习近平在知识分子、劳动模范、青年代表座谈会上的讲话

要锤炼强国之技。顺应时代发展新要求，学习新知识、掌握新技能、练就真本领，干一行爱一行，钻一行专一行，做到敬业勤业精业，努力成为善于干事创业的岗位能手、行家里手。

——2024 年 9 月 29 日，习近平在国家勋章和国家荣誉称号颁授仪式上的讲话

第一节　职业概述

职业是随着人类文明进步、经济快速发展和社会劳动分工的出现而逐步产生和发展起来的，职业的发展又促进社会生产力的提高和社会文明的进步。随着经济社会发展进程的加快，特别是科学技术的进步，各行业蓬勃兴起，新业态催生新职业，新的职业层出不穷，社会分工逐渐精细化和复杂化，大学生就业选择日趋多元化和个性化。

一、职业的内涵

职业（occupation），根据中国职业规划师协会的定义，通常是指个人服务社会并作为主要生活来源的工作，是指参与社会分工，用专业的技能和知识创造物质财富或精神财富，获取合理报酬作为物质生活来源，并满足精神需求的工作。职业是人们在社会中所从事的作为谋生手段的工作；从社会角度看，职业是劳动者获得的社会角色，劳动者为社会承担一定的义务和责任，并获得相应的报酬；从国民经济活动所需要的人力资源角度来看，职业是指不同性质、不同内容、不同形式、不同操作的专门劳动岗位。

中国有句古话："三百六十行，行行出状元。"如今，我们处在一个日新月异的新时代，职业也远远不止三百六十种。2024 年 7 月 25 日，人力资源社会保障部、国家市场监督管理总局、国家统计局联合发布 19 个新职业。此外，还发布了汽配销售经理人等 28 个新工种信息，并调整变更了 11 个职业（工种）信息。新职业的发布，对于开发就业岗位、引导职业教育培训、提高从业人员素质、促进就业创业等，都具有十分重要的意义。新职业层出不穷是社会发展的一面镜子，是社会分工不断细化的必然，产业转型升级使得越来越多的职业正朝着高价值、数字化、个性化的方向发展。

职业是每个人社会生活的重要组成部分，大学生选择一份适合自己的职业是实现美好生活的关键一步。大学生亦可以从行业、职位、组织和个人四个方面对职业进行自定义。首先，任何一份职业都处在一个或多个行业之中，行业的整体发展趋势也影响着职业的发展趋势，选择一份职业需要先考察行业发展前景。其次，每份职业在特定的组织内表现为具体的职位，每个职位都对应着一组工作任务，要完成工作任务，需要承担该职位的人具备相应的知识、技能、态度等，大学生需要根据心仪职位匹配能力。再者，不同的组织有自身的定位、机制和文化等，有必要多渠道了解心仪组织的情况，结合自我期望值做好选择和调整。最后，每份工作都有它的优缺点，不同的人对同一个职业的感受也是不同的，职业在发展变化，人也应是发展变化的，根据不同阶段自身需求，选择适合自己的职业，并做好职业生涯规划。

二、职业的特征

（一）职业的目的性

职业的目的性即职业以获得现金或实物等报酬为目的。职业的目的性体现了职业作为人们赖以谋生的劳动过程中所具有的逐利性的一面。职业活动既满足职业者自己的需要，同时也满足社会的需要，把职业的个人目的性和社会经济性结合起来，职业便具有了生命力和影响力。

（二）职业的社会性

职业的社会性即职业是从业人员在特定社会生活环境中所从事的一种与其他社会成员相互关联、相互服务的社会活动。职业是人类在劳动过程中的分工现象，它体现的是劳动力和劳动资料的结合关系，其实也体现出劳动者之间的关系，劳动产品的交换体现的是不同职业之间的劳动交换关系。这种劳动过程中形成的人与人的关系是社会合作，他们之间的劳动交换是不同职业之间的等价关系，这反映了职业活动和职业劳动成果的社会性。

（三）职业的稳定性

职业的稳定性即职业在一定时期长期存在，大的形式变化不频繁。职业产生后，具有较长的生命周期，保持相对稳定，当然这种稳定性是相对的。随着现代化快速发展，特别是科学技术的不断发展，原有职业活动发生变化，部分职业消失，一些新职业诞生。职业的稳定性不论是对个人还是对社会都是十分重要的，这关系一个人能否长时间拥有一份工作，一份职业能否长远发展。

（四）职业的规范性

职业的规范性即职业必须符合国家法律和社会道德规范。职业的规范性包括职业内部操作要求的规范性和职业道德的规范性。不同的职业在其职业活动过程中都有一定的操作规范性，这是保证职业活动顺利开展的前提和要求。当不同的职业在对外展现其服务时，还存在伦理范畴的规范性，即职业道德。这两种规范性构成了职业规范的内涵和外延。职业的规范性也要求大学生必须具备一定的专业知识和专业技能，包括较长时间专业知识的学习或技能培训。

（五）职业的群体性

职业的群体性即职业必须具有一定的从业人数。不同个体按某种特征结合在一起，进行共同的职业活动，相互交往，形成了职业群体，不同个体在职业活动中形成语言、习惯、利益、目的等方面的共同特征，也促使群体成员之间不断产生群体认同感。

三、职业的分类

（一）西方职业的分类

根据西方国家一些学者提出的理论，国外一般将职业分为三种类型：

1. 按脑力劳动和体力劳动的性质、层次进行分类

这种分类方法把工作人员划分为白领工作人员和蓝领工作人员两大类。白领工作人员包括：专业性和技术性的工作，农场以外的经理和行政管理人员、销售人员、办公室人员。蓝领工作人员包括：手工艺及类似的工人、非运输性的技工、运输装置机工人、农场以外的工人、服务性行业工人。这种分类方法明显地表现出职业的等级性。

2. 按心理的个别差异进行分类

这种分类方法是根据美国著名的职业指导专家霍兰德（John Holland）创立的“人格—职业”类型匹配理论，把人格类型划分为六种，即现实型、研究型、艺术型、社会型、企业型和常规型。与其相对应的是六种职业类型。

3. 依据各个职业的主要职责或“从事的工作”进行分类

这种分类方法较为普遍，以两种分类为例。其一是国际标准职业分类。国际标准职业分类把职业由粗至细分为四个层次，即 8 个大类、83 个小类、284 个细类、1506 个职业项目，总共列出职业 1881 个。其中 8 个大类是：专家、技术人员及有关工作者；政府官员和企业经理；事务工作者和有关工作者，销售工作者；服务工作者；农业、牧

业、林业工作者及渔民、猎人；生产和有关工作者；运输设备操作者和劳动者；不能按职业分类的劳动者。这种分类方法便于提高国家间职业统计资料的可比性和国际交流。其二是加拿大《职业岗位分类词典》的分类。它把分属于国民经济中主要行业的职业划分为 23 个主类，主类下分 81 个子类、489 个细类、7200 多个职业。此种分类对每种职业都有定义，逐一说明了各种职业的内容及对从业人员在普通教育程度、职业培训、能力倾向、兴趣、性格以及体质等方面的要求，有较大的参考价值。

（二）中国职业的分类

根据中国不同部门公布的标准分类，主要有三种类型：

1. 国家统计局、国家标准总局、国务院人口普查办公室 1982 年 3 月公布，供第三次全国人口普查使用的《职业分类标准》。该《标准》依据在业人口所从事的工作性质的同一性进行分类，将全国范围内的职业划分为大类、中类、小类三层，即 8 大类、64 中类、301 小类。其 8 个大类的排列顺序是：第一，各类专业、技术人员；第二，国家机关、党群组织、企事业单位的负责人；第三，办事人员和有关人员；第四，商业工作人员；第五，服务性工作人员；第六，农林牧渔劳动者；第七，生产工作、运输工作和部分体力劳动者；第八，不便分类的其他劳动者。在八个大类中，第一、二大类主要是脑力劳动者，第三大类包括部分脑力劳动者和部分体力劳动者，第四、五、六、七大类主要是体力劳动者，第八大类是不便分类的其他劳动者。

2. 国家发展计划委员会、国家经济委员会、国家统计局、国家标准局批准，于 1984 年发布，并于 1985 年实施的《国民经济行业分类和代码》。这项标准主要按企业、事业单位、机关团体和个体从业人员所从事的生产或其他社会经济活动的性质的同一性分类，即按其所属行业分类，将国民经济行业划分为门类、大类、中类、小类四级。门类共 13 个：农、林、牧、渔、水利业；工业；地质普查和勘探业；建筑业；交通运输业、邮电通信业；商业、公共饮食业、物资供应和仓储业；房地产管理、公用事业、居民服务和咨询服务业；卫生、体育和社会福利事业；教育、文化艺术和广播电视业；科学研究和综合技术服务业；金融、保险业；国家机关、党政机关和社会团体；其他行业。

3.《中华人民共和国职业分类大典》将我国职业归为 8 个大类。我国第一部《中华人民共和国职业分类大典》颁布于 1999 年。近年来，由于经济社会的不断发展，我国社会职业构成发生了很大的变化。为适应发展需要，2022 年版《中华人民共和国职业分类大典》的职业分类结构为 8 个大类、79 个中类、449 个小类、1639 个职业，其中，标注了 134 个绿色职业、97 个数字职业。8 个大类分别是：

第一大类：党的机关、国家机关、群众团体和社会组织、企事业单位负责人，其中包括 6 个中类、16 个小类、25 个职业。

第二大类：专业技术人员，其中包括 11 个中类、125 个小类、492 个职业。

第三大类：办事人员和有关人员，其中包括 4 个中类、12 个小类、36 个职业。

第四大类：社会生产服务和生活服务人员，其中包括 15 个中类、96 个小类、356 个职业。

第五大类：农、林、牧、渔业生产及辅助人员，其中包括 6 个中类、24 个小类、54 个职业。

第六大类：生产制造及有关人员，其中包括 32 个中类、172 个小类、671 个职业。

第七大类：军队人员，其中包括 4 个中类、4 个小类、4 个细类。

第八大类：不便分类的其他从业人员，其中包括 1 个中类、1 个小类、1 个细类。

（三）新职业的诞生

新职业是指经济社会发展中已经存在一定规模的从业人员、具有相对独立成熟的职业技能，《中华人民共和国职业分类大典》中未收录的职业。新职业一般要求有不少于 5000 人的从业人员，还要求有稳定性和独特技术性。新职业申报审核的程序是：机关、社会团体、企业、学校以及个人，可通过“中国劳动力市场网”向人力资源和社会保障部“职业技能鉴定中心”提出新职业建议，填写《新职业建议书》，由鉴定中心对新职业建议进行登记、汇总、分类，组织有关部门和行业的专家进行评审论证。对部分建议新职业，还需组织专家到工作现场进行调研。评审论证通过后，再通过互联网向社会公示，广泛征求意见，最后由人力资源和社会保障部定期对外发布。2019 年人力资源和社会保障部建立完善新职业信息发布制度，实施职业分类动态调整，此后每年发布 1 至 2 批新职业信息。

第一批新职业：2019 年 4 月 1 日，人社部、市场监管总局、统计局正式向社会发布了人工智能工程技术人员、物联网工程技术人员、大数据工程技术人员、云计算工程技术人员、数字化管理师、建筑信息模型技术员、电子竞技运营师、电子竞技员、无人机驾驶员、农业经理人、物联网安装调试员、工业机器人系统操作员、工业机器人系统运维员 13 个新职业信息。

第二批新职业：2020 年 2 月 25 日，人社部、市场监管总局、国家统计局联合向社会发布了智能制造工程技术人员、工业互联网工程技术人员、虚拟现实工程技术人员、连锁经营管理师、供应链管理师、网约配送员、人工智能训练师、电气电子产品环保检测员、全媒体运营师、健康照护师、呼吸治疗师、出生缺陷防控咨询师、康复辅助技术咨询师、无人机装调检修工、铁路综合维修工和装配式建筑施工员 16 个新职业信息。

第三批新职业：2020 年 7 月 6 日，人社部、市场监管总局、国家统计局联合向社会发布了区块链工程技术人员、区块链应用操作员、城市管理网格员、互联网营销师、信息安全测试员、在线学习服务师、社群健康助理员、老年人能力评估师、增材制造设备操作员 9 个新职业信息。

第四批新职业：2021 年 3 月 18 日，人社部、市场监管总局、国家统计局联合向社会发布了集成电路工程技术人员、企业合规师、公司金融顾问、易货师、二手车经纪人、汽车救援员、调饮师、食品安全管理师、服务机器人应用技术员、电子数据取证分析师、职业培训师、密码技术应用员、建筑幕墙设计师、碳排放管理员、管廊运维员、酒体设计师、智能硬件装调员、工业视觉系统运维员 18 个新职业信息。

第五批新职业：2022 年 7 月 18 日，人社部、市场监管总局、国家统计局联合向社会发布了机器人工程技术人员、增材制造工程技术人员、数据安全工程技术人员、退役军人事务员、数字化解决方案设计师、数据库运行管理员、信息系统适配验证师、数字孪生应用技术员、商务数据分析师、碳汇计量评估师、建筑节能减排咨询师、综合能源服务员、家庭教育指导师、研学旅行指导师、民宿管家、农业数字化技术员、煤提质工、城市轨道交通检修工 18 个新职业信息。

第六批新职业：2024 年 7 月 25 日，人社部、市场监管总局、国家统计局联合向社会发布了生物工程技术人员、口腔卫生技师、网络安全等级保护测评师、云网智能运维员、生成式人工智能系统应用员、工业互联网运维员、智能网联汽车测试员、有色金属现货交易员、用户增长运营师、会展搭建师、文创产品策划运营师、储能电站运维管理员、电能质量管理员、版权经纪人、网络主播、滑雪巡救员、氢基直接还原炼铁工、智能制造系统运维员、智能网联汽车装调运维员 19 个新职业信息。

第七批新职业：2025 年 7 月 22 日，人力资源社会保障部发布了检验检测管理工程技术人员、养老服务师、跨境电商运营管理师、无人机群飞行规划员、装修管家、工伤预防咨询师、电子电路设计师、室内环境治理员、家政服务经理人、电力可靠性管理员、电力聚合运营员 L/S、农村集体经济经理人、代用茶加工工、咖啡加工工、碳纤维制品成型制作工、铁氧体磁体制造工、钢结构装配工 17 个新职业信息。

随着经济社会发展，新兴技术的应用和人们需求的提升，新产业、新业态、新模式不断涌现。国家对这些新职业进行征集、规范，并加以公布，有助于提升新职业的社会认同度、公信力，满足人力资源市场的双向选择需要，使国家职业分类体系更加科学完善。这对扩大高校毕业生就业创业岗位、促进转岗、失业人员再就业、规范灵活就业以及加强职业教育培训等都产生积极的作用。

☞ **【拓展阅读】**

把握新职业带来的新机遇
——规范和推动新职业发展，培养、吸引更多人才从事新职业

加快推动发展方式绿色低碳转型，碳排放管理员、建筑节能减排咨询师等职业应运而生；数字技术融入千行百业，智能网联汽车测试员、农业数字化技术员有了广阔天地；积极应对人口老龄化、医养结合深入推进，老年人能力评估师、健康照护师等专业人员走进百姓生活……

2019 年至今，6 批 93 个新职业陆续发布，“数字”“绿色”“民生”等成为关键词。在新产业、新动能持续增长的背景下，新岗位、新职业不断涌现，折射出经济社会发展的新变化、新趋势，既满足了生产生活新需要，也为劳动者带来更多就业新选择。

当前，人力资源供需还存在不匹配的现象，发展新职业有利于解决这一问题。积极挖掘、培育新职业，开发好这个就业增长点，将有效促进更高质量更充分就业。各级政府需多措并举、创造条件，引导新职业健康发展。

开展职业培训，健全职业规范。新职业发布后，主管部门要继续开展职业培训，提升劳动者技能。比如加强产教融合、校企合作，由产指引教，靠教支撑产，加快培养更

多符合新需求的劳动者。要及时出台职业规范原则，严格把控从业者行为，保证行业发展平稳有序。

完善配套政策，减少劳动者后顾之忧。健全劳动关系协调机制，畅通个人发展渠道，在福利待遇、职称评定、晋升标准等方面给予有力支持，为有志于从事新职业的劳动者提供保障，让他们坚定选择，走稳走好新的就业路。

劳动者个人也要关注市场需求，把握住新职业带来的新机遇。新职业的出现为劳动者提供了更多可能性。北京手绘动画师崔晟辑看好数字技术市场前景，“转战”天津国家动漫园，成为一名数字孪生应用技术员；重庆北碚区民宿管家孙德红会服务懂经营，一人身兼旅游规划师、生态讲解员、演出策划师……劳动者应积极了解政策变化，不断学习新知识、获取新技能，以更加开放的心态做好职业规划、完成职业转型。

多方努力，形成合力，规范和推动新职业发展，创造更广阔的前景，培养、吸引更多人才从事新职业，为新产业、新业态、新模式的发展壮大提供支撑，进一步推动经济社会高质量发展，不断满足人们对美好生活的向往。

（资料来源：《人民日报》，2024 年 8 月 28 日（14 版），评论员：吕莉）

四、职业的意义

（一）职业是个人安身立命的重要手段

个人通过持续的职业活动，可以拥有稳定的经济收入，获取生活来源；可以购买住房、交通工具、食物和生活必需品等满足生存需要；可以外出旅行、参加兴趣班和外出聚餐等丰富精神生活；可以为存款结婚、养育后代和赡养老人等提供保障。职业是人类生存的重要手段，生产劳动是人类社会发展的重要活动，人们通过职业进行生产劳动，获取生存和发展所需的生活资料，维持个人和家庭生活。职业具有目的性，不仅体现在对个人财富的积累，也体现在对社会财富的创造，通过职业活动，实现物质财富和精神财富的积累。

（二）职业是个人社会活动的重要方式

一个人一生中一大半的时间都是围绕职业进行的，职业使人承担特定的社会角色，进入特定的职业生活，职业活动情境给每个人带来不一样的社会生活体验，如教师体验备课上课、管理班级、组织考试等社会生活；警察体验维护治安、管理户籍、刑事侦查、交通安全等社会生活；快递员体验收货验货、送货上门、客户管理等社会生活。不同的社会生活反作用于职业生活，推动个人追求更高的人生目标，或是荣誉、权力、地位和财富，或是稳定、舒适、愉快、自由，影响着个人的价值观念、行为模式和前途命运。

（三）职业是个人发挥才能的重要平台

从事任何一份工作，不仅需要个人具备专业知识和技能，而且需要个人在职业发展中提升才能，使得个人兴趣和潜力得到充分发挥。离开职业活动，个人兴趣和才能就失去了良好发挥的平台。职业，对很多大学生而言不仅意味着物质生活的保障，更意味着个人价值的体现、个人理想的实现，据统计，人们对职业满足“自我实现”需求的平均期望值为95%，因此，应当考虑职业是否具有发展空间，能否满足个人更多的成就感，使人在社会生活中获得快乐，避免焦虑。职业是个人发挥才能的重要平台，职业生活可以给人带来安全感、成就感、幸福感。

（四）职业是维持社会稳定的重要基石

职业是构成社会存在的基础，是构成社会运行的一种具体方式。职业涉及社会生活的方方面面，影响着人的社会关系，涉及社会的矛盾冲突，关系着社会财富和利益的分配。全社会应齐心协力做好就业工作，尊重每一份职业，遵守职业道德和规范，共同维护社会和谐稳定，共享改革发展成果。

☞ **【案例阅读】**

稻盛和夫和你谈工作

在整个日本乃至全世界的商界，稻盛和夫都可以称得上是一位传奇人物。

他大学毕业后进入松风工业——一家濒临破产的企业，就在身边的同事纷纷离职之际，他却在这家企业研究出了当时在精密陶瓷领域内具有重要意义的发明创造，帮助公司起死回生，渡过难关。后来稻盛和夫开始创业，凭着自己敢拼敢干的精神，27岁创办京都陶瓷株式会社，52岁创办DDI（后更名为KDDI），这两家企业都进入了世界500强。很多人认为，有了这样辉煌的人生，应当颐养天年了吧。然而，在2010年，78岁高龄的稻盛和夫毅然出任当时破产重建的日本航空公司的董事长，并用一年时间让日航起死回生，创造了其60年历史上最高的利润纪录——1884亿日元，这个利润在当年全世界727家航空公司中遥遥领先。2012年9月19日，日航在宣布破产后仅仅两年零八个月就重新上市，又创造了一个新纪录。日本从20世纪60年代以来，138家上市企业破产重建，重建成功的只有9家，平均花费15年，最短的也花了9年。此外，日航创造的另一项纪录是：准点率连续3年世界第一。以下是稻盛和夫的自述。

一、我们为什么而工作？

提升心志是一件非常困难的事情，有的僧人经历长期严格的修行，也未必能够做到。但是，在工作中却隐藏着可以达到这个目的的巨大力量。工作的意义正在于此。日复一日勤奋地工作，可以起到锻炼我们的心志、提升人性的了不起的作用。

我曾在一个电视访谈节目中听过一位修建神社的木匠师傅的话，很受感动。

他说：树木里宿着生命。工作时必须倾听这生命发出的呼声——在使用千年树龄的木料时，我们工作的精湛必须经得起千年日月的考验。这种动人心魄的语言，只有终身努力、埋头工作的人才说得出来。

木匠工作的意义在哪里？它的意义不仅在于使用工具修筑漂亮的房屋，不仅在于提高木工技能，更在于磨炼人的心志，塑造人的灵魂。我在这位师傅的肺腑之言中听出了这样的意蕴。他已70多岁，只有小学学历，职业生涯一直就是修建神社。几十年间只从事这一项工作，又苦又累，不胜厌烦，有时也想辞职不干，但他还是承受和克服了这种种劳苦，勤奋工作，潜心钻研。这样的过程孕育了他厚重的人格，所以他才能说出如此语重心长的人生体验。

像这位木工师傅一样，将自己的一生奉献给一门职业，埋头苦干，孜孜不倦，这样的人最有魅力，也最能打动我的心弦。人们只有通过长时间不懈地工作，磨砺了心志，才会具备厚重的人格，在生活中沉稳而不摇摆。同时我衷心希望，生活在现代的年轻人，你们承担着对未来的责任，在工作中不可好逸恶劳，不要逃避困难。希望你们秉持一颗纯朴的心，全身心地投入到工作中。有时你们或许会感到疑惑："工作到底是为了什么？"每当此时，希望你们记住下面这句话：工作能够锻炼人性、磨砺心志，工作是人生最尊贵、最重要、最有价值的行为。

二、"极度"认真地工作能扭转人生

"极度"认真地工作能扭转人生。话虽这么说，但我原本也不是一个热爱劳动的人，而且我曾经认为，在劳动中要遭受苦难的考验简直是不能接受的事。孩童时代，父母常用鹿儿岛方言教导我："年轻时的苦难，出钱也该买。"我总是反驳说："苦难？能卖了最好。"那时的我还是一个出言不逊的孩子。通过艰苦的劳动可以磨炼自己的人格，可以修身养性，对这样的道德说教，同现在大多数年轻人一样，我也曾不屑一顾。但是，大学毕业的我，在京都一家濒临破产的企业——松风工业就职以后，年轻人的这种浅薄的想法就被现实彻底地粉碎了。

松风工业是一家制造绝缘瓷瓶的企业，原是在日本行业内颇具代表性的优秀企业之一。但公司在我入社时早已面目全非，迟发工资是家常便饭，已经走到了濒临倒闭的边缘。业主家族内讧不断，劳资争议不绝。我去附近商店购物时，店主用同情的口吻对我说："你怎么到这儿来了，待在那样的破企业，老婆也找不到啊！"因此，我们同期入社的人，一进公司就觉得"这样的公司令人生厌，我们应该有更好的去处"，大家聚到一块儿时就牢骚不断，当时正处于经济萧条时期，我也是靠恩师介绍才好不容易进了这家公司，本应心怀感激，情理上就更不该说公司的坏话了。然而，当时的我年少气盛，早把介绍人的恩义抛在一边，尽管自己对公司还没做出任何贡献，但牢骚怪话却比别人还多。

入公司还不到一年，同期加入公司的大学生就相继辞职了，最后留在这家破公司的除了我之外，只剩一位九州天草出身的京都大学毕业的高才生。我俩商量后，决定报考自卫队干部候补生学校。结果我俩都考上了。但入学需要户口簿的复印件，我写信给在鹿儿岛老家的哥哥，请他寄来，等了好久杳无音信。结果是那位同事一个人进了干部候补生学校。后来我才知道，老家不肯寄户口簿复印件给我，是因为我哥哥当时很恼火："家里节衣缩食把你送进大学，多亏老师介绍才进了京都的公司，结果你不到半年就忍不住要辞职。真是一个忘恩负义的家伙。"他气愤之余拒不寄送复印件。最后，只剩我一个人留在了这家破败的公司。

只剩我一个人了，我非常苦恼。究竟离开公司正确，还是留在公司正确呢？烦恼过后我下了一个决断。正是这个决断迎来了我"人生的转机"。只剩我一个人孤零零地留在这个衰败的企业了，被逼到这一步，我反而清醒了。"要辞职离开公司，总得有一个义正词严的理由吧，只是因为感觉不满就辞职，那么今后的人生也未必就会一帆风顺吧。”当时，我还找不到一个必须辞职的充分理由，所以我决定：先埋头工作。不再发牢骚，不再说怪话，我把心思都集中到自己当前的本职工作中，聚精会神，全力以赴。这时候我才开始发自内心并用格斗的气魄、积极的态度认真面对自己的工作。

从此以后，我工作的认真程度，真的可以用“极度”二字来形容。在这家公司里，我的任务是研究最尖端的新型陶瓷材料。我把锅碗瓢盆都搬进了实验室，睡在那里，昼夜不分，连一日三餐也顾不上吃，全身心地投入了研究工作。这种“极度认真”的工作状态，从旁人看来，真有一种悲壮的色彩。当然，因为是最尖端的研究，像拉马车的马匹一样，光用死劲是不够的。我订购了刊载有关新型陶瓷最新论文的美国专业杂志，一边翻辞典一边阅读，还到图书馆借阅专业书籍。我往往都是在下班后的夜间或休息日抓紧时间，如饥似渴地学习、钻研。

在这样拼命努力的过程中，不可思议的事情发生了！大学时我的专业是有机化学，我只在毕业前为了求职，突击学了一点无机化学。可是当时，在我还是一个不到25岁的毛头小伙子的时候，我居然一次又一次取得了出色的科研成果，成为无机化学领域崭露头角的新星。这全都得益于我专心投入工作这个重要的决定。与此同时，进公司后要辞职的念头以及“自己的人生将会怎样”之类的迷惑和烦恼，都奇迹般地消失了。不仅如此，我甚至产生了“工作太有意思了，太有趣了，简直不知如何形容才好”这样的感觉。这时候，辛苦不再被当作辛苦，我更加努力地工作，周围人们对我的评价也越来越高。

不久，我人生的第一次“大成功”就降临了。京瓷上市时，我所持有的原始股还一股未抛，而发行新股所获的利润全部归公司所有。当时我还不到40岁，但我思考的是趁上市的机会“从今以后得更加努力地工作”。上市后，我不仅要继续为员工及其家属谋福利，还要为普通投资者的幸福做更多事。不仅不能休闲放松，我负的责任还将更大、更重。我认为，上市并不是终点，只是新的起点，企业从此以后必须更好地发展。所以在上市时，“回归创业的初衷，哪怕汗流浃背，哪怕沾满尘土，让我们同心协力加油干!”我一边鼓励员工，一边也在自己心中重新下定了决心。当初的这些情景至今仍记忆犹新。

（资料来源：知乎《知识积累丨让稻盛和夫和你谈工作》，2020年7月22日）

第二节　职业世界的发展趋势

当今世界科学技术日新月异，知识经济、数字经济、网络经济和人工智能日益显现，在这样的大背景之下，职业世界的发展呈现经济全球化趋势、技术革命趋势、网络化趋势、人工智能趋势、雇佣关系变化新趋势和价值观变化新趋势。

一、经济全球化趋势

“一个美国人，身穿英国斜纹软呢服、韩国衬衣，脚蹬意大利皮鞋，看看手腕上的瑞士表，瞟一眼新装了4个法国轮胎的德国车，用加拿大杯子倒上一杯滚热的哥伦比亚咖啡，放到爱尔兰亚麻桌上的中国丝绣杯垫上，那是一张用印度亚麻籽油漆装饰过的丹麦桌子，一边听着日本产的电视机里面播报的新闻，一边从摩洛哥公文包中拿出一支中国台湾制造的圆珠笔，写信给议会代表，了解为何美国的贸易不平衡。”这一事例被广泛引用以说明经济全球化。20世纪70年代，美国气象学家在解释空气系统理论时说道：“亚马孙雨林一只蝴蝶翅膀偶尔振动，也许两周会引起美国得克萨斯州的一场龙卷风。”这也被称为“蝴蝶效应”。在经济全球化影响下，一方经济变动，会影响全球经济的联动。美国是汽车生产大国，据说如果一个美国人用10000美元购买通用汽车，其中1000多美元给了日本，250美元给了英国，400美元给了新加坡，700美元给了德国，3000多美元给了韩国。我们熟知的华为公司拥有20.7万名员工，遍及170多个国家和地区，为全球30多亿人口提供服务。华为公司也绝对称得上是5G时代的耀眼新星，目前华为公司掌握数量最多的5G专利，来自世界各地的订单源源不断。经济全球化动态不仅指各经济体之间的合作，更是跨国公司的全球化布局，使劳动者拥有更多跨国工作的机会和经验。当然，参与跨国工作需要大学生具备更高的素质，除了责任心和团队精神外，跨国公司还十分重视应聘者是否具备良好的学习能力和强烈的求知欲。跨国公司还非常强调人才的国际视野，国际化的公司都同时开发本国市场和海外市场，海外市场的发展往往更快，人才的流动性更强，不少跨国公司注重考察员工对海外文化的深入了解。许多跨国公司人力主管强调公司更看好沟通能力强、英文出色、计算机能力强，同时具备国际视野的毕业生。

二、技术革命趋势

技术进步是经济长期持续增长的源泉，纵观工业革命以来的世界历史，每一次科学技术的大飞跃都推动了经济社会的大发展，产生了极为深远的影响，改变着我们的生活。如现在大多数人拥有PC电脑、平板电脑和智能手机，可以轻松实现不同平台的通信交流，而在过去，你可能需要写一封信沟通，这封信甚至需要几天才能交付到对方的手中。现在我们可以不必去银行排队取款或转账，许多银行已经开通了手机银行，人们可以使用互联网发送和接收资金，出门购物也可以用信用卡、支付宝、微信完成在线账单支付。如在家庭生活中，在科技越来越发达的现在，许多小机器可以让我们更轻松地去完成家务，各类智能家电也方便了我们的生活，提高了我们的生活品质。由于科技的发展，我们出行也变得越来越方便，逐渐普及的高铁、地铁等，日益发展的交通工具使运输更快、更方便。以前从南到北可能需要几天几夜的时间，现在因为交通运输工具的进步，时间被大大缩短了，这也催生了快递运输行业的发展。就业就是最大的民生，对经济发展产生重要影响。新技术的进步会对就业产生双重影响，它会带来新的工作机会，但人工智能的发展，也会淘汰一些原有的岗位。过往的实践证明，新技术的进步并没有导致长期的大规模失业，它带来的新增就业机会要多于被替代的就业机会。未来是科技创新发展的时代，北京师范大学互联网教育智能技术及应用国家工程实验室主任黄荣怀说道："智能时代的人才应具备数字化生存能力，应能主动适应社会的智能化发展、利用技术或工作为自身或他人服务。信息素养、计算思维、协作沟通能力、复杂问题解决能力、人机协调能力等将成为新时代人才重要的核心能力。"

三、网络化趋势

网络化是指利用通信技术和计算机技术，把分布在不同地点的计算机及各类电子终端设备互联起来，按照一定的网络协议相互通信，以达到所有用户都可以共享软件、硬件和数据资源的目的。今天的世界是网络化的世界，从交通通信网、商贸物流网到产业协作网、资金融通网再到互联网、物联网、智联网等，网络化的影响无处不在。计算机网络在交通、金融、企业管理、教育、邮电、商业等各行各业中，甚至是我们的家庭生活中都得到广泛的应用。如疫情期间的高校在线教学实践实现了全区域、全覆盖、全方位，截至 2020 年 5 月 8 日，全国 1454 所高校开展在线教学，103 万教师在线开出了 107 万门课程，合计 1226 万门次课程。参加在线学习的大学生共计 1775 万人，合计 23 亿人次。在线学习开设课程覆盖理、工、农、医、经、管、法、文、史、哲、艺、教等学科门类，课程类型包括公共课、专业基础课、专业课、理论课、实验课等多种类别，授课模式有直播课、录播课、慕课、远程指导等多种形态。据中国互联网络信息中心 2025 年 1 月 17 日发布的《中国互联网络发展状况统计报告》，截至 2024 年 12 月，我国互联网普及率升至 78.6%，网民规模达 11.08 亿人，国家顶级域名".CN"的数量达 2082 万个，连续十年保持全球第一。我国建成了全球规模最大、技术领先的互联网基础设施，构建起全球最大的网络零售市场和网民群体。网络化发展让在线教育传播到全国各地，使教育更加公平、高效率和高质量，在线教育的浪潮正在迎面而来。大学生们可以利用网络在线学习，今后也同样可以依靠网络实现工作自由化，远程办公和在家办公将成为未来职业的发展趋势。

四、人工智能趋势

人工智能（artificial intelligence），英文缩写为 AI。它是一门研究、开发用于模拟、延伸和扩展人的智能的理论、方法、技术及应用系统的新的技术科学。人工智能是计算机科学的一个分支，生产出一种新的能以人类智能相似的方式做出反应的智能机器，该领域的研究包括机器人、语言识别、图像识别、自然语言处理和专家系统等。人工智能从诞生以来，理论和技术日益成熟，应用领域也不断扩大，可以设想，未来人工智能带来的科技产品，将会是人类智慧的"容器"。人工智能对职业的影响已不再仅仅是一种理论，已经在现实中发生。世界经济论坛发布的《2025 年未来就业报告》研究结果表明，人工智能正重塑商业模式，全球一半的雇主正计划调整业务方向，瞄准人工智能催生的新机会。2025 年 2 月，ChatGPT 劲敌 Claude 背后的 AI 初创公司 Anthropic 发布了《Anthropic 经济指数》报告，深入剖析了各行业的 AI 使用情况，并指出 43%的人类工作将被自动化取代——AI正重塑未来劳动市场。这也提醒大学生，面对人工智能的发展，需要培养人际交往能力，做到人工智能做不到的情感交流，选择以人为中心的职业，如教师、艺术家、设计师、销售、医生、律师、心理咨询师等；需要培养和机器打交道的能力，从事围绕机器开展工作的职业，如程序员、大数据工程技术人员等；需要培养自身的创意、创造、创新能力。创新是不竭的动力，让你独一无二，不被机器取代，可以选择如艺术家、设计师、创意师等职业。术业有专攻，大学生应树立不断学习、跨界学习、终身学习的理念，丰富知识面，提升职业技能，成为工作的行家里手。

五、雇佣关系变化的新趋势

员工和组织之间的关系，早已在市场环境和商业模式的变化下，从雇佣关系逐步转变为合作关系，个人与组织之间的雇佣关系逐渐松散。

（一）共享员工制度

受新冠疫情的影响，“共享员工”这种新型雇佣模式悄然兴起。疫情期间，线下餐饮、酒店等服务行业受到冲击，大量员工无工可返，而在线生鲜电商生意火爆，拣货员、打包员、骑手等岗位人手紧缺，由此出现了临时性的用工模式——“共享员工”。从2020年2月起，包括餐饮、文娱、零售等行业40多家企业的超3000名“共享员工”加入盒马，沃尔玛全国400多家门店已入职兼职人员超3000人。随着各地各行业逐步复工，“共享员工”出现在更多的行业，比如联想集团首批开放武汉、合肥、深圳、惠州、成都5个城市的一些工作岗位，为当地没有开业的企业员工提供电脑、服务器、手机的组装、包装等临时工作机会。据联想集团相关负责人介绍，报名的主要是餐饮、酒店员工以及一些互联网客服人员，报名人数已超500人；苏宁物流发布“人才共享”计划，提供各类仓内分拣、包装以及社区骑手、快递配送等工作岗位；大润发联合欧尚全国近500家门店提供了大量理货、拣货、包装等岗位。可以明显看到，共享员工模式使企业的人力资源转变为人力资本，给员工提供多元化工作机会，促进社会整体经济收入提升，企业通过多元化用工形式减少成本压力，最大程度盘活企业资产，加强企业的灵活度。随着共享企业的增多，未来可能会出现专门从事“共享员工”管理的合法平台，“共享员工”不仅是疫情期间的应急措施，更是未来的用工趋势。

（二）老年雇佣制度

2000年中国迈入老龄化社会后，我国人口老龄化的程度持续加深。2025年1月17日国家统计局发布的人口数据显示，2024年60岁及以上人口3.1亿人，占全国人口的22.0%，其中65岁及以上人口2.2亿人，占全国人口的15.6%。随着时间推移，老龄化带来的负面影响逐渐显露，劳动力成本上升、劳动者年龄结构老化、人口红利消失、经济潜在增速下滑等将影响我国的社会经济发展。人口结构带来的劳动力短缺问题已引起政府的重视，60岁以上老年人的再就业呈现出从大企业向中小企业流动、从制造业向服务业流动、从全日制就业转向非全日制就业或自营业流动的趋势。电影《实习生》的男主角一位70岁的退休老人Ben，其就是老年雇佣制度的生动例子。他在一家公司待了40年，之后退休，老伴去世，儿子在外地成家。突然间，他找不到自己存在的价值了，每次旅行回家，打开门，看到空荡荡的屋子，他没有归属感。一次机缘巧合，Ben看到一家电商新秀公司的实习生招募项目，于是他去应聘了，成为了老板的实习生，每天重新西装革履地去上班，并帮助公司解决了不少难题。他也通过工作重新建立与人的联结，找到了老年生活的意义。随着社会发展、科学技术和医疗技术的进步，人的寿命不断延长，越来越多的国家显现老龄化趋势，这也推动了我们思考更长远的职业生涯规划，为老年人的职业活动创造条件，使其发挥余热和精力继续参与社会工作。

（三）项目合伙制度

长期以来雇佣制是中国企业的主流模式，企业雇佣员工，资本雇佣劳动。企业与员工只是简单的雇佣关系，员工难以享受企业发展的成果，导致的后果是：员工行为容易短期化，企业成为了培训中心，员工动力不足、出勤不出力，对企业的发展漠不关心，对企业存在的问题也熟视无睹，企业的成败全系于一把手。

鉴于这种情况，为适应激烈的竞争市场，一些企业大胆地提出全面推进员工项目合伙制度。这一重大举措意味着雇佣制被打破，公司企业与员工不再是简单的雇佣关系，而是真正的事业合伙人关系。实行项目员工合伙制，员工通过占有一定比例的股份共享项目效益的红利，与企业的利益捆绑在一起。企业与员工不再是简单的雇佣关系，而是利益共同体。如华为公司，任正非本人仅仅持有华为总股权的1.4%，其他股权由员工共同持有，华为用这个办法把员工个人利益和公司利益绑定到了一起，所以华为的员工都很拼，主人翁精神比较强。与此同时，人才特别是关键人才在合伙制的模式下更具有话语权，发展空间更大，获得感更强。项目合伙制的成功推行将改变企业的成败系于一人的状况，企业发展的风险大大降低，员工和企业紧密联系、息息相关，全体员工心往一处想、劲往一处使，企业蓬勃发展，员工红利也将不断提高。

六、价值观变化的新趋势

就业市场的变化也体现在工作价值观的改变上，从传统的“我是革命一块砖，哪里需要往哪搬”的集体主义工作价值观，到现在更加追求工作幸福感，追求自我价值的实现。与老一代员工相比，新生代员工更加看重自由，更喜欢从事拥有较多休假时间且节奏较慢的工作。他们要工作，更要生活，更加注重工作与家庭的平衡。他们认为在工作时间内需要努力工作，但在工作时间以外拒绝加班。他们深信，赚钱不是目的，只是实现目的的手段。智联招聘《2021 Z世代职场现状与趋势调研报告》显示，47%的95后认为，“公司提供很多学习机会，能够在工作中学到新技能，不断提升自我”对其更有吸引力；49.4%的00后则被“对工作内容很感兴趣，能发挥自己特长与创造力”吸引。认同“权责清晰、分工明确”的95后比例不到六成，明显低于95前群体：65后（74.1%）、75后（71.4%）、85后（62.9%）。“打破旧秩序”的工作态度，还体现在95后对办公方式、评价体系的期待上。48.3%的95后认同“灵活的办公方式”，比例高于人群总体的44.2%。由此可见，新生代员工对待工作的价值观发生了明显的变化。在看到新生代员工价值观出现变化的同时，也要看到其积极的一面。例如，新生代员工对新科技的敏感，能够带来丰富的信息来源，帮助组织增强交换、加工、处理不同来源信息的能力，有利于激发创新。新生代员工的求变求新，有益于形成建设性冲突，为问题的解决提供多种思路、方法和观点，提高组织决策质量。价值观的变化，也对组织管理文化提出了新的挑战。领导要在工作中积极地去引导员工的工作价值观向积极、健康的方向转变，改善员工的心态，提高员工的工作积极性，共同创造良好的工作环境，使员工在工作中实现更好的自己，快乐地工作，幸福地生活。面对新兴职业、灵活就业和国潮回归大环境，新生代员工有更多的职场机会和自由选择权，紧跟宏观趋势、保持良好心态、增强业务技能，方能在职场搏击中迎来更多高光时刻。

☞ **【课堂活动】**

绘制“专业去向地图”

请结合所学的专业，按以下要求绘制“专业去向地图”：

1. 以小组为单位，3～5 人一组，分组绘制。
2. 统一使用 A4 空白纸，为确保呈现效果，建议最好用彩笔。
3. 在充分查阅相关资料，进行必要访谈后，绘制本专业的典型就业去向地图。
4. 至少要有 10 个就业去向，并且要符合本校本专业实际。

最后，邀请 2～3 组同学来呈现并介绍自己绘制的作品。

☞ **【拓展阅读】**

职业新世界，技术革命带来的机遇和挑战

近 10 年来，在世界各地，特别是我们国家，每一个行业都在发生前所未有的变化。我们有向公众通报决策数据的政府、可以诊断病人的人工智能计算机、改变我们与世界互动方式的 AR 技术，还有能制造概念产品的 3D 打印，我们还可以用手机实现支付，在网上进行众筹募捐……在生活的各个方面，选择的数量都呈现了爆炸性的增长。

我们的工作也是一样，就业市场提供的机会与我们父辈时期相比似乎有无限可能，也更有趣。比如，你想成为一名新媒体作家还是一名牙科医生？建筑设计师还是软件工程师？是做一名“村官”还是去联合国实习……当学生真正开始思考这个问题的时候，眼花缭乱的选项往往让人不知所措，或者更多的时候是不知道那些有趣的选项究竟是什么、在哪里可以找到。

社会学理论说，人在特定的社会环境中才能发展出价值观，并且我们的行为能够适应社会并积极作用于社会。这个环境往大了说，包括科技、经济、政治、文化；往小了说，也涵盖家庭、学校、同辈等。我们通过一项或几项工作与世界连接，工作在影响着我们，满足我们需求的不同层次，同时，我们也在影响着工作，我们的价值判断、工作行为可以让工作本身产生奇妙的化学反应，创造出职业和工作的“酸甜苦辣”。

一、技术革新影响的职业世界新趋势

从第一次工业革命到现在正在发生的第四次工业革命，谈到任何一次社会的变革，我们都不能不谈到技术的革新。蒸汽机、电气、互联网技术、人工智能技术……技术的变革给生产模式带来了天翻地覆的变化，从手工作坊到生产流水线，再到今天的定制化生产，个性化、前瞻性的生产方式更带来了工作世界的新趋势。

云能够支持很多事情，用户不需要提供任何资源，只需要连接到互联网，就可以开始工作了。基于云的软件，我们可能不需要走任何程序或者批准，也许只是需要少量的费用或者根本就是免费的，就可以选择和使用技术。比如，我们可以在课堂上很容易地使用互动学习平台，进行即时点名和小组讨论。在没有求助他人或者权威部门的情况下自己解决了课堂互动的问题，我们每个人都是解决工作问题的主体。这就是云的力量和意义所在。

现在，我们可以在 Yammer、Mango App，或者是钉钉、微信上，简单地创建一个项目群组，所有人通过在线协作的方式，共同创建文档，上传和评论最新版本，而不需要再逐一发邮件沟通确认。协作平台使组织能够在任何地方、任何时间、任何设备上连接和调动人力和信息。这些新技术提高了我们做事的效率，也塑造着我们在企业中的行为，比如会议记录、追踪最新信息、寻找专家、头脑风暴，或者使工作充满乐趣……

我们现在生成数据的数量呈几何数级增长，几乎任何“连接”行动都会生成和创造数据。这个数量的数据可以提供关于某个领域、某个人惊人的信息。比如，就业信息管理系统，把企业招聘、签订协议、预约咨询等功能都在网上或者 App 客户端来实现。那么，现在的组织也在利用数据解决有关应聘者和在职员工的各种问题。比如硅谷的成长型企业 Knack，能够根据你玩一个游戏的方式，收集分析海量的数据，并通过观察你的行动，重现你玩游戏的过程，从而识别职业潜力。物联网创造海量的大数据，大数据提供了更多潜在的信息，帮助我们更好地了解自己，以及自己的工作和生活方式。同时，我们也看到信息理解和处理能力越发地重要。

如果说互联网技术解决的是通信问题的话，区块链技术解决的则是去中心化的信任问题。以支付宝为例，传统的交易方式是依靠支付宝中介平台进行确认打款。但区块链技术支撑的交易模式是买家和卖家交易后系统通过广播的形式让所有收到交易信息的节点或主机记录下这笔交易，即便存在某一台机器系统崩溃、数据篡改等情况也不会影响数据的记录。区块链技术不仅影响着行业的发展趋势，也促使一些职业伦理和职业道德有了新的发展。

二、技术革新带来的工作世界新机遇

00 后群体迈进大学，他们带来了新的工作态度、新的期望、不同的价值观和不同的工作方法，他们更关心可持续性，能够自由地学习和指导他人。那么这些技术革新给工作世界带来的改变为 00 后的新生代们带来了怎样的新机遇呢?

国家战略性地提出了七大新兴产业规划，标志着新兴战略产业框架已成定局，这也拓展了更多人才需求的可能领域。互联网、金融、新能源等新兴行业人才吸引力指数不

断提升。同时，我们的实体经济也在技术革新中得到升级。比如制造业，正处在从产业链低端向高端“爬坡”的转型升级阶段，从“中国制造”到“中国创造”转型的关键。著名的思科公司在积极地帮助一些制造业企业开展数字化转型：加速协同研发，缩短新产品上市时间；运用物联网、大数据分析技术更清晰地了解原材料、部件和成品整个价值网络的流动状态，合理安排工厂运营，提高效率；业务创新，让客户愿意为更好的体验支付费用。

有人说，现在的世界变小了。确实，每个人、每个地方，都通过互联网、协作等技术连接在一起。中国的水稻农民可以和住在美国旧金山的工程师访问到相同的信息。了解到的职业信息也会越来越广泛，真实、可靠性越来越强。美国的 O＊NET 职业信息系统，假以时日，一定会出现真人版。那么这样的连通，使“全球化”更加落地：组织跨国营商能力的增强，一些企业的职位往往需要常驻世界各地；国家设立的国际交流学习项目和国际组织实习项目，让我们比任何时候都有更多的机会走上世界舞台，发出中国声音。

我们看到，许多新兴的企业正在挑战和颠覆传统的人力资源模式，这些规模较小但成长迅速的组织迎合了新生代的成长需求。这意味着大型组织或者体制内组织会比以前接受更多的挑战。当然，无论国企、民企、外企，大型企业仍有其独特的优势，比如，发展空间、去世界各地工作的机会、诱人的工作环境、品牌的知名度等。同时，为了适应这种竞争激烈的人才争夺战，大型企业也正在快速地转变，以吸引更多的优秀新生代加入。

联合国开发计划署在《2015 年人类发展报告》中指出，技术的飞速发展，全球化进程的不断深化，以及社会老龄化现象和环境挑战正在迅速改变工作的意义和方式。各国政府要积极制定国家支持就业的战略，并在制定战略的过程中将这个日新月异的世界工作格局中新出现的许多挑战考虑在内，把对人类发展具有重要意义的工作形式考虑在内，例如志愿服务和创造性活动。在我国，国家发展战略和促进就业政策已经在努力为大学生就业开拓新的机会和领域。比如，“一带一路”“京津冀协同发展”“万众创新，大众创业”，大学生可以在“留京”“当公务员”“进央企”之外，去看一看更广阔的天地。

三、技术革新引发的工作世界新挑战

2018 年，数据科学家、创新工场创始人李开复博士预估，在未来 15 年内，美国 40％～50％的职位将会被人工智能取代，其中包括会计师、股市分析师、律师助理和放射科医生等今天看来还比较“高知”的行业。同时，人工智能带来了社会结构和职业伦理的挑战。而另一方面，国内外经济增速放缓，高污染高耗能等传统产业逐渐被淘汰，尚处在转型期和初创期的新兴产业正在培育，使岗位供给相对不足。职业世界更多的不确定性发生在行业和组织中。

阿里巴巴前总裁马云，在 2017 年时提出：“过去 30 年，我们把人变成了机器；未来 30 年，我们将把机器变成人，但最终应该是让机器更像机器，人更像人。机器会让人更有尊严、更有价值、更有创造力。”人工智能在替代大量常规工作（如生产线工作）

的同时，也带来了很多工作的机会。与人工智能相比，人类胜在有创造力和同情心。比如要求创造力的工作、关爱型的工作。未来不管是哪个领域，实际上它都是最聪明的人加上机器协同工作。

其实，焦虑产生的一个重要原因，来自对陌生的未知。职业焦虑也是一样。如果我们能共享到更多的信息，更清楚地看到未来世界会如何发展，也就能做出更理性的抉择。所以，面对工作世界的机遇与挑战，回避并不是好的解决办法，以怎样的姿态去“应战”才是关键。

只有想不到，没有去不了。传统意义上的专业对口——专业与行业完全吻合即将成为历史，基于职业自我认知的个人优势塑造与岗位胜任力的匹配会成为评价“专业对口”的新角度。

只要是人才，都是香饽饽。但首先要知道人家需要的香饽饽到底是什么样的，接下来一方面靠实力，另一方面也要靠你所能控制的机缘。

对自己负责，别人才能对你负责。连通的时代，任何随性之举都有可能成为你在别人眼中的永久标签，所以在职业选择上，理性的决定依然更加靠谱。

信息决定视野，视野决定未来。人工智能凭借其强大的学习力、理性的判断力和超强的工作力，成为当前世界科技发展最为重要的潮流之一。新时代的赢点，很大程度在于你获取、理解、应用即时信息和未来信息的能力，无论是通过技术也好，协作也罢，总之对信息的占有是你很大的筹码。

面对职业世界越来越多的不确定性和复杂性，无论是传统行业的从业者，还是从事新兴行业的新职业人，我们可以做到的，一方面强调的是出色的表现，让我们始终“向好看”，看到自己的优势；另一方面，强调的是前瞻的判断，让我们“向前看”，看到无限的机会。在行动和不断“迎战”的过程中，我们会逐渐发现，任何一种职业或是一份工作并不是所谓的苦差，而更多的是一个机会，可以让我们与一个或者几个组织共同踏上一段投入的、热爱的和能够体现价值的人生旅程。

（资料来源：“中国大学生就业”微信公众号，2019 年 12 月 2 日，作者：张小诗）

☞ **【拓展阅读】**

DeepSeek，彻底改变了工作逻辑！

2025 年春天，DeepSeek 的爆火像一场飓风，席卷了全球职场。它像一匹黑马，从技术圈火到职场，从创业者火到打工人。

有人说它是“效率核弹”，有人说它是“认知革命”，甚至有人断言：DeepSeek 的诞生，标志着一个新时代的工作逻辑正在被彻底重构。那么今天，我们从三个维度来拆解：它到底改变了什么？

一、工作效率的“三倍速”革命：从“人机博弈”到“人机共生”

人类对效率的追求从未停止。工业革命用蒸汽机替代体力劳动，信息革命用计算机替代脑力重复，而 DeepSeek 代表的 AI 革命，则试图用“智能”重构效率的底层逻辑。

之前有家广告公司的案例让我印象深刻：过去该公司，5人团队2天只能产出100条广告语，现在“1人+DeepSeek”2小时生成500条，再由1名员工精选30条爆款方案。

这种效率的指数级跃迁并非特例，而是正在发生的普遍现象：

1. 时间：会议纪要整理从30分钟压缩到30秒，数据分析从3小时缩短到2分钟，文档阅读从数小时变成“秒级提炼”。

2. 质量：AI不仅替代机械劳动，还能避免人类难以根除的低级错误。比如财务数据异常预警、代码漏洞实时提示，甚至能通过“思维链”技术实现长逻辑推理。

3. 空间：通勤路上用语音生成邮件框架，健身时听AI整理的行业简报，排队时处理简单任务——碎片时间被重新定义。

现在，在效率竞争的主战场，我们将从“人与人的比拼”转向“人机协同能力的较量”。

二、组织形态的颠覆：从“公司+雇员”到“平台+超级个体”

DeepSeek带来的不仅是效率提升，更在解构传统组织模式。有位跨境电商创业者就说了DeepSeek对他们行业的影响：过去做跨境生意团队需要招美工、翻译、客服，现在一个人借助AI工具就能完成商品图生成、多语种客服和实时数据分析。这场AI职场变革正在催生三类新“物种”：

1. 超级个体：通过AI工具包实现“一人企业”，比如说独立设计师用DeepSeek分析市场需求并生成“土味霓虹灯”风格爆款，造价工程师用AI将建模时间从3天压缩到4小时。

2. 敏捷组织：国内某车企接入DeepSeek后，智能座舱开发周期缩短60%，中小公司也能用AI实现原本需要顶尖团队才能完成的复杂任务。

3. 零成本试错者：创业者用AI模拟100个广告版本再择优投放，用虚拟推演替代真金白银的试错，这让创新门槛断崖式降低。

这场变革的本质是：生产要素的权重被重新分配——创意、洞察、决策能力的价值飙升，而标准化、流程化、重复性工作的壁垒土崩瓦解。

三、能力升维：从“执行机器”到“提问大师”

在GHR之前服务的深圳一家科技公司中，我注意到一个现象：优秀员工使用DeepSeek的指令往往以“为什么”“如何验证”“有哪些可能性”开头，而普通用户更多输入“请帮我做xx”。这揭示了一个残酷事实：AI时代的核心竞争力，正在从“解决问题的能力”转向“定义问题的能力”。

举些例子：当需要优化生产线时，工程师必须向DeepSeek输入包含目标、约束条件、优先级的三维指令。这种训练让某汽车配件厂员工的系统思维能力三个月内不断提升，并给出更多更好的技术改进建议。DeepSeek的运作机制，要求使用者能给它持续提供反馈。北京某设计院的测试显示：经过15轮“提示词优化训练”后，方案通过率从32%跃升至89%。不具备“不断提问”素质的员工，无法发挥DeepSeek的真实效用。

站在2025年的今天，一个清晰的趋势浮现：未来的赢家，不是与AI竞争的人类，也不是替代人类的机器，而是“会提问的人类+懂思考的AI”的超级组合。

（资料来源：“环球人力资源库”微信公众号，2025年3月5日，作者：秋天）

第三节　探索职业世界的维度

职业世界是一个人实现其生涯理想的重要平台和载体。伴随着经济社会的快速发展，科学技术的日新月异，现在职业世界的分工越来越细，新职业层出不穷，使整个职业世界呈现出更加丰富多彩、繁花似锦的景象。身处象牙塔中的大学生，由于还未正式进入社会职场，对职业世界既满怀憧憬和期待，又充满陌生和迷茫。因此，怎样引导大学生科学有效地探索职业世界就显得非常重要。职业世界作为一个外部平台，是由多种因素和维度交织在一起构成的一个综合系统。本节将主要从地域、行业、组织和职位四个维度引导大学生探索职业世界，以帮助大学生更好更全面地了解和认清职业世界，具体内容详见图4-1。

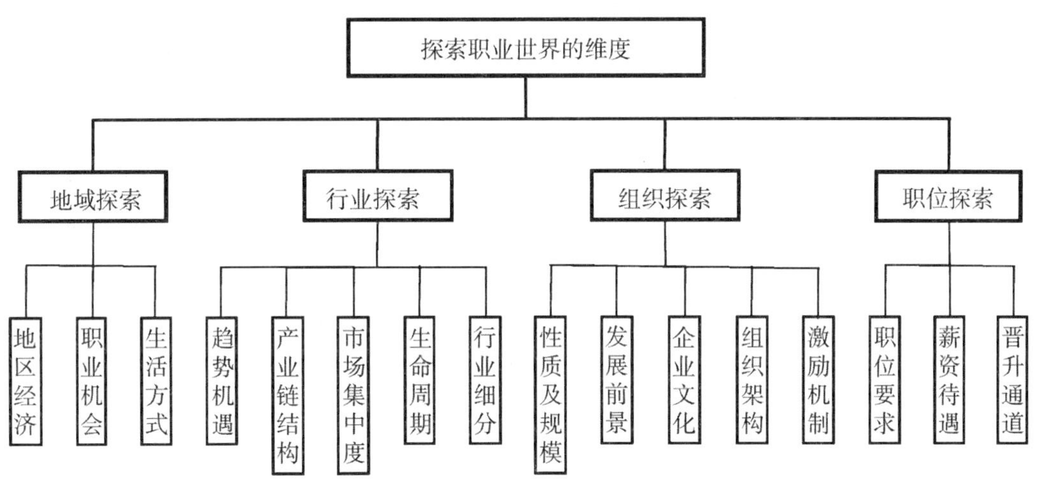

图4-1　探索职业世界的主要维度

一、地域探索

2024年5月30日，第一财经·新一线城市研究所发布了《2024新一线城市魅力排行榜》。其中，一线城市共有四个，分别为北京、上海、广州、深圳。新一线城市共有15个，分别是成都、杭州、重庆、苏州、武汉、西安、南京、长沙、天津、郑州、东莞、无锡、宁波、青岛和合肥。榜单显示，一线城市“北上广深”的格局没有变化，与2023年相比，新一线城市与二线城市分界线上的竞争依然胶着。无锡时隔5年重回新一线城市之列，并以总分不到0.5分的微弱优势连续超越了宁波、青岛和合肥，名列新一线城市第12位；而昆明的表现再次振荡，跌回二线城市。当你毕业后，打算去哪里工作？是回老家还是留在上学的城市，是去一线城市还是去二三线城市抑或县城？可能每个人都想过这个问题，得出的答案也不尽相同。建议可以将一个城市的商业资源聚集度、城市枢纽性、城市人口活跃度、生活方式多样性、未来可塑性作为考量因素。

（一）地区经济

了解一座城市有哪些政府重点扶持的产业，该地区有哪些支柱产业，有哪些知名企业，是否为产业聚集区。大家可以通过网络搜索获知产业聚集区的信息，如珠江三角洲、长江三角洲、环渤海湾地区和以四川、陕西为主的西部地区是我国电子信息产业最为发达的地区，也是电子信息产业集群的主要聚集地。中国高新技术产业开发区是中国在一些知识与技术密集的大中城市和沿海地区建立的发展高新技术的产业开发区，福建省内的有福州高新技术产业开发区、厦门火炬高技术产业开发区、泉州高新技术产业开发区、莆田高新技术产业开发区、漳州高新技术产业开发区、三明高新技术产业开发区、龙岩高新技术产业开发区。金融产业就世界范围而言，纽约、伦敦和东京，成为全球最重要的金融产业聚集地，这些大都市吸引了全球最主要的银行、保险、证券、基金等金融机构纷纷进驻开展业务，就国内而言，上海和北京集中了国内外的大量金融企业。中国国内包装印刷聚集区分布在广东省、浙江省、江苏省、湖北省、辽宁省、云南省、安徽省、四川省和福建省。

（二）职业机会

根据所要从事的职业，去产业聚集区和知名企业所在地工作。例如，想从事金融专业，可以去北上广深求职。人才作为一个城市发展的根基，为一个城市的建设注入了强大的力量。北上广深作为我国目前金融较为集中和发达的地区，以城市的魅力和行业福利吸引着金融专业人才。如想从事电商行业可以选择去杭州、北京、上海、成都等城市，杭州作为全国电商的大本营，聚集了浙江省80%的电子商务企业，是电子商务投资最活跃的城市，也是电商趋势最早的感知者和推动者，知名企业有阿里巴巴、网易电商、云集、微拍堂等。想从事制造业工作，可以选择去上海、深圳、北京、广州、苏州、武汉等城市。《2024先进制造业城市研究报告》显示，华北地区先进制造业百强市入选数量稳步提升，长三角城市区和长江中游城市是先进制造业发展主要承载地。求职时去产业聚集区、头部企业和知名企业所在地求职，有更大的机会获得一份工作。

（三）生活方式

每一个城市都有它的特点和性格，选择一个城市，也就意味着选择了某一种生活方式。大学毕业时，同学之间各自选择了不同的城市、不同的工作，开始了不同的生活。有的人恋家，选择了回家乡工作，能和家人近距离生活；有的人喜欢大城市的繁华，选择了北上广深；有的甚至出国工作，选择了繁华的国际大都市；有的人喜欢远离尘世喧嚣，选择去山区、边陲小镇等地方工作。其实，每个地方都有它的独特魅力，大城市的繁华，小城市的安逸，就业的选择难有双全的办法，所有的选择都带有取舍，选择一个城市，便选择了它赋予我们的生活，关键是看我们置身其中，能否怡然自得。

☞【案例阅读】

小城市，正在成为年轻人新选择

“毕业后你打算在哪个城市工作呢?”相信很多同学在毕业时都会面对这样的灵魂拷问。之所以会纠结、犹豫，是因为它没有固定的答案，需要我们根据自身情况做出选择。这个选择，往往决定了未来的职业发展与生活规划。不同的选择，也可能会演变出不同的人生剧本。

整理各院校毕业生的就业城市选择后发现，除了大多数学生首选学校所在地外，北京、上海、广东、浙江依旧是毕业生就业的热门区域，部分新一线城市如杭州、佛山、长沙、苏州等也受到青睐。可见，大家对于一线、新一线城市的热情依旧不减。大多数毕业生在选择城市时，通常结合自身因素与就业区域的条件，来选择适合自己的城市。那是不是大家都去了一线、新一线城市呢？其实不然。这几年越来越多的大学生选择到发达地区的地级市和县城工作。

有这样一群年轻人，他们选择回到家乡，开启创业之路，并用自己的经历证明，在小城市，同样也有出彩的生活。97 年女大学生张桂芳，在 2020 年高票当选河南鹤壁石林镇三家村党支部书记，她带着大家一起铺路、修水管、清理河道，建造了村里的第一个图书馆、篮球场、公共厕所，还有电影院，把家乡打造成彩虹村。“如果年轻人能够回到村子，会给村里带来活力。”看着村里一点点发生变化，张桂芳找到了自己的价值。

同样让乡村换新颜的还有河南省返乡创业青年、嵩县黄庄乡三合村党支部副书记、团支部书记冯亚珂。“有了想法就去做，我相信自己能在家乡蹚出一条路来。”2015 年 10 月，冯亚珂毅然离开了城市，回到了家乡三合村。他决定立足家乡优势，创办三合伏牛山写生基地，他带领乡亲们开展写生经济，让一个贫困山村变为“手绘小镇”。

连云港市有这样一位大学生创业明星——徐瑶，11 年前她辞职返乡种西瓜，有担当、有办法的她带领村民创业致富，年产值达 680 万元。在徐瑶的影响下，返乡创业、回村任职的大学生越来越多。今年，徐瑶首次当选全国人大代表，关心乡村振兴和发展乡村特色产业的问题。

大学生毕业后回到家乡，并不代表着从此“躺平”，在小城市工作也并不平庸，同样需要我们在自己的岗位上奋斗，也可能会有更大的责任。看过了大城市的车水马龙，或许对家乡经过岁月打磨的老街小巷更有从心底生发的向往。

（资料来源：“学信网资讯”微信公众号，2023 年 4 月 1 日）

二、行业探索

根据新国家标准《国民经济行业分类》（GB/T 4754—2017），行业分类共有 20 个门类、97 个大类、473 个中类、1382 个小类。对于行业探索，可以通过趋势机遇、产业链结构、市场集中度、行业细分、生命周期进行。可以借助行行查、萝卜投研等网站、App 和小程序查询行业信息。

（一）趋势机遇

行业趋势机遇受到政策、产业升级、技术进步的影响。《2024 年中国本科生就业报告》（就业蓝皮书）显示，面对毕业生规模的新高和宏观经济增速的放缓，2023 届本科毕业生的就业选择趋向灵活化和多元化。随着“考研热”的降温，境内读研比例增长放缓至 17.6％，而留学比例回升至 1.7％。灵活就业成为新趋势，比例上升至 5.1％，尤其是互联网创业的比例显著增长。毕业生返乡和下沉市场就业趋势显著，中西部地区和地级及以下城市的就业比例持续上升。在高端装备制造业的稳步发展中，对数字技术工程技术人员的需求增长至 4.7％，显示出制造业高端化、智能化转型对人才的吸引力。中小微民企的就业吸纳比例回升至 31％，其中装备制造领域的占比持续上升。五年内，律师职业薪资增长潜力最大，达到 178％，而民营企业薪资增长潜力也不容忽视，涨幅达 138％。人工智能专业人才需求激增，但人才培养与行业需求之间存在显著错位。同时，小学教育领域面临教师供给过剩的挑战，但城乡之间小学教育师资需求存在较大差异，因此，小学教育人才培养需更好地匹配不同地区、不同学科的用人需求，同时也需提升教师培养质量，特别是加强实践教学和教学能力培养，以适应教育发展的新要求。此外，随着互联网技术和移动技术的成熟，在线教育市场正在迎来蓬勃发展。随着人们对线上教育认识的加深，在线教育行业发展趋势逐渐明朗，未来也将有更多毕业大学生从事线上教育工作。

☞ **【课堂活动】**

社会主义先进文化、数字经济、人工智能、绿色经济、“一老一小”、乡村振兴……以上六个词语代表着当前社会发展中的热点领域，描绘出中国当前和未来发展的蓝图。

（1）请分为若干个小组，每个组选择一个词语。

（2）搜索与词语相关趋势的新职业（每组至少五个），并思考自己的专业能够从事什么样的新职业。

（3）交流分享。

（二）产业链结构

产业链是指从原材料一直到终端产品制造的各生产部门的完整链条，主要面向具体生产制造环节。产业链向上游延伸一般进入基础产业环节和技术研发环节，向下游延伸则进入市场拓展环节。产业链结构即在行业当中会有一个产业全景图，如在线教育按照产业链分工，主要分为上、中、下游。上游是师资供应、内容提供商、平台提供商和技术提供商四类。在线教育师资供应来自高校、中学、小学、幼儿园和教育机构等。内容提供商主要提供教学资料（讲义、课件、音频、视频等）和辅助教学工具类产品。平台提供商旨在为内容提供商和终端用户之间提供中介平台，多是具有互联网思维的线上机构。除了提供内容、平台外，还有一些企业提供技术支持，如华平股份、优慕课、立思辰为远程教育系统提供支持。中游是教育服务的提供方，多指校外的辅导机构。下游是指最终消费的家长和学生。通过一个产业全景图，求职者可以看到一个行业产业链之间的关系，进而开阔行业眼界。

（三）市场集中度

市场集中度是对整个行业的市场结构集中程度的测量指标，它用来衡量企业的数量和相对规模的差异，是市场实力的重要量化指标。市场集中度是决定市场结构最基本、最重要的因素，集中体现了市场的竞争和垄断程度。在中国，K12 教育指小学 6 年、初中 3 年和高中 3 年共计 12 年的基础教育，涵盖课外辅导培训等，K12 教育培训形式可分为线下教育和在线教育。在中国各类培训品类中，K12 辅导是客群基数最大的。不仅基数大，而且因为升学排名的竞争性，K12 辅导的参培率很高，无论是排名靠前的尖子生，还是排名靠后的后进生，家长都有让孩子接受辅导的强烈意愿。客群基数大，参培率高，同时学生的培训周期长达 12 年，共同造就了中国最大的培训市场。但在 2021 年，“双减”政策发布后，K12 教培机构经历了较大的调整和转型。2022 年 10 月，全国人大“双减”报告指出，“双减”政策前后义务教育阶段线下学科类培训机构从 12.4 万家下降至 4932 家，压减率 96％，线上学科类培训机构从 263 家下降至 34 家，压减率 87％。供给持续出清，“剩者为王”格局明显，行业内公司有望凭借品牌势能、留存网点、师资等抢占更多市场份额，市场集中度得到提升。

（四）行业细分

一个大行业下面细分成很多的小行业，这些细分的小行业是求职者具体工作的去处。比如谈到教育业，可以分为学前教育、初等教育、初中教育、中等教育、高中教育、职业教育、高等教育、成人教育、特殊教育、线下教育、线上教育等。如互联网行业可以细分为电商行业、互联网金融、云计算和大数据领域、智能硬件领域、教育领域、影音娱乐领域等。大学生求职时可以选择 2～3 类细分行业，然后从行业分析、商业价值、产品分析等维度进行深入了解。

（五）生命周期

行业的生命周期指行业从出现到完全退出社会经济活动所经历的时间，行业的生命发展周期主要包括四个发展阶段：幼稚期、成长期、成熟期和衰退期。一份工作不仅是获取物质的途径，更是一个人发挥潜能和价值的平台。大学生在求职时要选择朝阳行业和领先企业，像人工智能、新能源、生物医药、电商、在线教育等属于朝阳行业。互联网依然是热门行业，在互联网岗位方面，IT 技术人才，尤其是高端的 IT 技术人才仍然存在巨大的需求量，互联网运营人才未来几年也将继续是热门职业。

☞ **【推荐阅读】**

运用“行行查”网站探索行业数据

行行查是专业行业研究数据库，包含海量细分行业研究报告，研究信息覆盖大消费、节能环保、传媒娱乐、信息科技、地产金融、生命健康、先进制造、传统行业等领域。

方法步骤：

“行行查”官网页面

第一步：登录行行查官网 https：//www. hanghangcha. com/。

第二步：输入行业名称，如“在线教育”，点击查一下，即可进入数据页面。

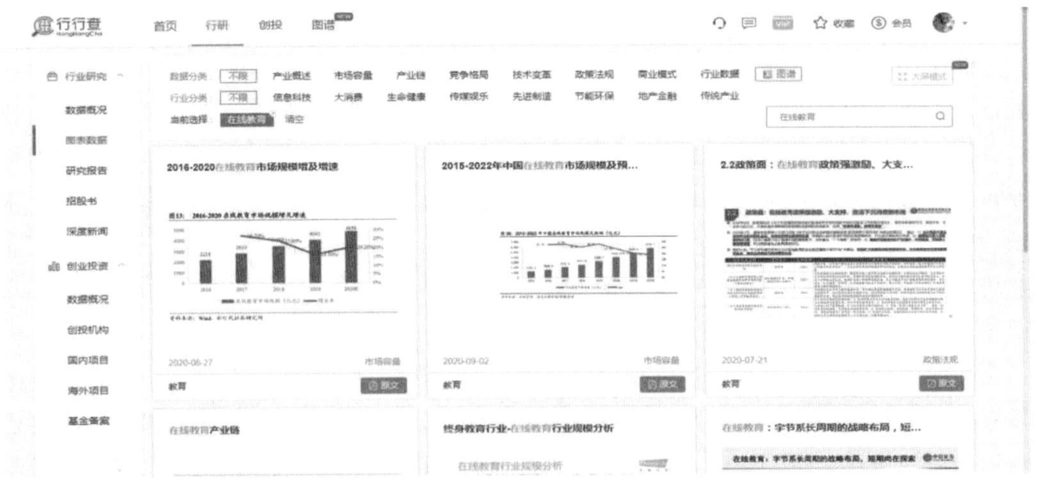

“行行查”在线教育行业数据页面

第三步：点击任一感兴趣的数据，点击右下角可查看和阅读原文，点击左上角返回上一级页面。

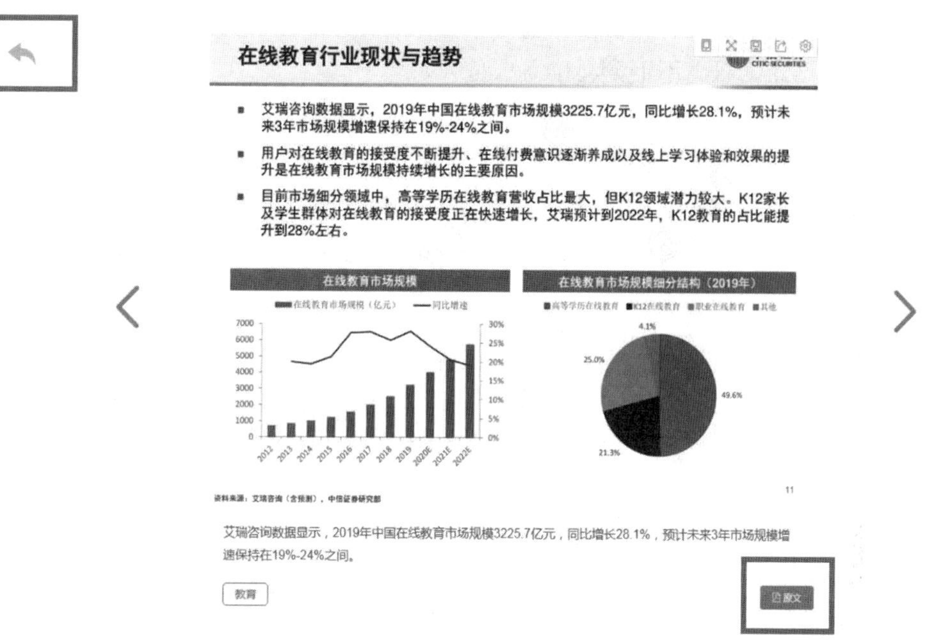

“行行查”在线教育行业现状与趋势页面

三、组织探索

从广义上说，组织是指诸多要素按照一定方式相互联系起来的系统。从狭义上说，组织就是指人们为实现一个共同的目标，互相协作结合而成的集体或团体，如党团组织、工会组织、企业、军事组织等。本节所说的组织是指各级国家行政机关、事业单位和各类企业等。探索一个组织需要了解很多内容，具体包括组织的性质及规模、发展前景、企业文化、组织架构、激励机制。

（一）性质及规模

各级国家行政机关的性质是依法成立、履行法定职权、纳入国家行政编制、由国家财政负担工资福利，其工作人员属于国家公职人员。事业单位是指由政府利用国有资产设立的，从事教育、科技、文化、卫生等活动的社会服务组织，一般是国家设置的带有一定公益性质的机构，但不属于政府机构，与公务员岗位不同。企业主要有国有企业、集体企业、联营企业、三资企业、私营企业和其他企业。组织规模是指一个组织所拥有的人员数量和这些人员之间的相互作用关系。大规模的组织是标准化的，因而能够完成复杂的工作，但它也存在管理的难度，导致效率下降。小规模的组织具有较好的灵活性，能够迅速地对工作环境作出反应。组织的性质及规模各有特点，大学生要根据自身实力、定位和兴趣来判断该组织是否适合自己。

（二）发展前景

组织的发展前景与国家、社会对这个组织的需求程度息息相关，与组织自身实力息息相关。了解一个组织的发展前景就要调研目前该组织的发展阶段，是处于加速阶段还是减速阶段，以及随着经济社会的发展，未来该组织会有一个怎样的发展前景。比如公务员岗位由于收入较稳定、社会地位较高、退休后有保障等福利，吸引大多数毕业生报考，公务员考试热度居高不下，岗位需求量大。

（三）企业文化

企业文化是在一定的条件下，企业生产经营和管理活动中所创造的具有该企业特色的精神财富和物质形态。它包含企业愿景、文化观念、价值观念、企业精神、道德规范、行为准则、历史传统、企业制度、文化环境、企业产品等。企业文化是企业的灵魂，是推动企业发展的不竭动力。大学生求职时选择让自己身心舒适的企业文化氛围，也是十分重要的。

（四）组织架构

组织架构是表明组织各要素之间相互关系的一种模式，是整个管理系统的框架。组织架构是组织的全体成员为实现组织目标，在管理工作中进行分工协作，在职务范围、责任、权利等方面所形成的结构体系，其本质是为实现组织战略目标而采取的一种分工协作体系。

（五）激励机制

激励机制是指组织通过特定的方法与管理体系，为组织里的成员提供的各类物质保障和精神保障。它既是组织成员了解组织最关注的重要因素，也是提高成员对组织归属感和满意度的重要条件。各类组织常见的激励机制主要包括薪酬激励、福利保障、发展空间、工作环境（见图 4-2）。大学生求职时应提前了解组织激励机制，选择激励机制健全的组织，有助于大学生保持持续的激情和工作状态，增强对组织的认同感和归属感，从而提高工作业绩。

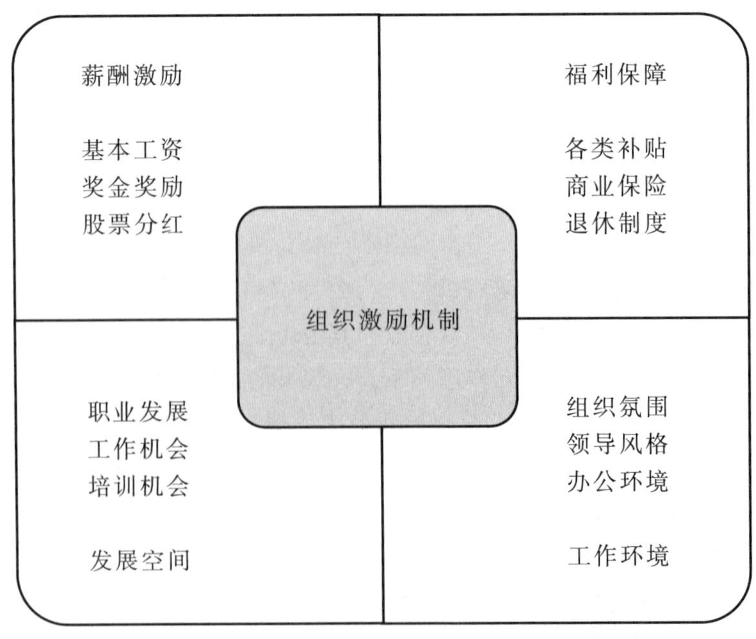

图 4-2　组织激励机制

☞【案例阅读】

资源终会枯竭，唯有文化才能生生不息

世界上曾经有很多伟大的公司，它们在各自的领域内做出了伟大的成绩，然而随着时间的流逝，很多公司倒下了。例如，曾经有众多伟大发明的贝尔实验室，由于经营不善等问题，最终仍然难逃衰败的命运。华为是否会走上同样的道路呢？

任正非给出了自己的答案：“物质资源终会枯竭，唯有文化才能生生不息。”

企业文化是一家企业的灵魂，也是推动企业不断前进的动力之源。企业文化在无形之中影响着每一位员工，它的实质就是企业所有成员共有的思维方式和行为习惯。企业文化建设有着凝聚人心的力量，它能够激发员工的自豪感和责任感，培养员工的团队精神，从而提高企业的整体效益。

公司应当结合实际，根据企业性质、核心理念、经营哲学、管理方式、用人制度等，制定符合企业发展方向的企业文化。

华为人的战斗力十分强悍，在多个领域内取得了优异的成绩。究竟是什么让无数华为人迸发出如此强劲的战斗力，让他们奋勇向前呢？丰厚的待遇固然重要，但更重要的是华为企业文化的感召。

华为公司的企业文化，可以用三句话来概括：以客户为中心；以奋斗者为本，长期坚持艰苦奋斗；坚持自我批判。

1. 以客户为中心

以客户为中心是华为长期以来的成功经验，华为创建时，既没有技术，也没有资金，只能凭借自己的努力去获得客户的认可。如今华为的业务已经遍布全球，更需要与客户搞好关系。

过于关注竞争对手是很多创业者的共同错误，他们沉迷在与对手的争夺战中不能自拔，却忽视了客户的感受，长此以往必然失败，因为他们已经失去了生存的土壤。华为则不然，华为把客户当作中心，以对手为参考，根据自身状况以及市场的真实情况制定发展策略。

2. 以奋斗者为本，长期坚持艰苦奋斗

任正非曾说：“一个高新技术企业，不能没有文化，只有文化才能支撑它持续发展，华为的文化就是奋斗文化。”

奋斗精神是华为企业文化的重要组成部分，也是华为的立身之本。正是在一代代华为人的不懈努力下，华为才终于取得了良好的成绩。

3. 坚持自我批判

自我批判的本质是对自我进行再认识的过程，发现自己的缺点，然后改正过来。人不可能永远不犯错，企业也是一样，坚持自我批判，是为了把企业从错误的边缘拉回来。在华为，坚持自我批判可不是说说而已，华为让管理层的自我批判成为常态，建立起了干部能上能下的机制。

任正非曾经写了一封致新员工们的公开信，在信中他重申了华为企业文化的重要

性："对于一个新员工来说，要融入华为文化需要一个艰苦的过程。每一位员工都要积极主动、脚踏实地地在做事的过程中不断去领悟华为文化的核心价值，从而认同直至消化接纳华为的价值观，使自己成为一个既认同华为文化，又能创造价值的华为人。只有每一批新员工都能尽早地接纳和弘扬华为的文化，才能使华为文化生生不息。"

（资料来源：《眼界决定你的高度：任正非给创业者的人生智慧课》，2019 年 12 月 1 日，作者：戚风）

四、职位探索

探索职位，即重点探索某个职业对劳动者有什么要求，以及劳动者自身的条件能不能满足某个职业的要求。探索一个职位同样需要了解很多内容，包括职位要求、薪资待遇、晋升通道等，可以通过 https：//www. onetonline. org/、在行等网站或 App 探索职位信息。

（一）职位要求

职位要求一般指的是单位和企业对所招聘的不同职位的工作人员的具体要求，如学历条件、专业认证、培训、经验、能力、人格特质、品德修养等。职位要求是岗位规范和岗位标准，是对职位任职人员所规定的要求和条件，是衡量求职者能否具备上岗任职资格的依据。

（二）薪资待遇

大多数人会把薪资待遇作为择业的关键因素，它在很大程度上决定一个人的生活品质和职业动力。因此，在考量一个职位时，要重点调研职位薪酬标准和福利待遇等情况。比如基本月薪、绩效、提成、住房补贴、租房补贴、医疗保险、养老保险、失业保险、工伤保险、生育保险、餐补、年终奖金、工会福利、节假日天数、婚假产假制度、培训机会、户外活动等。

（三）晋升通道

一般来说，单位和企业都有相对固定的晋升通道和晋升机制，规定了职工的晋升条件、方法和流程。晋升通道是由较低层级职位上升到较高层级职位的途径，如会计—财务主管、经理—财务总监—CFO 等。求职时需要了解职位的晋升通道才能明白自己下一步要怎么工作，要达到什么样的标准才能获得晋升。

☞ **【课堂活动】**

唐僧、孙悟空、猪八戒、沙僧师徒四人来到人才市场，想找一份适合自己的工作。每个人都提交了一份简历，以下是简历中的要点。

唐僧：男，性情和善，有领导力，立场坚定，爱好是读书。

孙悟空：男，疾恶如仇，执行力强，人脉广，情商高，爱好是斩妖除魔。

猪八戒：男，性格温和，随遇而安，机智勇敢，爱好是吃美食。

沙僧：男，性格稳重，任劳任怨，心细如丝，爱好是干活。

请为他们列出适合各自特点的 3 项工作，并交流讨论原因。

☞【案例阅读】

关于未来的职业选择，大学生都迷茫得很，该怎么办？

01

这几天，好几个外校的同学咨询我关于职业选择的问题。是选择去考公务员，考教师编制，还是去企业？简单的两句话，就把自己未来人生的命运交给了我。因为自己做决定太难了。有时候我们就连第二天吃什么都难以做决定，更何况面对模糊看不清的未来。别人在无法获取你自己相关背景的情况下，提出建议也非常地难。其实不论我们向谁求助，对对方来说都没有什么太大的难度，因为随便给你一点建议都可以，反正别人不用对结果负责任。我的观点是谁对结果负责任，就由谁来拍板。

02

有个学生，总是纠结是准备考研还是找工作，从去年9月纠结到现在1月。问了无数人，得到无数答案，就是不知道该如何选择。网上无数大咖著书立说，写文分析，你随时可以免费自取。问我？我也不知道。人生际遇，谁能预知？选择工作，也许遇到好公司好上司，职业发展迅速，同学读研三年出来找工作跑断腿，你已经当上经理带十几人团队了，到时候读个MBA，学历与工作兼收。也可能你工作没有起色，换了两次工作也不如意，同学研究生毕业进大公司，薪酬nice，同事nice，一切nice，你很后悔，学历与工作两误。谁知道呢！

03

我们可以听多数人意见，和少数人商量，最后自己拿主意。还可以借助一些有效的分析工具来帮助自己选择。这些工具在一些职场规划类的书籍当中都可能会找到。关键是千万不要病急乱投医，自己先做一些基础的分析，然后再去向别人提问。例如，你首先要考虑工作的地点，一般来讲有三个类型：第一是去北上广深这样的大城市，第二是留在自己上学的城市，第三是回老家。每个选择各有优劣。当你实在不知道该如何决定的时候，优先考虑前两个，老家可以作为自己最后的退路。当然这只是普通意义上的建议，有的同学一开始就决定了以后要回老家，考个公务员，过平凡的生活，这一点就让我格外地钦佩。因为他明确地知道自己要什么，可能会放弃什么。

04

其他诸如行业、岗位、薪水等因素的分析逻辑也是一样的。你可以给这些因素赋一个权重，例如城市占据你选择最终决定的百分之多少，薪水又占多少的比重，可以算出一个分值来协助你考虑最终的选择。当然最重要的是，你要有本事能够拿到3～5个offer，然后才谈选择。如果一份单位的录用通知书都没有拿到，公务员也还没有考上，你就开始担心选择。那么肯定是杞人忧天。有学生感叹找工作好难。其实找工作不难，难的是找一份理想的工作。什么是理想的工作呢？很多人的标准大概是这样：“钱多事少离家近，位高权重责任轻。”对于绝大多数人来讲，我只能说“醒一醒，天亮了”。

05

很快要开启拜年模式了，即将毕业找工作的同学，可以打听打听亲友的工作怎么样。看看形势，听听吐槽，摸摸待遇。可以让别人描述自己一天或者一周工作的主要内容、工作节奏、面对的客户群体、需要用到哪些技能、需要克服什么难题……说句实话，通过七大姑八大姨帮你物色一些机会，也是很好的。倒不是说走关系，有时候在同一个行业里，别人能带带你或者提点你，可以少走很多弯路。除了亲戚朋友，大学老师、已经工作的学长学姐，都是你可以借助的资源。

一般来说，你求职时接触的学长学姐最多比你高一两届，他们的企业资源肯定没有学校和老师们多，对很多企业的认知也不全面，只能凭借短暂的经验给你一点建议。当然，有学长学姐在知名企业，能为你求职搭把手，那是再好不过的事情，记得脸皮厚点，腿脚勤点，嘴巴甜点。

你可以在网上搜索下企业名称，了解企业的基本信息，如果看到一些负面的消息（特别是欺骗、收费之类的关键词），更要提高警惕。一般求职，建议首选校园招聘会、学校推荐的企业，因为学校都会对企业的资质进行审核，并对招聘岗位进行筛选；其次可以考虑周边985、211高校就业信息网的求职信息（企业质量高）；再次可以考虑大型招聘会的企业（招聘岗位多，但参差不齐）；最后可以考虑招聘网站的企业（注意识别，有一些是皮包或者骗子公司）。另外，大中型企业官网的招聘信息一般也比较可靠；亲朋好友的资源也可以利用起来，内部消息的准确度也比较高。遇到招聘会，别懒，一定要多参加，才可能遇到心仪的企业。遇到宣讲会，别懒，一定要多参加，哪怕是增加对一个行业一个企业的了解，增长见识，练练面试的胆量。大四同学还没找到工作的该抓紧了，别错过“金三银四”的求职季。

06

如果还是没有办法确定自己的职业方向，该怎么办呢？给你推荐几本书吧。

第一本是刘同的《别做那只迷途的候鸟》，值得每个大学生看一看。大四的学生找工作前应急看看，大二大三的同学作为未来规划参考读读。第二本是《进阶》，杨萃先老师写的，她在书中运用“红点”和“黑点”理论，帮你梳理自己的优劣势，从而找到适合自己的工作。书中有大量的案例和对话，值得阅读。第三本是古典老师的《跃迁》一书，能够帮助我们站在更高的位置看待问题。他在书中提到找工作的三要素包括行业、单位、职位。

但我认为，地点这个因素应该放在首位进行考虑，找工作的四要素应包括地点、行业、单位、职位。以前，我们找工作的顺序常常是从职位，到单位，再到行业，最后到地点。但我们最好反过来，先从地点做出选择，是选择去大城市还是小城市，省内还是省外。再从这个地域内，考虑选择哪个行业，再定位到具体的企业和职位。当然了，这没有绝对的正误之分，只要你建立了自己的思考顺序和依据都可以。但不能在面试受到打击以后，最后哪个公司要你，你就去了哪个公司，一定要坚持选择你最想去的单位。除非万不得已，最好不要轻易妥协。

最后别忘了，一定要自己做决定，因为不论选择哪一份工作，都是由你自己去经历它的酸甜苦辣。

（资料来源："中国大学生就业"微信公众号，2019 年 3 月 2 日，作者：周景）

☞【拓展阅读】

梦中情职怎么找？关键标准这样看

一、兴趣要素

兴趣是最好的老师。选择自己喜欢的赛道，更有可能取得成功。如果不确定自己是否能长期坚持一份工作，可以尝试问自己以下几个问题：

我对这个职业感兴趣吗？

我擅长这份工作吗？

这份工作会让我有成就感吗？

可以和有过同类职业工作经验的人交流，或学习该职业领域的相关课程，帮助自己判断是否真正喜欢这一职业。

二、发展前景

知道自己想做什么，是职业选择的第一步。如果希望获得长远的职业发展，进行充分的行业研究至关重要。

随着科技发展和社会进步，新的职业类型不断涌现。然而，并非所有的职业都在向好发展，寻找一个发展前景好、雇佣率高的工作，有助于在进入行业后拥有更稳定的工作保障和发展空间。同时，应尽量规避与过时的技术或实践相关的职位，以免随着时间的推移挤压就业机会。

三、收入潜力

确定一个感兴趣且发展前景好的工作领域，还要考虑该职业的平均收入和收入潜力，将其与自身追求的生活方式做比较。不能一味追求高薪工作，还需要考虑自己的实际需求以及薪资的上涨空间等。在面试前，最好明确自己的期望薪资，进而在求职时，争取与目标达成一致。

四、适配生活方式

除了爱好、发展和薪资外，有些职业还需考虑与自身生活方式的适应性。例如急诊科医生通常社会地位和薪资水平都较高，但工作轮班时间较长、强度较大。类似意义上说，有些工作会对从业人员的某些方面提出较高要求。

因而，在进行职业选择前，应深入了解你心中的目标职位，明确该职业的日常工作内容、每周工作时长及特殊要求等，确保自己能够在工作和生活中保持平衡。

五、入职门槛

不同的职业有不同的入职门槛，不同职业求职的难度和成功率也不一样。例如，有些职业需要启动资金，有些职业需要大量时间投资，有些职业需要达到高等学历水平。可以根据想从事职业的入职门槛，判断自身是否能够达到相应要求。如果符合要求，则可以着手做适当准备。如果不符合要求，就要考虑寻找门槛较低的职业。

无论选择哪一领域，在求职前依据兴趣爱好、职业前景、收入潜力、工作模式、入职门槛等标准，提前调查、了解相关信息都是进行正确职业选择的必要手段。希望大家都能找到自己的梦中情职。

（资料来源："人力资源和社会保障部"微信公众号，2024 年 11 月 7 日）

第四节 探索职业世界的方法

探索职业的方法有很多种，大学生可以根据实际情况选择合适自己的方法。归纳起来，常见的探索职业的方法有网络信息收集、职业咨询、生涯人物访谈、实地参观、实习实训等。其中，对职业信息的收集主要通过网络查阅的方法获得，而对地域、行业、企业和单位、职位等环境的探索，除了网络信息收集之外，还可以通过实地参观、实习实训、职业咨询和生涯人物访谈等有效渠道。从一定意义上说，谁拥有更多的职业信息，谁的信息更真实有效并利用得好，谁就有更大的机会在激烈的就业竞争中取得成功。

一、网络信息收集

（一）高校就业指导中心

目前，各高校都成立了就业指导中心，是专门指导服务大学生求职就业的机构，高校就业指导中心同上级主管就业工作的部门、社会各界以及用人单位均保持广泛而密切的联系，经过多年的就业工作协作的配合，已经建立和形成了良好而稳定的关系。高校就业指导中心主要利用中心网站、微信公众号发布招聘信息、招聘会信息和就业新闻。这些信息不仅数量多且及时准确，是毕业生收集就业信息的主要渠道，毕业生应经常浏览各高校就业信息网、就业信息发布栏、就业信息简报等，收集就业信息，根据招聘公告信息做求职准备。

（二）就业信息网络平台

现在大多数招聘网站和微信公众号免费帮助大学生搜索、查阅就业公告，收集就业信息。比如教育部新职业网、人力资源和社会保障部网站、高校人才网、全国大学生就业服务网、中国劳动力市场网、中国国家人才网、中国高校毕业生就业信息服务网、各省市事业单位招聘网等，以及 2020 年与新职业网合作的参加教育部"23456"校园网络招聘活动的前程无忧、智联招聘、BOSS 直聘、猎聘网、中华英才网等。百度百聘网也为用户提供全网职位查询，一键投递简历，每天为用户提供 5000 多万个有效职位，覆盖 600 多个行业，已有数百家招聘网站加入百度百聘，包括 58 同城、赶集网、百姓网、丁香人才、看准网、智联卓聘、拉勾网、脉脉、内推网、小美工作、大街网、应届生求职网等。大学生们要收藏这些网站，每天习惯性点开查看网页招聘信息和新闻消息，为便捷省内外高校大学生检索，大多数招聘网站还细分了地区和行业，大学生可以根据自己求职的地域、行业、企业、职位、兴趣点进行有效检索。

（三）用人单位官方网站

大学生如对具体的用人单位感兴趣，可以通过网络搜索该用人单位的官网或者微信公众号，直接获取该用人单位的招聘信息。还能通过阅读用人单位网站信息，了解用人单位的准确全称、隶属关系、所有制性质、公司规模、组织架构、主营业务、地理环境、人事部门工作人员、联系方式、电子邮箱、通讯地址等信息。

二、职业咨询

（一）老师、辅导员、学长学姐和校友

在大一新生进入校园时，课上课下专业老师会对我们开展专业教育，告诉我们应该如何学好专业知识，努力考取专业证书，锻炼专业技能，分享专业学长学姐就业情况和专业就业方向，辅导员在校园日常生活和班会中会渗透职业意识教育，发布就业信息，学长学姐在日常接触中会给我们分享专业学习和求职就业的经验，在校园座谈会和实习实训中我们会吸收到校友给我们分享的就业创业工作经验。我们这个专业将来就业方向是什么？我以后更适合从事什么行业？怎样做好自己的大学生涯规划和职业生涯规划？这些疑问无不指引着大学生积极学习，大学生应从大一开始就留心做好就业准备和搜集各种就业信息。

到大四毕业季时，学院的领导老师、辅导员关心大家的就业进展，通过各种渠道网罗就业信息，并发布和推荐给各专业的同学。俗话说“脸皮厚吃不够，脸皮薄吃不着”，就业是关乎每个同学的人生大事，大家不妨多多请教，课堂上、办公室里、讲座中、微信上、参观时、实习单位等场合，只要有机会，就多和老师、辅导员、学长学姐和校友沟通取经，了解企业文化、发展前景、薪酬待遇等，特别是对“西部计划”“选调生”“三支一扶”等基层就业项目的政策公告，如果自己解读不透，更需要及时询问。如果看到好的、合适的工作应该先下手为强，争取一次就业成功。

（二）社会关系网

在寻找就业信息的时候千万不要忘记了你周围的长辈、亲戚、朋友、朋友的朋友，也许他们会提供给你一些就业机会。实际上部分用人单位更愿意录用经熟人介绍和推荐的求职者，他们认为这样更便捷、可靠。从另一个方面看，招聘单位每天收到很多简历，筛选简历就需要花费很多的工作时间，且大部分简历内容相差无几，所以在招聘的时候用人单位更喜欢熟人推荐，通过介绍了解求职者的水平、能力、需求、意向，不仅节约了时间，也更容易实现招聘目的，避免入职后离职情况的发生，保证了公司人才的稳定性。所以，大学生应当适当搭建社会关系网，积极寻求亲朋好友的推荐，这是一个切实可行的就业方法。

（三）专业人士、专业咨询机构

大学生可以与职业规划从业者或专业人士进行职业交流和探讨，也可以寻求专业的职业咨询机构的服务。把自己关于职业蓝图方向不明的种种困惑交给职业咨询专业人士

和机构，由专业职业规划师运用职业规划专业知识、心理学、社会学等多学科的知识，提供寻找职业以及职业发展过程中遇到的有关问题的建议、信息和帮助，如就业咨询、创业指导、人才素质测评、职业生涯规划等相关业务的人力资源开发咨询服务。找专业人士和机构咨询前，要明白自己的需求类型，综合比较各家机构的专业度；要通过正规的渠道了解专业人士和机构的信息，保护人身和财产安全。

三、生涯人物访谈

生涯人物访谈，是指在求职的过程中，通过与一定数量的职场人士的访谈来了解自己感兴趣的行业、职业和单位的“内部”信息的一种职业探索方法。生涯人物访谈作为突破就业指导教育的教学手段，将问题作为中心，将答案作为导向，有效强化大学生就业指导教育的社会性、针对性、实践性和反思性。经过生涯人物访谈，大学生具有和职场人员面对面沟通的机会，扩大了就业人际关系网，可有效监测与修改以往获取的职场信息，了解该职位岗位的实际工作情况，明确自身和岗位的匹配度，判断是否对该工作感兴趣，从而树立求职信心。但是在进行生涯人物访谈时候要注意不要利用生涯人物访谈来找工作或者开展职业面试，这样会造成场面尴尬。

（一）访谈对象

访谈对象至少符合以下一个要求：

（1）对生涯规划或职业有较高的热情、满意度或成就感。

（2）有较高的职业技能、职业成就或有丰富的职场经验。

（3）工作经验累计达到三年或者五年以上。

（二）访谈方式

可选择现场访谈、网络访谈、视频访谈、电话访谈等。尽量选择面对面现场访谈。

（三）访谈流程

1. 访谈前准备

（1）确定访谈主题，寻找访谈对象，可以寻找校友、老师、长辈、朋友、知名人物等。

（2）若干名同学组成一个小组，在前期资料收集的基础上，利用头脑风暴，罗列出共同的、感兴趣的问题，并将问题分类，设计访谈提纲。

（3）访谈前电话联系访谈对象，进行自我介绍，说明一下是通过什么途径获得对方联系方式和信息的，说明访谈意图和访谈可能需要占用到对方的时间。感谢对方愿意接受访谈并约定具体的日期、时间、地点。

2. 访谈进行时

（1）注意访谈礼仪，双向互动，真诚待人。

（2）征得访谈对象的同意，才可录音、录像、拍照。

（3）根据访谈提纲进行，始终把握访谈的节奏，不能聊开了延伸太多，忽略了核心问题，但也需要根据访谈情况，及时调整访谈问题，不能太死板。

（4）认真做好访谈笔记。

3. 访谈结束后

（1）小组成员在各自总结基础上，做小组汇报，对访谈进行有效梳理，检查是否还有疑问或者还有补充之处，根据情况可以再及时致电或者发邮件请教访谈对象。

（2）根据小组成员特长，可以将访谈心得整理成 PPT、Word、读书笔记、简报、思维导图等形式。

（3）整理访谈记录，内容包括访谈对象的基本信息，如姓名、职业、从业经历、主要业绩等，访谈内容、小组成员访谈心得、组员分工说明等。从访谈准备到结束小组成员需全员参与，访谈记录尽可能详细。

（4）将访谈记录发给访谈对象查阅，征求对方是否同意将访谈记录作为宣传材料或者今后给学弟学妹分享经验的素材，如有不足之处需及时修改再跟进，得到确认后，应再次致谢。

4. 访谈提纲（仅供参考）

问题 1：您是如何找到这份工作的？

问题 2：目前，行业内要求从事这份工作的人应该具备什么样的教育和培训背景？

问题 3：您认为做好这份工作应该具备哪些知识、技能和经验，在大学期间应该如何规划自己的学习、工作和生活？

问题 4：您认为什么样的个人品质、性格和能力对做好这份工作来讲是重要的？

问题 5：行业内，单位对刚进入该领域工作的员工一般会提供哪些培训？

问题 6：在行业内，本科毕业先从什么样的工作岗位做起，能学到更多的知识，有利于未来发展，还是读研读博更有益于自身发展？

问题 7：怎样做好职业生涯规划？

问题 8：最近该行业因科技、市场、竞争等发生变化了吗？

问题 9：您如何看待该单位的组织文化？

问题 10：从事这份工作薪酬待遇如何？需要经常加班吗？

问题 11：您在做这份工作的时候，什么是最成功的，什么是最具有挑战性的？

问题 12：从事这份工作，哪一点是让您最引以为豪的？

问题 13：据您了解，有什么权威信息渠道可以帮助我们更加深入了解这个领域？

问题 14：对于一个即将进入该领域工作的大学生，您的建议是什么？

问题 15：您可以推荐能够成为我们下次访谈对象的熟人吗？当我打电话给对方的时候，可以提您的名字吗？

四、实习、实践锻炼

“纸上得来终觉浅，绝知此事要躬行。”大学生可以通过实习、实训、兼职、实地参观来获得求职的直接经验。大学生可以利用大学寒暑假和大四实训、实习机会开展实践活动，这是每个大学生最真实了解职场的机会，可以了解到较为全面的职业信息，感受最真实的职场生活。

（一）实习、实践的意义

（1）大学生就业形势日益严峻，部分大学生对社会认识不足，缺乏实际工作经验，找工作的时候显得困惑，时常碰壁。实习、实践是大学生接触社会的途径，有利于大学生加深对社会和职场的认知，与社会接轨，与职场接轨，增强适应能力，完成心理转换，树立正确的择业观和创业观。

（2）可以提高工作能力，学校里学习到的专业知识和技能在职场的实际运用过程中始终存在着一定的差距，通过实习、实践平台，大学生可以不断探索，查缺补漏，制定科学可行的学习和求职计划，为校园专业学习、将来求职和职场生活打下良好的基础。

（3）可以让大学生理解父母的辛苦，学会感恩，实习、实践让大学生体验到了真实的职场生活，对大学生的成长起到重要作用如能力得到锻炼，意志得到磨炼，思想趋于成熟，更勇于承担社会责任。

（4）培养大学生的综合素质，职场生活不仅需要专业知识和工作技能，还需要具备职场礼仪、职业规范、时间管理等通用技能，实习、实践有助于大学生养成良好的职业道德，提升抗挫折心理素质和自身综合素质。

（5）学会与人友好相处，职场不是校园，领导和同事也不是老师和同学，在日常工作中，学习如何把握与领导、同事相处的分寸，多观察身边同事为人处世之道，能够使自己今后更好地融入职场生活，构建良好的人际关系，受到公司的青睐。

（6）真正的工作中常常会遇到多任务共进的情况，如何分配好自己的工作时间，提升工作效率，形成一套自己的工作方法论就显得尤为重要。实习、实践有助于培养良好的工作习惯，形成让自己职业生涯受益无穷的工作方法。

（二）实习、实践信息的搜集

（1）各学院专业实训、实习安排。

（2）高校就业网站、公众号和校园论坛。

（3）实习招聘公众号。如火星实习、智联招聘、前程无忧、实习僧、CANDY 实习吧等。

（4）老师、辅导员、家长、亲朋好友、学长学姐等社会关系网的推荐。

（5）查阅媒体广告。如就业刊物、报纸、就业栏目广播、电视频道等。

☞【案例阅读】

生涯人物访谈报告——考研成功的经验

一、访谈目的及生涯人物

本次访谈旨在深入了解一位考研成功的学姐的备考历程与心路，通过她的亲身经历，为正在迷茫的学弟学妹提供实用建议和启发。访谈聚焦于她的决策动机、备考策略、时间管理、心态调整等关键环节，同时挖掘考研过程对个人成长的深远影响。

受访者基本情况：彭薇颖，本科期间连续多次获得校优秀学生奖学金，连续三年获评校“三好学生”，还获得校“优秀共青团员”“优秀学生干部”“优秀志愿者”“优秀学生干部标兵”等多项荣誉。

访谈方式：线上交流

访谈时间：2025 年 3 月 3 日

二、访谈过程及主要内容

（一）考研决策与准备

1. 决策的迷茫到坚定

彭薇颖学姐在大一时也曾和许多同学一样，在“考研、考公还是就业”的选择中感到迷茫。她不仅规划过考编，也规划过考公，在这期间也尝试做过考公、考研、考编的真题，甚至还计划过参加台湾交换生项目，但始终找不到归属感。最后，她在综合了自己的优势、兴趣、时间与精力，包括对未来就业形势和职业选择的评估后，带着已经化为“不成功便成仁”的考研执念，在大三上学期的某个夜晚在淘宝买了考研专业书，考研的想法终于转为实际行动。

对于面对不同选择时的迷茫和犹豫，彭薇颖学姐说：“先去做吧，先去尝试吧，做完了，有结果了再去选择也不迟，时机到了，心就会主动推着你，向着你主观认为最恰当的方向走。”

2. 备考的科学规划与灵活调整

在备考方面，彭薇颖学姐向我们分享了她的备考时间轴，清晰地展示了在每个阶段重点该做什么。

(1) 政治

8—9 月：徐涛强化班视频＋肖 1000 题。

10 月：精讲精练＋历年真题分析。

11 月：模拟卷冲刺＋主观题框架整理。

12 月：背诵肖四肖八＋选择题技巧强化。

(2) 英语

早期：彭薇颖学姐特别强调英语四六级对考研英语的帮助，它能为词汇、语法奠定基础，也有助于培养语感，提升阅读和写作能力，强烈建议在大一、大二要争取通过英语四六级考试，为考研英语复习打下坚实的基础。决定考研后，要坚持每日背单词＋阅读语法外刊。

6 月后：唐迟阅读法＋真题精刷（10 月后真题刷两遍）。

作文：10 月起自建模板＋错题复盘。

(3) 专业课

3 月：如果条件允许，建议提前一年时间先从 2 门专业课入手，第一遍可以快速阅读，争取建立考研专业知识体系和框架。

4—6 月：夯实基础＋扫清难点。

7—11 月：大三暑假 7—8 月是备考专业课最宝贵的时间，一定要充分利用好，至少复习三遍，夯实专业基础，9—11 月可以安排真题实战＋答题技巧训练。

11—12 月：模考脱敏＋热点押题。

考研英语很重要，通过四六级不代表考研英语稳拿，我们仍需针对考研英语真题来具体问题具体分析，目标是不仅要英语过线，而且要争取考更好的分数，为提高考研总分贡献更多的力量。在这个阶段不论是英语、政治，还是专业课复习，都是强化阶段，既要关注热点押题，更要注重模拟考研考试时间和环境，尽量调整好心态和状态，克服紧张和焦虑。

3. 考研的时间规划与心态调整

考研是场持久战，长期的伏案、重复的知识点、与遗忘的斗争等都需要恰当的学习时间和良好的心态来支撑。彭薇颖学姐将每日学习分为三个时段（8：30—11：30、14：30—17：30、19：30—22：30），其间穿插运动、午休和处理碎片化任务。考研是长跑，绷太紧反而容易崩溃，要做到劳逸结合。“除了 11 月考研的后半期一周是单休，其余都有两天的周末休息时间。我会去唱歌，去骑自行车，去坐动车找朋友玩，等等。”

在心态调整方面，彭薇颖学姐说道：“在困难面前人们往往会自渡，压力值到达一定的临界点后不要憋在心里，因为一定有一直支持你的朋友、亲人、老师愿意倾听你的声音，做你的树洞，疗愈你，让你重获继续出发的勇气。”面对考研的巨大压力，自我调适的同时也要学会积极主动向身边亲密的家人、朋友和老师倾诉，避免负面情绪积压。

（二）考研的资源推荐与避坑反思

在信息爆炸的时代，如何筛选优质有效的资料，避免无效甚至是有误的信息也成了备考的关键之处。首先在信息筛选方面，彭薇颖学姐减少“考研信息差”的主阵地是小红书，避开营销号，她重点关注了“二本逆袭 985 的素人博主”。其次要善于使用 AI 工具辅助学习，让 AI 模拟论述题答案，能快速拓展答题角度，比死磕教材高效得多。接着学姐通过对自己考研过程中的反思，提醒我们：英语刷题忌贪快，“前期为求爽感一天刷三套阅读，导致后期无题可做。其实精读一篇胜过囫囵吞枣十篇”。也不能迷信“完美计划”，“曾因某天少学两小时焦虑到失眠，后来发现，完成比完美更重要”。最后学姐总结自己备考时使用的平台和关注的博主，向学弟学妹们强烈推荐“研料库”公众号，该公众号集齐了各大平台能搜到的公共课老师中的所有资料，比如政治徐涛、英语田静、教育学丹丹，等等。

（三）考研的个人成长与收获

在能力提升方面，首先，彭薇颖学姐认为考研的经历能够培养自己的多任务处理能力，比如她在考研出分当天同步处理班级事务、论文修改等四项任务；其次是心态包容，能够更加冷静应对突发状况，如学生矛盾、计划变动等。彭薇颖学姐还提到，考研经历有利于自身品质的塑造，在行动力上，坚定“先深耕，后选择”的信念；在看待事物方面更多运用辩证思维，坚信“量变必然引发质变”。

当问及考研最难的事情是什么，彭薇颖学姐的回答是学会平衡好学业与学生工作的关系。考研期间，学姐还担任班长，她主要通过任务拆分协作、利用碎片时间高效处理事务。从精力上，要优先保障学习时段，灵活调整完成任务的先后顺序。

（四）给学弟学妹们的真诚建议

一是，行动为先：“迷茫源于选择多，但唯有行动能拨开迷雾。”

二是，合理定位：设定“可以跳一跳摘桃子”的目标，在“最近发展区”突破自我。

三是，坚持信念：“专注过程，答案自现。考研是努力与回报最成正比的选择。”

三、访谈感悟

通过这次对彭薇颖学姐的访谈，我对考研的备考过程、心态调整以及个人成长有了更加深刻的理解。学姐的经历让我认识到，考研不仅是一场知识的较量，更是一场对自我管理、时间规划和心态调整的全面考验。她的备考策略、时间管理方法以及面对压力时的自我调适，都为我提供了宝贵的参考。

首先，要先明确目标，合理规划。其次，需要科学备考，注重效率。同时应该劳逸结合，保持良好心态。在信息爆炸时代，更应该善用资源，避免信息过载。最后，学会平衡学业与生活也是考研的关键。总之，考研不仅是对知识的考验，更是对个人综合素质的全面提升。我会以彭薇颖学姐为榜样，坚定信念，脚踏实地，努力在备考过程中实现自我突破，为未来的职业发展奠定坚实的基础。

四、访谈总结

通过这次访谈，我们对考研有了更加清晰的认识，也有了更加明确的目标。我认为，考研的真正价值，不在于那一纸录取通知书，而在于备考途中打破了认知茧房，磨炼了学习毅力，重建了生命韧性。通过这次访谈，我们了解到考研不仅是继续读书的选择，更是对个人能力、心态和职业规划的全面锻炼。彭薇颖学姐的考研经历所展示的挑战与收获，也为即将选择考研的学生提供了宝贵的建议。无论是继续深造还是进入职场，考研的经历和研究生阶段的学习经历都将为未来的职业发展奠定坚实的基础。未来，我们将结合自身兴趣和专业背景，制定清晰的考研目标，并脚踏实地地付诸行动。相信只要我们坚持不懈，定能“一战成硕”，到更好的平台继续深造，为未来的职业选择和职业发展奠定更加坚实的基础。

（资料来源：马克思主义学院2024级思想政治教育专业学生，胡函邑、赵鑫柔）

☞ **【案例阅读】**

生涯人物访谈报告——考公务员成功的经验

一、访谈目的及生涯人物

本次访谈聚焦于考公成功者邱彦槿学姐的完整备考历程，旨在通过她的真实经历，为考公学子提供可借鉴的备考策略、高效的时间管理方法，以及应对高压环境的心态调整技巧。访谈内容涵盖考公动机、阶段规划、资源筛选、面试实战等核心环节，并深入挖掘考公对个人能力与价值观的重塑作用。

访谈方式：线下访谈

访谈时间：2025年3月26日

二、访谈过程及主要内容

（一）考公决策与备考规划

1. 从迷茫到破釜沉舟：两个月极限备考的反思

学姐坦言，考公最初并非首选。真正决定考公时已临近国考报名，备考时间仅剩两个月。面对紧迫性，她选择“背水一战”：

①日均学习14—16小时：6：30起床背诵时政，上午专攻行测模块，下午3小时申论写作，晚间穿插刷题与复盘，凌晨1—2点休息。

②极限操作的代价：她强调：“若非迫不得已，务必提前规划。短期冲刺对身心消耗巨大，长期备考才能稳扎稳打。”

2. 科学阶段规划：强化与冲刺的双轨策略

因时间有限，学姐跳过基础阶段，直接进入专项突破：

①强化阶段（第1—6周）：

行测：主攻“数量关系”与“资料分析”，每日完成高照网课＋对应习题，总结速算技巧（如截位直除法、十字交叉法）。

申论：精读《人民日报》近三年评论版，摘录高频金句（如“乡村振兴需久久为功”），按“民生、生态、治理”分类整理案例库。

②冲刺阶段（第7—8周）：

全真模拟：每日限时完成行测套卷，强制预留8～10分钟涂卡；下午仿照考场环境手写申论，使用答题卡规范字数。

策略优化：行测放弃部分常识题（如生僻历史事件），确保资料分析正确率达80％以上；申论答题时标注“关键词＋逻辑链”，避免赘述。

3. 岗位筛选与模考定位

精准投递：利用“国家公务员局官网”下载历年岗位表，剔除“仅限男性”“基层服务年限”等限制条件，最终锁定某省会城市税务局岗位（竞争比1：85）。

模考诊断：首次模考行测仅55分，通过“粉笔App”智能分析发现资料分析耗时过长（25分钟/篇），后调整至15分钟/篇，正确率提升至80％。

（二）时间管理与心态调整

1. 碎片化时间的高效利用

学姐强调“任务优先级”原则：备考期间若遇突发事务（如学校工作），先完成紧急任务，再按轻重缓急分配学习计划。每日任务量可适当减少，但需保证核心模块（如行测刷题）的持续推进。

2. 心态调适与自我激励

面试培训时面对能力强劲的竞争者，初期曾陷入自卑，但通过持续练习获得导师认可，最终以自信状态通过考核。

3. 长期自律习惯的养成

从大一起养成每日在图书馆学习的习惯，逐步适应高强度备考节奏。她提醒：“考公是孤独的旅程，唯有自我肯定才能抵御挫败感。”

（三）资源推荐与避坑指南

1. 工具与课程深度测评

①高照网课：主打“公式拆解＋真题变式”，如资料分析中“基期比重计算”的“拆 1 法”，帮助快速破题；

②刷题软件：推荐粉笔 App，题库全面且分类清晰，适合分模块突破。

③时政热点：通过“学习强国”“半月谈”积累当年重大事件（2024 年国考新增政治理论板块）。

④政治素养：参与“一马当先”等竞赛，提升理论水平与思辨能力。

2. 高频误区警示

①行测需注重“精刷”，吃透每道真题的解题逻辑，而非盲目追求数量。

②忽视涂卡训练。

③“完成比完美更重要”，允许灵活调整学习节奏，避免因短期未达标而崩溃。

（四）个人成长与考公收获

心智重塑，学会用“成长型思维”看待失败。她总结道：“量变终会质变，努力从不会辜负坚持者。”

（五）给学弟学妹的终极建议

1. 行动为先：大二即可开始积累常识与时政，避免后期“填鸭式”学习；迷茫时立即实践，通过模考与试错明确方向。

2. 科学规划：提前一年准备，行测遵循“资料→言语→判断→数量→常识”优先级，确保高性价比得分；分阶段攻克重点模块，避免临阵磨枪。

3. 自信坚持：“考场如战场，孤独是常态，但每一步努力都在为上岸铺路。”

4. 面试本质是“人岗匹配”：答题时紧扣“公务员身份”，突出服务意识（如用“店小二精神”诠释基层工作）。

三、访谈感悟

邱彦槿学姐的考公历程，是一部“自律重塑人生”的鲜活教材。她教会我们：真正的备考不是与时间赛跑，而是通过科学规划将时间转化为复利。考公的价值也不止于一纸，考公的本质，是一场与自我对话的修行，而“上岸”不过是这场修行中水到渠成的注脚。

我想从自律、自信以及自洽谈谈我的感悟。学姐的“图书馆扎根法”令我震撼——从大一起，她便在固定的座位、固定的时间中，三年如一日地坚持。这种自律不是苦行，她说：“每天 5 小时的学习，看似微不足道，但过后回望，这些碎片早已垒成了通往目标的阶梯。”这让我明白真正的成长从不依赖爆发式的冲刺，而是依靠日复一日的微小积累。备考中，她能坚持 14 小时的高强度学习，正是这种科学化的自律，让时间从敌人变为盟友。

学姐坦言，备考初期，她曾被“幸存者偏差”困扰——看到他人轻松上岸或屡战屡败的经历，也曾怀疑自己是否“注定普通”。但她的选择不是盲从或退缩，而是回归内心，用行动验证可能性。面试班中，面对名校竞争者，她用千遍的练习撕掉“自卑标签”，最终获得一句“你可以准备去考试了”的导师肯定，完成了从“透明人”到“发光者”的蜕变。这让我想起一句话：他人的成败是别人的课题，而自己的路只能靠双脚丈量。学姐的自信，并非源于盲目乐观，而是扎根于对自身能力的清醒认知——她相信，只要方法正确、付出足够，结果自会站在努力这一边。

在“考公热”的浪潮中，许多人将上岸视为“逃离内卷的救命稻草”，但学姐的选择却多了一份清醒的使命感。她提到，“考公不是为了一份安稳的薪水，而是想成为那个‘解决问题的人’。”这份信念，让她在枯燥的刷题中看到政策背后的民生温度，在行测公式中触摸社会治理的逻辑。这种“自洽”，让考公超越了功利性的竞争，既要脚踏实地刷题，也要仰望星空追问：“我想成为怎样的公仆？”

学姐的成功，让我深刻感悟到考公的真正价值，不在于击败了多少竞争者，而在于通过这场历练，我们能否成为更好的自己。邱彦槿学姐用她的故事告诉我们：“难”从来不是放弃的理由，考公之路或许孤独，但那些独自伏案的清晨、反复修改的申论、咬牙坚持的模拟考，终将在某一刻汇聚成光，照亮前路。“我不是天才，只是愿意把‘相信自己’四个字，刻进每一天的选择里。”这份选择的力量，或许才是考公留给我们最珍贵的——它让我们相信，无论未来走向何方，只要心怀自律、脚踏自信，每个人都能在属于自己的时区里，静待花开。

（资料来源：马克思主义学院2023级思想政治教育专业学生，杨诗琪）

☞【拓展阅读】

后浪们，4个要点准确找实习，快收藏吧！

实习不仅是从校园正式踏入社会的一个过渡期，同时还可以积累某个专业领域的工作经验，实习经历还是大学生找工作的加分项。但实习岗位纷繁众多，鱼龙混杂，找到对未来职场有价值，同时又适合自己的实习并不容易。今天，就给大家介绍找实习的4个要点。

一、锁定目标行业，找心仪岗位

明确行业目标是确定岗位的基础。俗话说“隔行如隔山”，不同行业的同一岗位要求都有明显差异，所以准备实习前，需要对行业以及相关岗位进行大致了解，尽量选择与你的目标就业岗位相关的实习工作。

在校生还可充分利用学校提供的实习资源。在高校的就业指导中心，指导老师或志愿者会为大家解答行业与就业方面的问题，帮助大家进行职业规划。就业指导中心还会与企业进行校企合作，提供适合本校学生的实习岗位。

秋招春招期间，学校为了促进毕业生就业，会举办各种类型的招聘会或双选会，邀请企业和学生参与，其中经常包括实习岗位。

学会利用行业协会发布的信息。比如中国银行业协会、中国互联网金融协会、中国质量协会，等等。这些协会的官方网站、公众号上经常有行业相关的专题研讨会或者在线答疑、行业发展报告等信息，可以通过多种方式了解目标行业的发展情况。

不要忽略亲朋好友掌握的资源。朋友、家人或熟人的资源相对可靠，可以通过联系朋友们，或者询问父母、亲戚、熟人等是否知道相关职位信息和职位要求，或许还能获得不错的实习岗位资源。

二、把握机会，积极与招聘方联系

确定好目标行业后，就可以进行实习招聘信息的搜索了。找公司，可以先从公司的运营情况、背景和口碑等入手。如果是规模较小的创业公司，还需要对其“验明真身”，建议大家登录国家企业信用信息公示系统（http://www.gsxt.gov.cn/），查看企业具体信息，如果企业并未在系统公示，那么就要小心了，很可能这个公司并不存在。

具体的实习招聘信息，可以登录权威的招聘网站查找，如新职业网（https://www.ncss. cn/）、国聘（https://www. iguopin. com/）、前程无忧（https://www.51job.com/）、智联招聘（https://www.zhaopin.com/）等等。或者关注高校就业信息网、各地高校毕业生就业信息网、企业招聘官网等官方网站、微信公众号上发布的实习招聘信息。

找到感兴趣的实习招聘信息后，应及时与招聘公司取得联系，避免岗位招满或过期。一般而言，从招聘公告上就可以直接获取联系方式。如果个人条件符合企业实习岗位要求，且没有其他特殊说明，在招聘的规定期限内，你的相关材料（例如求职信和简历）可以直接通过企业公布的渠道提交。

三、做足准备，确定实习岗位细节

针对不同岗位，准备侧重点不同的简历。简历中，着重描述与实习岗位要求相关的经历和能力。企业一般根据岗位来筛选简历，如果你有与岗位匹配的经历，将会是你进入面试的加分项。

收到面试通知后，尽量多了解要面试的公司，尤其是公司的主营业务和价值观点，以便面试时应对面试官这方面的提问。此外，还要多学习面试常见问题的回答技巧，多做实战练习。如被问到期望薪资，可以巧妙回答“我相信公司会给我一个合理的报酬”。一般来说，公司实习岗位的薪资都有专门的规定，不会因为实习生本人的素质有太大起伏。

公司提供给实习生的薪酬，一般仅够维持当地基本生活，要根据自己的经济情况确定是否能够接受公司提供的薪酬。实习工作的在岗时间一般不严格要求，可能是每周几天，或者要求全职。所以还要考虑到上下班通勤时间，个人是否能接受。这些都要在接受公司的 offer 前确定。

tips：

1. 在准备简历和面试时，资料真实可信，一定不要造假，虚构自己的工作能力，一旦被发现，会对职业生涯产生不可估量的恶性影响。

2. 关于实习职位有不清楚的地方，一定要咨询面试官。

四、规避风险，警惕诈骗

找实习时，面对网络上的海量招聘信息，还要特别警惕诈骗陷阱。首先，需要交钱或证件的企业一定有问题。有的企业在入职时会向求职者收取各种费用，如培训费、抵押费、保证金等。遇到这类情况，要坚持拒交费，确保自己的合法权益不受侵害。用人单位要求收取你的学生证、身份证、银行卡作为抵押的话，千万不要交，避免个人信息被非法盗用。此外，要求你发展成员，推荐熟人加入，并从中提成的话，就要十分警惕是否落入了传销组织。冷静判断，及时拒绝，切勿被利益冲昏头脑，保护好自身安全。

警惕牟取中介费的黑心职业中介。一些中介以介绍高薪实习为由，向你收取高昂的中介费，拿到钱后就“销声匿迹”。现在网络信息发达，建议大家找实习时，通过企业官方或第三方的权威招聘平台求职，不要通过中介。

警惕实习协议中的“霸王条款”。有些黑心企业还会在实习协议里设置“霸王条款”，比如实习必须满 xx 月，否则需要支付 xx 元违约金。在签协议时，一定要逐字逐句阅读实习合同，看清合同中是否存在类似“霸王条款”，如有则不要签字，避免入坑。另外，还要注意有些企业以招聘为幌子，让求职者提交创意作品、策划方案等，实则是为了免费利用求职者的劳动成果，并不会录用。

以上仅是求职陷阱中的一小部分，在找实习时，一定要擦亮眼睛，注意甄别诈骗信息。最后祝大家都能找到有价值又适合自己的实习岗位，多多积累工作经验，职业发展顺利！

（资料来源：“新职业网资讯”微信公众号，2020 年 8 月 20 日）

☞【思考题】

1. 什么是职业？一份工作对于你而言，意味着什么？
2. 未来职业发展趋势是怎样的？这些趋势对你的职业规划有什么影响？
3. 哪些因素影响了你的职业选择？
4. 探索职业的方法有哪些？列举两种具体方法，并分析它们的优缺点。

☞【参考文献】

[1]刘越，兰敏利，邓文全.大学生职业生涯规划[M].上海：上海交通大学出版社，2016.

[2]万辉君.大学生就业指导与职业生涯规划[M].武汉：华中科技大学出版社，2018.

[3]苏文平.大学生职业生涯规划与就业创业指导[M].北京：中国人民大学出版社，2018.

[4]金德禄.大学生职业生涯规划与就业指导[M].南京：东南大学出版社，2020.

[5]曲振国.大学生就业指导与职业生涯规划[M].2 版.北京：清华大学出版社，2020.

[6]党亚莲，董薇.大学生职业生涯规划[M].北京：清华大学出版社，2022.

[7]史小英，侯晓方，孙超.大学生职业生涯规划[M].北京：人民邮电出版社，2023.

[8]钱春芸，姚建林.大学生职业生涯规划与指导[M].北京：人民邮电出版社，2024.

第五章　生涯决策——选择决定方向

术不可不慎。（选择职业，不可不慎。）

——孟子

我们的决定，决定了我们。

——萨特

生涯的选择不仅关乎职业发展路径的构建，更涉及个人成长、社会适应及自我价值的实现。当我们面临不同的生涯选择时，所做的决策正确与否，决定着能否实现目标。正确的决策能指引我们沿着正确的方向和合理的路线前进，实现目标；错误的决策会使我们与成功背道而驰，导致目标无法实现。因此，大学生必须掌握生涯决策的科学方法，并以开放心态拥抱变化，将个人规划转化为行动力，方能实现职业与人生的双重跃迁。

同学们生逢其时、肩负重任。希望全国广大高校毕业生志存高远、脚踏实地，不畏艰难险阻，勇担时代使命，把个人的理想追求融入党和国家事业之中，为党、为祖国、为人民多作贡献。

——2020 年 7 月 7 日，习近平给中国石油大学（北京）克拉玛依校区毕业生的回信

幸福生活是靠劳动创造的，大家要保持平实之心，客观看待个人条件和社会需求，从实际出发选择职业和工作岗位，热爱劳动，脚踏实地，在实践中一步步成长起来。

——2022 年 6 月 8 日，习近平在四川考察时的讲话

新时代新征程上，全国各族青年听从党和人民的召唤，在科技创新、乡村振兴、绿色发展、社会服务、卫国戍边等各领域各方面勇当排头兵和生力军，展现出自信自强、刚健有为的精神风貌。

——2024 年 5 月 3 日，习近平总书记向全国广大青年致以节日祝贺和诚挚问候

第一节　决策及影响因素

经过自我探索和职业世界探索，大学生需要综合两方面的信息，进行初步的职业抉择，为自己的生涯设立目标，确定大体的发展方向。

☞【推荐阅读】

有时候选择更重要

种瓜得瓜，种豆得豆，播种时的选择，往往决定了收获时的结果。

谭盾是一个喜欢拉琴的年轻人，可是他刚到美国时，只能靠街头拉小提琴卖艺来赚钱。很幸运，谭盾和一位黑人琴手，一起争到一个最能赚钱的好地盘，在一家银行的门口，那里人很多……过了一段时日，谭盾赚到了不少卖艺钱之后，就和黑人琴手道别，因为他想进入学校进修。10年后，谭盾有一次路过那家银行，发现昔日的老搭档——黑人琴手仍在那“最赚钱的地盘”拉琴，他的表情一如往昔，脸上露着得意、满足与陶醉。当黑人琴手看见谭盾突然出现时，很高兴地停下拉琴的手，热情地说道：“兄弟啊，好久没见，你现在在哪里拉琴啊?”谭盾回答了一个很有名的音乐厅名字，但黑人琴手反问道：“那家音乐厅的门口也很好赚钱吗?”“还好啦，生意还不错!”谭盾没有明说，只淡淡地说着。

那位黑人哪里知道，10年后的谭盾，已经是一位知名的音乐家。他经常在著名的音乐厅中献艺，而不是在门口拉琴卖艺。而今天，谭盾已是国际上享有盛誉的知名作曲家了，并获得第73届奥斯卡最佳原创音乐奖、1999年格莱美作曲大奖，还被《纽约时报》评为1997年度“国际乐坛最重要的十位音乐家”之一。

10年中那位黑人琴手像谭盾一样努力，只是他是努力地拉琴，努力地保卫自己那块赚钱的地盘；而谭盾选择了进一步深造，是这种选择直接导致了他们最终结局的不同。

我们常常会有多种职业机会可以选择，也常常会遇到各种职业困境需要我们决策，多种可能性逼迫我们在众多的选择中做出决定，这几乎成了现代人永恒的难题。而不同的决策和选择，会把我们带上完全不同的道路。

（资料来源：“众力 offer 课堂”微信公众号，2023年5月12日）

一、职业生涯决策的概念、类型、原则

我们在生活中，每时每刻都在面临着选择。对我们而言有些选择很容易做出决定，而有些选择却很难决定下来。做决定的难易取决于我们面临的现实选择。

（一）决策的概念

人生是一连串选择和决策的过程。从早上起床你就在选择：今天要穿哪一套衣服出门？中午要吃什么？去哪里吃？和什么人一起吃饭？求学时你也在选择，高中时你决定选科，高考后你决定报考什么大学，选择什么专业。大学快要毕业时，是选择读研继续深造，还是选择先工作就业？生活中还有很多选择，比如，交往中你选择什么样的朋友，恋爱时你选择什么样的伴侣，找工作时你选择什么样的职业……这些都是选择，也是决策，可以说在生活中，决策无所不在。正如约翰·坎贝尔曾指出的：“正是你在生活中每个环节的选择和决策，塑造了你的人生，决定了你的成败。”

决策是为了实现某些目标，采用一定的科学方法和手段，从两个以上的方案中选择一个满意方案的分析判断过程。它是建立在决策者对自身和周边环境分析的基础上，确

定行动目标，并对实现目标的若干可行性方案进行比较和选择，最终确定一个最为优化合理的方案的分析决断过程。简单说，决策就是根据所获信息做出选择的过程，即面临选择—分析判断—做出决定，最后确定一个最为优化合理的方案。

（二）生涯决策的概念

英国经济学家凯恩斯曾说过："一个人选择目标或职业时，会选择使其获得最高报酬，并将损失减至最低所用的方法。"在职业选择过程中，我们需要学会通过科学的方法，帮助我们做出有利于我们未来职业发展的决定，这就是职业决策。1947 年，美国学者杰普森·大卫（Jepsen David）最早提出了职业生涯决策的概念。

所谓生涯决策也叫职业决策，是指个人在综合个人自我认知与社会职业认知的基础上，采用科学的方法与技能进行分析、判断、选择，目的是选择出一个最满意的职业生涯方案。完成这一过程要经历生涯觉醒、自我探索、职业分析、资料收集、确定目标、制订行动方案等一系列活动。由此可知，生涯决策不仅只是对行动方案的最后"拍板"，而是一个复杂的认知过程、动态的系统决策过程。

生涯决策是个人在职业理想与客观现实之间谋求平衡的调试过程。个人根据自我探索得出的职业理想与客观现实之间往往存在差距。作为生涯决策者，人们需要在二者之间寻求平衡甚至妥协，当客观现实不能满足职业理想时，就必须承认现实，降低要求，在自我反思之后，做出科学、合理的生涯决策。可见，生涯决策不仅仅是一个调试过程，也不单单是一种结果，而是一个系统性工作，并非做一次决策就万事大吉了，它要贯穿整个职业生涯活动的始终。

☞ **【推荐阅读】**

决策故事

中华人民共和国成立后，我国在航空航天领域坚持自主创新，取得了辉煌的成就，但卫星导航系统的建设却一度受制于他国。为了建立自己的导航系统，我国从 1994 年开始启动北斗一号工程建设，2004 年启动北斗二号工程建设，2009 年启动北斗三号工程建设。到 2020 年 6 月 23 日，北斗三号最后一颗组网卫星发射成功，历时 26 年。2020 年 7 月 31 日上午，中共中央总书记、国家主席、中央军委主席习近平宣布北斗三号全球卫星导航系统正式开通。如今，北斗系统可面向全球提供定位导航授时、全球短报文通信和国际搜救 3 种服务，在中国及周边地区提供星基增强、地基增强、精密单点定位和区域短报文通信 4 种服务，是目前唯一可以进行短报文通信的全球卫星导航系统。北斗系统的建成，不仅极大地提升了中华儿女的民族自豪感，也让我们由衷地敬佩当初决策者们的智慧和勇气。正是因为领导人及早深刻地认识到，关键核心技术是要不来、买不来、讨不来的，所以坚定了自主研发的信念和阶段化推进的工作方案，历经艰难困苦，最终取得成功，将这一事关国家安全和民生民用的重器牢牢掌握在我们自己手中。

（资料来源：党亚莲，董薇. 大学生职业生涯规划［M］. 北京：清华大学出版社，2024.）

（三）生涯决策的内容与类型

生涯决策是一个问题解决的过程。部分学者将生涯重大决策中所需要解决的问题归纳为下列问题：

（1）升学或求职的选择问题。

（2）对所从事行业的选择问题。

（3）对行业中某种工作的选择问题。

（4）对工作地域的选择问题。

（5）获得一份工作的策略选择问题。

（6）从数个工作机会中选择其中一个的问题。

（7）对生涯发展目标或升迁目标的选择问题。

对大学生而言，常见的生涯决策问题主要应用于就业方向的选择（升学或求职）、转换等决策问题。有学者对大学生常遇到的生涯决策问题进行总结，如下：

（1）我到底是考研，还是工作，还是出国？

（2）我准备跨校跨专业考研，您觉得行吗？

（3）我应该去北京工作，还是留在家乡呢？

（4）我应该去哪个行业工作？

（5）我应该去国有企业、民营企业还是外资企业工作？

（6）我应该去大企业的小岗位，还是小企业的重要岗位？

（7）我同时被两家或三家公司录用，我该去哪家？

由上述生涯决策问题的罗列，我们从宏观、中观到微观层面归纳出以下三类职业生涯决策问题的类型：

1. 职业方向的选择和优化问题

职业生涯决策者在对自我认知与环境认知的调适平衡基础上，形成若干个可选择的职业发展方向，从中进行比较评估，尽量选择“人职匹配、职业发展路线实现最优化”的职业发展方向。

2. 不同阶段职业目标的确定问题

在确定了职业发展方向后，还要进一步明确不同阶段的职业目标，包括短期、中期、长期甚至终身目标，并对不同阶段的具体岗位、组织类型、工作区域等做出选择。

3. 职业规划发展过程要素与行动方案的确定问题

在不同阶段目标确定的基础上，职业生涯决策者需要明确目标实现过程中的行动计划的设计、可能面临问题的解决方案、可利用的资源支持等。

（四）生涯决策的原则

在进行生涯决策时，首先要注意的是尽量做到“人职匹配”。其次，要克服决策时的完美主义倾向，“永远没有最好的决策，只有当时当下相对更好的选择”。职业生涯的决策没有标准答案，如果真要找出决策正确与否的衡量标准，那就是每个人内心的天平。因为决策都是在不确定情况下做出的选择，且每个选择都有利有弊，决策者对每个不确定性问题的选择又会引发下一个不确定性问题。因此，决策者需要综合自己和外部职业环境的各方面因素进行科学合理的分析、判断，来选择出对自己最有利、最优的一项。生涯决策应遵循以下四大原则：

1. 择己所爱（个人兴趣）：调查表明，兴趣和成功的概率有着明显的正相关。因为一个对所从事职业感兴趣的人，往往能发挥其才能的 80%甚至 90%以上，且能够保持长时间的高效率。而对所从事职业不感兴趣的人，则只能发挥其才能的 20%到 30%，且容易精疲力竭。在职业生涯决策时，尽量选择自己感兴趣的行业、职业，才能体会到更多的职业幸福感。

2. 择己所能（个人能力）：尽量使自己的能力、潜能与所决定从事的职业冲突较少，或选择具有个人优势的行业，使职业生涯决策能发挥自己的优势与特长。

3. 择世所需（职业世界）：生涯决策必须充分尊重社会发展规律以及社会对人才的需求。职业决策者需要了解当前的社会职业需求状况，也要善于预测未来行业或职业发展的方向，做到职业决策有一定的远见。

4. 择己所利（就业收益）：每个人衡量收获的标准不同，通常应该包括物质上的收益和精神上的收获。决策者根据自己对利益的衡量标准进行职业生涯决策，使做出的生涯决策能让自己在收益上实现最大化，在精神上获得内心的价值认同。

☞【推荐阅读】

坚定的职业决策与行动计划

大学毕业后，燕某进入了一家物流公司。由于工作出色，她很快就成了公司的初级管理者，但这还达不到燕某职业发展的目标。她很清楚，想获得理想的工作和职位，就必须进一步提高自己的职业能力。

燕某决定在当地商业学校进修会计及经济学。由于物流公司的工作时间与她夜间上课的时间经常发生冲突，燕某坚定地辞掉了物流公司的工作，并一门心思地开展她的进修计划。在进修过程中，她还和两位同学为当地一家科技公司计划开发的新产品进行了详细的市场研究，制定出了该产品的营销方案。

26 岁时，燕某获得了企业管理硕士学位。虽然年轻，但是凭着自身的学识、能力与工作经验（来自为科技公司进行的市场研究），她顺利进入了一家大型通信科技公司。刚满 27 岁，燕某就成了这家大型通信公司的运营经理。

燕某的成功主要在于她能充分认识自我，并由此做出果断的职业决策，同时愿意为该决策付出努力。在一生中，人总是会做出许多决定，不同的人在面对同样的处境时往往会做出不同的决定，而这些决定导致的结果也各不相同。对于大学生而言，职业决策是影响职业发展的重要因素，大学生应当了解制定合理的职业决策的方法，并通过相应的行动计划促进决策的实施。

（资料来源：史小英，侯晓方，孙超. 大学生职业生涯规划［M］. 北京：人民邮电出版社，2023.）

二、决策的影响因素

不同的个体在进行职业决策时往往会做出不同的决策，这种个体间的决策差异性是个体决策影响因素的不同导致的。个体的决策受到多种因素的影响，了解清楚影响个人职业决策的因素，有利于大学生适应时代环境的整体发展趋势，做出正确的决策。

1. 个体因素

内因是事物发展的根据。它是第一位的，决定着事物发展的基本趋向。大学生是职业决策的主体，在进行职业生涯规划的过程中，个人因素就是内因，起着决定性作用。个体因素的构成很复杂，大体上可以归纳为个体综合能力和素质、个体经济需求及个体身心的即时状态 3 个方面。

（1）个体综合能力和素质

个体的知识水平、道德修养及各种能力是社会发展的一般要求。在知识经济社会中，提高个体的综合能力和素质尤为重要。综合能力和素质包括以下 4 个方面的内容。

①内在涵养。内在涵养指个体修养、道德水平和文化涵养等内在层面，一般可概括为德、智、体、美、劳等方面的特长或天赋。

②职业能力。职业能力一般包括专业能力、可迁移技能和自我管理能力等。

③决断能力。决断能力是人在思维中能够快速、果断作出抉择的技能和本领，包含认知能力、分析能力、逻辑思维能力和解决问题的能力等。

④创造能力。创造能力指产生新的思想和新的产品的能力，包含敏锐与独特的观察能力、活跃的思维能力和实践创新能力等。

大学生可以通过有针对性的学习和提升，有效提高自己的决策能力。例如，学习系统、专业的计算机操作知识，可以有效提高个人在软件开发和设计方面的兴趣和能力，从而促使职业决策往计算机领域靠拢，同时增加职业决策的精确性。但是，大学生更应该从根源上认识和提高自身的综合素质，以加强对职业决策的宏观掌控。

（2）个体经济需求

职业报酬对一个人的生活水平和事业发展有着重要影响，还在很大程度上影响着个体的精神生活和社会成就感。因此，职业报酬是很多人进行职业选择时要考虑的其中一个重要因素。在进行职业生涯规划时，大学生应在职业方向的选择上适当追求职业报酬，以满足生活和发展需求。

（3）个体身心的即时状态

个体身心的即时状态指个体在特定时期的心理环境、精神状况和情感因素等特征的总和。心理状态具有明显的不确定性和即时性，会受外界环境的影响，还会因个体心理素质的不同而呈现不同的表象。在职业决策时，每个人都会遇到各种各样的问题和障碍。要想做出科学合理的决策，就需要保证自己的身体、情绪和精神都处于较佳状态。因此，在决定职业发展方向时，大学生要及时调整好个人状态，处理好个人与职业生涯规划之间的矛盾，把握好自己的前途和命运。

2. 社会环境因素

个体无时无刻不处在社会中，其就业和职业发展都依赖于社会。个体在制定职业生涯规划时，必须充分考虑社会环境因素对自身发展的影响。一般情况下，对大学生职业决策影响较大的社会因素包括政治、经济与社会发展状况、信息因素和职业评价等。

(1) 政治、经济与社会发展状况

政治、经济与社会发展状况对个体职业决策有着深远影响，这种影响体现在多个层面，包括就业机会、行业选择、职业稳定性等。例如，经济繁荣时期，企业扩张，就业机会增多，大学生可能会更倾向于选择理想的职业；而在经济下行期，失业率上升，就业竞争加剧，大学生可能被迫调整职业目标，选择更稳定的行业或继续深造。再如，环保政策推动绿色能源行业的发展，大学生可能更倾向于选择与此相关的职业。

☞【推荐阅读】

陈薇院士与病毒研究的偶然相遇

陈薇院士是电影《战狼 2》中生化专家 Dr. Chen 的原型。她选择从事病毒研究的经历颇有些“离奇”。研究生毕业后，本来已签约某公司研发部门的陈薇，因为帮导师送一份实验样本到军事医学科学院，便被这里的尖端课题和研究设备吸引，产生了投身其中的强烈愿望。她果断放弃了高薪的机会，申请入伍，成为军事医学科学院的一名工作者。她在后来的一次采访中谈到，多年之后，当她遇到当年的师弟，而师弟的年薪已是她年薪的百倍时，她也没有动过离开的念头。

2003 年“非典”期间，37 岁的陈薇参与了“非典”病毒疫苗的研发工作，她所在的研究团队率先分离出病毒，验证了干扰素对消灭病毒的有效性，极大地推动了疫苗的研发进程。2014 年，埃博拉病毒肆虐非洲，这种病毒传染性强，死亡率高。在众多国际医疗队和病毒专家束手无策时，陈薇率领团队远赴非洲一线，成功地研制出了第一个抗埃博拉病毒新基因疫苗；并在不久后拿到了境外临床试验准入证，实现了我国自主研发疫苗境外试验“零”的突破。2020 年，全球暴发新冠疫情，陈薇再次率领团队，以极高的研究效率和品质研发出中国最早的疫苗，并成为首批接种的志愿者之一。

鉴于她的卓越贡献，2020 年 8 月 11 日，习近平主席签署主席令，授予陈薇“人民英雄”国家荣誉称号。

(资料来源：党亚莲，董薇. 大学生职业生涯规划 [M]. 北京：清华大学出版社，2024.)

(2) 信息因素

在信息时代，信息的获取、处理、分析和应用能力对职业决策至关重要。在进行职业决策时，如果没有充分的信息基础，盲目的决策将可能导致决策失误。因此，大学生在做职业决策时，应充分利用各种信息资源，全面了解各种职业路径的可能性和潜在风险，以提高决策的科学性和有效性。

（3）职业评价

职业评价是影响大学生职业决策的重要社会因素，会对大学生的价值观造成强烈的冲击。大学生虽然没有正式进入社会生活和职业生活，但可以通过舆论、职业地位和职业报酬等侧面渠道了解各个职业的评价，帮助自己进行职业决策。但要注意的是，大学生应该充分了解个人实际情况，避免因过分追求职业评价过高的职业而对职业生涯的整体规划造成不良影响。

3. 家庭与成长环境因素

个体从出生开始就会受到来自家庭的重大影响，如教育方式、父母价值观念等都会影响孩子对世界的认知。此外，同龄人对个体的影响力也不容忽视。因此，大学生在职业生涯规划和决策时，要注意家庭与成长环境因素。

（1）家庭经济状况

家庭经济状况直接影响大学生的受教育程度和对职业生涯的态度，制约着大学生的精神生活追求，对大学生性格、能力和兴趣的形成也会产生一定的间接影响。

（2）家庭价值观念

父母是孩子人生的第一任教师，父母对子女的职业期望在子女的职业选择上具有一定的影响力，因而家庭价值观念在很大程度上影响大学生的职业发展方向。例如，企业家或律师家庭出身的孩子，由于受到家庭职业氛围的影响，他（她）选择经济管理或律师相关的职业的可能性就会增加。

（3）家庭社会关系

家庭社会关系是大学生就业的重要资源，广泛的社会关系为大学生的生涯规划提供更强的灵活性，在某领域具有的深厚关系有助于大学生在该领域谋求更好的职业发展。

（4）朋友和同龄人群体

朋友和同龄人群体在价值观、职业态度等方面有一定的契合度，因此，大学生产生某一方面的职业倾向后，可以根据他们的建议理性做出调整和改变。

影响职业生涯规划的因素是多方面的，同样，影响职业决策的条件也是多种多样的，这就给大学生的决策带来了难题。每个人的能力和价值观是需要在实际的工作和学习中不断完善的，参考和借鉴就是一个学习和成长的过程。在了解别人成长经历和发展轨迹的过程中，可以借鉴他们的成功经验，学习和利用他人的正确观点和办法，但一定不要生搬硬套，同时要总结他们失败的原因，克服不利的影响因素，从而探索出最适合自己职业生涯发展的方向和途径。

三、决策的风格

决策风格（decision making style）是人们在做决策时表现出来的行为偏好和心理倾向，反映了个体在决策的过程中习惯的反应模式，是个人关于决策行为的个性特征在职业决策过程中的体现。决策风格是影响决策效果与决策效率的一个重要因素。

（一）影响决策风格的因素

在研究决策风格的形成原因时，大体可归纳为三类倾向：（1）个性决策论；（2）情势决定论；（3）相互作用决定论。决策风格既受个性影响（包括气质、性格等心理特征），又受决策任务与决策环境的影响。因此，需要同时考虑个人个性和情势环境两类因素的相互作用。换句话说，人们采用何种决策风格，在一定程度上既取决于自身一贯的认知风格、行为习惯等特点，也取决于可利用的时间资源，以及所面临的决策问题的复杂程度。

（二）丁克里奇的八种决策风格

在决策过程中，不同的决策风格做出的决策结果可能是不一样的。因此，决策者的决策风格对职业决策影响很大。丁克里奇（Dinklage）在1968年，通过访谈研究确定了成人做职业生涯决策时的风格类型。丁克里奇将个人做决定的风格归纳为八种类型：

1. 冲动型。这种决策风格的决策人抓住遇到的第一个选择，便不再考虑其他选择，先找到一份工作干着再说，这种决策方式风险太大，等看到有更好的选择时自然追悔莫及。

2. 宿命型。这种决策风格的决策人将决定权留给境遇或命运。这种人迷信“我这个人永远也不会走运”，在人生转折关头，显得无力和无助，人生态度消极低沉，这样的人容易成为环境的“受害者”。

3. 顺从型。这种决策风格的决策人在决策时顺从别人的计划而不是独立地做出自己的决定。他们相信“他们都觉得好，我就觉得好”。从众的人固然在追随群体的过程中获得了一种虚拟的安全感，但却忽略了自身的独特性，其选择在很大程度上并不适合自己。

4. 拖延型。这种决策风格的决策人习惯于把问题往后推迟，比如“我还没有准备好工作，所以打算先考研”。拖延型的人总是希望“也许事情过几天就自动解决了”。

5. 犹豫型。这种决策风格的决策人在决策前过度搜集信息，使用信息时又顾虑重重，反复比较，当断不断，心境表现常常是“我就是拿不定主意”。

6. 直觉型。这种决策风格的决策人在决策前因为“感觉到是对的”而做决策，但不能说明原因。直觉在人们无法从环境中获得充分信息时会有效，但可能会不符合事实。

7. 麻痹型。这种人接受做决策的责任，但是过于焦虑而不能对决策做出有建设性的工作。他们知道自己应该开始了，可内心深处总是笼罩着“一想到这种事就怕”的阴影，结果，他们无法真正为决策和决策的后果承担责任。

8. 计划型。使用标准化决策模型所推荐的理性策略。做决定时会倾听自己内在的心声，也考虑外在环境的要求，以做出适当且明智的抉择。

上述八种决策风格没有绝对的优劣之分，各有其适用的范围和局限性。例如，直觉型决策反映了决策者能够迅速提取相关信息的能力，或者也可以说他是一个反应快的理性决策者。那种喜欢到处咨询或模仿他人的人，有依赖的倾向，但也有可能把个人的认知偏差减小到最小。决策风格既受个性的影响，又受到环境的塑造，并非绝对无法改变。

（三）测一测自己的决策风格类型

根据学者哈伦（Harren，1979）的决策风格类型分析观察，大部分人的生涯决策方式可以归纳为直觉型、依赖型、理智型，另外还有犹豫不决型等。

1. 直觉型

直觉型以自己在特定情境中的感受或情绪反应做出决定。这种类型的人做决定时全凭感觉，较为冲动，较少会系统地收集其他相关信息。但他们能为自己的抉择负责。例如，小萍是一个美丽聪慧的女孩，她在为自己做各种决定时，常常凭借自己的感觉或情感。当初在高三时她毅然放弃推荐保送同济大学的名额，宁可辛苦复习，参加高考，就是为了圆自己和家人的一个“复旦梦”。当她如愿以偿考入复旦经济学专业后，在大学三年级，她又开始准备考研，想跨专业考本校法理学的研究生，原因是她对法律产生了兴趣。在考研失败后，酷爱旅行的她，凭着冲劲与直觉到一家旅行社上班，现在正在埋头考导游证。她常以迅雷不及掩耳的速度，在生涯抉择路口走自己的路，做出令周围人咋舌的决定。同时，她又勇于为自己的决定负责，从不后悔。

2. 依赖型

依赖型是指等待或依赖他人为自己收集信息并替自己做决定，有的甚至到处求神问卜，找算命先生帮助。决策时不去系统地收集信息，决策较为被动与顺从，十分在意他人的意见和期望，从而做出选择。对于此类的人而言，社会赞许、社会评价、社会规范是他们决定的标准，他们的口头禅是：“爸妈叫我去……”“我的男朋友/女朋友希望……”“他们认为我很合适”“他们认为我可以……可是……”

3. 理智型

理智型决策合乎逻辑，系统地收集充分的生涯相关信息，且分析各个选项的利弊得失，按部就班，以做出最佳的决定。例如，小莉准备投入保险行业，在转行的前一年，她和保险从业人员有很多接触。为了训练自己突破人际交往的障碍，以及能在短时间内与陌生人建立良好关系的能力，小莉还报名参加了人际关系训练课程。经过很多利弊分析与筹划，最后在家人的支持下，小莉于5月份正式投入保险行业。她相信这是最适合她的选择。

4. 犹豫不决型

此类型的人虽然收集很多的相关信息，问东问西，但常常处在挣扎、难以下决定的状态中。例如，有位研究生在“百度Baidu知道”网上发布求助帖：“电业局和设计院，我该怎么选择？我的问题是我本科读的是建筑学，侧重于建筑设计，而研究生读的是规划，侧重于规划设计，正在面临毕业，现在的选择是进入电业局，还是应该去设计所。电业局也就是设计些变电站、机站之类的，编制应该是全民编制的，属于正式编制，好处就是福利不错，安稳，相对轻松，年薪最多10万元。还有就是去建筑设计院或者规划设计院，那里面市场竞争激烈，做得好则超过电业局的收入，做得不好则低于电业局的收入，但是接触到的群体可能会更广泛一些。但以后的事情也很难说，在电业局或许还有精力做些其他事情，而设计院则没有。大家帮我看看，在电业局和设计院中我该如何选择？还有就是建筑院和规划院哪个好？大家是如何理解的。”

☞【课堂互动】

了解自己的职业决策类型

借助有关的科学测试，大学生能够比较方便地发现并确定自己的职业决策类型，本活动将通过测试来帮助大学生了解自己的职业决策类型。

请根据自己的特质和实际情况，客观地回答以下问题。符合，得 1 分；不符合，得 0 分。打分结束后，请将分数汇总填入表 5-1 所示的职业决策类型得分表中，并进行统计。

表 5-1　决策风格类型测试表

情景陈述	符合	不符合
1. 需要做决定时，会多方搜集资料。	□	□
2. 经常凭自己的感觉做事。	□	□
3. 做事时，喜欢有人在旁边，以便随时商量。	□	□
4. 遇到需要拿主意的事情时，便会感到紧张不安。	□	□
5. 通常会比较和分析搜集到的信息，列出可供选择的方案。	□	□
6. 时常会改变自己做出的决定。	□	□
7. 发现别人与自己的看法不同时，不知该如何取舍。	□	□
8. 做事总是瞻前顾后，经常拿不定主意。	□	□
9. 会衡量各个方案的利益得失，选出最适合的方案。	□	□
10. 经常仓促地对事务做出判断。	□	□
11. 做事时，不太喜欢独自想办法。	□	□
12. 遇到难做决定的事情，就会把它扔在一边。	□	□
13. 决定方案前，会开展必要的准备活动。	□	□
14. 决定方案后，会开展必要的准备活动。	□	□
15. 很容易受到别人意见的影响。	□	□
16. 觉得做决定是一件痛苦的事。	□	□
17. 会参考其他人的意见，并综合自己的想法来做决定。	□	□
18. 容易不经慎重思考就做决定。	□	□
19. 在被催促之前，不打算立即做出决定。	□	□
20. 处理事情经常犹豫不决。	□	□
21. 经过深思熟虑，能得出一套明确的行动方案。	□	□
22. 通常情况下，自己对事物的判断是很准确的。	□	□
23. 经常让父母、师长或朋友给自己提供意见。	□	□
24. 为了躲避做决定的痛苦过程，会让事情不了了之。	□	□

记分方式：将同一类型的得分（符合得 1 分）记入表 5-2 测试结果表，哪种类型得分最高，可能你就属于哪种决策类型。

表 5-2 决策风格类型测试结果

题号组	1. 5. 9. 13. 17. 21	2. 6. 10. 14. 18. 22	3. 7. 11. 15. 19. 23	4. 8. 12. 16. 20. 24
得分				
决策类型	理智型	直觉型	依赖型	犹豫不决型

测试完毕后将得分汇总，得分最高的职业决策类型代表着个人主要的决策方式和风格。在此基础上再根据自己的职业决策类型和特点，分析自身在决策能力方面存在的不足，以便有针对性地修改与完善。

（资料来源：吴兴惠，许芳，白军福. 大学生职业生涯规划与就业创业指导：微课版［M］. 北京：人民邮电出版社，2024.）

第二节 生涯决策的方法

生涯决策是一个复杂的认知过程，决策者通过这一过程分析有关自我和环境的信息，仔细考虑各种可供选择职业的前景，做出职业行为的公开承诺。决策者其实是在多种选择中权衡利弊，以期实现最大价值。因此，想要确立一个科学的生涯目标，大学生还应掌握科学合理的生涯决策方法。

一、"5W"法

"5W"法是一种结构化的问题分析方法，用五个以"W"开头的英文句子对问题进行全方位的分析，可以用于思考职业生涯规划，解决职业生涯规划的 5 个具体问题（见表 5-3）。

表 5-3 "5W"法

5 个 W	含义
Who am I?	反思自己的优缺点
What do I want?	对自己职业发展趋势进行思考
What can I do?	对自己的能力与潜力进行全面总结
What can support me?	对影响职业发展的如企业制度、职位发展空间、经济政策等客观环境和个体人际关系、个体资源等主观环境进行分析
What can I be in the end?	列出自己想做、能做且不利条件最少的职业目标

面对不同的情况或者个体，具体的提问内容可能有所差别，但大致的方向和原则是一致的，这些问题大致可以归纳为以下内容。

（1）个人特征。对自身情况有清晰而深刻的认识，把自身的性格特征、擅长能力等方面的优势挖掘出来，以便更加清晰地明确目标的范围。

（2）个人喜好。随着年龄和阅历的增长，每个人在不同阶段的兴趣发展也会有所变化，但兴趣对职业发展的导向作用是不容置疑的，因此大学生可据此来明确自己的职业发展方向。

（3）个人潜能。职业的成功依赖个人的能力，但职业发展的空间往往受限于个人潜能。因此，通过对自身潜在能力的分析和预测，可以进一步缩小职业决策的目标范围。

（4）环境许可。职业发展与环境相适宜是十分必要的，因此，在做职业决策时，应从政治环境、经济环境、法治环境、科技环境和文化环境等方面进行综合考量，充分考虑影响职业环境的各种因素。

（5）职业目标。通过前面 4 个问题的筛选，可以进一步缩小可能的职业方向，但还需要有一个明确的目标来指引职业生涯规划的实施，从而确立个人职业生涯发展的最佳方向。

☞ **【推荐阅读】**

林俊杰的“5W”

林俊杰为我校日语专业学生，即将升入大四。对自己的职业方向难以抉择：一方面，他所学的专业让他在日企、教育等方面都有可以发展的空间，但工作压力会比较大；另一方面，他有建设家乡的梦想。以下是林俊杰使用“5W”法对自身情况进行分析的结果。

（1）“Who am I?”：高校本科毕业生，担任过院团委学生副书记，成绩良好，曾获校优秀学生奖学金以及校优秀学生干部等荣誉称号；性格内敛、沉稳；通过全国大学英语四级考试、日语 2 级等级能力考试；父母工作稳定，家庭条件一般。

（2）“What do I want?”：成为一名企业工作者、教师或者公职人员。

（3）“What can I do?”：有过家庭教师兼职经历，能与孩子打交道；曾在共青团诏安县驻外大学生委员会参加实践工作，能从基础做起；组织策划多场院校活动，有一定的组织、管理与协调能力。

（4）“What can support me?”：家里全力支持我的工作决定；表姐在学校教书育人，可以传授给我教育工作者的经验；有亲戚在外企上班，可以为我引荐，但该企业要求过硬专业水平，目前仍需认真学习。

（5）“What can I be in the end?”：第一个选择是在日营企业当一名工作人员，可以拥有较高的工资和较好的发展前景，但压力也很大，兴趣也不是那么高；第二个选择是成为一名教师，有一定的知识储备，虽具有成为教师的热忱和兴趣，但性格较为不符，也在教学上缺乏一定的技巧，这是需要进一步提升的；第三个选择是考公考编，虽在做初期准备，但有许多不确定性，且自己把握较低。

启示：从林俊杰的分析结果来看，虽然3种选择都具有合理性，但都具有不确定性，亟待解决的问题较多，其应着重提高自身能力。此外，教师职业受国家重视，具有一定的社会地位，但该职业对非师范生有一定的准入门槛，这是需要林俊杰注意的，同时为了弥补与该职业的差距，他还需要学习相关教育技巧。

（作者简介：林俊杰，男，2022级日语专业学生，寄语：次次辩，事事愁，欲语泪先流；次次勤，事事行，朽木可成舟。）

二、CASVE循环分析法

生涯决策的过程有固定的步骤可以遵循，这些步骤与技术可以通过学习而获得。个人的价值观念、资料获得的程度以及策略的选择与应用，都关系到最后选择的结果。

——Gelatt、Katz、Tiedeman、Vrom、HsuCASVE循环分析法

CASVE循环分析法是认知信息加工理论中的第二个层次，即决策技能领域的部分，解决的是对信息和方法进行运算加工的问题，也就是了解自己该如何做决定。它既是决策过程的关键环节，又提供了一个如何做决策的完整方法论。CASVE循环（见图5-1）由5个环节构成：沟通、分析、综合、评估和执行。

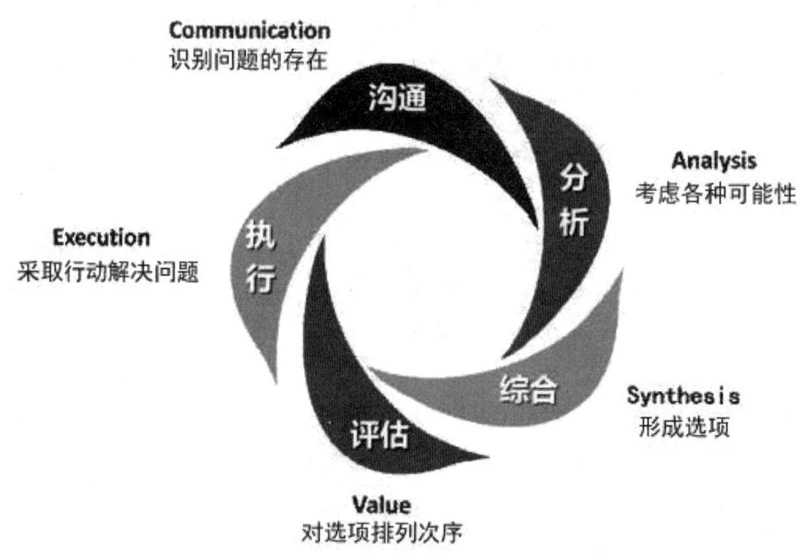

图5-1 CASVE循环分析法

（一）沟通（communication）：识别问题的存在

对决策者而言，就是要意识到自己需要做出选择。这一步是决策的开始，个人如果没有意识到问题的存在，后面的决策步骤则无从谈起。沟通包括内部沟通和外部沟通。内部沟通包括情绪信号和身体信号，比如，你所接收到的信息给你的职业计划带来的焦

虑感（不满、厌烦、失望）；外部沟通包括老师、父母、媒体传递给你的有关就业不容乐观的信息。

（二）分析（analysis）：考虑各种可能性

对决策者而言，就是要了解自己的需要和可能的选择。为了避免决策时冲动、盲目，决策者需要将问题的各个组成部分相互联系起来，对现状进行评估：充分搜集兴趣、技能、价值观、职业、学习机会、工作组织、行业类型等自我认知和职业认知领域的信息并对所有的信息进行思考、观察、研究和分析。

（三）综合（synthesis）：形成可能选项

对决策者而言，就是要扩展和压缩选项清单。这一阶段是在分析的基础上，把分析阶段提供的各种信息放到一起进行综合和加工，制订出解决问题或消除差距的行动方案。在此阶段，个体首先搜索查找各种解决问题的可能性，扩展解决问题的选项，对每一个选项进行思考，然后再逐步缩小选项的范围，保留下最好的，通常要缩减到3～5个最可能的选项。

（四）评估（value）：对选项排列次序

对决策者而言，该阶段的目标就是选择一个职业或专业。对综合阶段得出的职业选择清单，从可行性和满意度两方面进行具体的评估，并对评估结果进行排序，得出最终的选择。在评估中，每个人都必须面对这两个方面的抉择：

一是对个人而言，哪个选择是最好的。或者说，对我生活中重要的人（如父母亲友）而言，哪个选择是最好的。

二是对社会而言，哪个选择是最好的。

每一种选择都要从对自己和对他人的代价和利益两方面进行考虑。在CASVE循环的沟通阶段（C）会确定存在于现实与理想状态之间的差距。在评估阶段（V）对评估结果进行排序时，通常将能够最有效地消除这个差距的那个选项排在第一位，次好的选择排在第二位，以此类推。

（五）执行（execution）：形成目标策略，采取行动解决问题

对决策者而言，就是要采取行动落实选择。执行是整个CASVE循环的最后一个部分，它意味着根据你最终选择的目标，制定行动计划，并付诸行动，解决在沟通阶段所确定的职业问题。

需要注意的是，决策是一个循环的过程。也就是说，在执行（E）阶段结束之后，又要回到沟通（C）阶段，继续对自己的决定及其结果进行评估。衡量的标准就是反思自己所做的选择是不是最好的或最合适的，自己所期盼的理想状态是不是已经实现。由此可能进入新一轮的CASVE循环决策过程。

☞ **【课堂互动】**

回想你确定高考志愿的过程，思考以下几个问题。

（1）你是怎样确定自己的需求的？

（2）你是如何搜集相关信息进行分析的？

(3) 你是如何进行方案设计的？如果放到现在，这个方案是不是会有不同？

(4) 你是如何对自己的方案进行选择的？选择过程中的标准有哪些？

(5) 你是怎样执行的？执行的过程是否和你想象的一样？

(6) 你如何评价你当时的决策过程？你对决策的结果是否满意？如果不满意，你认为是哪些步骤有问题？

在你学习了CASVE循环模型后，如果是现在，你将如何改进决策过程？对于未来的职业决策，你有什么新的想法？

（资料来源：钱春芸，姚建林. 大学生职业生涯规划与指导［M］. 北京：人民邮电出版社，2024.）

三、SWOT分析法

SWOT分析法是20世纪80年代初美国旧金山大学的管理学教授韦里克（H. Weihric）提出的，在市场营销管理领域被广泛使用，主要用来帮助决策者在竞争环境中制定适合企业发展的竞争战略。在大学生职业生涯规划中，其常常被用于解决个人求职和生涯发展等决策问题。大学生通过分析自己在技能、能力、兴趣、价值观等方面的优缺点，以及所感兴趣的不同职业道路的机会和威胁，可以较客观、全面地分析自己的现实情况。其中，S（strengths）代表优势，W（weaknesses）代表劣势，O（opportunities）代表机会，T（threats）代表威胁。

（一）SWOT分析法的实施步骤

在运用SWOT分析法进行职业选择与生涯决策时，我们可以按照以下五个步骤进行：

1. 分析自己的优势和劣势（自我认识）

这是运用SWOT分析法进行职业生涯决策的前提条件，即清楚知道自己的优势，并将自己的生活、工作和事业发展都建立在这些优势之上。全面、客观、深刻地知晓自己的劣势，才能有针对性地进行提升和弥补，或放弃自己不擅长的职业领域。可以制作一个优缺点分析表格，列出自己的优势和劣势。

(1) 对个人优势方面的评估

优势，指个体可控并可利用的内在积极因素。具体的内容可以从以下方面评估：

①评价个人人格特质的优点。可以综合运用自我评价、请他人评价（家人、同学、朋友、领导、老师、职业生涯规划专家等）、运用专业的个性测量工具的方法，了解个人人格特质中（如兴趣、能力、性格、价值观等）对自己职业生涯有利的因素。

②大学期间你学到了什么？在大学的学习生涯中，专业课程的学习让你学习到了哪些知识？在毕业实习和社会实践中，你提升了哪些知识或技能？如专业知识的系统训练，并熟练掌握；如沟通能力、表达能力、组织管理能力、策划能力等。

③大学期间你曾经做过什么？收获了什么？在校期间你担任过哪些学生干部职务，参加或举办过什么校园活动、社会实践、学科竞赛等，从中你收获到什么？

④做过最成功的事情是什么？如何成功的？从中发现了自己什么长处？通过回顾自己认为曾做过的最成功的事情，分析自己获得成功的方法途径，并从中总结出自己身上的优秀品质（如坚持、乐观、坚强、创新、敏锐、洞察力强等）。

（2）对个人劣势方面的评估

劣势，指个体可控并应努力改善的内在消极因素。具体的内容可以从以下方面评估：

①反思个人人格特质中的弱点。金无足赤，人无完人，是人就一定有缺点。了解自己个性中的不足以及不喜欢、不擅长做的事，才能有针对性地弥补提升或规避相关领域的职业。可以坦诚地找身边的同学、老师、领导、父母等聊一聊自己的缺点、不足。再综合自己感觉的弱点，形成对自己性格弱点更全面、更理性、更准确的评估。

②经验或经历中所欠缺的方面。对照你意向的职业，考虑下在你人生经历中，哪些经历或经验是欠缺的。对于能弥补的经历或经验，就认真对待，创造条件完善经验；对于无法弥补的经历或经验，要慎重思考缺失可能造成的影响。

③做过最失败的事是什么？如何失败的？如何做来防止再次失败？同样要回顾自己认为曾做过的最失败的事情，分析：自己失败在哪里？是因为欠缺了什么导致了失败？从中总结出自己身上的不足（如心理素质不够、组织领导能力不足、做事虎头蛇尾等）。

2. 分析外部机会和威胁

（1）机会（机遇）分析

机会，指个人不可控，但可利用的外部积极因素。外部环境为每个人提供了成长发展的机会和有利条件。社会变革、科技创新、市场竞争都能带来各种机会（机遇）。面对机会，不同人有以下五种不同的行为反应：创造机会、寻找机会、等待机会、错过机会、漠视机会。我们如果做不到创造机会，至少可以做一个努力寻找机会的人，抓住身边的机会，为未来的机会创造条件，不让自己错过机会，更不能对机会持逃避或视而不见的态度。

（2）威胁（挑战）分析

威胁，指个体不可控，但可以使其弱化的外部消极因素。外部客观环境是不受人控制的。激烈的求职者竞争、所学专业（或学历层次、学校层次）与职业需求不匹配、市场不景气导致意向企业不招聘等，都可能是来自外部的威胁与挑战。面对威胁与挑战，既不能自怨自艾，也不能逃避漠视，而应该通过自己的努力，化挑战为力量，努力弱化外部威胁（挑战）的影响，在困境中成功逆袭，提升自己。

3. 构造 SWOT 矩阵

将调查分析、总结出的个人优势、劣势和外部机会、威胁等各种因素，根据轻重缓急或影响程度等排序方式，构造生涯决策的 SWOT 矩阵。在各种因素的排序过程中，将那些对个人职业生涯发展有直接的、重大的、大量的、迫切的、久远的影响因素优先排列出来，而将那些间接的、次要的、少许的、不急的、短暂的影响因素排列在后面。构建矩阵的方法可参考以下 SWOT 矩阵模型（见表 5-4）。

表 5-4 生涯决策 SWOT 矩阵模型

内部因素	**优势**（strengths） 指个体可控并可利用的内在积极因素： （1）工作经验 （2）教育背景 （3）丰富的专业知识和技能 （4）特定的可转移技能（如沟通、团队合作、领导能力等） （5）人格特质（如职业道德、自我约束、承受工作压力的能力、创造性、乐观等） （6）广泛的个人关系网络 （7）在专业组织中的影响力	**劣势**（weaknesses） 指个体可控并努力改善的内在消极因素： （1）缺乏工作经验 （2）学习成绩差，专业不对口 （3）缺乏目标，且对自我的认识和对工作的认识都十分不足 （4）缺乏专业知识 （5）较差的领导能力、人际交往能力、沟通能力和团队合作能力 （6）较差的寻找工作的能力 （7）负面的人格特征（如职业道德败坏、缺乏自律、缺少工作动机、害羞、情绪化等）
外部因素	**机会**（opportunities） 指个体不可控，但可以利用的外部积极因素： （1）就业机会增加 （2）接受教育的机会 （3）专业领域急需人才 （4）由于提高自我认识，设置更多具体的工作目标带来的机遇 （5）专业晋升的机会 （6）专业发展带来的机会 （7）职业道路选择带来的独特机会 （8）地理位置的优势 （9）强大的关系网络	**威胁**（threats） 指个体不可控，但可以使其弱化的外部消极因素： （1）就业机会减少 （2）由同专业的大学毕业生带来的竞争 （3）具有丰富技能、经验、知识的竞争者 （4）拥有较好的寻找工作技巧的竞争者 （5）名校毕业的竞争者 （6）缺少培训、学习造成的职业发展障碍 （7）工作晋升机会十分有限或者竞争激烈 （8）专业领域发展有限 （9）公司不再招聘与你同等学力或专业的员工

（资料来源：孙鑫，李华．大学生职业生涯规划与就业指导［M］．北京：中国电力出版社，2019.）

4．分解 SWOT 矩阵模型，得出生涯决策

将 SWOT 矩阵模型进行分解：矩阵中上下对应的 SO（优势与机会）——加以充分发挥；WO（劣势与机会）——为抓住机会而对劣势加以弥补，使弱势与机会此消彼长；ST（优势与威胁）——对优势进行调整、提升、发挥以抵御威胁；WT（弱势与威胁）——对个人劣势加以改善，减小威胁的影响或制定规避威胁的策略。最后得出相应的生涯决策方向。

☞ **【案例阅读】**

黄欣怡的 SWOT 分析与职业决策

基本情况：黄欣怡，女，英语（师范）本科专业学生，曾任学院团委学生副书记，

综测成绩在专业前10%，积极参与专业学科竞赛，并多次获得省校级学科竞赛奖项、校奖学金以及三好学生、优秀学生干部等荣誉称号，理想的职业是当一名体制内中小学英语教师。

她利用SWOT分析工具，把SWOT进行分解（见下表），将SO（优势与机会）加以利用，使WO（弱势与机会）此消彼长，对ST（优势与威胁）进行监控，使WT（劣势与威胁）得以改善。最终她认识到如果想要从事英语教师的职业并站稳脚跟，自己的学历和学习经历还需提高，日后有必要继续深造。考虑到目前的就业形势严峻及优秀毕业生（以下简称“优毕”）政策，她制定了毕业后3～5年的职业目标，决定先争取就业，之后考取在职研究生提升学历。

1. 争取通过优毕专场或统一的教师招聘考试（以下简称“教招”）进入编内教师行业。

2. 考上福建师范大学学科英语专业非全日制研究生。

3. 成为一名优秀的英语教师。

黄欣怡的职业生涯决策SWOT分析表

	机会（O）：	威胁（T）：
外部环境分析	1. 线上教育发展：互联网技术的发展使线上教育迅速崛起，打破了传统教学的地域限制，提供了更多灵活的教学形式和就业机会，如在线英语授课、课程研发等。 2. 人工智能与教育融合：人工智能技术在教育领域的应用越来越广泛，英语专业学生可以利用人工智能技术辅助教学，为自己的职业发展增添新的技能和优势。 3. 省内优毕政策：目前福建省内优秀师范毕业生教招政策为优秀的应届英语师范专业毕业生提供了一条就业渠道。 4. 毕业院校是福建省唯一一所培养职业师资的院校，在对口中高职教师就业上具备院校特色及优势。 5. 同专业有较多通过教招成功就业的学长学姐，能够向即将面临就业的学弟学妹们提供经验和帮助。	1. 其他非英语专业人才竞争：英语作为一个较为普遍的学科，一些其他专业但英语水平较高的毕业生，凭借其专业知识与英语能力的结合，在某些特定领域的英语教学岗位上，可能比纯英语专业毕业生更具竞争力。 2. 教育政策变化：教育政策的调整可能对英语教育产生影响，如考试制度改革、课程标准变化等，要求英语教师不断更新知识和教学方法，适应新的教育要求。 3. 教师行业要求不断提高：学校和教育机构对英语教师的要求日益严格，不仅要求具备扎实的专业知识和教学能力，还对学历、教师资格证等级、教学成果等方面有更高的标准，增加了就业难度。 4. 目前自身尚缺乏教学实践经验，对教学技能的运用较为生疏，缺乏班级管理能力。

续表

内部环境分析	**优势（S）：** 1. 具备较为扎实的专业知识与技能：通过系统的英语（师范）专业课程学习，在语法、词汇、听说读写等方面具备较为深厚的基础，能够准确且流利地运用英语，为日后教授英语知识提供保障。 2. 具备一定的教学实践经验：通过教学技能课程的学习以及教学实习、支教志愿等活动，积累了一定的课堂教学经验，熟悉教学流程，能够初步应对学生在学习过程中出现的问题。 3. 亲和力较强：容易与学生建立良好的师生关系，营造积极的课堂氛围，促进师生间的互动和交流，调动学生的学习积极性和主动性。 4. 做事耐心细致，富有责任心：能够认真对待工作中的每一个环节，确保教学质量，为学生的学习负责。 5. 在校期间担任学生干部，拥有组织集体活动的经验，有一定的组织管理能力和经验，逻辑性和条理性较好，口头表达与书面表达能力较强，构建了良好的人际关系。 6. 性格乐观开朗，能以积极的心态面对工作中的各种挑战和困难，积极传递正能量，感染学生。 7. 喜欢与学生打交道、纯粹的工作环境，热爱并向往教师这份职业。	**优势机会策略（SO）：** 1. 凭借扎实专业知识与亲和力，投身线上教育，开展在线英语授课，通过活泼互动的教学风格吸引学生，借助线上平台扩大教学影响力，积累教学口碑与资源。 2. 利用院校在中高职教师培养的优势，结合自身学生干部经历带来的组织管理能力，积极参与对口中高职英语教师岗位竞争，在面试中突出自己能更好组织教学活动、管理学生的优势。 3. 借助省内优毕政策，凭借多次获奖学金、学科竞赛获奖等荣誉，争取成为优秀师范毕业生，为进入体制内中小学英语教师岗位做好准备。	**优势威胁策略（ST）：** 1. 面对非英语专业人才竞争，发挥自己英语专业知识扎实、教学经验初步积累的优势，在应聘时突出自己在英语语言教学上的专业性和系统性，强调能更好把握英语教学的重点、难点。 2. 面对教育政策变化和教师行业要求提高，凭借乐观开朗的性格和积极学习的态度，主动关注政策动态，积极参加各类培训，利用自身做事耐心细致的特点，认真钻研新的教学方法和知识，确保教学成果。

续表

内部环境分析	**劣势（W）：** 1. 学历水平较低：与一本重点院校相比，二本院校在社会认可度上稍低，在参加一些重点学校教师招聘或大型教育机构招聘时，可能在筛选简历环节面临一定压力。 2. 综合能力有待提升：二本院校的教学资源和学术氛围相对薄弱，因此二本院校毕业生在跨文化交际、前沿教学理念与方法的接触和实践方面机会较少，导致综合素养和创新能力可能不及重点院校学生。 3. 就业竞争激烈：英语师范专业毕业生数量庞大，就业市场竞争激烈，二本院校毕业生在与重点院校毕业生竞争同一岗位时，优势不够突出。 4. 做事不够果断，不够大胆，尤其是在做决定时容易犹豫不决、瞻前顾后，不够雷厉风行。 5. 父母皆为经商个体户，文化水平有限，无法在职业发展、资金、人脉方面上给予自己很大帮助。	**劣势机会策略（WO）：** 1. 针对学历和综合能力的劣势，抓住线上教育、人工智能与教育融合机会，通过线上学习和实践，接触前沿教学理念和方法，提升自己的综合素养，如参与线上课程研发，学习利用人工智能技术辅助教学，弥补院校资源不足。 2. 利用学长学姐教招上岸经验，克服自身决策犹豫问题，主动向他们请教求职、备考经验，制定清晰的职业规划和备考计划，提升教招成功率。 3. 积极参与学校组织的职业规划讲座、教招考试指导讲座、教招经验交流会，弥补信息差，做好就业规划；积极利用学校官网提供的最新招聘信息，深入了解就业现状以更好地应对就业；主动与导师或辅导员沟通交流，听取意见和建议，合理规划就业方向。	**劣势威胁策略（WT）：** 1. 鉴于就业竞争激烈、自身实践经验不足，主动参加教育机构实习，积累教学和班级管理经验，提升教学技能运用熟练度，弥补自身短板，增强在就业市场的竞争力。 2. 面对教育政策变化和行业高要求，利用线上丰富资源，不断学习提升，同时避免决策犹豫，果断参加各类培训和考试，提升学历，考取高等级教师资格证，以满足行业要求。 3. 关注教育领域的优质公众号，获取最新的行业资讯和就业现状；通过社交媒体与其他学校的英语专业师范生沟通交流，互帮互助；利用在线工具观摩优秀教师授课视频，总结并复盘，不断提升自己的教学实践能力。

［作者简介：黄欣怡，女，2022级英语（师范）专业学生。］

5. 对 SWOT 矩阵进行定量赋值

单纯确定个体的优势、劣势、机会、威胁的各个具体因素，只是 SWOT 的初步分析阶段，要得到更科学的职业生涯决策，则需要进行定量的 SWOT 分析。给 SWOT 矩阵中四个象限的每一项因素配以权重，并根据权重进行定量分析。基于每项评判因素对于具体行业的重要性来设定每项因素的权重分数。可以根据你的需要，把最重要项目的权重赋值 10 分甚至 100 分或者 1000 分，其他被比较项目的权重也随之改变。还要特别注意两点：一是应该根据当时当地的人才市场的具体情况，用数量化的方式把个人优势、机会结合起来，与劣势、威胁相比较，才能清晰地分析出自己选择这项职业是否比他人更具有优势，从而得出最优的职业决策。二是应尽可能地参考该行业长期经营和管理所形成的每项评判内容的重要程度，或者参考职业生涯规划专家的看法来赋值，不能仅凭个人感觉。

（二）SWOT 分析法的评价

1. SWOT 分析法的静态性造成的缺陷及应对对策

生涯决策本质上是动态、连续、发展的，是一系列不断递进的阶段组成的，是某个选择方案被选择、履行和规划不断调整的必然结果。而 SWOT 分析法是基于时间截面段的静态分析方法，还不能够结合过去、现在和未来的发展趋势做出综合评判。个体在进行职业生涯规划决策中实施 SWOT 分析，通常是依据自己当时的现状和观点分析自己和职业环境，而忽视了很多未来环境发展的可能性。

因此，个体在使用 SWOT 分析法进行职业生涯决策时，一方面要加强信息及时反馈，尽量站在未来的立场上衡量自身值得赞赏和仍需要改进的地方；另一方面要密切注意职业环境的变化，通过网络、报纸、杂志等媒介来追踪最新的职业趋势，根据具体的环境变化及时修正和调整自身的 SWOT 矩阵，从而做出更准确的决策。

2. SWOT 分析法的主观性影响决策准确性及应对对策

在用 SWOT 分析法进行决策分析时，个体可能会做出不太客观的自我评估。具有不同人格特征的评价者（如悲观主义者和乐观主义者）面对相同的人和事，可能会得出截然不同的分析结果。

因此，个人在进行评估时，务必要认清自己的优势和劣势对于自己未来职业道路决策的重要意义，避免仅凭主观印象评估，既不能过度谦虚，也不能过度自信，要敢于面对自己的不足，才能做出准确的决策。同时，可以尽量争取到家人、朋友、同学、老师、职业生涯辅导专家的帮助，获得对自己的全面信息。也可以采用一些职业测评工具、个人特质测量表来帮助自己形成自我认识。

四、决策平衡单

（一）决策平衡单介绍

当一个决策者对两个或两个以上不同的职业选择进行生涯决策时，如果能够对所面临的选择进行更直观、清晰的量化分析，生涯决策就会更容易、更准确。1977 年，美国心理学家詹尼斯和曼基于卡茨的职业决策理论的生涯决策技术，设计出决策平衡单（decision-making balance sheet）。

他们将重大事件的思考方向集中到四个主题上：

（1）自我物质方面的得失。

（2）他人物质方面的得失。

（3）自我赞许与否。

（4）社会赞许与否。

后来，台湾地区的生涯规划辅导专家金树人先生将“自我赞许与否”与“社会赞许与否”改为“自我精神方面的得失”和“他人精神方面的得失”，从而使决策平衡单中对重大事件所造成的得失影响的思考方向集中在了“自我—他人”与“物质—精神”这两个维度上。

（二）决策平衡单的使用步骤

1. 列出有待你深入考量的潜在职业选项（2～5 个），填入决策平衡单第一行。

2. 列出考虑的因素。根据个体关注的内容，在“自我—他人”与“物质—精神”所构成的四个方面范围内，将影响自己做出决定的考虑因素一一列出。

3. 基于对自我需求和价值观的准确了解，为每个考虑项目（即影响因素）分配权重。可以根据平衡单上的考虑项目的重要性和迫切性，从 1～5 中选择一个整数填入表格中的权重栏内。若权重越高，表明该项考虑因素对你的重要性越大，其中 5 代表“非常重要”，3 代表“一般”，1 代表“最不重要”。

4. 按照各项职业选项满足个体价值观和考虑因素的得失程度，为不同的考虑因素进行得失打分（分值在－5～＋5 分之间）。若数值为正，表示该考虑项目在对应的职业选项中能满足个体需要和价值观。若数值为负，则表示该考虑项目在对应的职业选项中不能满足个体需要和价值观。在具体数值上，＋5 表示完全满足，0 表示不知道或无法确定，－5 表示完全不能满足。

注意，对所有选项的全部考虑因素打分完毕后，应对分数进行审核，可以进行二次调整和修改。

5. 计算加权分值。将每个考虑因素的分值乘以其权重，所得的分数即为加权分。每列选项的加权分数相加，就是该职业选项的总分。

6. 得出决策结果并反思。根据每个职业选项的得失分数相加，得出该职业选项的总分。对各职业选项的总分按由高到低排序，分数最高者为最优决策选项。完成上述六个步骤后，决策者还应做如下反思：

（1）这个结果是否使原来比较模糊的选项变得清晰？

（2）有没有遗漏什么重要的因素？

（3）你是否认可这个结果？如果不太认可这个结果，原因是什么？是否需要重新调整以上因素的权重？有必要的话，可以再适当调整平衡单，直到认可评估结果。

☞ **【案例阅读】**

杜欣莹的决策平衡单

基本情况：杜欣莹，女，商务英语（师范）本科专业学生，性格外向，喜欢与人交往，口头表达能力很强，是学院学生会干部，组织能力、抗压能力强。马上就大四了，她考虑了三个发展方向：初高中英语教师、企业外贸业务员、英语方向专业硕士研究生。以下是她的具体想法。

1. 初高中英语教师

欣莹认为这个职业是其专业最好的就业方向，存在着最大的专业优势，个人性格特点适合教师这一岗位，工作也比较稳定，符合她的兴趣所在。但目前进入具有一定水平的中小学的门槛较高，考取难度大，生活过于平淡，而且中学教师压力大，收入不是很高。

2. 企业外贸业务员

欣莹希望能够进入外企，从基本外贸业务员做起，认为这个职业符合自己的性格，收入较高，并且可以利用自己的专业来帮助自己更好地完成外贸工作，但缺乏相关工作经验以及工作不稳定性较高，需要较大的时间成本。

3. 英语专业硕士研究生

欣莹的父母都希望她能够再继续深造，以后到大学任辅导员或者英语专业教师。欣莹认为虽然高校教师工作稳定，收入也高，但其不喜欢英语方向的研究生专业，且考研有一定困难。

她从自我、他人、物质、精神四个维度为自己设计了一张生涯决策平衡单（如下），并结合自己的专业特长、兴趣爱好、实践经历、家人期望等因素，进行量化分析。

欣莹的职业决策平衡单

考虑因素		权重（1～5倍）	选择一：初高中教师		选择二：外贸业务员		选择三：研究生	
			得＋（加权分）	失－（加权分）	得＋（加权分）	失－（加权分）	得＋（加权分）	失－（加权分）
自我物质方面的得失	1.符合自己的理想生活方式	5	＋8（＋40）		＋6（＋30）			－2（－10）
	2.适合自己的处境	4	＋8（＋32）		＋7（＋28）		＋7（＋28）	
	3.有较高的社会地位	4	＋8（＋32）			－3（－12）	＋7（＋28）	
	4. 工作比较稳定	5	＋9（＋45）			－9（－45）	＋8（＋40）	
他人物质方面的得失	1.优厚的经济报酬	4	＋5（＋20）		＋8（＋32）		＋6（＋24）	
	2.足够的社会资源	5	＋8（＋40）		＋7（＋35）		＋9（＋45）	
自我精神方面的得失	1. 适合自己能力	4	＋8（＋32）		＋6（＋24）		＋7（＋28）	
	2. 适合自己兴趣	5	＋8（＋40）		＋7（＋35）			－4（－20）
	3.适合自己价值观	5	＋7（＋35）		＋6（＋30）		＋7（＋35）	
	4. 适合自己个性	4	＋7（＋28）		＋6（＋24）		＋6（＋24）	
	5. 未来发展空间	5		－3（－15）	＋8（＋40）		＋9（＋45）	
	6.就业机会	4	＋3（＋12）		＋8（＋32）		＋9（＋36）	

续表

考虑因素		权重（1～5倍）	选择一：初高中教师		选择二：外贸业务员		选择三：研究生	
			得＋（加权分）	失－（加权分）	得＋（加权分）	失－（加权分）	得＋（加权分）	失－（加权分）
他人精神方面的得失	1. 符合家人期望	4	＋7（＋28）		＋5（＋20）		＋9（＋36）	
	2. 与家人相处时间	3	＋7（＋21）		＋4（＋12）		＋9（＋27）	
加权后合计			＋405	－15	＋342	－57	＋396	－30
加权后得失差数			390		285		366	

欣莹通过职业决策平衡单对决策进行量化分析后，她的决策方案的得分排序是：初高中英语教师＞考研＞外贸业务员。综合平衡之后，初高中英语教师较为符合欣莹的职业生涯目标。在进行职业选择时，欣莹最为看重的职业影响因素是：是否符合自己的理想生活方式、是否符合自己的兴趣和价值观、工作是否稳定等几个方面。

［作者简介：杜欣莹，女，2022级商务英语（师范）专业学生。］

五、PLACE 法

PLACE 法是一种有效的系统性和战略性分析工具，通过五个维度帮助个体科学规划职业路径，从而制定更为个性化的职业决策和规划。具体包括5个要素和6个步骤：5个要素分别包含职位（place）、位置（location）、发展（advancement）、条件（condition）和入门资格（entry）。根据 PLACE 法将这五个要素对应到具体职业决策时，我们重点要考虑职业的5个方面要素：一是职业的职位，即职业的性质、内容、承担的责任等；二是职业的位置，即职业所处的地理位置、物理环境等；三是职业的发展条件，即职业的工作保障情况以及成长、升职机会等；四是职业的雇用条件，即职业的薪酬、福利、工作时间等；五是职业的准入资格，即职业要求的教育背景、培训经历等。

PLACE 法要遵循的6个步骤具体如下：

第一步，将正在考虑的职业意向填写在表5-5所示的“职业目标”后面的横线上。

第二步，借助 PLACE 法客观描述职业的5个要素。

第三步，用文字主观评价职业的5个要素。

第四步，按照职业的5个要素是否能满足个人需要进行评分，从“完全没有吸引力”到“有绝对的吸引力”，评分范围为加0～5分。

第五步，计算该职业意向的总分。

第六步，依次评价自己的职业意向，并根据总分高低进行排序，从而选择出总分最高的职业。

表 5-5 职业评价表

职业目标：________________			
职业要素	评价		评分 （完全没有吸引力→有绝对的吸引力）
	客观描述	主观看法	
P（职位）			0 1 2 3 4 5
L（位置）			0 1 2 3 4 5
A（发展）			0 1 2 3 4 5
C（条件）			0 1 2 3 4 5
E（入门资格）			0 1 2 3 4 5
总分			

☞ **【案例阅读】**

林薇的 PLACE 职业分析

基本情况：林薇，女，我校 2022 级商务英语（师范）专业的大三学生。她始终以积极进取的态度投身于学业，积极备考各类专业证书，现已通过大学英语四六级、英语专业四级以及商务英语专业四级证书，为后续深入学习和职业发展筑牢根基。自入学以来，她便将成为一名优秀的英语老师作为自己的职业目标。但她也期望进入外企担任市场专员，锻炼沟通与策划能力，借助公司完善的培训体系和晋升通道，实现个人职业成长。以下是她借助 PLACE 法对自己的职业生涯方向进行决策的过程。

职业目标 1：市场专员			
职业要素	评价		评分 （完全没有吸引力→有绝对的吸引力）
	客观描述	主观看法	
P（职位）	外企常见的市场专员岗位，负责市场调研与推广活动执行	能接触到先进的市场理念和营销手段，锻炼沟通和策划能力，很有吸引力	0 1 2 3 4 5
L（位置）	位于城市核心商圈的写字楼，交通便利，办公环境好，周边配套完善，上下班方便，比较满意	办公环境好，周边配套完善，上下班方便，比较满意，但是要离开父母，到大城市求职就业	0 1 2 3 4 5
A（发展）	公司有完善的培训体系和晋升通道，表现优秀可晋升为市场主管	对个人职业成长很有帮助，发展前景不错，但是职业压力比较大	0 1 2 3 4 5

续表

职业目标 1：市场专员

C（条件）	双休，法定节假日正常休，有带薪年假，薪资构成合理	工作生活平衡有保障，薪酬福利比较有吸引力	0　1　2　3　**4**　5
E（入门资格）	本科以上学历，大学英语六级，英语专业四级，有相关实习经验	门槛不算特别高，可以通过自己努力达到入门资格，但是实际求职竞争会比较激烈	0　1　2　**3**　4　5
总分	17		

职业目标 2：英语教师

职业要素	评价		评分（完全没有吸引力→有绝对的吸引力）
	客观描述	主观看法	
P（职位）	英语教师工作相对稳定，工作时间也比较固定	一直对英语教学充满热情，梦想成为家乡高中的英语老师，希望学生在高考中取得优异成绩，同时以身作则培养学生的良好品行	0　1　2　3　4　**5**
L（位置）	家乡教育事业发展迅速，对英语教师的需求量较小，竞争激烈	倾向于在家乡（福清）任教，熟悉的环境有利于快速适应自己的教师角色。同时，还能在家人身边多陪伴家人，希望能接触到更多教育创新模式和前沿资讯，助力个人教学水平提升	0　1　2　3　**4**　5
A（发展）	家乡高中有完善的教师晋升体系，依据教学成绩、公开课表现、论文发表情况等进行考核晋升，只要自身努力提升，就有清晰的上升途径	希望先成为受学生喜爱、教学成果显著的优秀教师，然后凭借教学经验和教研成果，成为年级备课组长，组织教学研讨活动。长远目标是成为骨干高级教师，参与学校教学管理，推动英语教学改革创新	0　1　2　3　**4**　5

续表

职业目标 1：市场专员			
C（条件）	当地教育部门已逐步取消编制	期望获得编制内的工作，享受稳定的薪资待遇、完善的福利保障，如五险一金、带薪寒暑假，以及定期的教师培训机会，保障自身职业发展，但目前考上教师编制的机会比较少，竞争也很激烈	0 1 2 3 4 5
E（入门资格）	需要持有高级中学英语教师资格证，英语相关专业本科及以上学历，部分学校可能还要求有一定的教学实习经历	争取尽早拿到教师资格证，并督促自己持续学习，积累更多的教学实践经验，不断提升英语口语表达和写作能力，改进教学方法，以适应学生多样化的学习需求	0 1 2 3 4 5
总分	19		

通过对以上两种职业方向的分析，林薇更坚定了她成为一名优秀英语老师的决心，目前正全力备考研究生，期望通过深造进一步提升自己的专业能力和知识储备，为投身教育事业做好充分准备。

[作者简介：林薇，女，2022 级商务英语专业（师范）学生，寄语：学路修远，然志之所趋，无远弗届。]

以上五种决策方法，为我们开展生涯决策提供了独特的视角和方法。掌握它们的最好途径，就是对其加以应用。大学期间，同学们既要通过自主学习去追求学业和职业成就，也要注重利用环境中的重要机会和资源不断提高自身综合能力；既要培养自主开展生涯决策的意识和习惯，有针对性地开展阶段性职业发展状况评估，并结合实际情况开展决策练习，又要注重对自身或身边人的成功决策案例进行整理和分析，不断积累决策经验，从而不断提升生涯决策的自我效能感。既要在学习和实践中不断探索个人的性格特点、职业兴趣、价值观偏好，积累多种技能，也要积极了解时代和社会的发展趋势，胸怀强国之志，以国家富强为念，以人民幸福为盼，忠心爱国，矢志报国，努力把个人小我融入国家大我，把学习奋斗的具体目标同民族复兴的伟大目标结合起来，将个人职业发展与国家、民族的事业发展结合起来，努力在推进强国建设、民族复兴伟业中展现青春作为、彰显青春风采、贡献青春力量。

☞ **【思考题】**

1. 谈谈在进行职业决策的过程中，哪些因素会对你产生影响。

2. 根据 CASVE 循环分析法，职业生涯决策的过程包括哪些环节？

3. 请运用 SWOT 分析法，对自己的某项生涯决策进行分析，并将分析结果填入表格，完成后与周围的同学交流一下，说说自己的生涯决策是否比之前更加坚定了，如果没有，请分析原因。表格参照前文案例阅读中的《黄欣怡的 SWOT 分析与职业决策》。

4. 尝试为自己的生涯选择设计一张决策平衡单。

☞ **【参考文献】**

[1]钱春芸,姚建林.大学生职业生涯规划与指导[M].北京:人民邮电出版社,2024.

[2]党亚莲,董薇.大学生职业生涯规划[M].北京:清华大学出版社,2024.

[3]史小英,侯晓方,孙超.大学生职业生涯规划[M].北京:人民邮电出版社,2023.

[4]金德禄.大学生职业生涯规划与就业指导[M].南京:东南大学出版社,2020.

[5]孙鑫,李华.大学生职业生涯规划与就业指导[M].北京:中国电力出版社,2019.

[6]苏文平,叶心宇,孙丽霞.大学生职业生涯规划与就业创业指导[M].北京:中国人民大学出版社,2018.

[7]刘越,兰敏利,邓文全.大学生职业生涯规划[M].上海:上海交通大学出版社,2016.

[8]吴兴惠,许芳,白军福.大学生职业生涯规划与就业创业指导:微课版[M].北京:人民邮电出版社,2024.

第六章　生涯行动——行动改变命运

博学之，审问之，慎思之，明辨之，笃行之。——《礼记·中庸》

知行合一，行胜于言。——王阳明

古人云："知易行难。"生涯的目标蓝图如同灯塔，为前行照亮方向，但若无实际行动，再美好的愿景也终将化作镜花水月。梦想从来都不是单纯的思想产物，必须在现实中生根发芽。因此，生涯决策制定下来后，就必须掌握目标设立与分解的方法，制定周详的行动计划和阶段任务，并为自己设计一份切实可行的生涯发展规划，通过实实在在的行动来缩小现实与目标之间的差距，最终汇聚成跨越现实与理想鸿沟的星辰之桥。

要做起而行之的行动者，不做坐而论道的清谈客，当攻坚克难的奋斗者、不当怕见风雨的泥菩萨，在摸爬滚打中增长才干，在层层历练中积累经验。

——2019 年 3 月 1 日，习近平在中央党校（国家行政学院）中青年干部培训班开班式上发表重要讲话

路虽远，行则将至；事虽难，做则必成。只要有愚公移山的志气、滴水穿石的毅力，脚踏实地，埋头苦干，积跬步以至千里，就一定能够把宏伟目标变为美好现实。

——2022 年 12 月 31 日，习近平发表二〇二三年新年贺词

广大青年要继承和发扬五四精神，坚定不移听党话、跟党走，争做有理想、敢担当、能吃苦、肯奋斗的新时代好青年，在推进强国建设、民族复兴伟业中展现青春作为、彰显青春风采、贡献青春力量，奋力书写为中国式现代化挺膺担当的青春篇章。

——2024 年 5 月 3 日，习近平在五四青年节到来之际向全国广大青年致以节日祝贺和诚挚问候

第一节　生涯目标确立与管理

一、确立目标的 SMART 原则

在确立职业目标时，应结合自我探索与职业探索结果，在科学决策的基础上，按照 SMART 原则（见图 6-1）设定科学合理的职业发展目标。SMART 分别代表 Specific，

Measurable，Achievable but challenging，Rewarding，Time-limited 的首字母。

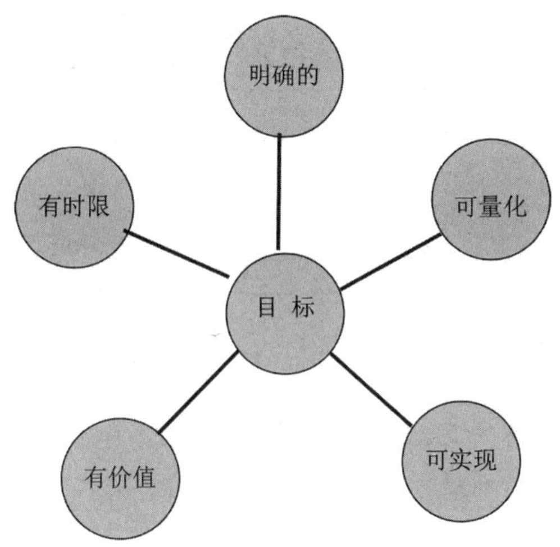

图 6-1　目标确立的 SMART 原则

（一） Specific：**具体的，明确的，不使用含糊笼统的语言**

合理表述（√）	不合理表述（×）
①我一天只能花不超过 1 小时的时间来看电视 ②我每周要花两个小时的时间来上网查找有关服装设计师这一职业的资料	我的目标是更好地利用时间

（二） Measurable：**可量化的，能够明确评估、衡量成功或者失败**

合理表述（√）	不合理表述（×）
在这个月内，参加一个学生社团（网球协会），并访谈两位网球教练	加强社会实践

（三） Achievable but challenging：**可实现性，且具有一定挑战**

换句话说，以你的能力和性格特点，实现这个目标是可能的，但是又有一定难度。比如，你目前只是一个大四学生，且没有什么相关的工作经验，下表中右边的两种表述就不合适：

合理表述（√）	不合理表述（×）
我计划在两年内掌握应任职位的所有技能，并努力使自己成绩出彩	①我计划在两年之内成为大公司的中层经理（不可行） ②我计划十年之内做到中层经理的位置（缺乏挑战性）

（四） Rewarding：**目标有意义，有价值，并有奖惩的措施**

即实现这个目标能带给你成就感、愉快感；反之，则会使你有所损失。例如，如果我没有按计划在一个月内完成对两位工程师的访谈，那么我就不能在“十一”外出旅游，而要利用七天的假期完成访谈的任务。

（五） Time-limited：**有明确的时间限制**

要有计划、分步骤地在限定的时间内完成目标任务。

合理表述（√）	不合理表述（×）
①在大二第二学期前通过英语六级 ②在大三第一学期考取教师资格证 ③在一个月内复习完 3 个单元知识点	在大学毕业前要考取教师资格证、英语六级等

☞ **【课堂互动】绘制目标树**

游戏目的：

帮助学生将抽象的目标具象化、可视化，通过构建目标树的形式，明确学生的总体愿景并分解为具体、可操作的短期、中期、长期目标，增强职业生涯规划意识，为今后职业生涯及个人成长奠定基础。

游戏流程：

准备一张大白纸，学生画上一棵树的树干和树枝。树干代表总体职业目标或人生愿景；树枝代表不同领域（如学业、技能、社交等）的中期目标；接着在树枝上写下自己的具体短期目标（代表树叶），如“本学期获得奖学金”“掌握一门新技能”等。

交流讨论：

学生分享自己的目标树，阐述自己的职业目标，并详细说明如何将职业目标细化为具体、可行的子目标。

二、目标管理

（一）目标管理的定义

目标管理这一概念由美国管理学大师彼得·德鲁克于 1945 年首次提出，是一种以目标为导向、以人为中心、以成果为标准的现代管理方法。二战后，西方经济复苏，迫切需要通过目标管理来规划战略、经营和管理日常工作，以激发员工积极性、强化组织竞争力，由此目标管理广泛应用于企业管理。目标管理既强调实现工作成果，又注重员工在目标制定、实施、控制、检查和评价过程中的自主参与。

大学生的职业目标，是大学生进行目标管理的一部分。在校大学生还要明确与职业目标相关的具体目标，同时根据职业目标规划自己的行动路径，包括知识、技能与实践、人际交往等领域，为实现目标积极行动。

（二）目标管理的特点

1. 重视人的因素。目标管理是一种参与的、民主的、自我控制的管理制度，是指人制定目标，进而通过一定的管理来完成目标。目标的实施，由目标责任者自我进行，通过自我监督与衡量，不断修正自身行为，以实现目标。

2. 构建目标体系。通过运用目标管理理论，将组织的整体目标逐级分解，转化为各部门和个人的分目标，进而构建起有机衔接的目标体系。具体而言，就是设定一个总体目标，再将其细分为多个具体小目标，并细化到每个学年、学期、月乃至每周。大学生要通过持续努力实现每一个小目标，为达成整体目标奠定坚实基础。

3. 重视成果。目标管理以制定目标为起点，以目标完成情况的考核为终点。工作成果是评定目标完成程度的标准。目标管理将评价重点放在成效上，对完成目标的具体过程、途径和方法并不做太多要求。

（三）目标管理的分类

随着大学生就业压力的日益增大，大多数高校和大学生意识到职业生涯规划和目标管理的重要性。根据目标的不同维度，目标管理的分类方法主要有以下三种：一是按周期分类，二是按需求分类，三是按价值分类。

1. 根据目标周期进行目标管理。职业目标可以分为短期目标、中期目标、长期目标和人生目标。大学阶段，从大一至大四，每一位学生都应该根据自己的需求，分析自己的优势、劣势和可能的机遇来规划自己的短期、中期目标，甚至确定自己的人生目标，从而进行目标管理。

2. 根据目标需求进行目标管理。大学生的目标还可以再细化进行分类。如根据学习制定学习目标；根据大学生活的方方面面，又可以分为能力目标、素质目标、工作目标、健身目标、交往目标等；根据社会实践，制定职业目标、创新创业目标等。

3. 根据目标价值进行目标管理。大学生的目标还可以分为主要目标、次要目标。主次目标大多数时间交叉存在，但是重要性有很大的区别。详见表 6-1“大学生目标管理分类”。

表 6-1 大学生目标管理分类

分类依据	具体类型	内容及说明
目标周期	短期目标 中期目标 长期目标 人生目标	短期：一般为 1～2 年，细分为日目标、周目标、月目标和年目标。 中期：一般为 3～5 年。 长期：一般为 5～10 年。 大学生可按年级设定目标，贯穿整个大学阶段，同时确定自己的人生目标，从而进行长期的目标管理。
目标需求	学习目标 能力目标 素质目标 工作目标等	学习目标：围绕知识技能的获取与提升。 能力目标：关注专业技能、实践能力的培养。 素质目标：包括道德、创新能力和综合素质等。 工作目标：针对实习或就业岗位要求。 健身目标、交往目标：涵盖身心健康与人际交往等方面。
目标价值	主要目标 次要目标	主要目标：投入较大精力（如 90%），对个人发展至关重要。 次要目标：投入较少精力（如 10%），虽需完成，但价值和重要性相对较低。

示例一：按时间分解目标

小刚现在刚上大三，专业为市场营销，他为自己定下的职业生涯目标是：五年后成为一名大公司的市场销售管理人员。

为此，将这个目标按年度倒推回来，即：

四年后，一定要跟一家大公司签上合约。

两年后，大学毕业时应当获得一家公司销售部门的初级职位。

一年后，应当争取进入一家公司的销售部门实习。

半年后，应当开始投递简历，寻求实习机会。

本学期，应当写好自己的简历，列出有可能向自己提供相关信息的人脉资源，并增强专业能力。

此外，小刚还可以将自己的总体职业目标拆解为求学期目标、适应期目标、发展期目标、成熟期目标四个阶段性子目标，并制定各阶段目标的具体发展任务。

示例二：按需求分解目标

“鱼骨分解法”的操作步骤具体如下：

步骤一：在“鱼头”位置写上目标（所确立的目标应符合 SMART 原则）。

步骤二：在“鱼尾”位置写上对现状评估的分值。即如果完全实现目标是 100 分，那么目前应该评多少分，分值写在鱼尾位置。

步骤三：分解目标，将总目标按照任务内容划分为几个子目标模块，并写在“鱼身”的框格内。

步骤四：在“鱼骨”位置，继续写上实现目标的具体行动路径。

案例示范：陈想目前是某大学体育教育专业二年级学生，大二阶段已经明确了自己的目标是考上福建师范大学（以下简称“福师大”）体育教学专业研究生，采用鱼骨分解法对其考研目标进行分解，如图 6-2：

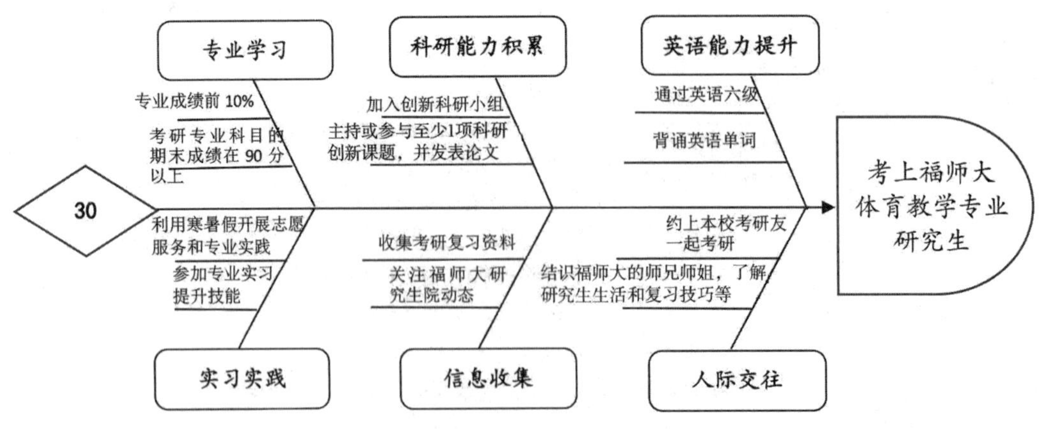

图 6-2 某大二学生考研目标的鱼骨分解图

（四）目标管理的意义

哈佛大学在 1953 年做过一个著名的“目标威力”实验，实验是关于目标对人生结果影响的调查。在一群智力、学历、环境、条件都相差无几的学生走出校门之前，哈佛大学对他们进行了一次关于人生目标的调查，他们中，27％的人没有目标，60％的人目标模糊，10％的人有清晰但比较短期的目标，3％的人有清晰且长期的目标。

25 年后，哈佛大学再次对这群学生进行跟踪调查，结果是这样的：

有清晰且长远目标的人一直朝着同一个方向努力，成为社会各界的顶尖成功人士，他们中不乏白手起家的创业者、行业领袖、社会精英。

有清晰但比较短期的目标的人生活在社会的上层，他们的短期目标不断达成，成为行业专业人士，有很好的工作，比如医生、律师、公司高级管理人员等。

目标模糊的人生活在社会的中层或下层，尽管能够安稳地生活，但是没有取得什么成绩。

没有目标的人生活在社会底层，生活得十分不如意，不断抱怨社会和他人，经常失业，家庭也不幸福。

这说明目标对人的成功很重要。

1. 有利于激发个人发展的内在动力

规范的目标管理能持续激发个人的内在动力。美国心理学家弗鲁姆于 1964 年在《工作与激发》中首次提出期望理论。该理论指出，个体对目标的理解和重视程度直接影响其实现目标的动机和行为。从目标管理角度看，由于目标是个体亲自设定且充分理解的，他们主观上认为达成目标的可能性较高，从而愿意努力实现预期目标，进而激发出强大的内在动力。

2. 有利于评估自我发展的可行性

在目标确定后，其能明确方向、展现前景，从而鼓舞人心、激发斗志。在大学阶段，为实现既定目标，学生必须有效管理目标；但由于影响目标达成的因素多变且难以预测，因此需不断评估与修订目标规划，如调整短期目标、选择中期目标、变更职业目标等。这样不仅能重新评估自我发展可行性，还可使规划始终走在正轨上，确保目标顺利实现。此外，在目标的设定和修订的过程中，大学生也可以评估该目标是否是自己想要的。

3. 有利于把握成长成才的机遇期

在大学阶段，每个年级的学生都有相对固定的任务安排：大一阶段打好基础，了解自己所学的专业；大二阶段自我提升，培养兴趣，提升能力；大三阶段增加砝码，通过普适性考试；大四阶段实习实践，努力把理论与实践相结合。除专业课程外，各类考试也可为未来求职加分，例如普适性考试（普通话、大学英语四/六级、计算机一级等）以及专业相关考试（教师资格证、法律职业资格考试等）。此外，参加各类比赛和实践活动（如“互联网＋”创新创业大赛及专业比赛）也是锻炼和提升能力的重要途径。这样，当工作机会出现时，你如果已提前规划并顺利达成相应目标，便能更好地把握发展机遇。

（五）目标管理三步骤

目标缺失或管理不当，会导致大学生浪费宝贵的大学时光，影响成长与成才。因此，合理设定和管理目标至关重要，大学生可通过三个阶段实现有效的目标管理：

1. 第一阶段：设定可行目标

（1）目标制定：依据 SMART 原则确定目标，确保目标数量合理、表述清晰，并评估其完成可行性，剔除不合理的目标。

（2）目标分解：采用目标分解方法，根据时间周期、具体需求及价值将总体目标拆分为更明确、可操作的子目标，从而提高实现可能性。

（3）制定计划：制定切实可行的行动计划，以便有序推进目标管理。

2. 第二阶段：观察进展情况

目标设定后，绝不能放任不管。执行一段时间后，要主动监控目标进展，设立定期复盘机制，并根据观察结果分阶段调整行动计划。同时，需做好相关记录工作，以确保目标进程始终保持在推进轨道上。

3. 第三阶段：进行评估反馈

达到预定期限后，要及时对目标完成情况进行自我评估与反馈。若目标达成情况良好，则可制定下一阶段目标，进入新的循环；若未达预期，则需及时分析问题，明确问题描述、可能原因及影响因素，逐项剖析因果关系，找出根本问题。经过此流程，我们将对各目标有更清晰的认识，从而更好地修订目标或推进下一阶段的目标管理。

☞【案例阅读】

烧开一壶水的智慧

一位青年满怀愁绪地去找一位智者，青年大学毕业后，曾豪情万丈地为自己树立了许多目标，可是几年以来，依然一事无成。

青年找到智者时，智者正在河边的小屋里读书。智者微笑着听完青年的倾诉，对他说：“来，你先帮我烧壶开水！”

青年看见墙角放着一把极大的水壶，旁边是一个小灶，可是没发现柴草，于是便出去找。

他在外面拾了一些枯枝干草回来，盛满一壶水，放在灶台上，在灶内放了一些柴便烧了起来，可是由于壶太大，那捆柴烧尽了，水也没开。于是他跑出去继续找柴，回来的时候那壶水已经凉得差不多了，这回他学聪明了，没有急于点火，而是再次出去找了些柴，由于柴准备充足，水不一会就烧开了。

智者忽然问他：“如果没有足够的柴，你该怎样把水烧开？”青年想了一会，摇了摇头。

智者说：“如果那样，就把水壶里的水倒掉一些！”青年若有所思地点了点头。

智者接着说：“你一开始踌躇满志，树立了太多的目标，就像这个大水壶装了太多水，而你又没有足够的柴，所以不能把水烧开。你要想把水烧开，或者倒出一些水，或者先去准备柴！”

青年恍然大悟，回去后，他把计划中所列的目标去掉了许多，只留下最近的几个，同时利用业余时间学习各种专业知识。几年后，他的目标基本上都实现了。

只有删繁就简，从最近的目标开始，才会一步步走向成功。万事挂怀，只会半途而废。另外，我们只有不断地拾“柴”，才能使人生不断加温，最终让生命沸腾起来。

（资料来源：瑞文网，网址：https://www.ruiwen.com/zuowen/zheligushi/2049052.html，2021年9月17日）

☞【案例阅读】

屠呦呦：一株青蒿的使命远征

一、使命召唤——锚定国家任务与个人信念

1969年1月，北京中医研究院中药研究所的实验室内，39岁的屠呦呦接到一项改变命运的任务：担任国家“523”抗疟药物研究组组长。彼时，越南战场上疟疾肆虐，感染疟疾的死亡率远高于战场受伤的死亡率，而国际药企垄断的奎宁类药物因疟原虫抗药性逐渐失效。周恩来总理亲自批示，要求中国科学家自主开发抗疟新药。屠呦呦在项目启动会上立下目标：“从中医药宝库中找到有效成分，挽救生命，不负国家重托。”

这一目标的特殊性在于，它既是国家战略需求，也是科学家的自我挑战。面对西方“中国无法突破抗疟药研发”的质疑，屠呦呦深知，唯有将中医药的千年智慧与现代科学结合，才能破局。她带领团队系统整理2000余种中医药典籍，筛选出640种可能具抗疟活性的化合物，最终将目光锁定青蒿——一种遍布中国南北的普通植物。

二、破局之路——从古籍启示到科学突破

关键事件：191次实验与低温提取法的诞生

1971年，屠呦呦的研究陷入瓶颈。尽管筛选了大量中药，但青蒿水煎剂的抗疟效果始终不稳定。在东晋葛洪的《肘后备急方》中，她发现关键线索：“青蒿一握，以水二升渍，绞取汁，尽服之。”传统水煎法因高温破坏有效成分，她大胆提出改用低沸点乙醚提取。这一决策基于对目标的精准拆解：既要保留古籍智慧，又需突破技术局限。

实验室条件简陋，团队用7口大水缸替代专业设备，乙醚的刺鼻气味弥漫整个空间。屠呦呦患上中毒性肝炎，却坚持记录每批提取物的数据。1971年10月4日，第191次实验终获成功——青蒿乙醚中性提取物对鼠疟原虫抑制率达100%。她在实验日志上写下：“目标近在咫尺，但临床验证才是真正的战场。”

三、生死试炼——以身试药与临床验证

关键抉择：从实验室到疫区的生命接力

1972年，提取物进入动物毒性试验阶段，部分样本显示肝损伤风险。为抢占疟疾高发季的临床窗口期，屠呦呦毅然决定：“我是组长，我来试药。”她与两名同事在医院严密监控下服下提取物，一周后未发现明显毒性。面对丈夫的担忧，她平静回应：“若药不安全，我怎敢用于病人？”

带着样品，屠呦呦奔赴海南昌江疟区。在闷热的黎族村寨中，她亲眼见证30名患者服药后高热消退、疟原虫转阴。一名越南士兵康复后握住她的手：“这是东方的神

药!”这一刻，她深知目标已从实验室数据升华为生命的希望。

四、全球使命——从中国方案到世界礼物

里程碑：诺贝尔奖与抗药性攻坚

2015年，屠呦呦站上诺贝尔奖领奖台，成为首位获诺贝尔科学类奖项的中国本土科学家。她所发现的以青蒿素为基础的联合疗法（ACT）已经成为疟疾的标准治疗方法。据世界卫生组织（WHO）不完全统计，青蒿素在全世界已挽救了数百万人的生命，每年治疗患者数亿人。

然而，她并未止步。90岁高龄的屠呦呦仍致力于攻克青蒿素抗药性，推动双氢青蒿素治疗红斑狼疮的临床研究，并将诺贝尔奖奖金捐赠，用于设立科研基金，她的目标明确："让年轻一代超越我们，为人类健康开创新纪元。"

屠呦呦的人物故事，通过"目标确立—执行—验证—升华"的阶段性过程，结合古籍发现、191次实验、以身试药、诺贝尔奖历程等关键事件，完整诠释了将国家使命转化为科学行动的目标确立与管理过程。具体来说，包含了目标管理的四个关键阶段：

首先是使命驱动：国家需求与生命至上的双重责任成为目标设定的核心动力。

其次是科研拆解：从文献筛选到技术突破（如乙醚低温提取），每一步都将宏大目标细化为可执行的科研节点。

之后是风险担当：以身试药与临床验证体现了目标执行过程中所需的伦理勇气与科学韧性。

最后是迭代升级：从发现青蒿素到攻克抗药性，目标随着时代需求不断动态升级。

（资料来源：综合整理自新华网，2024年12月10日，编辑：中国科学家博物馆；第一财经，2024年4月25日，编辑：钱小岩；人民网，2022年7月4日，编辑：乔业琼、杨迪）

第二节 生涯行动与评估调整

一、制定切实可行的行动计划

当我们确定一个职业目标后，需要将总目标拆解为若干个维度，并制定具体、可操作的行动计划，以便有效管理个人的职业生涯规划，明确每一阶段性目标的发展任务，为逐步实现总目标提供清晰的实施路径。

根据时间周期制定行动计划，通常包括年度计划、学期计划、月度计划、周计划、日计划。

1. 示例一：大学阶段目标分解与行动计划（见表 6-2）

表 6-2　大学四年目标与行动计划

学年	专业能力（专业学习、学科竞赛等）		社会实践（志愿服务、社会工作等）		兴趣爱好（音乐、绘画、体育运动等）	
	目标内容	行动计划	目标内容	行动计划	目标内容	行动计划
大一						
大二						
大三						
大四						

2. 示例二：学期计划

初入大一的苏西为自己设下大一上学期的职业生涯规划目标，希望在这学期末前完成一份属于自己的职业生涯规划。她将这个目标按时间分解，如下：

（1）在本周五以前报名参加学校的职业生涯规划培训班，坚持每周培训完成课程。

（2）下周一开始阅读职业生涯规划课程的教材，每周阅读一章并完成书后的练习，在期末前读完这本书。

（3）课外阅读一本职业规划类读物，每两周阅读一章。

（4）在 9 月份完成学校组织提供的职业兴趣和性格测评，并就测评结果与咨询老师面谈，以便更好地了解自我。

（5）在 10 月份参加学校组织的就业指导讲座，了解一些基本的工作岗位的信息。

（6）在 11—12 月，联系寒假实习的单位。

3. 示例三：月度、周计划（见表 6-3）

表 6-3　月度计划

周一	周二	周三	周四	周五	周六	周日
						1
2	3	4	5	6	7	8
	背诵 15 个考研英语单词；专业实习			整理复习本周专业课知识		
9	10	11	12	13	14	15
	考研英语；专业课复习	背诵 15 个考研英语单词；专业实习		整理复习本周专业课知识	与福师大研究生师兄师姐交流	

续表

16	17	18	19	20	21	22
	考研英语； 专业课复习	背诵15个考研英语单词； 专业实习		整理复习本周专业课知识		
23	24	25	26	27	28	29
	背诵15个考研英语单词； 专业实习		整理复习本周专业课知识			
30						

（时间：2024年9月）

4. 示例四：日计划（见表6-4）

表6-4 大一学生备考英语四级每日计划

时间段	活动内容及具体行动计划
6:30—7:00	起床与晨间活动 ·起床、洗漱 ·可播放5分钟英语新闻(如VOA/BBC),开启一天的英语环境
7:00—8:00	早餐和英语轻输入:边吃早餐边听英语播客、短新闻或歌曲
8:00—12:00	上午专心听课:利用课间零散时间翻阅单词卡或浏览英语四级App上的单词
12:00—14:00	午餐与休息 ·午餐后放松、散步 ·饭后轻松默背几句英语表达,保持语言感觉
14:00—17:00	下午专心听课:利用课间零散时间翻阅单词卡或浏览英语四级App上的单词
17:00—18:30	课后运动与放松:进行适度运动(散步、慢跑、健身等),缓解学习压力,为晚间学习做好身心调整
18:30—21:00	晚餐和自选英语练习:根据当天状态,自选以下1～2个英语学习模块进行练习 ·听力:四级听力材料或英文播客 ·阅读:阅读英文短文或真题文章 ·词汇:利用App或单词卡复习单词 ·写作/语法:浏览范文或写短文
21:00—22:00	总结与睡前准备:简单记录当天学到的有趣表达或遇到的问题(无须过于详细)
22:00—次日6:00	睡觉:保证充足睡眠,迎接新的一天

在制定行动计划的过程中，需要注意以下三点：

1. 计划需有脚踏实地的可操作性

首先，学会目标拆解。行动计划要具体，可将大目标拆成小步骤，才能真正落地执行。比如“毕业进互联网公司”的目标可以分解为大二学编程课、大三找相关实习、大四准备作品集。根据时间周期制定不同阶段目标的行动计划时，应各有侧重，详略得当。如，近期计划应做到详尽清晰、可操作性强；中期计划应做到计划清晰、有灵活性；长期计划应做到有方向性。其次，进行资源匹配。结合自己的实际能力制定计划，用好学校资源（比如老师指导、社团活动）和区域产业特点等，匹配出具体的行动清单。

2. 计划以职业角色为核心，但要兼顾生涯的其他角色

生活是多元的，尽管职业角色是重点，但平衡生活其他部分的角色也同样重要。既要专注未来想从事的工作，也要留出时间给家庭、朋友和自我成长。可预留必要的弹性时间应对社会交往、健康问题等潜在干扰项，避免单一角色过度倾斜。比如备考证书时，每周固定时间运动放松；实习期间也定期和家人联系。

3. 路径不仅要包含职业准入路径，也要包含职业发展路径

短期要重点了解目标行业的准入条件（比如学历要求、技能证书、实习经历等），而且要根据准入条件提前做好相关规划和准备。长期要同步规划未来 3～5 年知识发展路径（如工作后攻读在职硕士）与技能升级方向（如从技术岗向管理岗转型需提前学习 MBA 课程）等。

二、评估调整

大学生职业生涯规划的评估调整既包括对职业目标的评估调整，也包括对行动路径（包含职业路径和行动计划）的评估调整，两者是动态关联、相辅相成的过程。大学生应对职业目标、职业路径和计划实施情况进行定期评估，即对照目标，总结收获与成效、不足及原因，进而做出动态调整，确保规划始终与实际相符合。

（一）职业目标的评估调整

职业目标的评估调整侧重对职业目标的可行性、适配性进行重新审视。它是战略层面的方向修正，解决“是否值得坚持”的问题。例如，如果在学习和实践过程中发现自己对原定职业目标所在领域不再感兴趣，或者该领域的发展前景发生了重大变化，需要考虑是否从一个行业转向另一个更具发展潜力的行业。

职业目标的评估内容包括重新审视职业目标是否符合个人成长需求（如自己的性格、兴趣、能力和价值观），是否与当前的内外部环境相适应，是否具有合理性和可行性等。

（二）行动路径的评估调整

行动路径的评估调整包括对职业路径和行动计划的评估调整，侧重对实现目标的发展路径、方法和资源分配等进行优化，确保执行效率。它是战术层面的路径优化，解决“如何更高效实现”的问题。例如，某学生在创业实践中发现自己团队管理能力不足，故将“独立创业”目标调整为“先进入企业管理岗位积累经验”，这是对职业路径的调

整。又如，如果发现之前的学习方法和时间安排未能帮助自己达成阶段性目标，就需要对行动计划进行调整。

行动路径的评估内容包括检查原有的发展路径和行动计划是否有效，包括学习计划、实习安排、社交拓展等是否有助于实现职业目标；对于效果不佳的实施策略，要及时改进更换。比如，调整学习方法以提高学习效率，或者改变社交拓展的方式以更好地积累人脉资源，见表 6-5 示例。

表 6-5 评估与调整示例

调整对象	触发因素	说明	调整示例
职业目标	自我认知深化	通过实习或测评工具发现兴趣或能力与初始目标不匹配，需要重新定位职业目标	市场营销专业学生在实习中发现自己更擅长数据分析，故将职业目标从“品牌策划”调整为“市场分析师”
职业目标	行业前景变化	由于行业趋势、技术革新或政策调整（如人工智能替代传统岗位、绿色能源行业崛起）引发目标调整	环境工程专业学生原计划进入传统化工企业，因“双碳”政策兴起，调整目标为新能源环保企业
职业路径	目标脱离实际	原设定目标过于理想化，不符合实际发展规律，需调整为阶段性、可实现的目标	计算机专业学生将原计划“三年内创办一家上市公司”，调整为“毕业后先加入成熟企业积累经验”
职业路径	资源更新	获得新资源（如校企合作项目、行业导师指导），需调整策略以充分利用	机械电子工程专业学生获得智能制造企业实习机会后，将“自学 CAD”调整为“跟随企业工程师实战学习”
行动计划	执行受阻	原计划难以推进（如时间分配不合理）	人工智能专业学生原每天安排 3 小时编程和 1 小时数学复习。期中复盘时发现数学成绩在下降，故将时间安排调整为 2 小时编程和 2 小时数学复习

（三）两者的动态循环反馈

在目标管理过程中，目标的评估调整与行动路径的评估调整二者互为因果，存在动态循环反馈关系。其中，目标的评估调整很可能引发行动路径的重构，而行动路径在执行过程中出现问题也可能倒逼目标修正。因此，职业生涯规划中的评估调整应兼顾职业目标与行动路径，最终实现职业发展的灵活性与可持续性。

三、评估调整工具

大学生可根据时间周期进行定期复盘，若发现执行受阻或太简单就应及时调整，以便顺利推进目标达成，避免让规划只停留在纸面上。在工具支持方面，可使用 Notion

或 Excel 制定计划表，配套进度追踪功能，满足评估调整需求，也可以采用 SWOT 分析法、四象限法、KISS 复盘法等方法进行复盘。

1. 示例：任务复盘表（见表 6-6）

表 6-6　任务复盘表

目标任务	完成度（1—5 分）	未完成原因	优化策略/改进措施
沟通能力	2	缺乏交流机会	加入演讲社团
专业技能	3	时间分配不合理	调整四象限任务分配

2. 示例：KISS 复盘表（见表 6-7）

KISS 是一种科学的项目复盘方法，常被应用于活动策划落地执行或者项目执行结束后总结使用。

适用场景：活动结束后、项目结束后、日常生活工作中。

K（Keep）——需要保持的：哪些做得好，以后继续保持。

I（Improve）——需要改进的：哪些不理想，后续需要改进。

S（Stop）——需要停止的：哪些不利行为，需要停止。

S（Start）——需要开始的：哪些东西缺失，需要开始执行。

表 6-7　KISS 复盘表

复盘项目	复盘事项	行动计划
Keep（保持）	本周做得最好的 1～3 件事	1～3 个行动，帮助我持续保持这些优点
	1.	1.
	2.	2.
	3.	3.
Improve（改进）	本周需要改进的 1～3 件事	1～3 个行动，帮助我持续不断优化提升
	1.	1.
	2.	2.
	3.	3.
Stop（停止）	必须立刻停止的 1～3 件事	1～3 个行动，帮助我改善不良心态和习惯
	1.	1.
	2.	2.
	3.	3.
Start（开始）	需要开始的 1～3 件事	1～3 个行动，帮我开始接下来的行动计划
	1.	1.
	2.	2.
	3.	3.

（资料来源：知乎《个人每日如何深度复盘》，2024 年 5 月 29 日）

☞ **【课堂互动】目标执行情况月度复盘**

1. 思考与绘制目标轮

目标轮绘制：选择一个你当前正在实施的目标，并在纸上画一个圆。

扇形划分：根据该目标对应的行动计划数量，将圆形平均划分为2、4、6或8块扇形。每块扇形代表一个具体的行动计划。

填入内容：在每块扇形内写下对应的行动计划内容，例如“每周完成一次项目报告”“每月参加一次专业讲座”等。

评估打分：根据你目前的实际进展，为每块扇形内的行动计划打分，分值范围为1分至10分（1分表示完成度极低，10分表示完全达成）。

2. 涂色与观察

颜色填充：根据打分情况，用不同颜色为各个扇形涂色，分数越高，扇形面积填涂越完整，反之扇形面积填涂越小，直观展示完成度。

观察并思考：

（1）各个扇形之间完成度有何差异？哪些扇形（行动计划）的完成度较低？

（2）完成度较低的行动计划，受阻的主要困难是什么？

（3）你希望未来将该行动计划的分数提升到多少分？

3. 行动与促进

（1）改进措施：针对完成度较低的行动计划，你具体会做些什么来提升分数？

（2）制定行动计划：你的第一步先从哪里开始？什么时候开始行动？

（资料来源：北森生涯，2023）

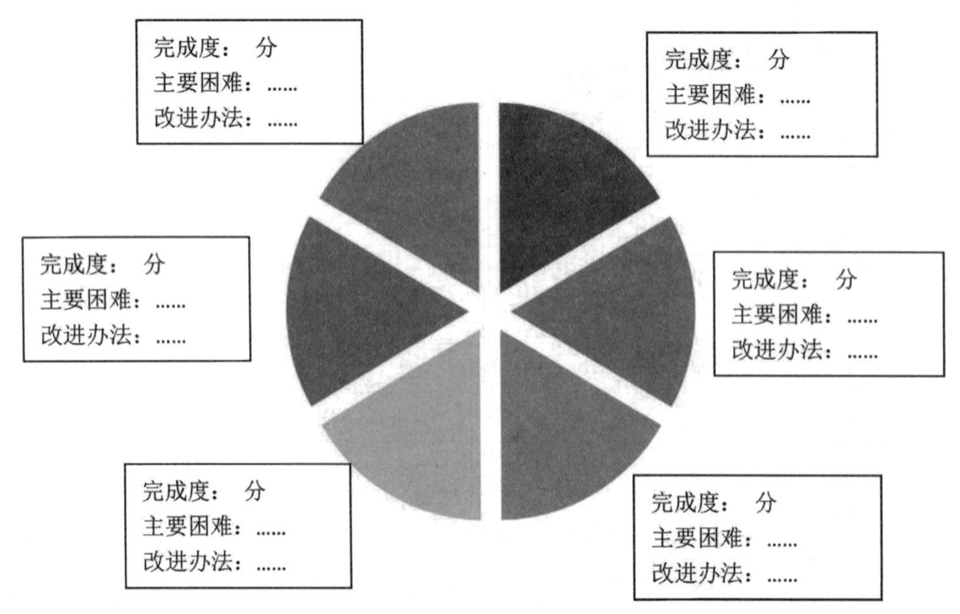

☞【案例阅读】

雪道王子——苏翊鸣

一、目标确立：天赋、机遇与使命的交织

苏翊鸣的滑雪职业生涯始于一次重大选择。2015 年北京成功申办冬奥会时，这位曾参演《智取威虎山》的童星面临人生抉择：继续演员生涯，还是投身职业滑雪？受冬奥机遇的感召，他选择后者。这一决策背后，既有家庭支持（父母从小带他滑雪并鼓励坚持），也源于他对滑雪的热爱与天赋的自信——14 岁已跻身国内顶尖滑手之列，并在全国赛事中夺金。在一次采访中，苏翊鸣说道："冬奥会始终是我职业生涯最大的目标和梦想。"

二、目标执行：冲刺冬奥金牌

为备战 2022 年北京冬奥会，苏翊鸣在教练佐藤康弘的指导下，每天训练 12 小时，最终完成内转 1980 度抓板动作，创造吉尼斯世界纪录；疫情期间独自训练时，他曾因动作反复失误崩溃痛哭，但通过自我激励重回正轨。北京冬奥会上，他以"1800 度 5 周转体"动作夺冠，成为中国首位单板滑雪奥运冠军。北京冬奥会后，苏翊鸣也曾有过一段时间的低谷，但他很快调整了自己的状态。

三、目标调整："竞技突破＋社会影响力"双重驱动

1. 技术突破：人类极限的探索

北京冬奥会后，苏翊鸣透露了自己的新目标：挑战单板滑雪大跳台 2340 度动作（比冬奥夺金动作多 540 度）。他表示："我觉得人们对这项运动的挑战永无止境，大家会不停地尝试刷新纪录。我在 2021 年首次完成了 1980，但 2022 年其实很多人都能做 1980，这不算什么了，我的目标是 2340，下个赛季我一定要完成。"

2. 社会价值：从运动员到青年榜样

在争取米兰冬奥会入场券的同时，苏翊鸣还有一个关于自己内心的目标，那就是保持心中的热爱。"滑雪不仅是转体度数，更是传递热爱的方式。""当然会希望每一场比赛都取得最好的成绩，不过享受比赛、享受过程、享受挑战，这些才是最有意义的，希望自己更好地享受这份热爱，好好对待每一天的训练。"苏翊鸣如是说。

公益行动：2023 年苏翊鸣发起"翊基金"，激励和支持更多喜爱滑雪、滑板、冲浪的青少年追逐梦想，让更多人因热爱而坚持。

学业规划：2023 年他考入清华大学，开启探索"体育＋学术"发展路径，为退役后转型储备知识。

苏翊鸣的案例揭示职业目标需随环境（如冬奥机遇）、能力（如动作难度提升）、观念等变化而调整。北京冬奥会后，苏翊鸣的目标体系也相应地迭代升级，涵盖了竞技成绩、学术深造、公益影响力等维度，避免单一目标可能带来的系统性风险。

（资料来源：光明网，2023 年 9 月 8 日，编辑：王焕君；《中国体育报》，2023 年 3 月 27 日，作者：傅潇雯）

☞【案例阅读】

无声世界里的目标攀登者——感动中国年度人物：江梦南的成长逆袭

半岁失聪，却以惊人毅力克服唇语学习难题，成功考入清华大学，并坚守在生命健康研究领域攻克难关。面对命运的挑战，江梦南用行动和毅力从无声世界里成功突围，诠释勇敢追梦，超越自我的励志传奇。

一、目标初定：从无声困境到唇语解码

1992年，江梦南出生于湖南郴州，年仅半岁时因肺炎误用药物导致双耳失聪，医生给出了“终身无法听说”的断言，建议送聋校。但她的父母决心用视觉弥补听觉，对她启动“唇语训练”。父母会抱着她坐在镜子前，让她观察别人和自己说话的口型，进行发音模仿，并一遍遍地纠错，慢慢练成肌肉记忆。江梦南说：“一个字，念一万遍我能够学会，父母都已经很开心了。”经过持续努力，她掌握了读唇语的技能，实现了从无声困境到唇语解码的初定目标。

二、目标进阶：从“追赶者”到“领跑者”

靠着数倍于同龄人的努力，江梦南在家乡普通小学“旁听”后，以全市第二名的成绩考入郴州市六中。关于她的艰辛求学路，父母给江梦南的建议是：听不见是既定事实，与其怨天尤人，还不如用自己最大的努力去克服。面对问题以惊人的毅力迎难而上，江梦南从来没有因为听不见，就把自己放在一个弱者的位置上。她经常跟别人说：“千万不要因为我听不见就放低对我的要求和标准。”这样的自我要求，让她12岁就开始了寄宿生活，英语六级放弃听力仍考到500多分；让她坚持复读一年以优异成绩考上重点大学，直到考入清华，成了同龄人中脱颖而出的领跑者。

三、目标升华：从个体突围到群体赋能

江梦南的成长逆袭故事呈现了阶梯式目标管理的实现路径——从最初突破无声困境，到成为求学路上的领跑者，再到身体力行为残障人群带来福祉，最终实现个体目标的升华。她的故事也启示我们，科学的目标管理能够帮助人们在逆境中找到方向，并一步步攀登人生的高峰。

（资料来源：综合整理自中央广播电视总台央视新闻，2022年3月6日，作者：黄佐春；清华大学新闻，2022年3月8日，编辑：李华山；人民日报，2022年4月12日，编辑：杨光宇、胡永秋）

第三节　职业生涯规划书撰写

一份完整、翔实的职业生涯规划书，不仅能梳理大学生的宏观职业生涯，还能指导大学四年的学习、工作和生活。其撰写过程是自我探索和职业世界探索相互结合和匹配的过程，也能够帮助学生在大学期间有针对性地提升专业技能和综合素质，明确职业方向和发展路径，为未来职业发展奠定坚实的基础。

一、职业生涯规划书的五大模块

职业生涯规划书通常包括以下 5 大模块：自我认知模块、自我认知与职业认知的整合模块、确立目标模块、行动计划模块、评估调整模块。

（一）自我认知模块

可结合专业测评工具和自我认知感受，进行自我梳理。还可以通过他人了解自己，在实践中认识自我。

兴趣：我喜欢干什么？

性格：我是个什么样的人？

能力：我能做什么？

价值观：我看重什么？

（二）自我认知与职业认知的整合模块

目标取向：我想往哪一条路线发展？

能力取向：我能往哪一条路线发展？

社会取向：我可以往哪一条路线发展？

资源取向：如何利用我的资源找到最短路径？

（三）确立目标模块

职业决策要建立在自我认知和职业认知的基础上。目标定位明确后，为了顺利开展实施，就需要进行目标分解。也就是要明确在哪个时间段要完成什么任务，实现什么目标。从时间标尺上，可划分为短期目标、中期目标、长期目标、人生愿景。

（四）行动计划模块

根据目标定位制定阶段性行动计划，具体如下：

1. 短期计划：指大学期间的计划。比如专业学习、职业技能培养、社会实践等。

2. 中期计划：指毕业后五年的计划。比如职场挑战适应；人脉的积累；职位升迁等。

3. 长期计划：指毕业十年后的计划。比如工作和生活的平衡、身心健康、子女教育、职业转型、人生愿景的达成等。

（五）评估调整模块

在职业目标实现过程中，由于家庭状况、环境变化、经济状况、新的机遇、新的潜力的发掘等因素都会对我们的职业发展产生影响，我们需要对职业目标、职业路径、行动计划适时做出调整，才能让职业生涯规划在理想与现实中成功对接，使自己的目标与外界环境相符合。

二、职业生涯规划书的主要内容

职业生涯规划书的常见格式有表格式、条例式、复合式、论文式。以论文式为例，职业生涯规划书的主要内容应包括以下几点：

（一）封面

封面注明作品的名称、规划类型（如短期的入职后一年内规划、中期的大学生涯规划、长期终身的职业生涯规划）。还可以在封面插入图片和警示格言，写明名字和时间。封面用较厚实的纸张打印，既可以给人以庄重感，又可以增强文本的耐磨性。

（二）扉页

包括个人姓名、籍贯、年龄、性别、学历层次、专业、所在单位、通信地址、联系方式等，也可以在扉页放入个人照片。

（三）目录

介绍职业生涯规划书的整体框架，反映出自己的分析思路。

（四）自我分析

包括对家庭因素、学校因素、自身条件及个性、兴趣爱好、能力特长、价值观及发展潜力等方面的测评结果。自我分析过程中，应该有对自己职业生涯产生影响的一些人的评价和建议，也应结合专业测评工具的数据结果。

（五）外部环境分析

包括宏观外部环境分析（政治环境、经济环境、法律环境等）、微观外部环境分析（如职业环境和组织环境分析等）。对外部环境的分析可以适当地取舍，突出职业环境和组织环境分析部分，且分析完成以后应该有一个简单的总结。

（六）职业目标的定位

在完成自我分析和外部环境分析的基础上，可以确立职业发展方向，结合自己可能面临的职业发展机会并评估，作出职业选择和职业决策。

对于低年级学生，如果暂时难以确立清晰、明确的目标职业，可采用"先定向再定位"的职业目标确定法。由于大一、大二的学生往往缺乏实践工作经验，想确定一个清晰、明确的目标职业难度还比较大。"先定向"就是指在大一、大二阶段确定目标对应的职业群。根据当前所学的专业，确定未来的职业方向。"再定位"指在确定职业方向后，可在大三、大四阶段通过专业实习、社会实践、人才招聘等进一步体会自己是否适合所选择的目标职业，并从职业群中缩小范围，确定 2～3 个比较明确的职业定位。

（七）差距分析

职业目标确定之后，个人职业素养现实条件与职业目标之间必定存在差距。因此，为了缩小理想与现实之间进行差距，首先需要进行差距分析。可以从以下四个维度分析：

1. 观念差距：思想是行动的先导。观念反映的是人的一种价值观。不同的观念会影响人产生不同的行为方式。在职业生涯规划中，人的思想观念可能暂时落后于理想中的职业发展目标，形成观念差距。

2. 知识差距：目前的学历层次、知识面、知识储量、经验积累等与目标职业的要求的差距。

3. 能力差距：包括自我管理能力、可迁移能力、专业能力等三种能力距离职业理想目标的差异。

4. 心理素质差距：心理素质涉及一个人的毅力，面对变故、挫折时的心理承受能力，情绪智力（EQ）等。由于外界竞争的激烈性，加之个人应对能力的差异性，部分人在心理素质方面表现出了不符合职业生涯发展需求的素质差距。

针对现实条件与职业目标之间的差距，大学生可以采取多种积极有效的学习与实践行动来缩小差距，包括教育培训、交流请教和实习实践等。

1. 教育培训：根据目标分解和能力差距分析，有针对性地参加培训，如考取相关证书、进修课程或辅修专业学习，以提升专业素养。

2. 交流请教：主动向行业前辈、家人、老师和同学请教，通过正式或非正式的多层次交流获取行业信息和职业发展建议。

3. 实习实践：通过实习和实践强化能力、积累经验，并在实际工作中优化职业技能，以逐步缩小与目标职业的差距。

（八）职业发展路径

职业发展路径是将职业目标按照时间段进行划分而做的层层分解，并根据差距分析的结果，结合每个阶段的特点，提出缩小差距、实现职业目标的行动计划。

（九）职业生涯的评估和调整

对个人的职业发展状况定期进行评估（如每半年），并根据评估结果调整自己的职业进程和阶段目标，同时预判职业生涯可能出现的危机，并做好危机干预准备。

（十）结束语

对职业生涯规划的整个过程进行总结，对未来进行展望。同时坚定个人发展的信心。

总之，大学生职业生涯规划书的撰写，要做到以下三点：

第一，作品内容完整，思路清晰，逻辑合理，对自我和外部环境分析全面，提出自己的职业目标、发展路径和行动计划。

第二，能准确把握职业规划设计的核心与关键。如，职业目标结合行业趋势与国家战略，融合小我与大我的统一；成长故事丰富，具备职业相关实践。

第三，格式清晰，文字流畅，可图文并茂。

☞ **【拓展阅读】**

第二届全国大学生职业规划大赛成长赛道评审标准

指标	说明	分值
职业目标（30分）	结合所学专业多渠道了解相关行业发展趋势和就业市场需求，综合分析个人能力优势、兴趣特长等，合理设定职业目标	10
	基于职业目标对综合素质和专业能力等方面要求，科学分析个人现实情况与职业目标间的差距，制定合理可行的成长计划	10
	职业目标能够将个人理想与国家需要、经济社会发展相结合，体现正确的择业就业观念	10

续表

学习实践行动 （50 分）	围绕目标职业要求，结合学校育人特色和所学专业，利用学校及社会资源开展学习实践	30
	学习实践行动取得阶段性标志性成果，接近职业目标要求	20
动态调整 （20 分）	及时对学习实践行动成效进行自我评估，总结分析收获、不足和原因，对职业目标和学习实践行动路径等作动态调整	20

（资料来源：教育部官网，2024 年 10 月 13 日）

☞ **【拓展阅读】**

首届全国大学生职业生涯规划大赛金奖获得者生涯故事节选

01 姜立松：一颗想造国产大飞机的小铆钉——C919 特种材料装配师

在 2024 年全国大学生职业生涯规划大赛的精彩舞台上，一位来自浙江交通职业技术学院飞机维修专业的青年学子，以其对装配国产大飞机的炽热梦想和精益求精的实践努力，荣获了成长赛道的金奖。他，就是姜立松，一个志在蓝天、脚踏实地的青年。

姜立松的报告作品《一颗想造国产大飞机的小铆钉——C919 特种材料装配师》深情讲述了他为实现梦想所走过的坚实足迹。他怀揣着航空强国的使命，将技能报国作为自己的坚定志向。他深知成为一名飞机装配师的艰辛，明白技术工种的十八般武艺必须样样精通，于是，制作优质航空零件成了他每日的必修课。

演讲中，姜立松回顾了自己的职业规划之路。自踏入校门的那一刻起，他就对自己的未来和职业进行了周密而紧凑的规划。首先，他致力于提升专业成绩，经常第一个到达教室，最后一个合上书本睡觉。其次，他深知光有理论知识还不够，于是想尽一切办法来提升动手能力。2023 年，姜立松走进了全国大学生金相技能大赛的会场，与来自清华大学等 500 所名牌院校的近一万名选手同台竞技。每一道工序，他都做过上千遍，进而对材料的把控能力和精准度打磨有了全新的理解。他深知，“最大的难度就是对于细节的掌控能力。我们就是要在一米宽的范围内，做 1000 米深的事情。这需要有一种毅力。”他回忆道，有三个月的时间，每天 16 个小时的高强度训练，历经 800 多个试样的磨制，消耗了上万张砂纸。最终，他的努力得到了回报，赢得大赛一等奖的佳绩。他的作品经受住了显微镜下 500 倍的考验，这让他具备了成为一名特种材料装配师的基本素养。

不仅如此，姜立松和团队在 2024 年取得了真空翼肋工装零件国家专利，该专利极大提高了飞机的结构强度。如今，他收到了中国商飞上海飞机制造有限公司 C919 事业部的工作邀请。在那里，他能够接触到自己梦寐以求的国产大飞机，向着装配一架国产大飞机的梦想又迈进了坚实的一步。展望未来，姜立松立志用自己的双手，为祖国航天事业的美好未来贡献自己的青春力量。

02 **詹坤秀：分子研发工程师——让废弃柚果变为“黄金果”**

在 2024 年全国大学生职业生涯规划大赛的成长赛道上，有一位来自广东工业大学生物医药学院生物工程专业的学生，詹坤秀。

这位从果园里走出来的大学生，深知果农的艰辛，更对大量废弃柚果无人问津的现状感到心痛。詹坤秀的心中涌起了强烈的责任感，她立志通过自己的努力，将这些被遗弃的柚果转化为农民增收的“黄金果”，为乡村振兴贡献自己的力量。

她始终记得开学第一课上老师的教诲：“生物工程的学习不仅是在课堂，还需要丰富的实践积累和不断的创新突破。”这句话深深烙印在她的心中，成为她行动的指南。于是，詹坤秀和她的团队毅然将实验室搬到了田间地头。他们深入调研，逐步确立了废弃柚果再利用的研究方向，专注于将苦味分子转化为甜味剂等高附加值的系列产品。在实验室里，詹坤秀经历了 1671 次失败的实验，但每一次失败都没有将她吓退，反而更加坚定了她的决心。同时，她深入田间地头，发放了 461 份调查问卷，深入了解农民的需求和困境。从实验室到果园再到生产车间，她努力寻找打通产学研渠道的方案，一个个难题被攻克，未来也在一次次探索中变得清晰。作为一名在校大学生，詹坤秀成功带动了 6 镇 22 个村 410 户柚农年均增收 11200 元，这是她交出的一份亮丽答卷。

如今，她离自己的梦想——成为一名分子研发工程师越来越近了。詹坤秀坚信，乡村振兴不是一句空话，而是需要用双手和知识去实现的伟大目标。她要通过自己的努力，让小柚果也能散发出大能量，让家乡的柚子香飘万里，让世界看到她创造的“中国甜”。

03 **万媛媛：以种子改变世界，助力乡村振兴——油菜现代育种科技服务工作者**

西南大学作物遗传育种专业博士生万媛媛，是袁隆平院士的小迷妹，她想要像袁老那样，用一颗种子改变世界。由于我国食用植物油 70% 以上都要依赖进口。作为作物遗传育种专业的一名博士生，她深受触动，并立志投身油菜育种事业，成为一名油菜现代育种科技服务工作者，让国人的油瓶子装满国产的优质菜籽油。

万媛媛与农业的缘分，始于高中时期的一次下乡经历。那年，父亲带她去村里扶贫调研，目睹了乡亲们使用落后工具、种植淘汰品种的场景。尽管他们常年辛勤劳作，收成却每况愈下。那一刻，一颗农业报国的种子在万媛媛心中悄然萌芽。

从大二起，万媛媛就进入实验室。她深知农业科研的复杂性，在提取 RNA 进行植物组织培养的过程中屡遭失败。但深夜的实验室里，这位年轻的姑娘总是洗把脸，再次告诉自己不能气馁、不能马虎。她边学习边调研，深入村庄了解哪些品种需要更新、哪些种植技术需要改进。最终，她将收集到的一桩桩细碎问题融汇成十万余字的以改变优良品种、促进农民增收为主题的调研报告。

在研二时，她所在的团队经过十多年的共同努力，终于实现了甘蓝型黄籽性状与高油酸聚合的重大突破，研制出国际领先的甘蓝型黄籽高油酸新品种——康油 2 号。不到三年时间，重庆大足区就实现了该新品种的全覆盖，推动了地方经济的发展。

万媛媛不止步于科研，她坚信：“搞科研绝不仅仅是为了发文章拿项目，我希望能把我的研究落地实践，把它转化为成果，惠及更多人。”她发起助农惠农计划，与老师同学们携手将科学的油菜种植技术送下乡。经过她和团队的努力，一粒粒种子逐渐开成一片片油菜花海，使油菜花成为乡村产业振兴的幸福花。

（案例来源：哔哩哔哩，《青春的方向——首届全国大学生职业规划大赛风采展示》，2024 年 9 月 7 日）

三、职业生涯规划书撰写的常见问题

职业生涯规划书撰写中的常见问题主要有：结构不完整或层次性不足，结构分配不合理；设计过于花哨，偏离了规划的本质；脱离实际，缺乏对职业环境的清晰认知；专业性不足，未充分利用测评结果，仅凭个人感受进行目标分解和决策，且存在多种不合理信念等。围绕规划书撰写的部分核心要点，列举常见问题如下。

（一）自我探索常见问题

1. 将测评报告等同于自我探索。
2. 对个人成长经历梳理与分析不足。
3. 自我探索后直接锁定一个职业。

（二）职业世界探索常见问题

1. 职业世界探索侧重点未体现。
2. 仅探索职业能力要求，未了解职业的回报和发展前景。
3. 仅探索职业的优势，未深入了解职业的弊端与挑战。
4. 与自我探索脱节。

（三）职业决策常见问题

1. 不恰当使用决策平衡单（如果用不好，可以不用）。
2. 没有综合自我信息与职业探索信息。
3. 只针对唯一目标分析利弊。

☞【推荐阅读】

职业生涯规划书（范例）

以数字筑梦想，用产品绘未来

——成为数字时代的互联网产品经理

引　言

习近平总书记高度重视我国互联网行业发展，指出“谁轻视互联网，谁就会被时代所抛弃”。我国政府也在多个政策文件中强调互联网的重要性。作为新时代的青年大学生，我深受总书记重要论述的启发，立志将个人职业发展融入数字中国建设的宏伟蓝图，成为一名优秀的互联网产品经理。

一、察己入微，自知者明——自我职业认知

优势

学习能力强、实践经验丰富、有创新意识

✓ 获校优秀学生二等奖学金、校三好学生荣誉
✓ 参与众多实践项目，积累了一定的实践经验
✓ 参加各类创新创业比赛获奖，具备创新意识

机会

行业需求旺盛、技术与政策推动、行业融合

互联网产品经理岗位需求大，特别是在数字经济和人工智能快速发展的背景下，优秀的产品人才供不应求。

劣势

技术背景相对薄弱、缺乏复杂商业项目经验

对Python等编程语言和Axure等产品原型设计工具的掌握水平有限
未深度参与企业的复杂产品项目与跨部门协作

威胁

竞争激烈、行业波动风险、技术变化加速

部分成熟的互联网领域已趋于饱和，创新与增长难度增加。新兴技术发展迅速，要求产品经理不断学习，落后可能导致职业发展停滞。

通过SWOT分析可以得出，互联网产品经理与我的个人能力高度契合，能让我实现个人发展与社会价值的共赢，虽然存在一定的劣势，但这些短板可依靠后续的学习与实习弥补。

二、行业洞察，知岗而行——外部环境与职业探索

（一）社会环境稳中向好

政策上，中共中央、国务院提出要“做强做优做大数字经济”，推动互联网行业蓬勃发展；经济上，我国拥有庞大的经济基础和市场潜力；社会上，各界普遍对互联网发展持积极态度；技术上，我国为行业发展提供了强大的技术支持。

（二）学校提供支持资源

我就读的福建技术师范学院市场营销专业注重理论与实践结合，以“懂市场、擅营销、有创意、能沟通”为人才培养总体目标，培养拥有互联网思维、创新创业意识、大数据分析能力的应用型、复合型和创新型人才。

本专业开设课程涵盖了商业数据分析、大数据营销与运营、数据可视化等，并与福清网、人才网等企业签订校企合作协议协同育人。校内外均设有实训基地，积极与企业合作，为我们提供丰富的实训机会。

（三）行业持续发展，岗位需求大、前景广

互联网行业持续增长。工信部数据显示，2024年前三季度，中国互联网与软件行业总收入超11万亿元，整体增速达9.92%，高于平均水平。

互联网行业有着庞大的人才需求。《猎聘2024届高校毕业生就业数据报告》显示，IT/互联网/游戏行业毕业生需求旺盛，近年来一直处于各行业的首位，释放了20%～25%的毕业生职位需求。

互联网产品经理的岗位缺口相对较大。智联招聘数据显示，互联网产品经理的招聘量在行业中占重要比例。在BOSS直聘上搜索发现，仅福州市内就有超200个与产品经理相关的在招岗位。

互联网产品经理的发展前景广。诸如“微信之父”张小龙、360创始人周鸿祎等知

名企业家都是从互联网产品经理做起，各大公司也大都对这一岗位设有成长路径，如腾讯公司就将产品岗分成11级，分层级划分了相应的职责与提升路径。

（四）职业探索明确前进方向

通过参与行业培训、访谈业内人士、网络资料搜集等方式，我了解到互联网产品经理需要具备的核心能力可归纳为四点。我依据这些核心能力拆分二级指标，并绘制了岗位能力需求表，以便能更好地体现岗位的需求，为我对比当前的能力是否与互联网产品经理相匹配，以及与岗位需求之间存在的差距提供了重要参考。

三、锐意进取，脚踏实地——当前行动成果

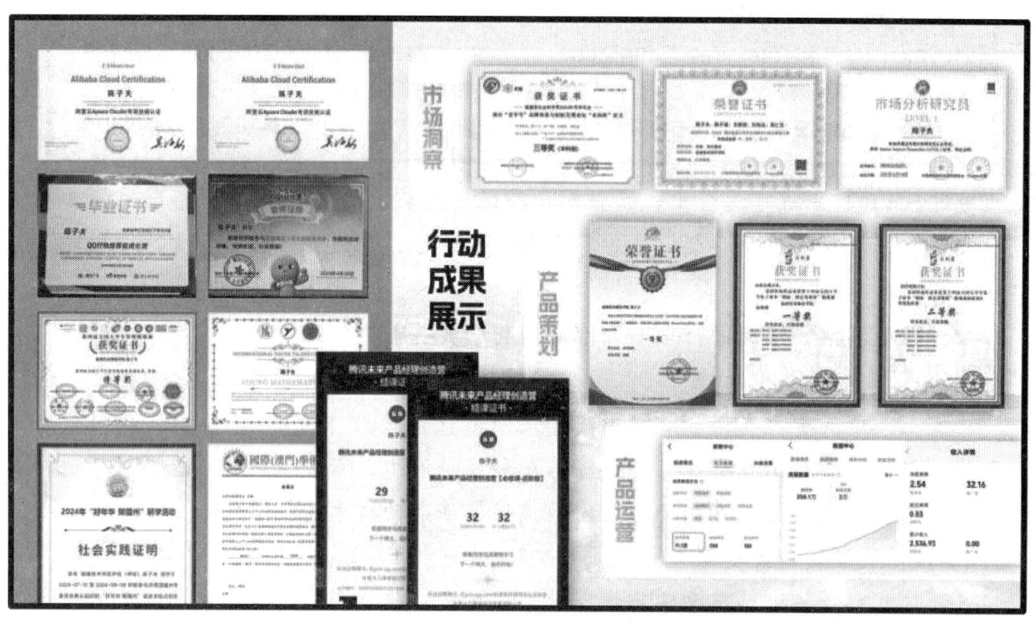

（一）用户与市场洞察能力

在实践中，我曾设计与进行过十多次用户与市场调研，其中较大规模的正式调研共计3次，累计收集与分析问卷约5000份，在互联网行业、教育领域、汽车领域与农业领域共进行深度访谈4次。

其中，我对红旗汽车的研究项目在福建省社会科学界2024年学术年会闽台“老字号”品牌传承与创新发展论坛获奖，我也因此受邀在平行论坛作主题发言。同时，我还获得了市场分析研究员证书，积累了一定的市场分析与用户洞察能力，为将来担任产品经理奠定了扎实基础。

（二）产品策划能力

每一次调研结束后，我都会提炼出有价值的调研结果与发现，找到真实需求。在一次项目中，我提炼出消费者对某产品的核心需求，为合作企业优化产品策略，使该企业的核心产品提升约11%的销售额。同时，项目还成功入选校级大学生创新项目，获得了全国大学生电子商务“创新、创意及创业”挑战赛省赛二等奖、校赛一等奖。这一次次实践让我对产品的设计与规划有了一定的见解。

（三）产品运营能力

我运用产品思维，从零开始运营自媒体社群矩阵，涵盖了从需求分析到上线运营的全流程。在各大平台累计发布内容逾百篇，吸引了超 2 万名关注者，内容累计观看量突破 500 万，直接内容变现超 2000 元，总内容变现超 10000 元。

同时，我从零搭建超 11 万人的社群，秉持精细化运营的理念，致力于提升用户黏性与增长率，近三年内累计在社群内举办了 10 余个活动，其中多个活动受到腾讯频道官方的认可与扶持。这一过程中，我不仅提升了担任互联网产品经理所需的数据分析能力，更积累了实际的产品运营经验。

（四）深度实践了解行业生态

为更好地了解行业生态，我参加了腾讯未来产品经理创造营等由知名企业举办的培训活动，系统性学习了互联网产品经理的职责，以及如何才能做好一款互联网产品。

同时，通过参加淘宝大学生创新挑战赛、元气森林高校创新挑战赛等赛事，我与来自厦门大学等高校的优秀学子开展跨校小组协作，共同设计产品方案。通过这些深度实践，我进一步了解了产品工作的流程，提升了团队协作的基本能力。

（五）积极参与培训实习提升工作能力

为培养行业技术理解能力，我报名并自学了阿里云在线课程，顺利通过考试，获得了与 AI 编程和网站建设相关的 2 项专项技能认证，并在全国高校计算机能力挑战赛中获得国赛一等奖。

当前，我在腾讯设计开放平台担任校园大使，负责平台线上内容的策划、生产和管理，由我负责编辑的 3 篇署名文章被发布至平台官网。同时，我在与平台工作人员共同进行头脑风暴会时，提出的高校生拉新策划建议被采纳上线。这不仅让我更深入地了解了互联网产品的推广和运营，也为我未来的工作奠定了基础。

四、行稳致远，因机而变——未来职业发展规划与动态调整

（一）未来职业发展阶段规划

未来职业发展阶段规划表

毕业前			
	学业计划	学习计划	实践计划
夯实基础阶段：大三	•我校市场营销专业正在向数字营销方向转型。我在大三这一年会完成数字营销的核心课程学习，如大数据分析、数据挖掘等。 •争取将专业排名保持在前 10%，在挑战杯、互联网等 A 类大赛中展示扎实的专业知识基础。	•自学产品相关知识，阅读经典的行业书籍。 •参加学校组织的大数据相关讲座和研讨会，与行业专家交流，拓宽行业视野。 •在线学习至少 3 个互联网行业，尤其是 AIGC、大数据等领域的在线课程。	积极参与学校与企业（如星网锐捷、中软国际、网龙科技等）合作的项目或实习机会。

续表

	学习计划		实践计划
探索实践阶段：大四	•选修与大数据产品经理相关的课程，如产品设计、项目管理等。 •独立完成至少1份不低于业内平均标准的产品分析报告。 •学会使用Python进行数据分析和产品原型设计工具（如Axure、Figma）。		•寻找机会并进入知名企业实习，参与实习企业的小型项目，负责项目中的部分数据分析或产品需求调研工作，积累实际工作经验。 •在实习期间，向导师和同事学习，了解企业的产品流程和市场推广策略。
毕业后			
	学习计划	工作计划	提升计划
正式工作阶段：毕业后2年内	•积极参与公司的产品项目，负责产品的某个功能模块的设计和优化工作，如用户行为分析功能。 •与市场部门合作，参与产品的市场调研工作，收集用户反馈和市场需求信息，为产品改进提供依据。	•深入学习公司内部的技术框架和工具，参加公司组织的技术培训课程。 •学习用户体验设计知识，提升对产品用户体验的理解和设计能力。	定期参与公司内部培训或行业学习项目，每季度提交学习总结和改进计划。
	学习计划	工作计划	提升计划
稳步成长阶段：毕业后3～5年	•关注行业动态和新技术发展，参加行业内的线上线下培训课程。 •学习知识，考取产品经理国际资格认证（NPDP），提升个人能力。	•参与公司的重要项目，承担更多的项目管理责任。 •开始带领小团队完成项目任务，锻炼团队领导能力，培养团队成员。	参加培训课程，学习团队激励和协调技巧，成为团队核心人物。

（二）自我评估与动态调整

“见善则迁，有过则改”，在未来我将继续努力，针对性补足与目标之间存在的差距，并设立成长周期，进行自我评估，审视当前规划的执行情况。

同时，为应对将来可能的职业风险，我制定了符合我个人能力的备选方案，以确保能灵活调整、抓住机会。

备选职业方案表

备选职业	职业描述	岗位需求	个人能力匹配度
用户运营	提升用户增长数、留存率和活跃度，策划线上线下活动，分析数据优化用户体验。 未来可发展为高级用户运营或用户产品经理。	•数据分析：能提取用户行为数据，识别增长机会。 •活动策划：设计并执行用户活动。 •沟通协作：协调技术、市场等团队。	•通过运营自媒体与用户社群，直接验证了数据分析与用户增长能力。 •协助拉新策划活动提升活跃度，证明活动策划能力。 •在多个项目中协调资源完成目标，体现了协作能力。
市场策划	设计营销方案、市场推广活动，完成用户调研和竞品分析，提升产品市场份额和品牌认知度。 未来可发展为市场经理或品牌经理。	•市场调研：洞察用户需求与市场趋势。 •创意策划：提出创新营销方案。 •传播能力：撰写品牌文案并推广。	•完成调研与推广方案，获福建省社科界学术年会论坛认可，展示调研与策划能力。 •获“创新、创意及创业挑战赛”省赛二等奖，验证创意策划能力。 •担任腾讯设计开放平台校园大使，撰写的推文被推至官网，积累了传播经验。

结语

自我认知、行业分析、实践成果与职业规划的多维度探索清晰展示了我为成为互联网产品经理所付出的努力，以及仍存在的差距与不足。

今后，我将持续学习与实践，不断自我完善，弥补缺陷，努力成为一名优秀的产品经理，探索这一职业的无限可能。

（作者简介：陈子夫，男，2022级市场营销专业学生，寄语：找一颗心中的北极星，然后向着北极星前进吧！）

☞【思考题】

1. 结合你自身的情况，设定一个未来一个月内要实现的目标（可包含学习、工作、休闲、生活等维度）。

2. 职业生涯规划书的五大模块有哪些？规划书撰写过程中的常见问题有哪些？

3. 请填写《我的生涯规划档案》，并在大学四年期间不断完善和更新你的档案。

☞【参考文献】

[1]钟谷兰，杨开.大学生职业生涯发展与规划[M].2版.上海：华东师范大学出版社，2016.

[2]孙鑫，李华.大学生职业生涯规划与就业指导[M].北京：中国电力出版社，2019.

[3]苏文平，叶心宇，孙丽霞.大学生职业生涯规划与就业创业指导[M].北京：中国人民大学出版社，2018.

[4]刘越，兰敏利，邓文全.大学生职业生涯规划[M].上海：上海交通大学出版社，2016.

[5]张玉波，楼稚明.大学生职业规划与就业创业指导[M].上海：上海交通大学出版社，2017.

[6]李君霞，谢小明，王义友.新编大学生职业规划与就业指导[M].上海：上海交通大学出版社，2017.

[7]金德禄.大学生职业生涯规划与就业指导[M].南京：东南大学出版社，2020.

[8]曲振国，杨文亭，陈子文等.大学生就业指导与职业生涯规划[M].2版.北京：清华大学出版社，2015.

[9]北森生涯.职业生涯规划大赛指导师认证培训材料，北京，2022.

[10]赵麟斌.大学生职业生涯规划与就业指导[M].2版.北京：北京大学出版社，2011.

[11]汤海滨，王克进.职业规划：理论、测评与分析[M].北京：清华大学出版社，2017.

[12]郜军.目标管理：写给中层经理人的工作目标管理宝典[M].北京：电子工业出版社，2019.

第七章 自我管理——助力个人成长

一万年太久，只争朝夕。

——毛泽东

交往是人类的必然伴侣。

——马克思

培养大学生的自我管理能力、自我激励能力是教育的目标，也是高校学生教育教学管理工作的重要组成部分。教育的艺术不在于传授本领，而在于激励、唤醒和鼓舞。教育的目的是让学生最终拥有健全的人格，从而能够独立地成长，走向社会。正所谓，授人以鱼不如授人以渔，学会方法其实更为重要。大学四年，如何规划自己的人生，怎样管理好自己的时间，如何更好地管理好自己的情绪，如何处理好学业、学生工作、社团活动、人际关系和个人兴趣等众多问题之间的关系，是每一个同学都需要面对和学习的。只有发挥积极性和主动性，学会自我管理、自我教育、自我服务、自我监督，才能在成长的路上，看得长远，走得坚定。

时间不等人！历史不等人！时间属于奋进者！历史属于奋进者！为了实现中华民族伟大复兴的中国梦，我们必须同时间赛跑、同历史并进。

——2020 年 1 月 23 日，习近平在中共中央、国务院举行的 2020 年春节团拜会上的讲话

希望同学们树立远大理想、热爱伟大祖国、担当时代责任、勇于砥砺奋斗、练就过硬本领、锤炼品德修为，努力成为对社会有用的人、道德高尚的人，积极投身全面建设社会主义现代化国家的伟大事业。

——2021 年 3 月 25 日，习近平在闽江学院考察调研时强调

第一节 时间管理

《论语・子罕》中有这样一句关于时间的名言：“子在川上曰：逝者如斯夫！不舍昼夜。”意思是孔子在河边说道：“奔流而去的河水是这样匆忙啊！白天黑夜不停地流淌。”这句话常被用于形容时间像流水飞逝，一去不返。

时光飞逝，分秒不停。时间永远向前，保持着永远为正的增量，人们无法追随着时

间抵达永远，但正是因为时间有限，才让时间更加可贵。而时间管理的意义，和时间对我们自身生命的意义，才如此重大。

一、时间管理概述

（一）时间的概述

时间是物质的运动与变化的持续性、顺序性的表现，是事件过程的长短和发生顺序的度量。时间是一种特殊的资源，想了解时间，就要了解时间的特点，才能更有效地利用时间。

1. 绝对公平。时间具有绝对的公平性。人生来有很多方面是不平等的，但在时间上，每个人每天都有 24 个小时，不会受人的财富、地位、年龄、健康、外貌等因素影响，大家都是平等的，这是时间的绝对公平性。

2. 不可逆性。时间的路径是单向的，不能暂停，不能后退，只能前进。逝去的时间不会回头，用掉的时间无法复原。一天接着一天走，不可能回到从前的某一时间重来，具有十分显著的不可逆性。

3. 不可替代。时间作为一种特殊的资源，具有不可替代性。任何一项活动都必须消耗一定的时间，都不可缺少时间这一基本资源。而时间又是有限的，不可再生的，不能失而复得，因此十分珍贵。

（二）时间管理的特点

时间管理是运用策略和技术，帮助你尽可能有效地利用你的时间，达到相应的目的。时间管理是自我管理的一部分，学会时间管理是大学生成长成才的重要方法。时间管理的特点主要有以下三个方面：

1. 目的性。时间管理的目的性在于，要引导并安排好自己的或他人的时间，首要的就是要有计划、有目的地进行工作，只有将时间投入与个人的目标相关的工作，才能更好地完成工作，避免拖延。

2. 选择性。时间管理的选择性在于，要先对事件进行选择，并决定事件完成的先后顺序。时间是因为事件而变得意义不同，时间本身不受控制，时间管理实际上是对单位时间内的事件进行管理。时间管理即选择哪些事情需要做，哪些不需要做，选择事情完成的顺序，可以避免浪费时间，也更有效地分配时间。

3. 有效性。时间管理的有效性在于，要通过时间管理高效率完成工作。因此，时间管理不是要把所有事情做完，而是更有效地管理时间，规划时间，将不可控的因素减到最少，避免在不可控的因素上浪费时间，从而产生最大效能。

（三）时间管理的类型

1. 简单型时间管理：备忘录。备忘录，或者便签条可以简单快速地按照事件任务进行时间分配和使用管理。备忘录的作用并不是要完整地规划时间，而是为了防止遗漏。备忘录上的事情通常做完一件勾掉一件，好处是知道自己做了哪些事，但是也有一些缺点，如不够详细，没有优先概念等。

2. 详细型时间管理：计划表。计划表要比备忘录详细一些，用于提前安排时间，为一天甚至多天的学习和工作做好时间预留和准备。例如，早晨 8 点到 9 点半要上第一节课，10 点到 12 点要到图书馆自习，等等。大学生通过这样的计划表能够有效管理多重任务，使效率相对提高。

3. 规划型时间管理：规划书。比计划表更为复杂详细的时间管理是规划型时间管理。这样的时间管理已经无法简单地列出。当任务越来越多，多到在简单的表格中无法妥善安排时，就要分门别类地对工作或学习进行长期规划。这样的规划常见于重大的职业规划、人生规划，甚至是国家发展规划。

二、科学管理时间的意义

进入大学，许多同学出现了关于时间管理的问题，如对时间不敏感、对目标不明确、时间利用率不高等。每个人的时间和精力都是有限的，时间一去不复返，因此，科学管理时间的意义就更为重大。

（一）有利于节省时间

培根曾说："合理安排时间，就等于节约时间。"进入大学阶段，校园生活完全不像以学习为主的高中阶段，专业学习、学生工作、社团活动的时间分配都成为每一个大学生需要解决的问题。但是时间是唯一对我们每一个人都公平的资源，我们只有把有限的时间加以管理，才能更好地完成校园生活中的各项任务。

（二）有利于未雨绸缪

时间是挤出来的，更是安排出来的。如果没有提前预留时间，那么遇到棘手的工作，或者需要大量时间完成的学习任务，是无法顺利完成的。根据时间管理的优先顺序，科学地进行时间管理规划，能够提前有效地预留相应的时间来完成重要但并不紧急的事情，不紧急并不代表不需要规划。相反，为了避免拖延和没有目的地进行，对不紧急的事情，更需要未雨绸缪。

（三）有利于完善自我

科学地管理时间，而不是被时间控制，能够最大程度利用时间，从而完善自我，形成良性循环。如果在一定时间内安排的事情太多太满，就会导致学习和工作缺乏动力，完不成目标的时间管理也就失去了管理本身的意义。因此，科学的时间管理应该合理安排时间，而这个安排将更有利于时间管理者自己的发展，一切管理都是为自我发展服务。

三、大学生时间管理策略

世界上最快而又最慢，最长而又最短，最平凡而又最珍贵，最易被忽视而又最令人后悔的就是时间。但是，时间并不是不能管理的，也就是说，懂得利用时间，意识到时间花费在哪，运用一定的策略管理时间，能够节约时间，也能让你更加接近你的目标。研究显示，善于科学地管理时间者相对于没有进行时间管理的人的生活质量有显著的提升。而时间管理技能可以通过训练，在掌握一定方法后得到提高。

（一）当时当下：番茄工作法

番茄工作法可以有效地帮助对时间不够敏感的人直观地感受到时间的流逝并迅速地进入工作状态。它简单易行、直观强化，让人更加专注地完成当下需要完成的工作。在番茄时间内要专注工作，中途不允许做与该任务无关的事直到番茄钟响起。这一工作法能够让人更高效地进行学习或工作。进入图书馆却拿起手机放不下的大学生，可以试一下番茄工作法。

1. 番茄理念。首先，不要在非工作时间内使用“番茄工作法”（例如：用 3 个番茄时间打扫宿舍，用 5 个番茄时间游泳，等等）。其次，不要拿自己的番茄数据与他人的番茄数据比较。再次，番茄的数量不可能决定任务最终的成败。最后，必须有一份适合自己的作息时间表。

2. 使用原则。首先，一个番茄时间（25 分钟）不可分割，不存在半个或一个半番茄时间。其次，一个番茄时间内如果做与任务无关的事情，则该番茄时间作废。最后，每完成一个番茄时间可以休息 5 分钟。

3. 工作优点。首先，番茄时间不长，但是不要小看 25 分钟的番茄时间带来的超高效率，在这个时间内，番茄工作法可以明显地提升注意力，从而减少中断。其次，计时可以激励时间管理者完成目标，坚定达成目标的决心。最后，番茄工作法工作—休息—工作的顺序可以改进工作学习流程，强化决断力。

（二）短期管理：四象限法则

四象限法则是时间管理理论的一个重要观念。这一法则在于对生活、学习和工作中遇到的事情进行等级划分，并通过象限直观的方式强化时间管理者处理事情的先后顺序，因为重要且紧急的事情无法回避，因此四象限法则强调要把主要的精力和时间集中地放在处理那些重要但不紧急的工作上，提前准备，从而更有效地展开工作。

1. 象限理念。在学习工作中，往往有机会去很好地计划和完成一件事，但常常却又没有及时地去做，随着时间的推移，造成工作质量的下降。要把精力主要放在重要但不紧急的事务处理上，需要很好地安排时间。一个好的方法是提前计划。有了计划，自己的时间才不会被别人占据，从而有效地开展工作。

2. 使用原则。第一象限是一些紧急而重要的事情，要首先处理优先解决。第二象限是那些紧急但不重要的事情，要进行提前安排和规划。第三象限大多是些琐碎的杂事，没有时间的紧迫性，没有任何的重要性，优先级为最后。第四象限不具有时间上的紧迫性，但是，它具有重大的影响，因此也要妥善安排。

3. 工作优点。使用四象限法则可以很好地安排短期内的学习和工作。同时，描画四象限的过程，也是盘点学习和工作内容的过程，可以有效地帮助时间管理者规划学习和工作。四象限十分直观清晰，可以迅速地帮助时间管理者确定自己的时间应该安排在哪些事情上。比如，第一象限要优先，第二象限要准备，第三象限可放弃，第四象限要投资。

（三）长期规划：一万个小时

一万小时定律是作家格拉德威尔在《异类》一书中指出的。“人们眼中的天才之所以卓越非凡，并非天资超人一等，而是付出了持续不断的努力。1 万小时的锤炼是任何人从平凡变成世界级大师的必要条件。”他将此称为“一万小时定律”。如果一万个小时的时间是三到五年，那么大学时光，完全可以好好进行规划。

1. 定律理念。要成为某个领域的专家，需要一万小时，按比例计算就是：如果每天工作八个小时，一周工作五天，那么成为一个领域的专家至少需要五年。这就是一万小时定律。

2. 使用原则。从心理学上分析，用上千上万小时来做一件事并不是一件理性的事。常常会产生困扰，还会被人家认为是死心眼。但是无数事实证明，一个人只要不是太笨，太不开窍，有这一万个小时的苦练打底，即使成不了大师、巨匠，至少也会成为本行业的一个具有丰富经验的专家，一个对社会有用的人。因此，使用这一时间管理方法的原则就是好好规划和认真坚持。

3. 工作优点。虽然一万个小时定律目前还没有充分的科学依据，但是无数已经成功的例子让相信的人迈上了长期时间规划的征程。从这个角度讲，做好自己的五年计划，要比不知道做什么好得多。在大学期间，除了专业课，还有许多学生工作和校园活动，甚至人际交往等，这些都需要占用大学生们的时间。但是如果能确定好自己未来的一万个小时想做什么，做好长期规划，也是一件幸事。

☞【案例阅读】

华科大“天才”少年放弃 300 万年薪入职华为：我把别人打游戏时间都用在实验室了

2019 年 6 月，华为创始人任正非宣布：今年华为将从全世界招录 20～30 名天才少年，并启动顶尖人才招聘计划，“（让）这些天才少年像‘泥鳅’一样，钻活我们的组织，激活我们的队伍”。首批招录的 8 名天才少年均为 2019 届应届顶尖学生，年薪方案显示：最低 89.6 万，最高 201 万元。消息迅速引发社会关注热议。

12 月，来自华中科技大学武汉光电国家研究中心的 2014 级直博毕业生左鹏飞接受了华为“天才计划”的 offer，一毕业就拿下最高档 201 万年薪。10 日，左鹏飞接受了《长江日报》记者专访，首次透露了华为对“天才少年”的要求及“学霸炼成记”。

一、学霸的选择：婉拒多家互联网大公司，放弃 300 万年薪入职华为

1992 年出生的左鹏飞是华中科技大学的 2014 级直博毕业生，博士阶段在武汉光电国家研究中心攻读计算机科学与技术专业，11 月底刚完成答辩毕业。10 日下午，《长江日报》记者见到了刚从实验室出来的左鹏飞，他个子很高，穿了一件时尚的黑色外套，笑容腼腆。他介绍，自己总共投了 4 份简历，华为、腾讯、阿里、深信服，4 家公司均向他抛来了橄榄枝，薪资也很可观，其中一家公司开出了年薪近 300 万元的条件，税后收入比华为高出了 40%。考虑了岗位匹配、业界口碑等多个因素后，左鹏飞选择了入职华为云的存储预研部门，他特别提到：华为可以满足我的一些其他诉求，比如保持跟学术界的接触。

一开始，左鹏飞并未想到自己会成为“天才少年”中的一员。他在华为共进行了三次面试，前两次由技术专家、HR 主管和部门部长综合面试，之后，部门推荐他去参加“天才少年”的面试，由 CTO（首席技术官）直接面试。很快，左鹏飞就收到了录用答复，并签下了最高档年薪。“华为比较看重的首先是科研成果，其次是个人研究内容和华为面试部门的契合度。”在博士期间，左鹏飞以第一作者发表了 10 余篇高水平论文，其中，以第一作者身份发表在 OSDI′2018 和 MICRO′2018 上的两篇论文，分别刷新了华中科技大学在相关领域顶级会议零的纪录。OSDI 是计算机操作系统顶级学术会议之一，而 MICRO 是计算机体系结构顶级学术会议之一，论文被这两个会议录用，其含金量甚至超过一些科学界国际顶尖期刊，难度相当于生物、医学领域在 Nature/Science/Cell 等期刊发文。知乎上一位用户形容：是无数系统领域研究者的梦想对象，可望而不可即。

二、学霸的一天：实验室、实验室，还是实验室

关于什么是天才，左鹏飞的回答仿佛现代版鲁迅：哪里有天才？我是把别人打游戏时间都用在实验室里了。他的日常时间表是这样的：早上 8 时起床，8 时 30 分之前进实验室，学习到 11 时 30 分吃中饭，下午 2 时多到 5 时 30 分进实验室，晚饭后，晚上 6 时 30 分到 9 时 30 分在实验室，有时会待到 10 时多，才回寝室睡觉。一周 7 天，5 年几乎天天如此。

2010 年，左鹏飞从随州一中考入华中科技大学计算机专业。本科时，他按部就班地上课，偶尔会打打游戏、出去玩、打打篮球。2014 年，第一次面临就业抉择，左鹏飞忽然发现，自己在能力、经验、视野上都与预期有很大出入。这时正好有一个直博（免硕士阶段）名额，左鹏飞考虑了很久：如果读研再读博，中间中断了还能拿到硕士学位，但是如果直博过程中中断了，就什么都没有了。“你一下子要投入 5 年，你心里得想得非常清楚才行，得下定一个决心”。左鹏飞给自己定下目标：“博士毕业时相对于同龄人一定要做到非常非常 outstanding。”自此，他像变了一个人一样，全身心地投入科研。“一个高水平的博士毕业生，需要是一个领域里首屈一指的专家，所有人提到这个领域都会想到你的名字。”左鹏飞以此不断驱动自己，并逐渐在研究中找到了乐趣：“就像有的人喜欢弹钢琴，有人喜欢唱歌一样，做科研就是我的热爱，也是我终生的事业。”每一个新想法、新发现都让他兴奋，他从未懈怠。

三、学霸的理想：推动中国计算机行业的发展，让技术造福每个人

“要失败很容易，一个方面不行都会失败。但如果要成功，得各方面都很强才行。其中包括执行力、意志力、思想和视野、学习能力等等。”左鹏飞说，他心里始终有一股劲，博士阶段导师给出的所有任务，他一定会在规定时间前完成，根本不用外力来 push，没有拖延症，基本实现了自己学生阶段的目标。

拿到华为的 offer 时，他给随州老家的父母打电话。他从语气里听出，父母十分开心，将这个消息转告给了亲戚们，亲戚们恭喜父母：你们把孩子培养得很好。左鹏飞家中有一个妹妹，父母希望能以他为榜样。

入职华为后，左鹏飞将在华为云的存储预研部门做技术创新和突破，进行一些前瞻性的研究。左鹏飞表示，之所以选择进华为，也是为了能解决更实际的问题，体验从理论研究到服务于用户的过程。

他说：我的理想就是能够在企业界作出更多技术创新和突破，推动我们国家乃至全世界计算机行业技术的发展，以一些图灵奖大师为目标，也希望自己的技术能够服务于社会，让广大民众受益，感受到技术发展带来的力量。

（资料来源：《长江日报》，2019 年 12 月 11 日，记者：占思柳，通讯员：高翔）

☞【拓展阅读】

如何更好地利用时间，提高幸福感

现代人的焦虑很多时候来自时间太紧，好像我们从早到晚都在冲刺，“时间贫困”成了一种普遍存在的感觉，即：要做的事情太多而时间太少。

有研究表明，可支配时间太少（如每天少于 2 小时）会带来压力，从而降低幸福感；但可支配时间太多（如每天超过 5 小时）也容易让人缺乏目标感。排除这两种极端情况，幸福感其实更取决于你如何利用自己拥有的时间。

捍卫社交时间。不是指应酬式的社交，而是与自己真正在乎的朋友和亲人深度相处的时间，让自己真正沉浸到身边人的陪伴之中。比如把周五晚上定为和爱人的约会之夜，并且尽量不要让其他事情干扰这个安排。

通过“放下手机”，让重要时段免受干扰。智能手机常常使我们无法专注所做之事，如果你不想被打扰，可以通过“放下手机”来保护那些能让你更专注、更快乐的时间。把手机放在看不到的地方，不再盯着社交软件和短视频，和真实生活建立更深刻的联系。

外包琐事，最大化快乐的事。比如，有的人实在不擅长打扫和做饭，那么在经济条件允许的情况下，可以请家政或叫外卖，因为对他们来说，省下来的这个时间他们可以去做更让他们快乐的事。想办法不要让自己被琐事困住。

分配专注美好事物的时间。比如一家人晚上吃饭的时候，每个人可以分享一下当天发生的、让自己感觉快乐和美好的事，其他人也可以在这种分享中体验到身临其境的美好。在生活中关注那些积极的事情，可以让我们有更大的满足感。

建立定期相聚的传统。和喜欢的人定期聚会这件事很棒的一点是，它可以让我们在见面前的那段时间里充满期待、翘首以盼。就像钱钟书说的：“约着见一面，就能使见面的前后几天都沾着光，变成好日子。”

花时间经营友谊。我们很容易因为工作、家庭、孩子，忽略和朋友的相处。友情也是需要时间和情感投入的，和自己喜欢并尊重的朋友相处，建立高质量的友谊，能让我们获得许多不一样的视角和能量，也能让我们在生活中多一个“情感支撑点”。

为了确保完成“想做之事”，将它与“必做之事”进行捆绑。为了确保把时间花在喜爱之事上，可以尝试“任务捆绑”的方法。把你想做之事（比如和朋友聊天）和必做之事（比如通勤）联系起来，你就更有可能花时间去做想做之事。你想和朋友聊天，但又没时间，就可以在下班路上和朋友打电话，来个“电话约会”，因为不管打不打电话，通勤都需要那么多时间。在通勤路上读书也是一样的道理。

为实现目标，保证做任务时不受干扰。那些最能让你远离干扰的时间段，大概就是你的最佳工作时间。可以多去发现这样的时间是在什么时候，然后更好地作出安排。

在清醒时段安排需要保持清醒的事情。一个人不可能每时每刻都处于最佳状态。你什么时候精力最充沛，工作效率最高，就把这些时间花在最需要你精力充沛的事情上。拿作家来说，有人习惯早起写，有人习惯深夜写，不同的人有不同的“最佳写作时间”。

摆脱干扰，为进入心流状态创造条件。心流状态，是指一种“将个人精神力完全集中，全身心地去创造，投入到甚至忘却时间流逝”的状态。有时候，你可能需要为进入心流状态创造一些条件，比如在进行一些创造性工作的时候，有人会关掉手机，关上房门，提前准备好吃的，这样即使饿了的时候也可以继续。

给自己留出随意支配的时间。属于自己的自由时间对每个人都非常重要，对有孩子的女性来说尤其如此，不要因拥有自己独享的时间而感到内疚，你需要不时出去喝杯咖啡，逛逛公园，看看展览。只有照顾好自己，才能照顾好所爱的人。飞机上戴氧气面罩的顺序就是最好的例子：在紧急情况下，大人们得按指示，先给自己戴上面罩。

腾出时间去思考。生活中，进行深入、广泛且具有创造性的思考，哪怕只有半小时或一刻钟，也是有益的。也不是一定要给它一个单独的时间段，你可以把它和其他事情结合起来去做，比如你可以一边跑步，一边思考。

留出什么都不做的时间。有时候，我们需要什么都不做，什么也不想，就单纯地放空。这不是浪费，反而是一种充电。

拆分并延续快乐的事。把你喜欢的活动拆分开——创造更多的开始，防止厌倦滋生，美好事物的延续也会给你带来更多期待。比如，追喜欢的剧时，有人会“舍不得一次看完”。

打包苦差事。把那些你不是很喜欢的差事集中到一个时间段做完，会少一些恐惧和紧张感。

将苦事与乐事捆绑。如果你不爱做家务，但喜欢听播客，那可以尝试在做家务的时候听播客，苦闷也许会化为乐趣，就算不能，也至少能减轻点苦闷。

美差事应紧跟在苦差事之后。对一件事感到快乐或沮丧的时长，可能远远超出你实际做这件事的时间。为了减轻这些持续的影响，你可以在预料到的苦差事之后安排一件美差事来改善情绪。这不仅会缩短苦差事后不良情绪持续的时间，还有助于激励你应对并搞定苦差事，因为你知道，苦差事后有美差事在等着你。

持续回味积极体验。大量研究表明，精神体验比物质财富更能产生直接和持久的幸福感。其中一个原因是当我们适应已有事物时，可以继续在脑海中重温体验，每次都会得到新的感受。所以，不妨多多回味那些欢乐之事。

（资料来源：“央视新闻”微信公众号，2024 年 11 月 28 日）

第二节　情绪管理

在我国的儒家思想中，情绪常被视为心性修养的基石，强调人要有驾驭情绪的能力，所谓“克己复礼”，说的就是通过自我约束与伦理自觉，将情绪能量转化为人格修养与社会和谐的动能。情绪管理在我国传统文化中是实现仁道的根本路径，在现代社会生活中不仅影响个人的心理健康和生活质量，还对人际关系、职业发展以及社会适应能力产生深远的影响，对个人成长具有极其重要的意义。

一、情绪管理概述

（一）情绪与情绪管理能力

情绪是个人由外界事物感官刺激而表现出来的心理体验及反应态度，是客观主体内心的活动历程，反映了事物与主体需求之间的关系。情绪是一种以个体愿望与需求为中介的心理活动，涵盖了行为、体验和对主体物认知的各种成分。情绪在意识中形成之后成为个人的内在感受及体验，一般会以愤怒、悲伤、开心、着急、失落等形式表现出来。情绪可分为积极情绪和消极情绪。积极情绪有助于工作和学习，有助于发挥主观能动性，提高活动效率，有益于身体健康。消极情绪容易使人意志消沉，降低活动效率，妨碍工作和学习，并且会影响个人身心健康及日常生活。因此，合理的情绪管理对每个人都是必要的。

情绪管理能力主要由个人对自己情绪的自我认识、自我控制、自我区分等能力以及对他人情绪的认识与适度反应能力构成。情绪管理的本质就是促使人性、价值观得到最正面的发挥及体现，以人本原理为基础提高对情绪的自觉及把控能力。保持积极向上的心态，消除悲观低落的情绪，不断地自我驱策，趋于完善。

大学生的心理发展正处于由易感性向稳定性过渡的阶段，情绪的两极性比较明显。因而，如何提高大学生对自身情绪管理的认知水平，培养其健全的人格特征，进而有效增强大学生承受挫折及处理自身心理问题的能力是大学生情绪管理能力培养的主要任务。

☞【推荐阅读】

做情绪的主人

一、爱地巴的智慧

在古老的西藏，有一个叫爱地巴的人。每次生气和人起争执的时候，他就会以很快的速度跑回家去，绕着自己的房子和土地跑 3 圈，然后坐在田地边喘气。爱地巴工作非常努力，他的房子越来越大，土地也越来越广，但不管房子与土地有多大，只要与人争论生气，他还是会绕着房子和土地绕 3 圈。直到有一天，爱地巴的孙子问他为什么要这样做。爱地巴说："年轻时，我若和人吵架、争论、生气，就绕着房子和土地跑 3 圈，边跑边想，我的房子这么小，土地这么小，我哪有时间和精力去跟人家生气？一想到这里，气就消了，于是我把所有时间用来努力工作。"孙子又问："阿公，你年纪老了，又变成最富有的人，为什么还要绕着房子和土地跑？"爱地巴笑着说："我现在还是会生气，生气时绕着房子和土地走 3 圈，边走边想，我的房子这么大，土地这么多，我又何必跟人计较？一想到这，气就消了。"

二、宽容的剑手

欧玛尔是英国历史上唯一留名至今的剑手。他有一个与他势均力敌的敌手，两人斗了三十年仍不分胜负。在一次决斗中，敌手从马上摔下来，欧玛尔持剑跳到他身上，一秒钟内就可以杀死他。但敌手这时做了一件事——向他脸上吐了一口唾沫。欧玛尔停住了，对敌手说："我们明天再打。"敌手很困惑。欧玛尔解释道："三十年来我一直在修炼自己，让自己不带一点儿怒气作战，这样才能常胜不败。刚才你吐我时我动了怒气，这时杀死你，我就再也找不到成功的感觉了。所以，我们只能明天重新开始。"这场决斗最终没有开始，因为那个敌手后来成了他的学生，也想学会不带怒气作战。

（资料来源：优文网，2024 年 10 月 15 日，作者：志彬）

（二）情绪管理的内涵

情绪管理（emotional management）是一个内涵十分丰富的概念，它是指在遵循情感规则和结合所处情境的情况下，个人通过努力去改变"内在体验"和"外在表现"，最早由美国社会学家阿丽·霍克希尔德（Arlie Hochschild）于 1979 年提出。现有研究中对其内涵的研究主要分为两类：

1. 适应性管理。这种观点认为情绪管理是一种适应社会现实需求的行为反应。它是一种适应社会现实需求的活动过程，要求人们的情绪反应具有应变性、适度性和灵活性，使人们能通过有组织、有建设性的方式，有效地适应变化的社会情境。

2. 功效性管理。这种观点认为情绪管理的目的在于服务个人目的。它是一种服务于个人目的、有利于个人生存与发展的活动，每个人在进行情绪管理前，都会对自身与社会情景关系的意义、自身处理能力进行认知评价，以决定情绪管理的方法。

情绪管理的核心是人本主义，它需要从尊重人、依靠人、发展人、完善人出发，使人性得到充分的发扬、人的情绪得到充分的发展、人的价值得到充分的体现，提高对情绪的觉察意识，控制情绪不良状态，保持积极乐观的心态，不断地进行自我激励和自我完善。影响情绪管理的效果的因素包括个体的价值观念、所使用的管理方法、所处的环境与情景，等等。

二、实行情绪管理的意义

大学生能否妥善处理自己的情绪，关系到其人格塑造和人际关系，是否拥有乐观的人生态度，甚至影响到他们能否顺利地完成学业。良好的情绪能够使大学生在学习过程中的认知活动得以顺利开展。大学生的主要任务是追求真理、探索科学，探索科学是一项需要特别心平气和的心智活动。大学生只有保持愉快平静的情绪，才能将大部分精力投入各学科的学习探索中，才能掌握丰富的专业知识，成为德才兼备的人才。

（一）情绪管理能够改善大学生的心理健康水平

马斯洛认为心理健康标准中最重要的是保持良好的人际关系，适度表达与控制情绪，由此可见，情绪与心理健康直接相关。长期处于消极的情绪容易造成不同程度的身心损伤，易出现焦虑、抑郁、人格障碍等心理问题。强烈求知欲与薄弱意志力之间的矛盾、生理与心理的不平衡发展、“佛系”价值观的流行，导致大学生的心理承受能力普遍比较脆弱，某些压力巨大的大学生甚至会选择放弃自己的生命。因此，提高大学生的情绪管理能力不仅是培养其积极健康心理的前提，也是改善其心理健康状态的一剂良药。

（二）情绪管理能够提升大学生的社会适应水平

良好的情绪管理可以引导大学生正确看待生活中的困难与挫折，提升个人魅力，增强社会适应力。情绪管理能够在大学生精神层面给予其合理的引导和帮助，一方面引导他们调节和控制自己的脾气，能够观察和体察他人情绪，有助于大学生形成坚定、勇敢、善良的品质；另一方面帮助其冷静平和地分析问题，学会换位思考，避免一些误会与争执，使其能够积极主动地解决问题，勇敢地面对千变万化的社会环境。反过来，良好的社会适应力也会提升情绪管理能力，促进个体积极情绪状态的持续。

（三）情绪管理能够提高大学生成绩水平

认真学习是大学生的首要任务，而良好的情绪是保证大学生取得好成绩的基础。心理学家泽莱尔 Zeller 在一项情绪对学习的影响实验研究中，让甲乙两组能力相等的学生学习无意义音节，同时让他们做排列方块实验，然后测试被试对排列图形的记忆效果。甲组给予赞美的评语，再进行无意义音节学习；乙组给予严厉的批评，再进行无意义音节学习。结果甲组成绩显著高于乙组，说明愉快平稳的情绪，能使大脑处于最佳活动状态，而消极情绪不利于学习。积极向上的情绪有助于好的睡眠，精力充沛，活力十足，思维才会更加活跃，记忆才能更为深刻，学习效果自然而然得到提升。

三、大学生情绪管理策略

情绪管理的最终目标是让大学生学会控制和管理自己的情绪，因此，情绪管理的核心是提高情绪的认知能力，不仅包括情绪的自我认知，还包括对他人情绪的识别，以及在此基础上进行情绪的适当表达和合理宣泄，包括情绪的感知、表达与调节三个方面。

（一）增强情绪的感知能力

大学生要提高识别情绪的能力，既要正确地识别自己的情绪，敏锐地察觉自身的状态，又要学会判断产生情绪的原因。尤其当消极情绪产生时，要有意识地寻找消极情绪产生的原因，学会纵向自我比较、自我分析，进而更清晰地认识自我，同时要学会横向与他人比较，学习他人的优点，不断反省自己，达到自我教育的目的。在认清自己情绪的基础上，了解他人感受，适度评估对方的情绪感受，学会换位思考，建立良好的人际关系。

(二) 提高情绪的表达能力

大学生要提高表达情绪的能力，学会合理地诉说情绪，选择合适的时机和地点倾诉自己的观点和想法。比如，可以对知心朋友、同学或是家人诉说自己的情绪，在表达的过程中能够明晰情绪的发展变化，进而对自身的情绪有明确的认知，直到能逐渐学会驾驭自己的情绪。也可以在与辅导员日常的谈心谈话活动中，或是学生干部日常事务处理中加强交流，表达自己的情绪，以形成积极健康的心态。

(三) 进行情绪的合理调节

情绪调节可通过情绪转移、情绪宣泄和情绪升华等方式将自我的负面情绪通过积极的方式释放出来，从而达到缓解心理压力、恢复积极状态的目的。

(1) 情绪转移。情绪转移就是要将自己关注的情景转移到自己感兴趣的事情上继而调整情绪的方式。当自己遇到不开心的事情时候，就去干一些自己喜欢的事情来淡化不良事情的干扰，例如打篮球、唱歌、骑行、桌游等。这样不仅可以缓解自己的情绪，还可以停止刺激源对自己的刺激，在新的事物当中体验积极向上的情绪。

有时不良情绪不太强烈，甚至找不到明确的诱发原因，但是它却弥漫在几乎所有的活动当中，表现为一种混杂的焦虑心境，时间一长，也会令人感到难以忍受。针对这种情况，最好的选择是不必太过于关注自己的心情，做自己该做或喜欢做的事情，如学习、工作、娱乐、社交、运动、处理生活琐事等。目的是转移注意力，不让自己有空闲去想不愉快的事情。

(2) 情绪宣泄。宣泄法有两种：直接宣泄和间接宣泄。直接宣泄是直接针对引发情绪的刺激来表达情绪。例如，当与同学闹了矛盾之后，心里很难受，不妨开诚布公地与对方交换意见，消除误会，不良情绪就会随之释放出来；间接宣泄是不把发泄的对象指向引发情绪的人或事物，而通过间接途径使不良情绪释放出来。如大哭一场或者大声唱歌、剧烈运动等都是间接宣泄的好方法。

此外，研究表明通过书写记录自己的不良情绪，可以在这个过程中冷静并结合自身的知识架构重新反省自己的不良情绪，所以学生在遇到不良情绪的时候也可以试着写笔记来缓解自己的不良情绪。

(3) 情绪升华。当学生全身心地投入学习和社交活动当中，可以最大限度地缓解和调整负面情绪。因此，通过“化悲痛为力量”“化压力为动力”，让自己更多地融入学习或工作当中，让学习所带来的情绪成为主导情绪，最大程度地将消极情绪转化为积极向上的正能量。

☞ **【推荐阅读】**

保险销售员的情绪管理

有一位年轻的保险销售员，他的目标是在一年内赚到100万元。为了实现这个目标，他向一位经验丰富的导师请教：“老师，我的目标是在一年内赚100万，请问我应该如何计划我的目标呢?”导师没有直接回答他的问题，而是让他先去了解每天需要拜访多少客户、成交多少单才能实现目标。

于是，销售员开始认真分析市场，计算出每天需要拜访 10 位潜在客户，每月至少成交 5 单，才能接近目标。他制定了详细的计划，每天早上提前准备资料，下午安排拜访行程，晚上总结当天的成果和不足。然而，事情并不顺利，他经常遇到客户的拒绝，甚至有些客户态度恶劣，这让他感到非常沮丧和愤怒。

有一次，他连续拜访了几个客户，都被拒绝了，心情非常低落。回到公司，他向导师倾诉了自己的烦恼。导师告诉他："情绪管理是销售成功的关键。当你遇到挫折时，要学会调整自己的心态，不要让负面情绪影响你的工作。你可以尝试一些方法来缓解压力，比如运动、听音乐或者和朋友聊天。"销售员听了导师的建议，开始尝试调整自己的情绪。每当遇到拒绝时，他不再像以前那样沮丧，而是告诉自己这只是暂时的挫折，下一个客户可能会带来机会。

他还学会了在拜访客户前做深呼吸，调整自己的状态，让自己保持积极的心态。慢慢地，他发现自己的情绪更加稳定了，与客户的沟通也更加顺畅。最终，在导师的指导下，他不仅实现了自己的目标，还成为一名优秀的保险销售员。

（资料来源：玛莎·M. 莱恩汉. DBT 情绪调节手册［M］. 北京：北京联合出版公司，2022.）

☞ **【案例阅读】**

林肯的情绪管理

美国总统亚伯拉罕·林肯（Abraham Lincoln）以其卓越的领导能力和坚韧不拔的精神闻名于世。然而，他也是一个非常擅长情绪管理的人。林肯在任期间，面临着南北战争的巨大压力，但他始终能够保持冷静和理智，有效地管理自己的情绪。

有一次，林肯在战场上视察军队时，发现一名年轻的士兵因为恐惧而躲在战壕里，不敢参加战斗。林肯没有责骂他，而是走到他身边，轻声问道："孩子，你为什么躲在战壕里呢?"士兵回答说："我害怕，我害怕自己会死。"林肯点了点头，说："我理解你的恐惧，战争确实很可怕。但是，你看看你的战友，他们也在害怕，但他们依然勇敢地站在前线。你愿意和他们一起战斗吗?"士兵点了点头，林肯拍了拍他的肩膀，说："去吧，勇敢一点，我相信你。"士兵受到鼓舞，重新回到了战场。

林肯的这种情绪管理能力不仅体现在对士兵的鼓励上，也体现在他与内阁成员的相处中。有一次，林肯的内阁成员们因为意见不合而发生了激烈的争吵。林肯没有加入争吵，而是等大家冷静下来后，耐心地听取每个人的意见，然后用温和的语气说："我知道大家的意见不同，但我们有一个共同的目标，那就是赢得这场战争，让国家重新团结起来。让我们一起努力，找到最好的解决方案。"他的平和与理智让内阁成员们冷静下来，最终达成了一致意见。

［资料来源：《情绪管理》（谢海英主编），北京：清华大学出版社，2024］

☞【拓展阅读】

管理情绪的 6 个好习惯，值得一试

接纳情绪。情绪就像水流，宜疏不宜堵。总是压抑情绪，反而可能会被情绪牢牢控制。学着接纳自己的情绪，是管理情绪的第一步。与情绪和平共处，承认它，接受它，在此基础上理清情绪的来源，才能找到化解负面情绪的方法。

收集快乐。我们的心就像一个杯子，里面的快乐装得多了，忧伤自然就没了空间。从今天开始，每天记录下让自己开心的时刻。过段时间就会发现，那些曾经渴望的幸福与温暖，其实就藏在每一天的日常中。

适当放空。工作压力一大，人就容易烦躁；明明有急事要做，可就是没法专注。再遇到这种情况，不妨先停下手中的事，闭上眼睛，放空 10 分钟，让大脑清醒一下，等待情绪重回正轨。

保持运动。运动不仅能帮助我们强身健体，也是治愈心情的一味良药。当你感到心情烦闷时，不如给自己一个小时的时间，去跑步、做瑜伽、打球，出完一身汗，你会得到由内而外的放松，心情舒畅，活力满满。

学会倾诉。倾诉是一种有效的减压方式。当你心情不好时，不妨找个信任的人把内心的痛苦烦恼说出来。适当的倾诉不但可以释放我们的负面情绪，还可以得到他人的建议，帮助我们获得解决问题的新方法。

好好睡觉。告别烦恼最实用的方法之一，就是在忙碌了一天之后，把自己交给温柔的枕头，进入甜甜的梦乡。好好睡一觉，可以帮我们过滤掉不必要的纠结，让我们恢复满满的能量。

（资料来源：“人民日报”微信公众号，2024 年 8 月 15 日，作者：赵雅娇）

☞【拓展阅读】

年轻人如何走出情绪迷宫

明明没做什么事，却总感觉身心疲惫？分明有那么多的待办事项，却只想躺着玩手机？内耗、迷茫、挣扎、沉沦……负面情绪似乎总是占据上风。我们该如何挣脱束缚，找回“快乐的自己”？

在考研还是工作的抉择中，新闻与传播专业的大三学生张沐焦虑不已，各种糟糕的情况总是在她的脑海中上演：“我会不会只差几分考研失败？”“上不了岸又找不到合适的工作怎么办？”期末论文、考研复习、英语口语练习……在张沐的任务清单上，堆积着许多待办事项，但她始终没有动力去着手完成。

很多时候，她告诉自己看完这个视频就去看书，可一旦放下手机，整个人都泄了气，更别提学习了。“不论做什么，都无法真正带给我快乐。”多数情况下，张沐最后还

是会在刷手机中度过一天。

“这是抑郁状态典型的‘三低三无’特征。”哈尔滨工业大学心理健康社团指导教师徐天琪解释，所谓的“三低”，指情绪低落、思维迟缓、动作减少；“三无”则指无助感、无望感和无用感，表现为对自己过度否定，这种否定可能与实际状况并不相符。

除了考研和就业压力，由于最近赶上期末周，学业压力增加，张沐更是夜不能寐。有时好不容易睡着了，舍友的轻微动静便能让她从梦中惊醒；即便没有声响，凌晨三四点她也会醒来，全身像刚跑完1000米一般乏力。

起初张沐没有发现，自己消沉的状态是负面情绪在作祟，意识到问题是一周后。张沐有写日记的习惯，每当课业压力大时，她就会将日记作为情绪抒发的出口。回顾本周所写的内容，她发现负面情绪占了上风，正处在一种不健康的状态之中。

徐天琪介绍，抑郁状态是负面情绪的一种，通常持续时间不长，通过自我调节、心理咨询等方式即可获得改善。“负面情绪的主要根源在生理、心理和社会三个层面。”徐天琪说，个人的性格特征、生活经历以及家庭或周围环境都是引发负面情绪的重要因素。

然而，如果一个人未能意识到负面情绪，长时间处于低能量状态，对个人生活是极其不利的。徐天琪说：“负面情绪的累积不仅可能引发睡眠障碍、食欲减退和肌肉疼痛等身体症状，严重时还可能对认知功能产生损害。”

徐天琪表示，具有述情障碍人格特征的人往往难以察觉自己的负面情绪。述情障碍是指大脑在识别和处理情绪方面存在障碍，使他们难以感知和表达自身或他人的情绪。这类人通常更侧重于外部事实信息，倾向于用理性和逻辑思考，通常也比较现实。

想要重拾良好的情绪状态，要学会意识到负面情绪的存在。徐天琪建议，我们应当留心身体的反应，并记录下自己的情绪变化，包括触发事件、当时心情、身体感受以及后续行为。通过回顾这些记录，我们能更好地识别和理解自己的情绪模式。同时，要注意那些经常导致不愉快情绪的特定因素，如人、地点、情境、话题或想法。这样在未来遇到相似情境时，我们能更快地察觉到负面情绪的出现。此外，向信任的朋友或家人寻求反馈也是不错的方法，了解他们是否察觉到你最近的情绪变化。

一旦觉察到自己情绪低落，可以先自我探寻其背后的现实原因：“是不是最近学业压力大？和谁交往不顺利？又或是对未来发展比较担心？”此外，她建议通过运动来缓解负面情绪。“若发现自己缺乏动力，且呈现出‘三低三无’的典型特征，应立刻前往专科医院进行诊断，并根据医生建议接受药物或心理治疗。”

为了调整状态，张沐决定暂时放下课业，给自己几天的休息时间。她选择走到户外，呼吸新鲜空气，放松心情。同时，热爱艺术的她还通过阅读书籍、观赏话剧等方式来治愈自己，实现身心的全面放松。

（资料来源：《中国青年报》，2024年8月，记者：郭韶明）

第三节　人际关系管理

人际关系，又称为人群关系，是指人与人之间，在精神交往与物质交往过程中发生、发展和形成的情感联系，是通过交往形成的心理关系。人际关系是一种社会化历程，一种影响力作用，也是一种行为模式，可以通过学习、训练来强化、塑造和改变。影响人们人际关系的因素很多，包括性别、社会地位、经济基础、教育背景、性格爱好、社交技巧、宗教信仰，等等。

在大学阶段，大学生通过在一段关系中学会支持、协调、关怀、激励等人际交往技巧，来持续培养未来职场所需要的多种能力，比如团队合作能力、表达与沟通能力和解决问题的能力等等。良好的人际关系，一定是在诚信、友善的前提下，在彼此交往的过程中逐渐建立和发展起来的。而诚信、友善不仅是社会主义核心价值观在个人层面的价值准则，更是中华传统文化中的宝贵财富。本节基于人际关系的理论，重点介绍大学生应如何进行人际关系管理。

☞ **【课堂活动】**

我的社会支持系统

让我们感受到情感和心灵支持，能够缓解我们心理压力，提高我们适应环境和变化能力的人构成了我们的社会支持系统，这些人可能会是我们的朋友、家人、同学、师长，甚至是不认识的陌生人，好的人际关系会让我们更加健康和幸福。请你完成图 7-1 的“我的社会支持系统”，将这些人的姓名填写在空白圆圈中，找到你生命的支撑点。

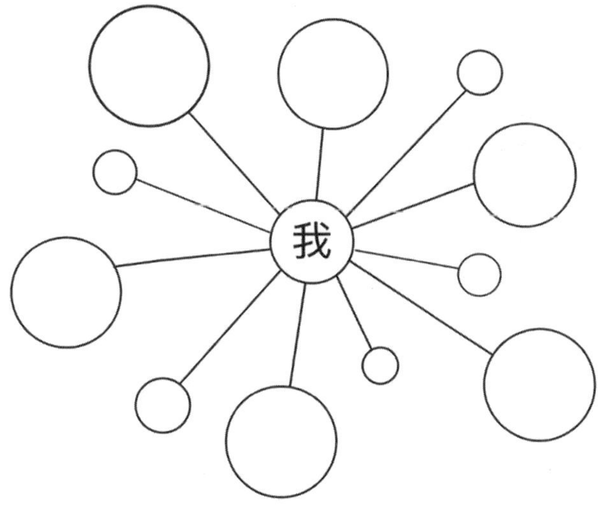

图 7-1　我的社会支持系统

请写出上面图中你找到的社会支持，回忆你们曾经的重要时刻，并填写下表，重要程度请用1—5打分，1代表非常不重要，5代表非常重要。

姓名	关系	重要程度	曾经对你的鼓励或支持

一、人际关系概述

（一）人际关系的含义

人际关系具体包含以下三层含义：第一，人际关系属于社会心理学的范畴，主要是指人与人之间的心理关系。第二，人际关系由一系列心理成分构成。首先是认知成分，反映个体对人际关系状况的认知和理解，其次是情感成分，再次是行为成分，即双方实际交往的外在表现和结果。第三，人际关系是在彼此交往的过程中建立和发展起来的。所以，积极地进行交往，是建立、巩固和发展良好人际关系的重要条件。

进入大学阶段，大学生之间，大学生与老师或其他人之间进行沟通、交流和互动的过程，就是大学生的人际交往。丰富的校园活动、充实的专业学习、沟通日常信息、交流联络情感，都使大学生需要进行人际交往。良好的人际关系对大学生的个体成长发展有着直接的影响。

（二）大学生人际关系的主要类型

1. 同父母家人的关系。进入大学校园后虽然暂时离开父母，但并不意味着割断与家庭的联系。不过，因为此时的大学生与同龄人的交往上升到了主要地位，血缘型人际关系并不是大学生的主要人际关系。

2. 同校园生活的关系。大学生的主要任务仍然是学习，所以大学生人际关系首要的是和学习相关的人际关系，主要包括师生关系、同学关系和宿舍关系等。校园生活充实丰富，因此还可能有同乡关系、互动关系和合作关系等等。大学生的宿舍关系，近年来已经成为了校园里的热门话题，并成为大学生非常重视的人际关系之一。中国青年网曾经对全国958名大学生进行调查，调查结果显示，宿舍关系的融洽程度与大学生的生活和学习有着微妙的联系。

3. 同情感生活的关系。因情感需要所形成的朋友之间的关系也是大学生常见的关系类型。大学生活不同于高中生活，相对有更多自由的时间，使得大学生们能够更为自由地结交朋友。这时大学生人际关系表现为朋友关系和恋人关系。

（三）大学生人际交往的主要原则

1. 平等尊重。古语有云："己所不欲，勿施于人。"双方交往的基础就是平等和尊重。当别人对我们表示出友好，我们也应该对别人报以相应的友好。而每个人也都有自己的人格和尊严，都希望被尊重。

2. 互惠互助。人与人之间的交往关系本质是一个社会交换过程。当一方需要帮助时，另一方要力所能及地给对方提供相应的帮助。自己需要帮助时，也要善于进行求助。人们就是在你来我往的互助中，结下了更为深厚的人际关系。

3. 真诚诚信。真诚是保持良好的人际关系的基石，如果没有真诚，那么，双方的关系将无法长期维系，无法建立信任感。交往的过程中，应该坚持真诚诚信的原则，用真心，说真话，办真事，才能让交往走得更长远。

二、进行人际关系管理的意义

（一）有利于大学生实现社会化

人的本质属性是社会性，社会性就意味着我们要在社会中和他人进行交往、交流。人如果没有朋友，那将进入一种孤独的状态。而这种状态绝不是一种良性的状态，它将使人慢慢地失去社会化，无法融入这个社会。习近平同志曾说："每一代青年都有自己的际遇和机缘，都要在自己所处的时代条件下谋划人生、创造历史。"大学生是社会主义建设的主力军，必须培养合作共赢的精神和人际交往能力，适应经济社会发展的需要，才能更好地实现社会化。而人际关系管理就可以有效地帮助大学生梳理人际关系，并掌握一定的人际交往技巧，从而更好地享受大学生活，完成学业。

（二）有利于大学生的身心健康

良好的人际关系对一个人的身心都是有益的。学习时有一起学习的伙伴，游戏时和志趣相同的人同行，这都将使大学生的情感有效地抒发出来。难过时向朋友倾诉，开心时同朋友分享，甚至和室友同吃一份点心，和老师讨论一道专业问题，都是大学生需要的交往。但是，现代大学生中，不乏不敢交往、不善交往和不愿交往的同学，如果长期没有正常的人际往来，将严重影响大学生的身心发展和综合素质的提高。顺利时，看山是山，看水是水。遇到挫折，便看山不是山，看水不是水。这时，一段好的人际关系，将帮助大学生分析抉择，让大学生在稳重自持中不断磨炼自己，在合作互助中共同担当起社会责任。

（三）有利于大学生的成长成才

与谁同行，常决定了一个人的高度。当遇到困难时有师长帮助、朋友协助，那么这个困难常常也会因为良好的人际关系而得以解决。大学阶段，“恰同学少年，风华正茂”，有老师指点，有同学切磋，把所学知识内化于心，把守望相助外化于行。良好的人际交往是大学生综合素质的体现，在学习处理人际关系的过程中，大学生学会了合作，学会了沟通，学会了职场所需要的优秀素质，结伴而行，行之更远。在人际交往中，大学生可以通过不同类型的人际关系锻炼自己，努力把社会主义核心价值观的要求变成日常的行为准则，将使自己在踏入社会时多几分自信，在人际关系管理中更游刃有余，在时代大潮中建功立业，从而成就自己的宝贵人生。

三、大学生人际关系管理策略

每个成长中的大学生，都希望自己能够拥有良好的人际关系，保持良好的人际关系状态，不断提升自己的人格魅力。其实，建立良好的人际关系，需要真诚，需要积极主动交往，更需要通过一定的人际关系技巧来完成交往目的。

（一）诚信友善是首要策略

诚信友善不仅是社会主义核心价值观在个人层面的价值准则，更是中华优秀传统文化的传承。真诚待人是友好交往的开端和基石，也是人际交往得以延续和深化的保证。“精诚所至，金石为开”，用一颗真心交换一颗真心，才能彼此理解，彼此信任。平等是人与人之间建立感情的基础，是协调双方、多方关系的前提，交往必须平等，平等才能深交。另外，还要乐于帮助他人。到了大学，离开了家庭，要过大学生活，结交可以信任、能够互相帮助的伙伴十分重要，难过时与朋友一起分担，开心时和朋友一起分享，能够帮助别人的人，自己也会得到更多帮助。

1. 真诚诚信。说话要说真话，才能取得别人的信任。如果说了假话最后被拆穿，那么关系即使不会破裂，也会产生裂缝。

2. 平等待人。交往双方要相互尊重、相互理解。大学生来自不同地区，家庭背景、性格能力存在着一定差异，但是在人格上，大家都是平等的。

3. 友善助人。热情是最能打动人的，是对人最具有吸引力的特质之一。一个愿意帮助他人的人，常常也有着乐观、积极的心态，也能使关系更为融洽。

（二）学会赞美能拉近距离

正所谓“良言一句三冬暖，恶语伤人六月寒”。想要拥有良好的人际关系，首先就要学会赞美他人，而赞美绝对不应该是阿谀奉承。首先，赞美的态度要真诚。只有发自内心的赞美才能引起别人的好感。其次，赞美的内容要具体。要善于发现别人的长处，赞美别人确实存在的优点，能拉近彼此的距离。另外，赞美的时机要适宜。赞美是有时效的，当某人做某事时，适时地赞美他人能够起到一定的激励作用、肯定作用，超过一定的时间，可能会影响到赞美的效果。那么，如何进行赞美呢？

1. 赞美新的变化。人通常在改变之后特别期待他人的赞美和鼓励，这时适当赞美能够起到良好的效果。如：“你最近锻炼效果很好啊，人精神了很多。”

2. 赞美优秀品质。当某人确实存在某种优秀的品质，适当的赞美能够让他人保持这种优秀品质。如：“你做事真的很认真负责啊，和你一起做事很放心。”

3. 赞美一件小事。小事虽小，但是如果你能注意到这件小事，则更能够拉近彼此之间的距离。如：“你的桌子收拾得真整齐，我得向你学习。”

4. 间接进行赞美。如果和对方并不熟，可以用第三者口吻进行赞美，拉近距离。如：“听小陈说，你唱歌特别好听，之前还拿了新生歌手赛的一等奖呢。”

（三）懂得拒绝是第一堂课

人际交往中，赞美可能人人都会，但是拒绝则是一大难题。比起赞美，拒绝可不是所有人都能开得了口的，因此，在大学生活中，学会拒绝也是大学生在校园生活中的第一堂课。真诚地表达想法和顾虑，委婉地表达歉意和遗憾，可以避免直接拒绝带来的情感伤害，避免忙没帮成，又破坏了原本良好的关系。有些同学，担心得罪对方，在拒绝了别人之后，总要说出一些安慰的话，或找一些理由再次强调。但是，有时理由越多，越会让对方感觉你在敷衍。话无须太多，恰当地表达歉意即可。有些忙没帮上，原因可能比较复杂，为了保持彼此良好的关系，事后要寻找合适的时机，获得对方的理解。那么，我们应该如何表达拒绝呢？

1. 谢绝法。谢绝是相对直接的拒绝方式。但是只要真诚地拒绝，相信对方也能理解自己的难处。如：“不好意思呀，这样可能不太合适，你再想想其他办法呢。”

2. 婉拒法。委婉地进行拒绝可以让对双方更容易接受。如：“嗯，这个问题我还没有想好，我考虑一下再聊。”

3. 借力法。借力是指借助他人的力量，或者将此事转移到有能力帮助解决此事的人。如：“这个问题我好像不太擅长，我帮你找个擅长的人，你看行吗？”

4. 补偿法。补偿法作为一种补偿，虽然没帮对方做这件事，但是可以帮对方做其他事。如：“真抱歉，这件事情我没能帮上忙，不过你的另一件事，我好像可以做。”

（四）努力化解冲突

每个人都是在交往中生活，尤其在大学中，很多活动是群体性活动。有活动就有交往，有交往就难免会发生冲突，但是，遇到冲突不让矛盾激化，努力化解冲突才是我们应该去学习的。首先，情绪要稳定，如果双方都在气头上，那么冲突很难避免。其次，双方要学会换位思考，考虑对方的感受。另外，要学会进行沟通，如果没有沟通，双方都不理解对方，就不了解对方的想法，体会不到对方的难处。那么，我们可以试着这样去做。

1. 稳定情绪。当发生冲突时，不要急于责怪。可以等情绪平复之后，再表达自己的想法。如：“我们现在先平复一下心情，等一下我们再好好聊聊。”

2. 换位思考。当发生冲突时，避免情况进一步恶化，一定要从对方角度好好思考问题。如：“这件事我确实没有从你的角度想，我现在想了，感觉我做得也不对。”

3. 进行沟通。在发生冲突后，要努力进行沟通。沟通是一剂良药，人是独立的个体，如果没有沟通，人不可能真正了解对方的想法。如：“那么，你对这个问题是怎么想的呢？你的经历是怎样的呢？”

（五）避免无效社交

初入大学，一切都是新鲜的，而且比起高中多了许多自由的时间。很多同学热衷参加各种校园活动，积累人脉资源。殊不知，很多人只是吃过一次饭，就没了联系。只能在一起吃喝玩乐，却带不来半点精神鼓舞、学习进步、生活愉悦的社交活动，只会让人感到辛苦，因为占用了过多的时间和精力，也让人越来越迷茫。遇到一个他能理解你的想法，尊重你的观点，给予你些许建议，在失意时鼓励你的，在成功时赞美你，才是社交的好的方向。一起努力的人，才能一起奔跑。那么，在大学生活中，如何避免无效的社交呢?

1. 找学习的同伴。大学生，最主要的任务还是学习。进入大学，不是终于摆脱了高中的牢笼，而是拥有了一个新的自由学习的途径。在大学，除了学校安排的学习任务，更多地是要同学们自己去发现自己的兴趣、爱好，自己想获得的一技之长，学有所长，学有所专。学习的路上需要有人鼓励。

2. 找锻炼的同伴。身体是革命的本钱。大学阶段，每年都要参加体能测试，但体能测试绝对不是简单的一次考试。应该是同学们坚持锻炼的结果。一同锻炼，一同比赛，有一个良好的身体状态，才能有一个良好的精神状态，以便更好地投入学习、工作和生活中。锻炼的时间需要有人鼓舞。

3. 找合作的同伴。进入大学，有人乐于参加校园活动，也有人喜欢创新创业，将自己的想法努力付诸实践。但是，无论是活动还是实践，一个人单打独斗是不行的，要找到和自己想法类似，敢于拼搏的同伴，这样才能在活动中博得更多掌声，在创新中获得更多灵感，在创业中取得更多支持。

☞【案例阅读】

把平凡的日子堆砌成伟大的人生

有一个故事说，能够到达金字塔顶端的只有两种动物：一是雄鹰，靠自己的天赋和翅膀飞了上去；另一种动物就是蜗牛，一点点爬上去的。我相信蜗牛绝对不会一帆风顺地爬上去，一定会掉下来，再爬，掉下来，再爬。但只要爬到金字塔顶端，蜗牛所看到的世界、收获的成就，跟雄鹰是一样的。

到今天为止，我一直认为自己是一只蜗牛，一直在爬。只要你在爬，就足以给自己留下令生命感动的日子。我常常说：如果我们不为自己留下一些让自己热泪盈眶的日子，那我们的生命就白过了。今天，我想和大家分享的就是：人的进步是一辈子的事情。就我本人而言，我觉得只要有两样东西，我们就能成就自己的人生。

第一样叫理想。我从小就有一个想法，希望穿越地平线走向远方，我把它叫作“穿越地平线的渴望”。我有个邻居，也是我终生的榜样，徐霞客——当然是500年前的邻居，我们都是江苏江阴的。我下定决心，如果徐霞客走遍了中国，我就要走遍世界。我现在正在实现这一梦想。所以，只要心中有理想、有志向，你终将走向成功。你所要做到的就是在这个过程中要有艰苦奋斗、忍受挫折和失败的能力，不断扩大自己的心胸。

第二样叫良心。什么叫良心呢?就是要做好事，对得起自己，对得起别人，要有和别人分享的姿态，要有愿意为别人服务的精神。良心，会从你做的事情中体现出来，而且你所做的事情一定会对你的未来产生影响。我来讲两个小故事。

一位企业家和我讲过他大学时的一个故事，他们班有一个同学，家庭比较富有，每周都会带6个苹果到学校来，他自己一天吃一个。尽管苹果是他的，但从此他给同学们都留下一个印象：太自私。后来这位企业家成功了，而那个吃苹果的同学希望加入企业家的队伍里来。但企业家和同学们一商量，都说不能让他加盟，原因很简单，因为在大学时他就没有表现出分享精神。在大学时代的第一个要点，就是你得跟同学们分享你所拥有的东西，感情、思想、财富，哪怕是一个苹果也可以分成6瓣，大家一起吃。这样做你将来能得到更多，你的付出永远不会是白白付出的。

我再来讲一下自己的故事。做学生时，我的成绩一直不怎么样，但我从小就热爱劳动，从小学一年级就一直打扫教室卫生。到了北大以后我养成了一个良好的习惯，每天为宿舍打扫卫生，这一打扫就是4年。我每天都拎着宿舍的水壶去打水，把它当作一种体育锻炼。大家看我打水习惯了，最后还产生这样一种情况，有时候我忘了打水，同学就说："俞敏洪怎么还不去打水?"但我并不觉得打水是一件多么吃亏的事，同学互相帮助是理所当然的。

又过了10年，到了1995年年底的时候，新东方做到了一定规模，我想找一些合作者，就跑到了美国和加拿大去找我那些同学。我为了诱惑他们回来，还带了一大把美元，想让他们知道在中国也能赚钱——我想大概这样他们就会回来。

后来他们回来了，但给了我一个十分意外的理由。他们说："俞敏洪，我们回去是冲着你过去为我们打了4年水。我们知道，你有饭吃肯定不会给我们粥喝，所以我们一起回中国。"这才有了新东方的今天。

人的一生是奋斗的一生，但有的人一生过得很伟大，有的人一生过得很琐碎。如果我们有一个伟大的理想，有一颗善良的心，我们一定能把很多琐碎的日子堆砌起来，变成一个伟大的生命。但是如果你每天庸庸碌碌，没有理想，从此停止进步，那未来你一辈子的日子堆积起来将永远是一堆琐碎。所以，我希望，在座的同学们都能把自己每天平凡的日子堆砌成伟大的人生。

（资料来源：知乎，2015年1月，作者：俞敏洪）

☞ **【拓展阅读】**

4个步骤，成为中国好室友！

在校园生活中，最影响生活质量和心情指数的，莫过于寝室关系了。在大家都还没能彼此了解的情况下，就要与不同生活习惯、节奏和需求的人住到一个屋檐下，其中的挑战不言而喻。我总结了一个四步攻略，按照这四个步骤来走，每个人都能成为中国好室友。

第一步，把室友当成和你一样的人，尊重你们的共同需求。

大家在寝室的基本需求是什么？不就是让紧张学习了一整天的身心好好地休息放松一下吗？那有什么因素会造成干扰呢？

也许是声音，可能你已经用了消音键盘，可是夜深人静时，风声、雨声、键盘声，声声入耳。也许是光线，你只是点亮了一盏小橘灯，可是这黑暗中的灯光就像隧道尽头的光亮，十分刺眼。也许是气味，脏衣服、臭袜子、吃剩的外卖餐盒，还有螺蛳粉、榴莲等气味大的食物，都会影响其他人。

也许是好奇。在学校，每个人的一天都会发生故事。也许别人并不愿意分享，可是"好奇宝宝"的你却连连发问，事事关心，令人厌烦。在制定寝室公约的时候询问大家最不能接受的是什么，先坦承各自的底线，然后寻找最大公约数，就能避免"踩雷"。

第二步，把室友当成和你不一样的人，尊重你们的个体差异。

来到学校，不是为了寻找和我们一样的人，而是学会观察和了解不同的人，让不同性格的人带给我们成长。每个人的语言风格各有特色，不同的人说同一个词，表达的可能是完全不同的意思。

不同地区的生活习惯，如饮食、衣着、个人卫生习惯等也是不同的。不过，这些仅仅只是不同，并不意味着孰优孰劣、谁对谁错。

同样，我们的生活习惯，也不能轻易套用到室友身上。比如，有位同学习惯随手拿用别人的生活用品，久而久之，大家对此颇有意见。她感到困惑不解，对室友说："我可以用你们的洗发水，你们也可以用我的呀，何必分得那么清楚呢?"这是她的个人生活习惯，但是别人不一定也认可。学习了解差异，达成平衡，是大学里的必修课。

第三步，把自己当成自己，尊重自己的独特内心。

一些同学遇到这样的困扰：室友们都喜欢看美剧，自己没看过，觉得无法融入大家，心情特别沉重。或者室友们都是学生干部、社团骨干，一天到晚忙得热火朝天，只有自己是闲人一个，与他们没有共同话题，感到压力重重。

可我们一定要把自己活成别人的样子吗?其实寝室相处的核心在于，生活上能够协调一致，个人的兴趣爱好、前途发展方向是不是特别契合，倒也不必强求。虽然大家共处一室，但不必把自己和室友捆绑在一起。说不定，你的知己在隔壁、在对门，甚至在其他楼层呢。

第四步，用"我们"代替"你我"，尊重寝室作为一个共同体的存在。

共同体的意思，是需求得以兼顾，情感得以互通。不少同学来咨询过作息时间不一致的苦恼。安排好作息时间，到底是照顾某一个人的想法，还是大家共同的义务?如果你认为要依照你的想法，那么你会将自己看作受害者；但如果你认为这是你们共同的义务，那么你会思考如何兼顾双方的感受和需求。"我被对方反驳了"是一种情绪，感觉我受伤了；"我们意见不一致"则是一个问题，我们需要解决它。两种心态，你选哪种?

很多同学在人际交往中习惯性选择受害者心态，其实我们更需要共同体心态。在学校里如此，进入社会更是如此。不是每个问题都有是非对错，也不是每个问题都一定有一方受到了损失或是受害者，而另一方就是问题的来源或是麻烦制造者。

尊重共同需求、尊重个体差异、尊重自己的真实内心、尊重寝室作为一个共同体的存在，这就是和谐寝室"四步法"。按照这个方法去相处，绝大部分的寝室矛盾都可以避免，相处愉快。

（资料来源：共青团中央，2024 年 9 月 3 日，作者：严亮、许倚华）

☞【拓展阅读】

大学人际关系指南——致新生

开学了，同学们在享受大学生活的同时，可能也会格外关注大学的人际交往。

我们都知道人际交往很重要，但有时我们仍不免担心要如何结交新朋友，如何应对人际冲突。

如果你也有类似的烦恼，就让我们一起来读一读人际关系指南吧。

1. 人际关系为什么重要?

在马斯洛需求层次理论中，归属与爱的需要位于第三层，对应的就是对人际关系的需要，如果这种需要得不到满足，人们会产生强烈的孤独感、疏离感，产生痛苦的体验。

2. 如何建立起良好的人际关系?

如果在大学里能和老师、同学相处愉快，能够有几个好兄弟、好姐妹是一件十分快乐的事儿，能为我们四年的大学生活带来更多的欢声笑语。而良好的人际关系的基石，在于坦诚、互助、沟通和关爱。

①坦诚。坦诚是人际交往的第一原则，坦诚相待能够在人际交往中更好地了解彼此的感受，才可能做出积极的回应。

②互助。艾默生说道："人生最美丽的补偿之一，就是人们真诚地帮助别人之后，同时也帮助了自己。"在大学里，舍友之间帮忙打饭、拿快递是常有的事，有时候友谊就是在一次次的互助中加深的。另外，在帮助别人的过程中，自己也能感受到价值感，收获愉悦的心情。

③沟通。不知道大家有没有过类似的经历，每每和朋友们深夜卧谈后都感觉彼此的革命友谊得到了升华，这就是沟通的神奇魅力。另外，信息来源不同，可能会导致"自我服务偏差"，即倾向于用有利于自身的方式来进行自我知觉，无法准确地断定对方的行为和想法，而积极沟通、耐心倾听有助于互相理解，让感情升温。

④关爱。保持善良，多站在对方的角度考虑问题。关心身边的同学，与同学相处的时候多肯定对方，做大家的"小太阳"。

3. 处理冲突的方法

人际关系中，除了和睦与欢笑，也会有冲突和碰撞。冲突的意义并不都是负面的，它有助于我们快速地认识自己，认识他人。而且，冲突的解决，也是有章法可循的，Devito（1994）认为，解决冲突，可以分为以下步骤：

①澄清并界定问题。将讨论的焦点集中于问题本身，处于冲突中的个体尝试理解对方的谈话。

②表达彼此的需求或愿望。真诚地表达自己的需求和愿望，如果忽略这一过程，处于冲突中的个体无法获得真正满意的结果。

③评估各种可能的解决方法。根据处于冲突中的个体所表达的需求，共同探讨解决办法。

④凝聚共识。仔细评估各种解决方法的利弊，找出当前对方最能接受的解决办法并执行。

⑤回顾与重新磋商。如果商讨好的解决方案难以继续执行，需要回顾并根据以上方法重新商议。

4. 冲突发生了，如何进行自我调适？

①改善不合理信念。当冲突发生时，我们对冲突的看法越消极，我们所感受到的痛苦就越强烈。为此，我们可以形成具有适应性的冲突观，例如，低水平的冲突有利于同学们反思和重新组织自己的行为。

②对冲突的情绪体验进行正确归因。当我们感受到痛苦、难过时，进行非稳定性和可控性的归因有利于缓解消极情绪。例如，当与好朋友吵架时，归因于彼此最近状态不是很好。

③非暴力沟通。很多时候我们的人际矛盾都是由沟通不当引起的，由马歇尔·卢森堡提出的“非暴力沟通”有助于我们化解由沟通不当引起的冲突。非暴力沟通有四个要素：在沟通过程中表达自己的观察、感受、需求与请求。

心理治疗师萨提亚女士说过：“我们因为相同而相遇，因为不同而成长。”我们在大学中会遇到形形色色的人，遇到与自己一拍即合的人那是极好的，同时应当认识到存在分歧也是正常现象，君子和而不同。

愿同学们适应大学过程中，找到志同道合的好友，共同成长！

（资料来源：“深圳大学心理健康教育与咨询中心”微信公众号，2021 年 9 月 16 日，作者：林明萍）

第四节　做最好的自己

从高中迈向大学，再从大学迈向社会，每个人都期待自己成为自己想象的模样。那么大学生们就需要了解自己需要完成的目标和任务，也要做好面对自己可能遇到的困难的准备。每个人都是这世上独一无二的，只有真正了解自己、欣赏自己，学会目标管理、时间管理和人际关系管理，才能最大限度地善用自身的资源，发挥自己独有的才能，做最好的自己。

一、大学一年级：角色转变，了解大学，专业探索，坚持锻炼

大一是大学阶段的开始，不仅要适应身份角色的转变，更要适应课程学习的转变。所谓基础不牢，地动山摇。因此，大一必须有一个好的基础和规划，要努力改变高中时被老师、家长赶着走的学习状态，更要了解大学是自由而不是随便，从而更好地对自己所选所学的专业进行探索，找到自己的兴趣所在。同时，新时代的大学生，要朝气蓬勃

地进行体育锻炼，提振精气神。

二、大学二年级：夯实基础，有舍有得，提升能力，初建人脉

大二学年，大学生对自己所学的专业已经有了一定的了解。在这一年里，要坚持自我提升，要夯实基础，也要做好由基础课向专业课过渡的准备，同时要学习好英语和计算机，通过大学英语四级、六级考试和计算机考试。这时，有人刚加入社团、当选学生干部，也有人从多个社团活动或忙碌的学生工作中逐渐脱离出来。无论怎样选择，都应该保持良好的干劲。“舍”并不意味着放弃，而是为了更好的“得”。无法兼顾多种活动时，选择自己最喜欢并且最适合自己的，往往收获更多。同时，也可以结交一些志同道合的朋友，并肩奋斗。

三、大学三年级：增加砝码，尽早抉择，了解社会，备战未来

大三学年，随着专业知识加深，适合学什么专业，热爱什么专业，想必同学们已经有了一定的体会。在这一年里，大学生应该主动学习专业相关知识并适当选择与专业相关的考试，为自己大四的求职增加砝码。也有一些同学可能还在求职、考研、考公等机会中抉择，这时，同学们就需要多向专业老师、学长学姐打听、请教，也可以充分利用就业创业指导课向相关老师进行询问。

四、大学四年级：创新创业，实习就业，学海无涯，奋力一搏

大四学年，此时目标基本已经确定，创新创业、实习就业、考研升学、考公、参军，大四都是一个冲刺期。打算求职的同学，要准备好个人简历和相关资料，打算创业的同学，要积极投身社会实践。除了完成学校规定的实习实训、毕业设计或者毕业论文，每一位同学，都应该在这一年奋力一搏，为自己的大学生活画上一个圆满的句号。但大学阶段的结束绝对不是学习的终点，学海无涯，坚持学，坚持用，相信每一位同学都将成为更好的自己。

☞ **【推荐阅读】**

成为更好的自己

一、坦然面对压力

生活中，每个人都有各自的不易。当遭遇突如其来的打击时，能扛得住重压并且反击回去的人，才是真正的强者。

生活的山，需要一座一座地翻；事业的坎，需要一步一步地迈。

我们都是在压力与挫折中逐渐成长，坦然面对所有的不如意。过好每一个不再重来的今天，日子自会有舒心明朗的模样。

二、每天进步一点点

适当放松是人之常情，但无论如何，我们都不能长时间待在舒适区里，不做任何改

变和提高。

能让生活变得更好的，绝不是一天天重复无效的熬夜，更不是把所有的希望和期待都寄托于不知哪一天会到来的好运和机遇。

生活的决定权在我们自己手上，只有保持不断向上的力量，我们才能主动而持续地变得优秀。

三、不过分在意别人的眼光

有时候，我们常常喜欢将他人的看法与自身的幸福感牢牢捆绑在一起。别人不经意的一个眼神、一句玩笑，都可能搅乱我们的心神。

其实，每个人的生活都是独一无二的，你快不快乐、幸不幸福，远比别人以为的更重要。

别人的看法和评价，可以是一种建议，但绝不应成为阻碍。请记住，鞋子好不好看，也许别人看得见；但鞋子合不合脚，只有你自己知道。

四、学会包容不完美

生活中，我们总会因为各种各样的原因，错过一些不想错过的事，留下一些不想留下的遗憾。

不完美本就是人生常态。没有人总是在得到，也没有人总是在失去。

真正聪明的人懂得接纳生活中的不完美，也明白看淡得失的道理。有些事如果还没做到完美，请先别着急，相信通过不懈努力，未来我们可以做得更好。

五、不盲目跟自己较劲

没有谁的人生能十全十美，在让自己变好的路上，大方承认自己的局限，不必盲目跟自己较劲。

学着用加法的方式去爱人，用减法的方式去怨恨，用乘法的方式去感恩，以一份好的心态活出自己想要的人生。

努力去做你能做到的，争取你能争取的。人这一生，能够做到不辜负自己，就是一件非常了不起的事。

六、戒掉懒散和不自律

在我们的身上，强大的惰性与巨大的潜力是同时存在的。在没有压力的情况下，人往往会变得懒散。有了一定的压力后，我们开始不断朝向一个目标努力，潜力才会被激发出来。

所以，我们必须对自己有所要求，才能在一次次与惰性的对抗中，将自身潜在的才华和智慧发挥得淋漓尽致。

很多时候，我们想要的进步，并非遥不可及。只要朝着好的方向不断往前走，就能遇见更好的自己。共勉！

（资料来源：《人民日报》，2022 年 12 月 19 日，作者：李思圆）

☞【思考题】

1. 结合自身情况，写出 5 个调节情绪、释放压力的途径。
2. 将自己一周内要完成的事，用四象限法则描画出来。
3. 如何运用人际关系管理策略处理宿舍中的人际关系？

☞【参考文献】

[1]孙鑫，李华.大学生职业生涯规划与就业指导[M].北京：中国电力出版社，2019.

[2]郜军.目标管理：写给中层经理人的工作目标管理宝典[M].北京：电子工业出版社，2019.

[3]李中斌.情绪管理[M].大连：东北财经大学出版社，2015.

[4]高昂.大学生职业生涯规划能力培育问题研究[D].郑州大学，2020.

[5]乔志宏，刘锐.大学生职业生涯规划与就业指导教程[M].北京：清华大学出版社，2023.

[6]杜辉，李本义，毛三艳.大学生职业生涯规划[M].武汉：武汉大学出版社，2024.

[7]邱国良，詹佳.大学生思想政治教育中的情绪管理方式及价值探索：评《大学生情绪管理与思想政治教育》[J].教育发展研究，2023，43(9)：2.

[8]张巧婷.大学生情绪管理能力量表的编制[D].华东师范大学，2023.

附录一　个人生涯档案

（一）说一说：生涯像什么

如果让你用生涯打个比方，你觉得“生涯”像什么？

一道彩虹，一棵树，一条河，一个迷宫，还是……

____

因为______________________________

（二）破冰活动：相识与相知

每人选择一支彩笔在下面空白处画下一个自己的手掌，在每根手指写下自己的信息。并按要求标注信息：拇指是姓名，食指是籍贯、家乡，中指是兴趣、爱好，无名指是对大学的总体印象，小指是此时此刻的心情或感受，手掌是大学的目标及对自己未来的展望。

（三）我的生命故事回顾

思考回顾：在过去的生命历程里，哪三件事情对你的影响最大，并成就了今天的你？分别将其填写在左侧对应的 3 个空格内；这三件事情对你的影响主要体现在什么方面，也将其填写在右侧对应的横线上。

（四）当下生活现状评估

请从职业发展（是否已有明确的职业目标）、家庭关系、学习成长等 8 个方面对自己当下生活的满意度进行评分。

职业发展 0 （职业目标）	1	2	3	4	5	6	7	8	9	10	10 完美
家庭关系 0	1	2	3	4	5	6	7	8	9	10	10 完美
身心健康 0	1	2	3	4	5	6	7	8	9	10	10 完美
休闲娱乐 0	1	2	3	4	5	6	7	8	9	10	10 完美
学习成长 0	1	2	3	4	5	6	7	8	9	10	10 完美
人际交往 0	1	2	3	4	5	6	7	8	9	10	10 完美
财务状况 0	1	2	3	4	5	6	7	8	9	10	10 完美
其他______0	1	2	3	4	5	6	7	8	9	10	10 完美

观察一下，自己的最低分数是哪个维度，认真思考一下：为什么？在大学期间应该怎么来改善？

（五）未来人生展望：绘制生涯愿景图

在我们小的时候，或许经常会被问：你的理想是什么呢？而当我们逐渐长大，我们的头脑中也会经常浮现这样的念头：未来，我会做什么？会从事什么职业？又会拥有怎样的人生？如果你经常有这样的思考，恭喜你，说明你一直在思考自己的生涯愿景。

通过第一章的学习，请你安排一个相对独立的时间，绘制你的生涯愿景图。想一想：你理想中的十年后的工作和生活是什么样的？

请用一张图进行描绘，可以必要的文字说明。重点应突出：

When?　Where?　Who?　Do What?

我的生涯愿景图

主题：

（六）生涯探索：绘制我的"自画像"

可以简单绘制，但"自画像"中要体现自己的外貌特征、性格特点和兴趣爱好。

（七）价值观分类

从第二章价值观分类卡中找到自己认为最重要的 6 个价值观，并按社会贡献、家庭关照和个人满足进行分类，填入相应的方格内。然后，再思考：根据自己的价值观，今天我可以做的事情是什么？

1. 我最重要的价值观：

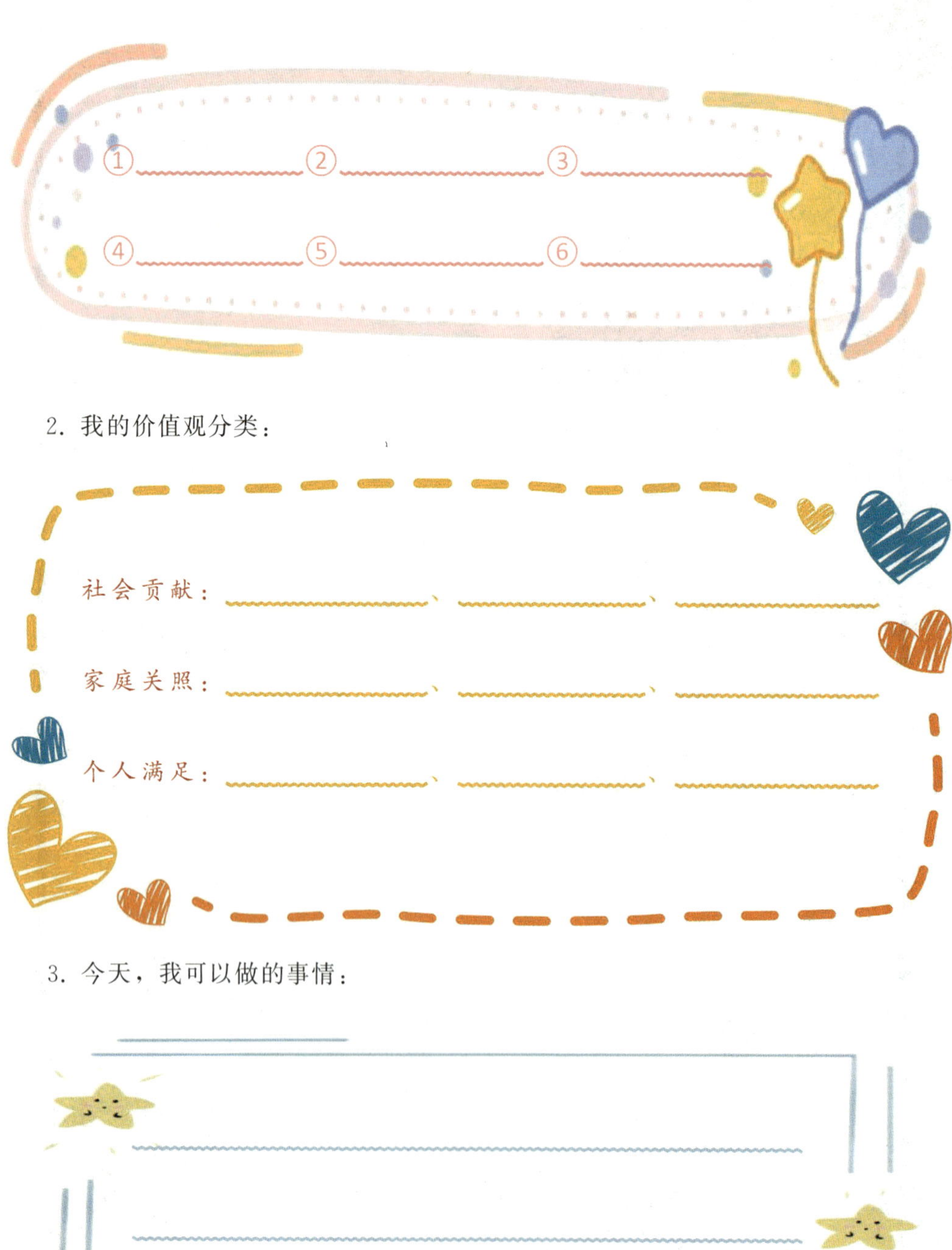

3. 今天，我可以做的事情：

（八）不同角色眼中的“我的理想职业”

妈妈期望你成为：

爸爸期望你成为：

你自己希望成为：

思考一下：如果存在差异，我们应该怎么办？

（九）职业决策平衡单

选择项目		重要性权重	选择一：______		选择二：______		选择三：______	
加权分数 考虑因素		1～5倍	得（+）	失（-）	得（+）	失（-）	得（+）	失（-）
个人物质得失								
他人物质得失								
个人精神得失								
他人精神得失								
加权后合计								
加权后得失差数								

（十）目标的鱼骨分解图

（十一）大学四年行动计划表

阶段性目标 / 学年	专业能力（专业学习、学科竞赛等）		社会实践（志愿服务、社会工作等）		兴趣爱好（音乐绘画、体育运动等）	
	目标内容	行动计划	目标内容	行动计划	目标内容	行动计划
大一						
大二						
大三						
大四						
预期成长目标						

附录二　生涯测评量表维度解析

量表1：MBTI职业性格维度解析

一、四维八极解析

1. 外倾型（E）和内倾型（I）

这个维度与我们对周围世界的互动有关，解释能量获得途径及释放到何处。比如：你更愿意出去玩，还是更愿意待在家里读一本好书或看电视？

外倾型：关注自己如何影响外部世界，注意力和能量主要指向外部世界的人、事和环境，愿意与他人交往，也从与人交往和参加外界活动等行动中获得能量，积蓄力量。

内倾型：关注内部环境的变化对自己的影响，注意力和能量集中于自己的内心世界，从对思想、回忆和情感的反思中获得能量。

外倾型（E）	内倾型（I）
关注外部环境	关注内部环境
与他人相处时精力充沛	独处时精力充沛
先行动，后思考	先思考，后行动
喜欢边想边说出声	在心中思考问题
易于了解，愿意分享	更封闭，注重隐私，只与少数人共享信息
说得多	听得多
高度热情地社交	不把热情表现出来
反应快，喜欢快节奏	思考后再反应，喜欢慢节奏
重于广度而不是深度	重于深度而不是广度

需要提醒的是，MBTI中所讲的内倾和外倾是以能量朝向角度来区分的，不同于我们日常所说的“内向”和“外向”，如内倾者并非不能说，只是他们谈话的内容更多朝向内而已。

2. 感觉型（S）和直觉型（N）

这个维度与我们平时获取信息的方式相关，注意力的指向不同，有一些人注重事实，有些人则注重愿望。比如：当你学习新东西时，你是所见即所学，还是根据自己的直觉添加/删除印象？

感觉型：喜欢由感觉器官获取的信息，比如通过视觉、听觉、嗅觉、味觉、触觉，相信看到的、听到的、闻到的、尝到的、触摸到的事物，注重事情的细节和事实。

直觉型：喜欢通过无意识、第六感觉/直觉等超越感觉的方式来获取信息，相信灵感、预测、暗示、比喻、推理与想象，注重事情的含义、关系和结论。

感觉型（S）	直觉型（N）
相信确定和有形的东西	相信灵感或推理
对概念和理论兴趣不大，除非它们有着实际的效用	富于幻想，不切实际
重视现实性和常识	重视可能性和独创性
喜欢运用和琢磨已知的技能	喜欢学习新技能，但掌握之后很容易就厌倦了
留意具体的、特定的事物，注重细节	留意事物的整体概况、普遍规律及象征含义；用概括、隐喻等方式进行表述
循序渐进地给出信息	跳跃性地展现事实
着眼于现实，不喜展望	着眼于未来，留意事物的变化趋势，惯于从长远角度看待事物
保守，抵触革新	崇尚新事物

在现实生活中，如果向感觉型的人问路，他会说得非常详细，往哪个方向走多少米，在有个什么标志的地方应该朝哪个方向转弯等，而直觉型的人只会告诉你要朝哪个方向，走一会儿就到了。如果让感觉型的人说说对某个人的印象，他们主要说一个人的相貌、衣着，如高和矮，胖和瘦，穿裙子还是裤子等；而直觉型的人更多说出的是对这个人的感觉，比如善良、内向、活跃等。

在工作中，感觉型的人比较保守，抵触革新，更关注事情的细节和事实，做事事无巨细，适于做实施执行的工作，如应用类的工作；而直觉型的人太富幻想，不切实际，更喜欢新的问题和可能性，比较重远景和全貌，适于做策划的工作，如理论类的工作。二者的差异，会直接导致工作中可能的冲突发生，它们各有所长，也可以很好地配合。

3. 思维型（T）和情感型（F）

这个维度与如何处理信息有关，也就是一个人做决定和结论的方式。比如：当你对某件事作出决定时，你依靠逻辑推理，还是倾向于情感和移情？

思维型：喜欢通过客观分析作决定评价，注重客观、公平和逻辑关系。

情感型：习惯于对信息作出个人的、主观的决定评价，重视价值和人际关系。

思维型（T）	情感型（F）
退后一步思考，客观分析问题	超前思考，关心行为对他人的影响
崇尚逻辑、公正和公平，有统一标准	重视同情与和睦，看到规则的例外性
被认为无情、麻木、漠不关心	被认为过于感情化、无逻辑、脆弱
认为诚实比机敏更重要	认为圆通比坦率更重要
只有合乎逻辑的感情才是可取的，不喜欢他人感情用事	无论是否有意义，认为任何感情都是可取的
被“获取成就”激励	被“获得欣赏”激励

续表

思维型（T）	情感型（F）
很自然地看到缺点，倾向于批评	容易理解别人，对其缺点不太挑剔
做决策时以事为主	做决策时以人为主

需要说明的是，这里的“情感”不等于“情绪”，这两种类型也并无好坏之分。在工作中，思维型的人讲究逻辑性，他们更喜欢分析解决问题，强调原则，让人觉得其“冷酷”；情感型的人很看重情义，喜欢和谐的工作环境，乐意为人服务，可能为了感情失去原则。

4. 判断型（J）和知觉型（P）

与一个人更愿意有条理还是随意地生活有关。比如：你愿意自己生活的各个方面都井井有条，预先安排，还是喜欢突如其来，令人惊喜？

判断型：喜欢将事情管理得井井有条，过一种有计划的、井然有序的生活。

知觉型：喜欢突发的灵感及弹性的做事方法，以自发的方式生活。

判断型（J）	知觉型（P）
做完决定后感到快乐	不喜欢做决定，当各种选择都存在时，感到高兴
“工作原则”：先工作再玩	“玩的原则”：先享受，再完成工作
确立目标并按时完成任务	随着新信息的获取，不断改变目标
愿意知道它们将面对的情况	喜欢适应新情况
着重结果（重点在于完成任务）	着重过程（重点在于如何完成工作）
满足感来源于完成计划	满足感来源于计划的开始
把时间看作有限的资源，认真地对待最后期限	认为时间是无限的资源，而且最后期限也是灵活的
条理清楚，计划明确	缺乏条理，保持弹性

判断型和知觉型的人要学会互相欣赏和相互包容。在工作中，知觉型的人善于抓住机会，灵活面对并适应新的环境或情境；而判断型的人注重工作的系统性和秩序性，常拘泥于计划。在生活中，知觉型的人时间观念不强，拥有“享受生活，活在当下”的态度；判断型的人做事果断，但面对计划改变时容易不安。

二、十六种性格类型解析

1. 内倾＋感觉＋思维＋判断（ISTJ）

这类型的人具有逻辑性，追求实际，非常专心，不易分心，有责任感，会尽一切努力将工作做到最佳；他们安静、严肃、缜密、理性，重视传统和忠诚，喜欢将工作、家庭和生活都安排得井井有条，值得信赖。他们有很好的意图，但有时很难与他人的情感需求沟通。

他们适合从事金融、法律、咨询等类型的工作，高工作负荷证明了他们的强大和能力。一般职业有：会计、行政管理人员、政府检察官、房地产估价师、公务员、飞行导航员、天文学家、电工、技工、地质学家、气象学家、机械工程师、验光师、内科急救医师等。

2. 内倾＋感觉＋思维＋知觉（ISTP）

这类型的人天生安静，忍耐力强，直到有问题发生，就会马上行动，找到实用的解决方法；他们重视效率，擅长分析事物运作的原理，用逻辑的方式处理问题，对于原因和结果感兴趣，总喜欢搞清楚事情的来龙去脉，并能从大量的信息中很快找到关键的症结所在；他们对常规俗套、桎梏戒律不屑一顾，并希望他人不干涉他们的个人事务。

他们适合从事默默码字或IT技术方面的工作，一般职业有：土木工程师、信息服务业经理、计算机程序员、软件开发员、飞行员、消防员、刑警、私人侦探、药剂师、摄影师、检测员、证券分析师、保险理算员、农民等。

3. 外倾＋感觉＋思维＋判断（ESTJ）

这类型的人实事求是，坦诚正直，善于将项目和人组织起来将事情完成，果断，在实施计划时强有力，一旦下决心就会马上行动，并尽可能用最有效率的方法得到结果；他们有一套非常清晰的逻辑标准，笃信法律和正确的程序，并有系统性地遵循，希望他人也同样遵循，努力完善社会并想要成为组织和政府的一部分；他们注重日常的细节，善于交际，喜欢良好的沟通。他们往往很保守，不愿走出自己的舒适区去尝试新事物，

他们适合从事与人打交道的工作，一般职业有：银行柜员、收银员、保险代理人、信贷顾问、军官、公务员、交警、预算分析师、审计师、物业管理员、技术培训人员、临床技术员、后勤管理人员、建筑工人、环保督察员等。

4. 外倾＋感觉＋思维＋知觉（ESTP）

这类型的人引人注目、充满魅力和影响力，自然不做作，享受和他人在一起的时刻，积极寻找生活之美并希望与其朋友分享，可与之成为极好的朋友；他们活跃、灵活、冲动而有趣，喜欢物质享受和时尚，觉得理论和抽象的解释非常无趣，认为学习新事物最有效的方式是通过亲身感受和练习。他们注重实际，注重当前，注重结果，喜欢积极地采取行动解决问题，知道如何适应环境，从而影响他人，有时甚至是操纵他人。

他们适合从事销售方面的工作，一般职业有：推销员、营销策划人员、股票经纪人、空中服务员、船长、情报专家、投机商人、预算分析师、体育解说员、演员、酒保、工匠、修理工、野外探险领队、生态旅行专家、汽车经销商等。

5. 内倾＋感觉＋情感＋判断（ISFJ）

这类型的人安静、友好、体贴、有责任感和良知，全面、勤勉、精确、忠诚，是值得信赖的人；他们喜欢将事物保持和谐有序，坚定地致力于完成他们的义务，努力把工作和家庭环境营造得有序而温馨；他们留心和记得他们重视的人的小细节，关心他人的感受，尊重别人的情感并接受那些与己不同的人。他们有时被描述为非常情绪化。

他们适合从事行政、财务类型的工作，在自己安静的世界中把一切打理好。一般职业有：家庭医生、体检医生、护士、医疗器材销售人员、家庭保健用品营销人员、葬礼规划师、税务稽查师、室内装潢设计师、幼儿园老师、职业康复顾问、农场主、零售店业主等。

6. 内倾＋感觉＋情感＋知觉（ISFP）

这类型的人放松而静谧，愉快又和善，喜欢有自己的空间，喜欢能按照自己的时间表工作，按照自己的节奏生活，随时随地享受生活；他们的价值观对自己很重要，但他们并不是那种为价值观去打仗的人，不会将自己的观念和价值观强加到别人身上，不喜欢争论和冲突；他们并不懒惰，他们只是比一般人更随性。

他们适合从事体制内工作或自由度相对较大的工作，喝喝茶、聊聊天、打打字。一般职业有：服装设计师、室内装潢设计师、机械工、舞蹈演员、厨师、护士、外科医生、兽医、个人健康教练、花匠、零售店店主、中学和大学体育教练、美容师、按摩师、客户服务专员等。

7. 外倾＋感觉＋情感＋判断（ESFJ）

这类型的人性情温顺友善，热心肠、有责任心、善合作；他们喜欢和他人一起精确并及时地完成任务，事无巨细都会保持忠诚，喜欢和家人朋友在一起，能体察到他人在日常生活中的所需并竭尽全力帮助，希望周边的环境温馨而和谐，是个顾家的好先生/太太；对待工作很有耐性，韧劲十足，希望自己和自己的所作所为能受到他人的认可和赏识，常常成为公司的中坚力量和领导层。

一般职业有：房地产经纪人、零售业主、理货员、采购、饮食业管理人员、小学教师、法律顾问、电话推销员、保险代理人、顾客服务代表、美发师、公寓管理员、旅馆主人等。

8. 外倾＋感觉＋情感＋知觉（ESFP）

这类型的人外向而友好、慷慨而乐观，热爱生活、享受生活，喜欢“顺其自然”，享受自己的时光；他们灵活、接受力强，对于任何新的事物都能很快地适应，非常不守规矩，喜欢社交生活和体验新事物；课堂学习不是他们的强项，虽然他们又聪明又有创造性，他们认为学习新事物最有效的方式是和他人一起尝试，喜欢和别人一起将事情做成功；在工作中讲究常识和实用性，并使工作显得有趣。

他们适合从事富有挑战性的工作，生活过得有声有色。一般职业有：探险家、公关专员、旅游管理、导游、促销员、海洋生物学家、幼教老师、为老年人服务的家政人员、新闻节目主持人、画家、插画作者、雕刻家、接待员、旅店老板、私营店主等。

9. 内倾＋直觉＋情感＋判断（INFJ）

这类型的人极富创造性、善于鼓舞人心、比较敏感，希望了解什么能够激励人，对人有很强的洞察力；有责任心，坚持自己的价值观，在对目标的实现过程中有计划而且果断坚定；他们不太透露个人信息，往往神龙见首不见尾，甚至你与他们亲密无间也会觉得他们深不可测，除非他们完全信任对方。他们还非常关心别人的康乐，对于怎样更好地服务大众有清晰的远景，往往被视为保护者以及天生的领导者。

他们适合从事极具创造性和煽动性的行业，一般职业有：记者、心理咨询师、特殊教育教师、培训经理、培训师、职业讲师、大众健康教育者、调解员、冲突协调员、艺术家、作家、背景设计师、时装设计师、博物馆研究人员、销售代表、翻译等。

10. 内倾＋直觉＋情感＋知觉（INFP）

这类型的人是理想主义者，相信自己的价值观，忠诚于自己觉得重要的人，按照他们的意志，根据他们自己的价值观去生活，他们希望外部的生活和自己内心的价值观是统一的；他们对自己周围的一切充满好奇心，渴望在实践中去体验；他们适应力强，有弹性，如果价值观没有抵触，往往能包容他人。

这种人适合做自由职业者，一般职业有：心理学家、人力资源管理、翻译、大学教师（人文学科）、社会工作者、图书管理员、服装设计师、编辑、网站设计师、记者、摄影师、专栏作家、研究员、职业顾问、教练、项目经理、私营店主等。

11. 外倾＋直觉＋情感＋判断（ENFJ）

这类型的人非常善于交际，热情、友善、易感应、有责任心，非常注重他人的感情、需求和动机，为他人着想，是朋友和家人的强有力支持者；他们善于发现他人的潜能，并希望能帮助他人实现，在团体中能很好地帮助他人，并有鼓舞他人的领导能力，能成为个人或群体成长和进步的催化剂；他们忠诚，希望别人也能忠诚，对于赞扬和批评都会积极地回应，喜欢与周围人同欢共乐，讨厌欺凌并对他们所爱的人投入深情；他们往往很快就能和别人相处得很好，甚至有时顺从周围人的价值观。

他们忠心不二的工作态度，在很多岗位都会赢得自己的地位，一般职业有：公务员、银行职员、广告客户经理、杂志编辑、电视制片人、作家、主持人、公司培训师、心理学家、咨询顾问、训导主任、早期教育老师、市场专员、会议策划、程序设计员等。

12. 外倾＋直觉＋情感＋知觉（ENFP）

这类型的人热情奔放，有人缘，有很强的即兴发挥的能力，言语流畅；他们富有想象力、创造力和感染力，有无限的能量，认为人生有很多的可能性，极其渴望学习新事物和结识新朋友，也很容易感到厌烦；他们能很快地将事情和信息联系起来，然后很自信地根据自己的判断解决问题；他们给身边的人带来快乐并敏锐地意识到他们的需求，总是需要得到别人的认可，也总是准备着给予他人赏识和帮助。

他们适合从事创意十足的工作，一般职业有：广告客户经理、公关、网站艺术指导、广告创意指导、性格演员、展览设计师、漫画/卡通画家、心理学家、职业顾问、营养学家、饭店老板、公司企划、公司团队培训师等。

13. 内倾＋直觉＋思维＋判断（INTJ）

这类型的人特立独行，聪慧，极具创造性，在实现自己的想法和达成自己的目标时有创新的想法和非凡的动力，他们知道自己具有什么样的聪明才智，他们通常对复杂的思想和理论充满激情；他们被认为是所有人格类型中最具独立性的人，当得到独处的自由时，他们最能发挥自己的能量；他们能很快洞察到外界事物间的规律并形成长期的远景计划，一旦决定做一件事就会开始规划并直到完成为止；他们对于自己和他人能力和表现的要求都非常高，对其他人所做之事漠不关心。

适合成为各个领域的开拓者，带领大家进行创新性的工作，一般职业有：思想家、科学家、科研人员、明星企业家、精神分析师、心脏病专家、验尸官、撰稿人、媒体策划、编辑、专栏作家、情报专家、设计工程师、建筑师、核工程师、航空工程师、律师等。

14. 内倾＋直觉＋思维＋知觉（INTP）

这类型的人善于分析，更喜欢单独工作，喜欢理论性的和抽象的事物，热衷于思考而非社交活动，在社交场合经常感觉不舒服；他们不耐烦于层次结构和政治问题，宁愿看到自己的领导人通过自身才能，而非其魅力和影响力来展示自身价值；他们聪明，多疑，有时会有点挑剔，言语刻薄，听到人们喜欢与他们为伴而颇感惊讶。对于自己感兴趣的领域有超凡的集中精力深度解决问题的能力，对于自己感兴趣的任何事物都寻求找到合理的解释。

一般职业有：企业家、大学里的行政官员、风险投资人、金融分析师、经济学家、音乐家、导演、作家、诗人、物理学家、考古学家、法官、知识产权律师、网站设计师、软件设计师等。

15. 外倾＋直觉＋思维＋判断（ENTJ）

这类型的人是独立、理性、果断和令人信服的领导人，以业务为重，雄心勃勃；他们善于做长期的计划和目标的设定，能很快看到公司、组织程序或政策中的不合理性和低效能性，发展并实施有效和全面的系统来解决问题；他们拒绝让主观情绪影响自己的决策过程，可能被一些人认为是铁石心肠和缺乏激情，但这些“冷酷”的人们往往卓有成效，成功而强大；他们通常见多识广，博览群书，喜欢拓宽自己的知识面并将此分享给他人，在陈述自己的想法时非常强有力。

他们适合做初创企业的创始人，以他们的领导力和执行力可以带领下属大干一场。一般职业有：政治家、公司首席执行官（CEO）、经理、管理咨询顾问、教育咨询顾问、个人理财/投资顾问、股票经纪人、电信安全顾问、节目导演、病理学家、系统分析人员等。

16. 外倾＋直觉＋思维＋知觉（ENTP）

这类型的人反应快、睿智，有激励别人的能力，警觉性强、应变能力强，直言不讳，特别推崇智力和能力；他们喜欢分析问题的各个方面，是深刻的思想家，富有创意；他们善于找出理论上的可能性，然后再用战略的眼光分析；在解决新的、具有挑战性的问题时机智而有策略；不喜欢例行公事，很少会用相同的方法做相同的事情，倾向于一个接一个地发展新的爱好。

他们适合从事艺术方面的工作，一般职业有：制片人、广告创意总监、文案、公共关系专家、演员、广播/电视主持人、新闻记者、通讯员、酒吧老板、国际贸易营销人员、后勤顾问、城市规划师、政治分析家等。

量表 2：Holland 职业兴趣索引

根据测评结果，从职业兴趣代码表中找到属于你的代码解析，例如 RIA，牙科技术人员、陶工等是适合你兴趣的职业。并关注与你的职业兴趣代码相近的代码，如 IRA、IAR 和 ARI 等对应的职业，也是适合你兴趣的职业。

一、单代码

1. 现实型（R）

【共同特点】喜欢和各种工具、设备打交道，从事具体操作性的工作，动手能力强，做事手脚灵活，动作协调。为人务实严谨、坦诚直率，偏好于实实在在地完成具体事务，不善语言表达，通常更喜欢独立做事，不擅长人际交往。

【典型职业】工程师、飞机机械师、火车司机、长途公共汽车司机、电工、木匠、农民、操作X射线的技师、鱼类和野生动物专家、自动化技师、无线电报务员、机械制图员、机械工（车工、钳工等）、电器师、机器修理师。

2. 研究型（I）

【共同特点】喜欢与各种观念和思想打交道，善思考，爱动脑，抽象思维能力强，具有强烈的好奇心，特别喜欢研究性的工作，知识渊博，有学识才能，偏爱独立的和富有创造性的工作。喜欢独立思考，考虑问题理性，善于逻辑分析与推理，做事爱追根究底，乐于不断探讨未知的领域。

【典型职业】各类科研人员、科技作者、气象学者、生物学者、天文学家、药剂师、动物学者、化学家、科学报刊编辑、地质学者、植物学者、物理学者、数学家、实验员。

3. 艺术型（A）

【共同特点】喜欢表达和创新，特别乐于借助文字、声音、色彩等多种形式来表达创造力和美的感受，做事渴望表现自己的个性，追求完美，喜欢与众不同，喜欢无拘无束，不喜欢条条框框限制。

【典型职业】音乐教师、作家、诗人、摄影师、漫画家、室内装饰专家、图书管理专家、演员、记者、作曲家、编剧、雕刻家。

4. 社会型（S）

【共同特点】喜欢与人打交道、也善于言谈和表达，能够很好地处理各种人际关系。喜欢教导别人，并愿意帮助他人成长，是一个天生的助人者。为人真诚、和善，喜欢倾听和理解他人，容易相处，交友广泛，不喜欢孤独。喜欢融入团队，和大家一起做事，有强烈的归属感。

【典型职业】社会工作者、社会科学教师、学校领导、社会学者、咨询人员、导游、精神病工作者、公共保健护士、福利机构工作者。

5. 企业型（E）

【共同特点】喜欢说服和影响他人，希望自己的行为能够得到团队和他人的肯定，希望自己能够成为团队的焦点和核心。具有一定的领导才能，喜欢拥有权力去改变不合理的事情。在工作和生活中精力特别充沛，喜欢竞争、敢冒风险，做事有计划性和目的性，并且行动力特别强。

【典型职业】政治家、律师、推销员、旅馆经理、饭店经理、广告宣传员、进货员、商品批发员、调度员、零售商。

6. 常规型（C）

【共同特点】喜欢和文字、数字打交道，做事细心、有条理，习惯接受他人的指挥和领导。为人谨慎，做事喜欢循规蹈矩，不论工作和生活，都喜欢有秩序，善于将各类烦琐的事务安排得井井有条。做事较为谨慎和保守，缺乏创造性，不喜欢具有挑战性的工作。

【典型职业】办公室职员、秘书、税务员、核算员、银行出纳、会计、记账员、法庭速记员、成本估算员、打字员、统计员、计算机操作员。

二、双代码

1. 相邻关系

现实研究型（RI）：侧重于技术或技能性的科学研究工作，如机械、电子、化工行业的工程师、化学技师、研究室的实验人员。

研究现实型（IR）：具有一定科技含量的技术、技能性工作，如计算机编程人员、工程技术人员、质量检验人员。

研究艺术型（IA）：具有探索性的艺术工作，如剧作家、时装艺术大师、工艺产品设计师。

艺术研究型（AI）：艺术研究方面的工作，如文艺评论家、艺术作品编辑、艺术理论工作者。

艺术社会型（AS）：具有一定艺术性的社会工作，如记者、律师、翻译。

社会艺术型（SA）：侧重于社会交流或社会问题的艺术工作，如作家、播音员、广告设计、时装模特。

社会管理型（SE）：与社会有关的管理工作，如销售经理、公关经理。

管理社会型（ES）：需要一定管理能力的社会工作，如工商行政人员、市场管理人员、公安交警。

管理常规型（EC）：需要一定管理能力的常规性工作，如机关科员、文秘人员。

常规管理型（CE）：常规性的管理工作，如办公室负责人、大堂经理、领班。

现实常规型（RC）：需要一定技术或技能的常规性工作，如档案资料管理员、文印人员。

常规现实型（CR）：常规性的技术或技能性工作，如计算机操作人员、机械维护人员。

2. 相隔关系

现实艺术型（RA）：运用现代科技较多的艺术工作，如电视摄影师、录音师、动画制作人员。

现实管理型（RE）：具有一定技术或技能的管理工作，如技术经理、护士长、船长。

研究常规型（IC）：需要经常进行一些研究分析的常规性工作，如估价员、土地测量人员、报表制作人员、统计分析员。

研究社会型（IS）：需要做些分析研究的社会性工作，如医生、大学文科教师、心理咨询人员、市场调研人员、政治思想工作者。

艺术现实型（AR）：需要一定艺术表现的技术或技能性工作，如雕刻、手工刺绣、家具和服装制作。

艺术管理型（AE）：与艺术有关的管理工作，如广告经理、艺术领域的经纪人。

社会研究型（SI）：社会科学研究方面的工作，如社会学研究人员、心理学研究人员。

社会常规型（SC）：需要更多时间与人打交道的常规性工作，如售票员、营业员、接待人员、宾馆服务员。

管理艺术型（EA）：一定管理能力的艺术工作，如节目主持人、艺术教师、音乐指挥、导演。

管理现实型（ER）：需要一定管理能力的技术或技能性工作，如领航员、动物管理员。

常规研究型（CI）：常规性的研究工作，如数据采集者、资料搜集人员。

常规社会型（CS）：常规性的公益事务工作，如环卫工作人员、工勤人员。

3. 相对关系

现实社会型（RS）：具有一定技术或技能的社会性工作，如护士、职业学校教师。

研究管理型（IE）：侧重于分析研究的管理工作，如总工程师、总设计师、专利代理人。

艺术常规型（AC）：与艺术有关的常规性工作，如美容师、包装人员。

社会现实型（SR）：与人打交道较多的技术或技能性工作，如出租汽车驾驶员、家电维修人员。

管理研究型（EI）：管理研究方面的工作，如管理学科研究者、管理类刊物编辑。

常规艺术型（CA）：常规性的艺术工作，如化妆师、花匠。

三、三代码

RIA：牙科技术员、陶工、建筑设计员、模型工、细木工、制作链条人员。

RIS：厨师、林务员、跳水员、潜水员、染色员、电器修理工、眼镜制作员、电工、纺织机器装配工、服务员、装玻璃工人、发电厂工人、焊接工。

RIE：建筑和桥梁工程、环境工程、航空工程、公路工程、电力工程、信号工程、电话工程、一般机械工程、自动工程、矿业工程、海洋工程、交通工程等方面的技术人员，制图员、家政经济人员、计量员、农民、农场工人、农业机械操作工、清洁工、无线电修理工、手表修理工、管工、线路装配工、工具仓库管理员。

RIC：船上工作人员、接待员、杂志保管员、牙医助手、制帽工、磨坊工、石匠、机器制造工、机车（火车头）制造工、农业机器制造工、汽车装配工、缝纫机装配工、钟表装配和检验员、电动器具装配工、鞋匠、锁匠、货物检验员、电梯机修工、托儿所所长、钢琴调音员、装配工、印刷工、建筑钢铁工、卡车司机。

RAI：手工雕刻工、玻璃雕刻工、制作模型人员、家具木工、制作皮革品工、手工绣花工、手工钩针纺织工、排字工、印刷工、图画雕刻工、装订工。

RSE：消防员、交通巡警、警察、门卫、理发师、房间清洁工、屠夫、锻工、开凿工人、管道安装工、出租汽车驾驶员、货物搬运工、送报员、勘探员、娱乐场所的服务员、起卸机操作工、灭害虫者、电梯操作工、厨房助手。

RSI：纺织工、编织工、农业学校教师、某些职业课程教师（诸如艺术、商业、技术、工艺课程）、雨衣上胶工。

REC：抄水表员、保姆、实验室动物饲养员、动物管理员。

REI：轮船船长、航海领航员、大副、试管实验员。

RES：旅游服务员、家畜饲养员、渔民、渔网修补工、水手长、收割机操作工、搬运行李工人、公园服务员、救生员、登山导游、火车工程技术员、建筑工人、铺轨工人。

RCI：测量员、勘测员、仪表操作者、农业工程技术员、化学工程技师、民用工程技师、石油工程技术师、资料管理员、探矿工、煅烧工、烧窑工、矿工、保养工、磨床工、取样工、样品检验员、纺纱工、炮手、漂洗工、电焊工、锯木工、刨床工、制帽工、手工缝纫工、油漆工、染色工、按摩工、木匠、电影放映员、勘测助手。

RCS：公共汽车驾驶员、一等水手、游泳池服务员、裁缝、建筑工人、石匠、烟囱修建工、混凝土工、电话修理工、爆炸手、邮递员、矿工、裱糊工人、纺纱工。

RCE：打井工、吊车驾驶员、农场工人、邮件分类员、铲车司机、拖拉机司机。

IAS：普通经济学家、农场经济学家、财经经济学家、国际贸易经济学家、实验心理学家、工程心理学家、哲学家、内科医生、数学家。

IAR：人类学家、天文学家、化学家、物理学家、医学病理学家、动物标本剥制者、化石修复者、艺术品管理者。

ISE：营养学家、饮食顾问、火灾检查员、邮政服务检查员。

ISC：侦查员、电视播音室修理员、电视修理服务员、验尸室人员、编目录者、医学实验室技师、调查研究者。

ISR：水生生物学者、昆虫学者、微生物学家、配镜师、矫正视力者、细菌学家、牙科医生、骨科医生。

ISA：实验心理学家、普通心理学家、发展心理学家、教育心理学家、社会心理学家、临床心理学家、目标学家、皮肤病学家、精神病学家、妇产科医生、眼科医生、五官科医生、医学实验室技术专家、民航医务人员、护士。

IES：细菌学家、生理学家、化学专家、地质学专家、地理学专家、物理学专家、纺织技术专家、医院药剂师、工业药剂师、药房营业员。

IEC：档案保管员、保险统计员。

ICR：质量检验技术员、地质学技师、工程师、法官、图书馆技术辅导员、计算机操作员、医院听诊员、家禽检查员。

IRA：地理学家、地质学家、水文学家、矿物学家、古生物学家、石油学家、地震学家、声学物理学家、原子和分子物理学家、电学和磁学物理学家、气象学家、设计审核员、人口统计学家、数学统计学家、外科医生、城市规划家、气象员。

IRS：流体物理学家、物理海洋学家、等离子体物理学家、农业科学家、动物学家、生物化学家、食品科学家、园艺学家、植物学家、细菌学家、解制学家、动物病理学家、作物病理学家、药物学家、生物化学家、生物物理学家、细胞生物学家、临床化学家、遗传学家、分子生物学家、质量控制工程师、地理学家、兽医、放射性治疗师。

IRE：化验员、化学工程师、纺织工程师、食品技师、渔业技术专家、材料测试工程师、电气工程师、土木工程师、航空工程师、行政官员、冶金专家、原子核工程师、陶瓷工程师、地质工程师、电力工程师、口腔科医生、牙科医生。

IRC：飞机领航员、飞行员、物理实验室技师、文献检查员、农业技术专家、动植物技术专家、生物技师、油管检查员、工商业规划者、矿藏安全检查员、纺织品检验员、照相机修理者、工程技术员、计算机编程员、工具设计者、仪器维修工。

CRI：簿记员、会计、记时员、铸造机操作工、打字员、按键操作工、复印机操作工。

CRS：仓库保管员、档案管理员、缝纫工、讲述员、收款人。

CRE：标价员、实验室工作者、广告管理员、自动打字机操作员、电动机装配工、缝纫机操作工。

CIS：记账员、顾客服务员、报刊发行员、土地测量员、保险公司职员、会计师、估价员、邮政检查员、外贸检查员。

CIE：打字员、统计员、支票记录员、订货员、校对员、办公室工作人员。

CIR：校对员、工程职员、海底电报员、检修计划员、发报员。

CSE：接待员、通讯员、电话接线员、卖票员、旅馆服务员、私人职员、教师、旅游办事员。

CSR：运货代理商、铁路职员、交通检查员、办公室通信员、簿记员、出纳员、银行财务职员。

CSA：秘书、图书管理员、办公室办事员。

CER：邮递员、数据处理员、航空邮件检查员。

CEI：推销员、经济分析家。

CES：银行会计、记账员、法人秘书、速记员、法院报告人。

ECI：银行行长、审计员、信用管理员、地产管理员、商业管理员。

ECS：信用办事员、保险人员、各类进货人员、海关服务经理、售货员、购买员、会计。

ERI：建筑物管理员、工业工程师、农场管理员、护士长、农业经营管理人员。

ERS：仓库管理员、房屋管理员、货栈监督管理员。

ERC：邮政局局长、渔船船长、机械操作领班、木工领班、瓦工领班、驾驶员领班。

EIR：科学、技术和有关周期出版物的管理员。

EIC：专利代理人、鉴定人、运输服务检查员、安全检查员、废品收购人员。

EIS：警官、侦查员、交通检查员、安全咨询员、合同管理员、商人。

EAS：法官、律师、公证人。

EAR：展览室管理员、舞台管理员、播音员、驯兽员。

ESC：理发师、裁判员、政府行政管理员、财政管理员、工程管理员、职业病防治人员、售货员、商业经理、办公室主任、人事负责人、调度员。

ESR：家具售货员、书店售货员、公共汽车驾驶员、日用品售货员、护士长、自然科学和工程的行政领导。

ESI：博物馆管理员、图书馆管理员、古迹管理员、饮食业经理、地区安全服务管理员、技术服务咨询者、超级市场管理员、零售商品店店员、批发商、出租汽车服务站调度。

ESA：博物馆馆长、报刊管理员、音乐器材销售员、广告商、售画营业员、导游、（轮船或班机上的）事务长、飞机上的服务员、船员、法官、律师。

ASE：戏剧导演、舞蹈教师、广告撰稿人、报刊专栏作者、记者、演员、英语翻译。

ASI：音乐教师、乐器教师、美术教师、管弦乐指挥、合唱队指挥、歌星、演奏家、哲学家、作家、广告经理、时装模特。

AER：新闻摄影师、电视摄影师、艺术指挥、录音指导、魔术师、木偶戏演员、骑士、跳水员。

AEI：音乐指挥、舞台指导、电影演员。

AES：流行歌手、舞蹈演员、电影导演、广播节目主持人、舞蹈教师、口技表演者、喜剧演员、模特。

AIS：画家、剧作家、编辑、评论家、时装艺术大师、新闻摄影师、演员、文学作者。

AIE：花匠、皮衣设计师、工业产品设计师、剪影艺术家、复制雕刻品大师。

AIR：建筑师、画家、摄影师、绘图员、环境美化工、雕刻家、包装设计师、陶器设计师、绣花工、漫画工。

SEC：社会活动家、退伍军人服务官员、工商会事务代表、教育咨询者、宿舍管理员、旅游管理员、旅馆经理、饮食服务管理员。

SER：体育教练、游泳指导。

SEI：大学校长、学院院长、医院行政管理员、历史学家、政治经济学家、职业学校教师、资料员。

SEA：娱乐活动管理员、国外服务办事员、社会服务助理、一般咨询者、宗教教育工作者。

SCE：部长助理、福利机构职员、生产协调人、环境卫生管理人员、戏院经理、餐馆经理、售票员。

SRI：外科医师助理、医院服务员。

SRE：体育教师、职业病治疗者、体育教练、专业运动员、房管员、儿童家庭教师、警察、引座员、传达员、保姆。

SRC：护理员、护理助理、医院勤杂工、理发师、学校儿童服务人员。

SIA：社会学家、心理咨询者、学校心理学家、政治科学家、大学或学院的系主任、大学或学院的教育学教师、大学农业教师、大学工程和建筑课程的教师、大学法律教师、大学数学、医学、物理、社会科学和生命科学的教师，研究生助教、成人教育教师。

SIE：营养学家、饮食学家、海关检查员、安全检查员、税务稽查员、校长。

SIC：描图员、兽医助理、诊所助理、体检员、监督缓刑犯的工作者、娱乐指导者、咨询人员、社会科学教师。

SIR：理疗员、救护队工作人员、手足病医生、职业病治疗助手。

SAC：理发师、指甲修剪师、包装艺术家、美容师、整容专家、发式设计师。

SAE：听觉病治疗者、演讲矫正者。

SAR：图书馆管理员、小学教师、幼儿园教师、学前儿童教师、中学教师、师范学院教师、盲人教师、智力障碍人的教师、聋哑人的教师、学校护士、牙科助理、飞行指导员。

量表3：GATB一般能力维度解析

一、一般学习能力倾向（G）

一般学习能力是指人认识、理解客观事物并运用知识、经验等解决问题的能力。也指对测验说明、指导语和诸原理的理解能力、推理判断的能力、迅速适应新环境的能力。它包括记忆能力、观察能力、注意能力，其核心是逻辑思维能力。一般学习能力是人在学习、工作、日常生活中必须具备、广泛使用的能力。职业或专业的水平越高，对人的一般学习能力的要求越高。

二、言语能力倾向（V）

言语能力是指对词及其含义的理解和使用的能力，对词、句子、段落、篇章的理解能力，理解言语的意义及与它关联的概念，以及善于清楚而正确地表达自己的观点和向别人介绍信息的能力。简单来说，它包括语言文字的理解能力和口头表达能力。不同的职业对人的语言能力要求不相同，如教师、营销员、公关人员等必须具备较好的语言表达能力。

三、算术能力倾向（N）

算术能力是指迅速而准确地运算的能力，并能进行推理，解决应用问题的能力。大部分职业都要求工作者有一定的算术能力，但不同的职业对人的算术能力要求的程度不同。例如，会计、出纳、统计、建筑师等职业，对工作者的计算能力要求较高；而法官、律师、护士等职业对人的计算能力要求则一般；演员、话务员、厨师、理发师等工作，对算术的能力要求相对就较低了。

四、空间判断能力倾向（S）

空间判断能力是指对立体图形以及平面图形与立体图形之间关系的理解、判断能力，也指能看懂几何图形、识别物体在空间运动中的联系、解决几何问题的能力。如果一个人爱好平面几何及立体几何并且学得很好，通常这个人的空间判断能力就比较强。与图纸、工程、建筑有关的职业，牙科医生、内外科医生等职业，对空间判断能力的要求较高；裁缝、电工、无线电修理等工作，也要求具有一定的空间判断能力才能胜任。

五、形态知觉能力倾向（P）

形态知觉能力是指对物体或图像之间有关细节有正确的知觉能力，如对图形的形状、阴暗、线的长短做出视觉的区别和比较，能看出其细微的差异。生物学家、建筑师测量员、制图员、农业技术员、医生、药剂师、画家等，需要较强的形态知觉能力；而对于历史学家、政治家、社会服务工作者、普通办公室职员来说，形态知觉能力的要求不高。

六、书写知觉能力倾向（Q）

书写知觉能力指的是对词、印刷物、各种票类之细微部分正确知觉的能力。能直观地比较辨别词和数字，有发现错误和校正的能力。

七、眼手运动协调能力倾向（K）

眼手运动协调能力是指正确而迅速地使眼和手相协调，能迅速准确和协调地做出精确的动作和运动反应的能力。要求手能跟随着眼能看到的东西正确而迅速地作出反应动作，并进行准确控制的能力。对于驾驶员、飞行员、牙科医生、外科医生、雕刻家、运动员、舞蹈家来说，这种能力是非常重要的。

八、手指灵巧度（F）

手指灵巧度是指快速而正确地活动手指，手指迅速准确和谐地操作细小物体的能力。打字员、外科医生、五官科医生、护士、雕刻家、画家、兽医等，手指必须比一般人的灵活。

九、手腕灵巧度（M）

手腕灵巧度是指随心所欲地、灵巧地活动手及手腕的能力。如拿着、放置、调换、翻转物体时手的精巧运动和腕的自由运动能力。像体育运动员、舞蹈家、画家、兽医等，手腕必须能灵巧活动。

量表 4：舒伯职业价值观维度解析

一、内在价值维度

内在价值维度指与职业本身的性质有关的因素，即工作本身的一些特征。它包括 7 个因子：利他主义、智力激发、创造发明、独立自主、美的追求、成就满足、管理权力。

1. 利他主义——工作目的/价值在于直接为大众的幸福和利益尽一份力。

2. 智力激发——工作目的/意义在于提供独立思考、学习与分析事理的机会。

3. 创造发明——工作目的/意义在于能让个人发明新事物，设计新产品或发展新观念。

4. 独立自主——工作目的/意义在于允许个人以自己的方式或步调来进行，不受太多限制。

5. 美的追求——工作目的/意义在于努力使这个世界更美好，且能得到美的享受。

6. 成就满足——工作目的/意义在于能看到自己努力工作的具体成果，不断完成自己想要做的事，并因此获得精神上的满足。

7. 管理权力——工作目的/意义在于能赋予个人权力来策划工作、分配工作且管理属下。

二、外在价值维度

外在价值维度指与工作内容无关的外部因素，即工作的环境。它包括 4 个因子：工作环境、同事关系、上司关系、多样变化。

1. 工作环境——工作目的/意义在于追求比较舒适、轻松、自由、优越的工作条件和环境。

2. 同事关系——工作目的/意义在于能与志同道合的伙伴一起愉快地工作。

3. 上司关系——工作目的/意义在于能与主管平等且融洽地相处，获得赏识。

4. 多样变化——工作目的/意义在于能尝试不同的工作内容，多姿多彩、富有变化。

三、外在报酬维度

外在报酬维度，指在职业活动中能获得的因素。它包括 4 个因子：声望地位、安全稳定、生活方式、经济报酬。

1. 声望地位——工作目的/意义在于能提高个人身份或名望，所从事的工作在人们的心目中有较高的社会地位，自己受到他人的推崇和尊重。

2. 安全稳定——工作目的/意义在于能提供安定生活的保障，即使经济不景气也不受影响。

3. 生活方式——工作目的/意义在于能选择自己的生活方式，并实现自己的理想。

4. 经济报酬——工作目的/意义在于能获得优厚的报酬收入，使个人有能力购置所想要的东西，生活较为富足。

附录三　非标准化的职业兴趣测试

请认真阅读以下 6 种类型的职业兴趣描述内容，并结合自己的特点，按自己符合的程度（1～10 分）对每一类型分别进行打分。

R 实用型 （　）分	以实实在在地做好事情为原则，喜欢和材料、机械打交道，爱好动手操作的事情，乐于使用各种工具和设备，关注各种自然原理，务实，严谨。现实型的人常常给人如下的感觉：情绪稳定、有耐性、坦诚直率，宁愿行动，不喜多言，喜欢在讲求实际、需要动手的环境中从事明确固定的工作，依据既定的规则完成有实际用途的任务。一般对机械与工具等事务相对较有兴趣，生活上亦以实用为重，对眼前的事重于对未来的想象，比较喜欢独自做事。	C 事务型 （　）分	喜欢让生活、世界变得更有秩序，个性谨慎，做事讲求规矩和精确，爱好室内工作、传统性的事务工作，乐于精心整理、安排、规划事务，善于将烦琐的事务安排得井井有条，且处于良好的控制之中，在活动中往往体现顺从、细心、有条理、有耐性的特点，比较喜欢和文字、数字打交道。倾向于选择表现写、算技能的活动，对事务的运筹津津乐道，不嫌弃烦琐；做事习惯循规蹈矩，不愿打破常规，往往回避过于挑战性的工作。
E 企业型 （　）分	时刻寻找把自己的观念宣传并推销给别人的机会，一般精力旺盛、生活紧凑、好冒险竞争，做事有计划并立刻行动，也乐于关注有关的人际现象，对经济性事务十分敏感；乐于施展口才和领导力，喜欢影响别人，精力充沛。不愿花太多时间仔细研究，希望拥有权力去改善不合理的事。企业型的人擅长说服和组织他人，希望自己的表现被他人肯定，并成为团体的焦点人物。	S 社会型 （　）分	天然的助人者，喜欢和人打交道，乐于各种社会性交往，以人际活动为日常生活的主要导向，将人际交往作为注意力、能力、精力的主要投入方向。不喜欢孤独，有强烈的归属感，在人际环境中才觉得舒适和活跃。为人和善，容易相处，关心自己和别人的感受，喜欢倾听和了解别人，也愿意付出时间和精力去解决别人的冲突，喜欢教导别人，并帮助他人成长。现实生活中，社会型的人不爱竞争，喜欢和大家一起做事，一起为团体尽力。交友广泛，关心别人胜于关心工作。

A **艺术型** （　）分	是天生的创造新生活、新世界的人，直觉敏锐、善于表达和创新。艺术型的人可能会更倾向于借助文字、声音、色彩或形式来表达创造力和美的感受，爱好艺术性、创造性的工作，特别是喜欢从事想象力较强的活动，关注内在感受，乐于表现。喜欢独立作业，喜欢在无拘无束的环境下工作，但同时要得到别人的关注。生活的目的就是创造不平凡的事与物，不喜欢管人和被人管，和朋友的关系也比较随兴。	I **研究型** （　）分	善于通过深入分析获得真理，喜欢与各种观念、思想打交道，偏爱具有研究性的工作，以参与反应和提高智能的活动为乐趣，好独立思考，好奇心强。日常生活中，研究型的人善于观察、思考、分析与推理，喜欢用头脑依自己的方式来解决问题，并追根究底；不喜欢别人给出的指引，也不喜欢学习或工作时有很多规矩和时间压力。做事时，研究型的人能提出新的想法和策略，但对实际解决问题的细节较无兴趣。不是很在乎别人的看法，喜欢和有相同兴趣的人讨论，否则还不如自己看书或思考。

附录四 非标准化的职业性格 MBTI 测试

请认真阅读以下 8 种类型的职业性格描述内容，并结合自己的性格特点，按自己符合的程度（1～10 分）对每一类型分别进行打分。

E 外向 （ ）分	关注外部世界，经常（自然地）被外部的人和物吸引。具有易沟通、好交际的特点。易适应环境，随环境变化随时调整。乐于参加许多活动，喜欢成为活动的焦点，而且容易接近。	I 内向 （ ）分	关注内部世界，倾向于把知觉和判断集中于观念和思想上，更多地依赖于持久的观念而不是暂时的外部事件。总是避免成为被注意的中心，通常也比较冷静、沉默。
S 感觉 （ ）分	倾向通过收集的具体的信息和看到、听到、感觉到、闻到及尝到的事物了解外在世界，善于观察，对细节敏感，关注事物的现实。信赖自己的经验，关注此时此刻发生的事情。	N 直觉 （ ）分	倾向感知外界环境的全貌或整体，关注事物的现状及发展变化，通常具有反应敏捷、思维跳跃、追求变化等特点。注重暗示和推理，信赖自己的灵感和预感，注重将来，喜欢预测事物，并总想改变事物。
T 思维 （ ）分	以逻辑推理为基础，通过理智思考进行活动和决策。分析问题的解决是否符合公认的标准，具有客观、理性、有条理等特点。	F 情感 （ ）分	通过权衡问题的相对价值和利益进行决策，判断时依赖于对个人价值观或社会价值观的理解，在决策时往往照顾他人的感受。具有同情心、渴望和谐。
J 判断 （ ）分	喜欢井然有序的感觉，想方设法管理和控制生活，善于组织，有目的性，决断性。通常在获得行动所必要的信息时，就不再寻求新的信息而直接付诸行动。	P 知觉 （ ）分	喜欢用宽松的方式生活，用开放的态度去理解生活，适应性强，灵活多变，不拘小节，随遇而安。通常是思考多于行动，对规则和约束反感。